上田裕之 著

汲古叢書 86

清朝支配と貨幣政策
―清代前期における制銭供給政策の展開―

汲古書院

目　次

序　論 …………………………………………………………………… 3
　Ⅰ　本書の視座と方法
　　（ⅰ）問題の所在
　　（ⅱ）本書の研究方針
　Ⅱ　先行研究
　　（ⅰ）清代貨幣史
　　（ⅱ）清朝国家論
　Ⅲ　史料
　　（ⅰ）編纂史料
　　（ⅱ）檔案史料
　　（ⅲ）起居注冊
　　（ⅳ）筆記史料
　Ⅳ　本書の構成

前編　銭賤から銭貴へ ………………………………………………… 35

　第一章　明清交替と貨幣 …………………………………………… 37
　　第一節　明代後半の銀と銅銭
　　第二節　清朝の成立と銀と銅銭
　　第三節　清朝の中国進出と制銭供給の開始
　　第四節　鋳造差益と戸部
　　小結

　第二章　清朝の中国支配確立過程と制銭供給政策のゆらぎ …… 67

ii　目　次

　　第一節　中国内地の平定と順治14年の制銭重量加増
　　第二節　京師における制銭供給の継続と各省の停鋳
　　第三節　三藩・鄭氏の鎮圧と康熙23年の制銭重量軽減
　　第四節　京師・各省における制銭供給と鋳造差益
　　小結

　第三章　康熙後半の京師における私鋳銭問題と銭貴の発生……101
　　第一節　康熙後半の私鋳銭問題
　　第二節　洋銅採買と京師の制銭供給の増大
　　第三節　京師と周辺地域における銅銭遣いの拡大と銭貴の発生
　　第四節　京師と直隷における銭貴の推移
　　小結

　第四章　雍正年間の各省における私鋳銭問題と乾隆初年の
　　　　　銭貴の発生……………………………………………135
　　第一節　雍正年間の私鋳銭問題
　　第二節　黄銅器皿の禁と各省の制銭供給の実施
　　第三節　江南における銅銭遣いの拡大と銭貴の発生
　　第四節　銭貴問題の全国化とその実態
　　小結

後編　最盛期の制銭供給とその行方　……………………………167

　第五章　京師の銭貴と制銭供給政策　………………………169
　　第一節　京師の銭貴と八旗兵丁の生計
　　第二節　洋銅採買から滇銅輸送へ
　　第三節　京師両局の制銭鋳造の増大
　　第四節　八旗兵餉への制銭搭放の拡充

小結

第六章　各省の銭貴と制銭供給政策 …………………205
　　第一節　江南の銭貴と都市労働者の生計
　　第二節　「余銅」としての洋銅と滇銅
　　第三節　江蘇・浙江両省の制銭供給再開
　　第四節　福建・江西・湖北・湖南・貴州・四川等省の制銭供給再開
　　小結

第七章　雲南省の制銭供給政策 ……………………241
　　第一節　「放本収銅」制度の導入と雍正元年の制銭鋳造再開
　　第二節　制銭供給開始後の銭価下落と制銭移送
　　第三節　乾隆元年における対銀換算率の切り下げとその後の供給拡大
　　小結

第八章　乾隆中葉の制銭供給体制とその後 ……………………265
　　第一節　京師の制銭供給政策
　　第二節　雲南省の銅息と制銭供給政策
　　第三節　その他の諸省の鋳造差益と制銭供給政策
　　第四節　その他の諸省の鋳造差損と制銭供給政策
　　第五節　制銭供給量の地域的偏りとその影響
　　小結

結　論 …………………………………………319

補　論 …………………………………………329
　　Ⅰ　中国第一歴史檔案館所蔵「戸科史書」について
　　　（ⅰ）清初の題本と史書

iv　目　次
　　（ⅱ）史書の現存状況と康煕・雍正の「戸科史書」概要
　　（ⅲ）「戸科史書」に収められた康煕・雍正の銭法関係題本
　Ⅱ　中国第一歴史檔案館所蔵「議覆檔」について
　　（ⅰ）軍機処・奏摺・議覆
　　（ⅱ）マイクロフィルム「議覆檔」概要
　　（ⅲ）「議覆檔」に収められた乾隆前半の銭法関係奏摺

あとがき ……………………………………………………………361

図表一覧 ……………………………………………………………367

史料・参考文献一覧 ………………………………………………369
　史料
　　①編纂史料
　　②檔案史料
　　③起居注冊
　　④筆記史料
　参考文献
　　①和文
　　②中文
　　③英文

索　引 ………………………………………………………………385

凡　例

（1）漢語史料は書き下し文によって引用した。字体は原則として常用漢字表に依拠した。

（2）満洲語史料は現代日本語訳によって引用し，ローマ字転写した原文を註記した。

（3）史料の引用に際し，原文の改行，空格，擡頭は考慮しなかった。ただし，按語や別個の条文に移る箇所については改行した。

（4）引用史料中において，〈　〉は原文の割注，〔　〕は文意を明確にするための補記，（　）はその直前の語に関する註記，……は中略である。

（5）暦は，「順治元年7月7日」のように，「元年」「正月」を除いてすべてアラビア数字を用いて表記した。日付を干支のみで記す『実録』の記事を引用・参照する場合は，その他の史料との対照を容易にするため，「順治3年4月乙巳（29日）」のようにアラビア数字による日付を補った。なお，「初十日」などの「初」は省いた。

（6）元号は，章ごとに初出時に，ほぼその年に相当する西暦を註記した。日本の元号を記す場合には，その直前に［日本］と註記した。

（7）満洲人の人名は，カタカナ表記が通例化している一部の人物を除いて漢字表記とし，初出時にカタカナでふりがなを加えた。

（8）先行研究は，「上田裕之［2002］」のように，著者名と発表年によって表記した。「前掲書」等の表記は用いていない。個別論文が後に著作に収録された場合，発表年は論文発表年を，頁数は著作中の頁数を示した。

（9）史料名称は，刊行されたものは『　』，刊行物中に採録されたものや，マイクロフィルム，および現物（原件）は「　」で表記した。略称は用いていない。

vi 凡　例

参考　清代度量衡表

1斤	16両	596.8グラム
1両	10銭	37.3グラム
1銭	10分	3.73グラム
1分	10釐	0.373グラム
1釐	10毫	0.0373グラム
1毫	10絲	0.00373グラム

典拠：丘光明他［1992：496頁］「高宗欽定銅砝碼」

# 清朝支配と貨幣政策
―清代前期における制銭供給政策の展開―

序　論

　本書は，貨幣史上の清代前期というべき順治元年（1644）から乾隆40年（1775）までに実施された制銭（官鋳の銅銭）供給政策の展開を，支配の根幹に関わる複数の政策課題に包括的に取り組んでいた清朝政府の政策意図に即して整合的に理解し，その上で，論理を異にする制銭供給政策と市場との相互影響のもとに推移していた当該時期の貨幣史を歴史的に跡付けようとするものである。
　以下，序論として，本書の基本的な視座と研究手法，研究史と本書との関係，本書において使用する史料の概要，および本書の構成について述べる。

I　本書の視座と方法

（ⅰ）問題の所在

　円形方孔型の銅貨たる銅銭は，中国史上，戦国から民国初期まで二千数百年の長きにわたって用いられた。とはいえ，銅銭は一貫して市場で主要貨幣の位置を占めていたわけではない。唐代以前は絹布などの現物が貨幣として多くの局面で用いられたし，南宋から明初にかけては紙幣の使用が広まり，明代中葉からは特に沿海諸省において海外から大量流入した銀が専ら用いられた[1]。その後，清代前期における制銭の大量供給にともない，銀銭併用が定着した。ただ，当該政策が銅銭遣いの長期的・広域的な安定をもたらすことはなく，民間業者が発行した銭票・銀票や西洋銀貨たる洋銭の普及を招き，結果として所謂「雑種幣制」が立ち現れるに至った。清代前期の制銭供給は，銅銭を銀と並ぶ主要貨幣の座に押し上げるとともに，その延長上に近代の複雑な貨幣制度を産み落としたものとして，中国貨幣史上において注目すべき政策である。
　銀は，海外からの大量流入によって主要貨幣となり，支配王朝の発行した鋳

貨という形態をとることなく，純度と重量を量って用いる秤量(しょうりょう)貨幣として流通した。民間で用いる銀の規格は，民間に委ねられた。それに対して銅銭は，支配王朝の清朝が積極的に鋳造を行うと同時に，決して民間による鋳造を認めなかった欽定貨幣（「国宝」＝天朝が制定した貨幣）であった。清朝がそのような観念を前提としつつ，現実の支配秩序維持をめぐる何かしらの具体的な政策意図に基づいて制銭供給を継続して行ったからこそ，銅銭は銀とともに広く使用されるに至ったといってよい。

ただし，言うまでもなく，供給があるというだけでは貨幣として流通するための条件を満たせないわけだが，清朝は特定の時期を除けば徴税における制銭の受け取りに否定的であった。つまり，銅銭が流通したのは，それが納税手段として保証されていたからではなく，あくまでも市場が銅銭をして貨幣たらしめていたのであった。市場が銅銭を貨幣として流通させたのは，むろん，市場の流動性を確保する上で銅銭が一定の役割を果たしえたからである。そこにおいて，清朝側の観念や政策意図がどのようなものであろうとも，ほとんど何の意味もなさない。市場は市場の論理によって制銭を受け止めるのみであり，その結果如何によっては以後の制銭供給政策に一定の制約が課されることもある。とはいえ，そもそも清朝によって，いかなる規格の制銭が，いつ，どこに，どれだけ，どのように供給されるかには大きく左右されざるを得ない。

要するに，清代前期の銅銭は，王朝が供給と徴収によって強制的に通用させたものでもなければ，市場において王朝の施策とは全く無関係に流動性確保の必要のみに従って自生したものでもなく，王朝と市場との密接な相互作用のなかで貨幣として流通していたのであった。よって，銅銭遣いの拡がりに特徴づけられる清代前期の貨幣史を歴史的に跡付けようとするならば，第一に，清朝の制銭供給が清朝支配の文脈においていかなる政策意図に基づいてどのように展開されていたのか，第二に，そうして実施された当該政策と市場との相互影響のもとでいかにして銅銭遣いが普及して銀銭併用が定着し，さらには後の「雑種幣制」成立の契機が醸成されたのかを，具体的に解明する必要がある。

清代前期，京師（北京）では，王朝財政を統括する戸部の管下にある宝泉局

と，王朝の土木事業を統括する工部の管下にある宝源局（以下，京師両局と総称）が，順治元年における清朝の中国内地進出直後から一貫して制銭を鋳造しており，その鋳造規模は乾隆中葉にかけて増大し続けていた。さらに，雍正年間（1723-1735）から乾隆初年にかけて各省の鋳銭局が次々と継続的な鋳造を開始して，乾隆30年頃には年間の鋳造総額が清朝全体で約360万串（制銭供給の会計においては，制銭1串は1,000文）に達した[2]。それは，民間で銭貴（後述）が問題化していた時期と重なる。その間，在地の州県レベルでは租税として制銭を受け取ることもあったようだが，上級機関に納入するのはあくまでも銀であったので，州県は制銭の受け取りに否定的であった。全体としては，新鋳の制銭がほぼ一方的に民間に供給されていたとみてよい。そしてそれにともなって，民間では銀遣いから銅銭遣いへの転換が進行していったのである。

　清朝が制銭供給に対して上述の如く意欲的に取り組んでいた理由として，従来の研究では，市場における銅銭の対銀換算率である銭価の安定を図っていたことが挙げられている。清朝は順治4年に銀と銅銭の公定換算率を銀1両＝1,000文と定めて，民間の銭価を公定換算率に近い値に維持しようと努め，銭価が公定換算率よりも騰貴した状態を「銭貴」，反対に民間の銭価が公定換算率を大きく下回っていることを「銭賤」として問題視した。銭貴に際して制銭の追加供給が必要となるのはもちろんのこと，制銭の品位を落とすこともあったし，逆に銭賤の場合には供給を縮小・停止したり，従前よりも高品位の制銭に切り替えることによって銭価の引き上げを図った。そのように，制銭供給は市場の銭価を操作する数少ない手段のひとつと位置づけられていた。ただし，清朝は各地域の銅銭流通状況に即応して制銭を供給していたとみることはできない。それはまた，結果としてなされた制銭供給から遡及して各時代・各地域の銅銭流通状況を窺い知ることはできない，ということでもある。その理由は，清朝が，市場の銅銭需要と同様に，以下に挙げるようないくつかの要素をも重視して制銭供給を展開していたことにある。

　まず，皇帝政治の一環として，支配の正統性を示す欽定貨幣して制銭を位置づけ，銅銭の私鋳を違法行為とみなす伝統的な観念が存在していた。明朝を打

倒した李自成，明朝の存続を主張した南明政権，清朝に反旗を翻した呉三桂など，清朝と中国の支配権を争奪した諸勢力はいずれも，支配権力としての正統性を主張する手段として銅銭を鋳造している。もっとも，そのなかにあって清朝だけは満洲人を中核とする政権であるが，既に太祖ヌルハチの時代から銅銭「天命ハン銭」を鋳造するなど，銅銭鋳造を支配の正統性の表明とみなす漢人世界の政治思想を早くから共有していた。むろん，当時の中国における最も重要な貨幣は銀である。しかし，銀は民間に広まった秤量貨幣としての使用を王朝が追認したものであり，各地域・各業種には純度・秤量に関する独自の基準が既にあった。外来の銀はその基準に沿ったものへと改鋳または換算されて用いられており，王朝が一定規格に改鋳した銀とて例外ではなかった。清朝としては，既存の皇帝政治の伝統に従って銅銭を「国宝」とし，その造幣権掌握を目指すのが最も妥当な選択であったと考えられる。かかる観念のもとでは，たとえ市場において銅銭が特段の混乱もなく流通していても，それが私鋳銭であったならば支配王朝の目には介入すべき由々しき事態と映るのである。

次に，制銭受給者である兵丁の生計問題が挙げられる。清朝は専ら，財政支出とりわけ八旗や緑営に支給する兵餉銀[3]の一部を公定換算率にしたがい制銭に換算し代替すること（搭放）によって，官庫の制銭を放出していた。生計の零細な兵丁は，兵餉として銀を受給してもその大部分を民間で銅銭に兌換して支払いに用いることになるので，鋳造した制銭を他の財政支出ではなく兵餉に搭放することは，確かに理に適った方法であったといえる。ただし，制銭の搭放は原則として市場の銭価ではなく公定換算率にしたがって行われるため，制銭を受領することが兵丁に有利にはたらくとは限らなかった。すなわち，銭価が高騰している際は，全額銀で支給されて民間で銅銭に兌換するよりも公定換算率にしたがって制銭を搭放された方が兵丁にとっては有利である。ところが，銭価が低落していれば，公定換算率に則った制銭搭放は兵餉の購買力を低下させることになり，むしろ銀を受給して民間で銅銭に兌換する方が兵丁には有利となる。しかも，兵丁にとって兵餉は，辛うじて生計を立てられる最低限の収入だったので，そのような購買力のわずかな変動もかれら兵丁には死活問題で

あった。このように，兵餉への制銭搭放は兵丁の生計問題と密接に結びついていたのであり，かれらの生計を保護しなければならなかった清朝は，兵丁の生計への影響を考慮しながら制銭供給政策を実施する必要があった。

　さらに，以上のことを追求すれば必然的に直面するのが，制銭鋳造の採算の問題である。市場に流通する銅銭の貨幣としての購買力は，その金属としての商品価値と大きく異なることはなかった。そこにおいて1枚10文などの高額面制銭や極端に軽量の制銭を鋳造して，素材の価値以上に過高評価させようとすれば，搭放において兵丁に強制的に額面通り受領させることにより鋳造差益を得ることはできるものの，市場で兵丁が支払いに用いる際には大きく額面割れするであろうし，かたや既存の各種銅銭や銅器・廃銅を原材料に用いた私鋳の横行を招いて銭価を暴落させるだろう。そうして結局は，制銭供給それ自体が立ち行かなくなってしまう。差益獲得に偏重した制銭供給は，その他の政策課題のすべてと対立するのである。よって清朝は，公定換算率の通りに1,000文で銀1両に相当すると市場から評価されうる，高品位の制銭を鋳造しなければならなかった。加えて，制銭鋳造の採算性は慢性的に低い上に地域差が大きく，銅産省での制銭鋳造などでは差益が得られたが，その一方で京師両局や非銅産省の制銭鋳造は採算割れに陥ることが多かった。そうして発生した鋳造差益や鋳造差損は，王朝財政のいずれかの部分に計上される。そのことは当然ながら，制銭供給政策の展開に少なからず影響を及ぼすこととなる。

　このように，清朝は市場の銅銭需要に応えるという観点のみから制銭供給政策を決定・施行していたのではなく，市場の安定（経済），造幣権の掌握（統治理念），兵丁の生計保護（軍政），制銭鋳造の採算性向上（財政）といった，清朝支配を維持する上でいずれも切実な複数の政策課題に包括的に取り組みながら，政策の内容を練り上げていたのである。言うなれば制銭供給政策は，清朝がその都度下した政治的判断の積み重ねに他ならなかった。とはいえ，当時の皇帝や官僚は，表向きは「銭法疏通」（貨幣秩序の安定）を標榜して政策決定していたのであり，上述の諸要素が並立しがたい複数の政策課題として明確に区分して論議されていたわけではない。当時にあっても貨幣政策は，市場の安定のた

めのものと位置づけられていた。しかしそれは表面上のことであり，実際には，清朝は上述した複数の政策課題のすべてを念頭に置いた上で制銭供給政策を立案し，決定し，実施していた。

そうして実施された制銭供給が，必ずしも市場の銅銭需要に呼応したものにならないことは自ずから明らかである。それでいながら，清朝の制銭供給は多くの場合，他に類を見ないまとまった額の銅銭の新規供給として，市場に多大な影響を及ぼすこととなる。清朝の制銭供給政策には，思い描いた通りに市場の貨幣流通をコントロールするような「支配力」こそなかったが，何らかの鮮明な反応を呼び起こすという意味での「影響力」は往々にしてあった。かくして清代前期の貨幣史は，清朝政府の論理にも商品経済の論理にも貫徹されない，ある種の偶発性を帯びた展開をみせることとなる。それは，清代中国における「国家と社会」を考える上で，ひとつの興味深い素材となろう。すなわち，かかる清代前期貨幣史の展開からは，統制でも保護でもない，調和のための意図的な放任でもない，清代中国における国家−社会関係の新たな一面が見て取れるのである。清代前期における貨幣史の展開を歴史的に跡付けることは，貨幣の問題を通して清朝国家と中国社会との関係を動態的に把握することでもある。

それでは次に，以上のような問題関心から清代前期の制銭供給政策を分析するにあたっての本書の研究方針を示したい。

（ii）本書の研究方針

まず，本書において分析の対象とする時代は，上限を，清朝が中国に進出し制銭供給に着手した順治元年（1644）とする。ただし，行論上の必要から，明代後期の貨幣状況および同時期のマンチュリアにおける清朝成立の経緯を，第一章でごく簡単に概観する。一方，下限については，制銭供給が最盛を過ぎ民間では既に銀銭併用が定着して次なる変動を迎えようとしていた時期とし，便宜的に乾隆40年（1775）とする。清代貨幣史を概観すると，当該時期は貨幣史上の「清代前期」をなすものといえる。すなわち，清初[4]から乾隆中葉までの約130年はまさに，主に銀を用いる状態から銀銭併用への移行期であった。黒

田明伸［1994：90頁］によれば，江南において不動産の銀建てから銅銭建てへの移行がほぼ完了したのが乾隆40年代であった。また，この間，乾隆30年頃まで清朝の制銭供給は増大の一途をたどっていた。これに対して乾隆40年代から清朝滅亡（1912）までの約140年は，銀銭併用の大枠は存続しながらも，民間の金融業者が発行した銭票・銀票が盛んに流通するようになり，従前は流入地の広州とその周辺地域に限られていた西洋の銀貨（洋銭）の使用が各省にも広まり，銭価は総じて公定換算率以下に低迷した。清朝の制銭供給量は激減しており，代わって西洋式の鋳貨である銅元が盛んに発行されるようになっていた。この時期を貨幣史上の「清代後期」と呼ぶことができる。それは，民国期へと続く「雑種幣制」の時代である。

　次に，本書の研究対象である「制銭供給政策」が指し示す範囲を確定しておきたい。先述したように，当時においては基本的に，財政収入に制銭は組み込まれていなかったので，制銭を市場に送り込むことは，まず新たに制銭を鋳造するところから始まる。そのためには官庫から銀を支出して銅・亜鉛・鉛・錫などの原材料（各種の銅器や私鋳銭，明朝以前の歴代王朝が鋳造した「廃銭」等を用いることもある）を収買し鋳銭局まで輸送しなければならない。それを「辦銅」「辦鉛」「辦錫」という。次に，調達した銅・亜鉛などを鋳銭局で制銭に鋳造する。これを「鼓鋳」という（本書では「鋳造」の語を用いる）。鋳造された制銭は，一部を鋳造技術者の給与（「工食」）や原材料以外の諸物資の調達費用（「物料」）に充てるのを除いて，官庫に収蔵し，財政支出，とりわけ兵餉の一部として支払いに用いる。これを「搭放」という。また，例外的に，官銭局を設置して民間を対象に制銭を販売することもあり，それは「售換」「出易」などといった（本書では「兌換発売」の語を用いる）。搭放や兌換発売は，当然，市場に制銭を流通させることを念頭に置いている。史料上では，制銭の流通は「流通」「流布」などの用語で記されている。本書でいう「制銭供給政策」とは，以上に述べた，辦銅・辦鉛・辦錫→鋳造→搭放・兌換発売→流通（を図る）という一連の政策の全体を指す分析概念である。

　以上により，本書の副題にある「清代前期」「制銭供給政策」が意味すると

ころは確定された。続いて，研究手法について述べる。制銭供給政策の主要な規定要因として，市場の問題（経済），造幣権の問題（統治理念），兵丁の生計問題（軍政），制銭鋳造の採算の問題（財政）があったことは既に述べた。本書では，制銭供給政策を時間軸に沿って俎上に上げ，京師での制銭供給に関して戸部が提議して皇帝が決裁し，各省での制銭供給に関して督撫の提議を戸部が議覆（地方官などの提議について，皇帝の指示に従って協議し答申すること）して皇帝が決裁するという手続きを積み重ねながら制銭供給政策の内容が決定されていった経緯を，そこで取り交わされた多数の行政文書（檔案）を用いることによって復元する。そして，清朝支配をめぐるいかなる事情が制銭供給政策を実施する動機付け（あるいは実施しない理由）になっていたのかを明らかにする。政策形成の場では，状況に応じて上述の政策課題のうちのいずれかが最重要視され，なおかつ，その他の問題にも可能な限りの，あるいは必要最低限の配慮がなされたはずである（もし特定の要素を度外視しているようなことがあれば，そこにはそれが許された背景があったはずである）。そのような制銭供給の政策過程に迫ることで，清朝が統治の円滑な遂行のためにはいかなる政策が必要であると判断し，具体的にいかなる意図をもって制銭供給政策を実施していたのかを明らかにしていく。

　ただし，檔案が政府の内部文書であるとはいっても，その文面に政策意図がストレートに現れているとは限らない。そこで本書において特に注意を払うのが，まず，鋳造費用である。政策形成を規定する前述の諸要素のなかでも，政府の都合に過ぎない財政的要因は最も表面に現れにくい。その一方で，鋳造費用を算出するための制銭の重量および銅・亜鉛・鉛・錫の合金比率，辦銅・辦鉛・辦錫費用などの情報は，比較的容易に得ることができる。それらの情報に基づいて制銭の鋳造費用を算出し，差益・差損の有無・多寡を明らかにして，上述したような政策形成の過程と突き合わせることによって，制銭鋳造の採算の面から政策意図に迫ることができる。もっとも，制銭鋳造に関して定められた種々の数値が忠実に守られていたとは言い切れないのであり，そのことは常に意識しながら分析を行う必要がある。とはいえ，新たな政策の立案・決定は，

机上の計算に基づいてなされることになる。また，現存する制銭をみる限り，規定とかけ離れた重量・合金比率の制銭が鋳造されていたとか，鋳造が決定しながら実際には全く行われなかったといったことはなかったようである。洋銅の流入状況，滇銅の産出状況などからみて不自然に大きな鋳造額が記載されている，などといったこともない。史料上に現れた数字の信憑性の問題は念頭に置きつつ，その数字に依拠した場合にどのような結論が導かれるかを徹底して検討することが求められる。

　政策意図を探る上で注目するもうひとつの点は，官庫から市場への制銭の供給方法である。多くの先行研究において，制銭鋳造と制銭供給はほとんど同義として論じられており，官庫から市場に至る供給方法の問題は捨象されている。しかし，鋳造した制銭の供給には，主要なものとして兵餉への搭放がある他，土木事業に従事する傭工への給与支払い，官庁における諸経費の支払い，官銭局を設置しての民間への兌換発売などがある。また，多くの場合，鋳造した制銭の1割程度は工食や物料の支払いに充てられ，それらを差し引いた額が鋳銭局から官庫に納入された。以上の費目は，官銭局の兌換発売を除き，いずれも銀での支払いが可能なものであるし，官銭局も常設ではない。そのなかで限りある制銭をどの費目の支払いに重点的に充用していたのかを明らかにすることによって，政策意図の解明につなげることができる。

　本書では，以上のような研究手法によって，清代前期における制銭供給政策の展開を整合的に理解する。そしてその上で，清朝の制銭供給と市場の銅銭需要との相互作用の実態を把握しようとするものであるが，そのためには，市場における銭価や銅銭使用範囲の変動，さらには私鋳や銷燬（銅銭を溶かして銅材とすること）の発生について，以下の諸点を踏まえておかなければならない。

　まず，市場における銀と銅銭の交換レートを意味する銭価の変動要因としては，対象となる銅銭の品位の変化，銀と銅銭のそれぞれの流通量の増減，また，支払いに主に銀を用いる商品群と主に銅銭を用いる商品群のそれぞれの取引状況などが挙げられるが，根本的な問題として，銀と銅銭の使用範囲が相互浸透的であったことを理解しておかなければならない。おおよその傾向として，単

位重量あたりの価値が大きい銀が高額取引・遠隔地間決済に適し，もう一方の銅銭が小額取引・日常的支払いに適していたといえるが，その境界線は明確でないし大きく変化することもある。極めて微小な額の支払いまで銀でなされることもあれば，数百両に及ぶ不動産取引においてまで銅銭が交わされることもあった。そのように銀と銅銭の使用範囲は可変的であったから，例えば仮に，銅銭の品位・銀流通量・銅銭流通量・商品経済の全般的状況がすべて一定だったとしても，何らかの理由によって銀の使用範囲が拡大すれば，相対的に銀は不足し銅銭は過剰となって銭価は下がる。逆に，銅銭の使用範囲が拡大すれば，相対的に銀は過剰となり銅銭は不足して銭価は上がる。しかも実際には，銅銭の品位・銀流通量・銅銭流通量・商品経済の状況・銀と銅銭の使用範囲のすべてが同時に変化し得るのである。それらのすべてを解明して銭価変動の原因を特定することはほとんど不可能であるが，各時代の状況を極力多角的にとらえて一定の推論に到達することはできる。

　そのように銭価変動それ自体を分析するだけでも多大な困難がともなうわけだが，そのことに加えて，銭価の変動が経済的にいかなる意味合いをもつのかが，物価や賃金の銀建て・銅銭建ての違いによって大きく異なってくるのである。すなわち，銅銭遣いが極めて限定的であって物価・賃金が銀建ての場合は，銭価の変動はいわば一商品の価格変動に過ぎず，経済的影響は小さなものにとどまる。銭価の変動は銅銭の購買力に影響するものの，銀で建てられた収入の購買力を左右することはないからである。実際，そのような観点から銭価の変動を放任すべきとする主張は当時存在していた。物価・賃金が専ら銀建てであった清初において，民間の著作のなかに銭価がほとんど記録されていないのは，当時においては銭価の変動が民間経済にさほど影響を与えていなかったことの現れと思われる。それに対して，銀銭併用が広まって日常生活のなかに銅銭建てが浸透すると，銭価の変動は人々の経済生活に直接的な影響を及ぼすようになる。乾隆初年を頂点とする銭貴は，本論で述べるように民間や兵丁に経済的困窮を強いるものであった。であればこそ銭価の安定が重要な政策課題となったのであり，銭価の動向は官・民双方から注目を集めることとなり多くの記録

が残されていった。このように，支払いに銀を用いるか銅銭を用いるかという問題とは別に，物価や賃金が銀建てであったか銅銭建てであったかという問題が存在するのであり，そのことには十分に注意を払う必要がある。

　さらに，民間の銅銭流通を分析する上では，私鋳や銷燬のとらえ方が重要となる。銅銭の銭価（貨幣としての価値）と素材価値（金属としての価値）に小さくない差額がある場合，私鋳ないし銷燬がしばしば盛行するのである。すなわち，銅銭が素材価値を大きく超えた購買力を持つとなれば，市場で銅材を購入して私鋳を行うことに利潤が生じ，私鋳が横行する。反対に，銅銭が素材価値ほどにも評価されない状況となれば，それを銷燬して銅材として販売した方が銅銭として支払いに用いるよりも有利になり，銷燬が横行するのである。ただし，私鋳や銷燬の発生から銭価と素材価値との関係を遡及的に推定することはできない。上述の内容は，制銭と同一品位の銅銭の私鋳を想定したものであり，また，銅材として販売するための銅銭の銷燬を想定したものである。私鋳は，亜鉛などの卑金属の配合比率を増したり周縁部を削り取った制銭から型どりするなどして制銭よりも低品位の銅銭を鋳造することが多い。また，品位に差異のある複数種の銅銭が並存し，それらが同一の銭価で評価されている場合は，良貨を悪貨に改鋳することによって利潤が得られる。銷燬についても，銅材ではなく加工した銅製品として販売するのであれば，素材価値より銭価が高い場合でも銅銭を銷燬して利益を得ることはできる（もちろん，流通している銅を調達できるならば，その方が利益は大きい上に法を犯すこともないのだが）。このような理由から，私鋳や銷燬の発生をもってただちに銭価と素材価値との関係を判定することはできない。とはいえ，銭価が素材価値を上回っていればいるほど私鋳を誘発しやすく，素材価値が銭価を上回っていればいるほど銷燬を誘発しやすいことは間違いない。

　以上の内容を踏まえて本書では，政策的に決定された制銭供給が市場においてどのように受け止められ，いかなる結果をもたらしたのかを丹念に跡付けたいと考える。

　続いて次節では，先行研究の成果と本書の課題との関わりについて論述した

い。

II　先行研究

（i）清代貨幣史

　本項では，現在までの清代前期の貨幣史に関する研究動向を整理し，そのなかに本書の研究課題を位置づける。なお，研究史を振り返るにあたっては，各論者の執筆意図やその当時の史料状況に十分配慮しなければならないが，以下ではこれまでの豊富な研究成果を極力簡潔に整理するため，敢えて今日の貨幣史研究の到達点に立脚して，乾隆初年を頂点とする銭貴，それと同時に進行した銅銭遣いの拡大，そして制銭供給政策という三つの事象がいかなる関連のもとに論じられてきたのかという点に焦点を絞って論述を進める。

　清代前期の貨幣および貨幣政策に関する日本側の研究としては，先駆的研究として小竹文夫［1942］が挙げられる。そこにおいては，銀と銅銭の基本的性格，銭価・公定換算率・素材価値の関係，銭価変動が兵餉の購買力に与える影響などの諸点に注意しながら，『欽定大清会典則例』『皇朝文献通考』などの文献から収集した関係史料に分析を加えている。小竹氏は種々の政策にバランスよく説き及んでおり，そのなかには後年の研究が取りこぼしている論点も少なからず見られる。ただし，銭価と素材価値に差が生じた場合の私鋳・銷燬の発生を重視するあまり，銭価の変動を銅価の反映という一点から説明している点に限界があるといわざるを得ない。

　戦後になって，宮下忠雄［1952］・佐々木正哉［1954］が近代貨幣史の淵源を探る目的で乾隆以前の貨幣制度について概観した。ついで佐伯富［1959］は，『雍正硃批論旨』を利用して，雍正年間に行われた黄銅器皿の収買や洋銅・滇銅の調達，さらには各鋳銭局の制銭鋳造などについて論じた。ただ，前二者は近代前夜の状況を一般化した論述，後者は雍正年間という特定期間に限定した考察であり，百数十年にわたる清代前期にみられた銭価の騰落や銅銭使用範囲の拡大といった変遷には注意が向けられていない。その後は，市古尚三［1972］

［1974］［1975］なども出たが，戦後70年代までの日本において清代前期の貨幣史はあまり盛んに研究されてはいなかったといえる。当時は明清時代の商品生産に多大な関心が寄せられており，商品経済への注目度は高かったものの（岩井茂樹［1993a］），流通面の研究は不活発であり同時代の貨幣を正面に据えた研究はほとんど現れなかった。

中国側では，編纂史料を渉猟して清代の貨幣をめぐる諸問題を網羅的に扱った楊端六［1962］，中国貨幣史の通史として知られる彭信威［1965］が出版された。特に後者は古典的存在として現在でも多くの研究で参照されているが，なお概括的な記述にとどまる。

清代前期の貨幣史に関する最初の本格的な研究書として挙げられるのが，台湾の陳昭南［1966］である。同書はまず，雍正から乾隆における京師・江南・その他の地域の銭価の変動を追い，乾隆初年に銭価が最も高騰したことを指摘する。そして，銭貴発生の経緯として，雍正から乾隆初年には人口増大・経済発展によって貨幣需要が高まったが，銀が海外から十分に供給されたのに対し，供給された制銭の多くが銷燬されて銅器の材料となったため，銅銭の流通量増加は不十分なものにとどまり結果として銭価が高騰した，と述べている。また，銀遣いから銅銭遣いへの転換を記した複数の史料を提示し，商品経済の発達によって単位重量あたりの価値の過大や純度の著しい不統一などといった欠点をもつ銀の使用が忌避されるようになり，銀遣いから銅銭遣いへの転換が進んで銭価の騰貴に拍車をかけた，と論じている。しかし，銀遣いの不便は従前から十分認識されていたはずであり，商品経済の発達は銀に対する市場の忌避をそれほど短期のうちに大きく増幅させるものなのか，明確な説明はなされていない。また，銅銭の不足と銅銭遣いの拡大は決して並行し得ないものではないが，それにしてもこの時期の銅銭遣いの拡大は劇的であり，十分に流通していない銅銭に銀をこれほどまでに駆逐する余地があったのか，という疑問も残る。とはいえ，同書において，乾隆初年を頂点とする銭価の騰貴，およびその背後で進行していた銀遣いから銅銭遣いへの転換が指摘されたことは，今日に連なる清代貨幣史研究の直接の出発点をなすといってよい。

ついで Wang, Yeh-chien 王業鍵［1979］［1981］は，清代の銀と銅銭の併用状況を説明するにあたり，銀と銅銭はそれぞれ固有の流通範囲を有するものの，それらの中間には銀と銅銭のいずれもが使用されうる「共同流通範囲」が存在し，両者の供給量に著しい差異が生じた場合は豊富に流通する貨幣が他方の貨幣に取って代わって専用されると論述している。氏の説明は，清代中国における銀銭併用の特色を理論的に提示しようとしたものであり，具体的な個々の史実と結びつけた議論はなされていない。また，一方の貨幣が他方の貨幣に代替していく際の銭価の推移には言及していない。だが，銀と銅銭の「共同流通範囲」内における代替可能性を明瞭に指摘するとともに，代替が発生する原因として銀や銅銭の属性ではなく供給量を挙げている点は示唆に富むものである。

前掲の陳昭南［1966］においては，欠乏しがちで対銀換算率を上げていた銅銭が（それにもかかわらず）銀に代替していき銭価高騰に拍車をかけたと論じられていた。それに対して，王業鍵氏の理論を用いて雍正から乾隆初年にみられた銅銭遣いの拡大をとらえようとするならば，銀と銅銭の「共同流通範囲」から銀を駆逐していった銅銭の方こそがより増加していたことになる。確かに，銅銭が増加して従来よりも使用範囲を拡げたとするならば，それは極めて自然に理解しうる展開である。ただ，相対的に銀の増加量が小さかったゆえの銀の退潮であれば，銭価が長期的に且つ大幅に上昇することはないであろうし，実際にはむしろ銀は海外から滔々と流れ込んでいた。銀との増加量の落差によって銭貴と銅銭遣い拡大を説明するのは難しそうである。とはいえ，使用範囲を拡げていた銅銭の流通量が増加していた可能性は確かに考慮する必要がある。このように，王氏の見解は示唆的なものであった。しかし，清代における銭価や銀と銅銭の使用範囲の変動を具体的に検討するものではなかったためか，雍正から乾隆の銭貴をめぐる活発な議論を呼び起こすことはなかった。

日本において銅銭遣いの拡がりを初めて指摘したのは，清代前期の江南における米価の推移を分析した岸本美緒［1978］である。そこで岸本氏は，種々の物価史料をみると明末から乾隆初年は銀表示が多いのに対し，乾隆中葉以後は銅銭表示が一般的になっていることを指摘した上で，銅銭遣いの拡がる様子を

記録した筆記史料を引用し,「乾隆年間の半ば以降銅銭使用が優勢になった」ことを論じた。ただし,物価史研究のなかでなされたこの指摘が,すぐに貨幣史研究に取り入れられることはなかった。その反面,前掲論文を始めとする岸本氏の一連の研究（岸本美緒［1997］にまとめられている）によって,16世紀から18世紀にかけての中国の経済変動を海外からの銀流入の増減に起因する好不況の波として把握しようとする分析視角がその他の研究者にも共有されるに至った。かかる潮流のなかで雍正から乾隆中葉の銭貴を捉え直したのが黨武彦［1990］［1995］であり,そこで黨氏は,当該時期の銭貴は景気変動における物価上昇期において銅銭という一商品の価格が騰貴したものであったとみた。

一方,足立啓二［1990a］［1990b］［1991］は,主穀・綿花・豆餅などを主体とする全国市場の形成にともなって銅銭需要が増大し,その結果として銭価が高騰した,と主張した。また,そこにおいて足立氏は,「供給拡大が流通拡大を生み出したとは言え」ず,銅銭流通の拡大は「私鋳銭によって実現され」,清朝は「市場の渇望に応じて」制銭を供給した,という理解を示している（足立［1991：60-63頁］）。前述したように,かつての商品生産研究からは貨幣史研究は生まれなかったが,足立氏の研究は商品流通進展との関連のもとに銅銭需要の拡大と銭貴の発生を論じたのであった。

黨・足立両氏の研究は,論旨を異にしながらも,ともに長期的視野から乾隆初年を頂点とする銭価高騰を市場全体の変化のなかでとらえようとした点は共通している。また,80年代に続々と刊行された檔案史料を積極的に利用することによって従前の研究よりも格段に実証的な論述を行った点においても注目すべき研究である。しかしながら,銭貴と並行して急激に進行した銀遣いから銅銭遣いへの転換は主要な分析対象とはされなかった。この他,乾隆初年の銭貴に関しては王光越［1984］,袁一堂［1990］なども発表されたが,やはり銅銭遣いの拡大に関する十分な説明はなされていなかった[5]。

そのようななか,銅銭遣いの拡大を重要な論点として意識的に取り込みつつ貨幣史を基盤に全く独自の市場論を展開したのが,黒田明伸［1994］であった。清代前期に関する黒田氏の所説（同書の前半部分）を要約すれば,以下の通りで

ある。すなわち，清朝が銀の大量流通に起因する米穀需給の不安定化を克服するために，雍正年間に各地の常平倉において米穀の備蓄と糶売を強化したことが，米穀購入に対する支払いに適した（米穀との「代替性」「兌換性」に富んだ）銅銭の需要拡大を惹起して，銭価を上昇させた。それに対応して清朝が全国的な制銭供給に着手し，ついで乾隆初年にそれを本格化させると，流通量の増加を凌駕する規模で銅銭の使用が一挙に広まり，却って銭貴が決定的なものとなった。その後も清朝は，制銭を供給するとともに米穀の売却を通して銅銭需要をつくり出していった。それにより，地域経済において巨大な銅銭循環が形成され，「地域資産」としての米穀と銅銭が「超地域資産」である銀に対し相対的に高く評価される構造が現れた。その結果，銀は地域経済から排除されて「地域間決済通貨」として特化し，銅銭は「現地通貨」として各地域内においてある程度高額の支払いにも用いられるようになり，さらに銭価が各地域ごとに変動することによって，銀建てによる地域経済の対外収支が銅銭に依存する地域経済内部に直接の影響を与えず地域経済の固有の流動性が確保される「非均衡型市場経済」が成立した。ただし，清朝の制銭供給は銅銭需要の季節変動に対応しない非弾力的なものであったので，それを補完するためには私鋳銭の柔軟な供給が不可避であった。それゆえ，制銭は大量供給されたにもかかわらず，結局は渦巻く私鋳銭のなかに「溶解してしまった」，という。

　それ以前に諸氏が展開した，人口増大・経済発展あるいは景気好転を銭価上昇の原因として挙げる理論は，乾隆初年という時期に銭貴が深刻化したことに対して積極的な説明を与えることが難しい。それに対して黒田氏は，雍正年間に推進された米穀備蓄政策という具体的な短期の事象を銭価上昇の契機として想定した。そして，銭貴に応じて乾隆に入って本格化した制銭供給が，米穀との「代替性」「兌換性」に富む銅銭の使用拡大とそれにともなう銭価の一層の騰貴を招いたと主張して，欠乏しつつある銅銭の使用拡大という従来の説明を退けたのであった。かくして，それまでは銭貴問題をめぐって付随的に論及されるに過ぎなかった銅銭遣い拡大がクローズアップされ，銀遣いの顕著な明末清初と「雑種幣制」に特徴づけられる清代後期との間に貨幣史上の連続性がも

たらされた。さらに，それまでは銭貴に応じた単なる追加供給とみられてきた清朝の制銭供給に，銀遣いから銅銭遣いへの移行を惹起した主要因としての位置づけが与えられることとなった。

しかし，常平倉における米穀の備蓄・糶売をすべての起点として諸変動を説明するのは難しいように思われる。雍正帝が常平倉の備蓄強化に乗り出したのは，雍正4年頃のことである。その直後は，当然のこととして，命じられた備蓄定額を達成することに重点が置かれた。もちろん米価高騰時には糶売も行われたであろうが，それだけでは康熙 (1662-1722) 以前の糶売との違いがなく，銅銭需要が急に増大する理由にならない。巨大な備蓄が形成され，それから数年を経て旧穀と新穀の継続的な「新陳代謝」が行われるようになってはじめて，康熙以前の糶売では惹起されなかった銅銭需要増大が生じ得るといえる。山本進［1988：57-69頁］によれば，各地の備蓄が充実してきたのは雍正後半のことであり，乾隆に入ると官による旧穀の強制的な売却の問題が表面化し始めた，という。それはもはや康熙以前の糶売とは本質的に異なるものであり，常平倉の米穀備蓄政策が康熙以前にはみられなかったような銅銭需要を発生させたとしても不思議ではない。黒田氏が米穀備蓄縮小と銭価上昇との相関性を証明したのも，乾隆5年以降についてである（黒田［1994：86-88頁］）。

それに対して，まず，全国的銭貴のなかでも特に深刻であった京師の銭貴が問題化したのは，足立啓二［1991：56頁］が夙に指摘しているように康熙末年のことである。したがって，雍正年間に始まる常平倉の備蓄強化とは別に，銭価が上昇した原因を求めなければならない。そして，乾隆5年に制銭供給が本格化したというのは各省であって京師には当てはまらない以上，銅銭遣いの拡大についてもあらためて検証する必要がある。また，各省の銭貴がいつ頃発生したのかは未だ十分に解明されていないが，雍正帝が各省に制銭鋳造を行うよう命じたのは雍正4年，つまり常平倉の備蓄強化に着手したのとほぼ同時期であった。よって，その時点で既に旧穀と新穀の「新陳代謝」が銭価を上昇させており，その対策として制銭供給が命じられた，とみることはできない。雍正4年以前に銭貴発生の原因を新たに探るか，あるいは，雍正4年の各省に対する

制銭鋳造命令が銭貴対策ではなかったと考える他ない。後者の場合，米穀備蓄政策の影響によって初めて銭価が上昇したという可能性は残ることになるが，いずれにせよ，京師の銭貴と銅銭遣い拡大に関する新たな分析結果を踏まえて，各省の状況にもあらためて考察を加えることが求められる。

　このように，銭価の上昇，制銭供給の増加，および銅銭遣い拡大，という諸変動の関係は黒田氏によってはじめて本格的に検討され，多くの論点が導き出されたのであるが，この問題はなお詳細に検討する必要があるといえよう。そこで注意を払うべきは，清初から銭貴発生までの期間，清朝の制銭供給は一貫して行われており，そこには制銭の規格，供給地，供給量などにかなり大きな変化がみられたという点である。かかる供給サイドの問題を閑却したまま，銭貴発生の原因を，人口増大と経済発展，あるいは銅銭と「代替性」「兌換性」の高い米穀の羅売拡充といった需要サイドの状況変化のみに求めるべきではない。清初以来，清朝はその都度何を意図して制銭供給を実施していたのか，その結果として制銭供給の内容がいかに変化し，市場にどのような影響を及ぼしたのか，といった点を検証しながら，康熙末年以降に顕著化する銭貴および銅銭遣いの拡大を捉えなければならない。特に，康熙末年から銭貴となった京師についても，乾隆初年に銭貴が頂点に達した各省についても，それぞれその直前期に私鋳銭問題が清朝中央において俎上に上げられており，注目に値する。従来，康熙後半の京師の私鋳銭問題はほとんど分析の対象とされず，雍正年間の各省の私鋳銭問題は銭貴に乗じて私鋳が盛行した結果であると論断されてきた。だがそれは，必ずしも詳細な検討によって導かれた結論ではなかった。その直後の銭貴発生や銅銭遣い拡大のメカニズムを究明するためには，京師・各省それぞれの私鋳銭問題の内実に迫り，それが制銭供給政策に与えた影響を解き明かすことが求められる。また，以上のことに加えて需要サイドに関しても，銅銭そのものに対する直接的な需要のみならず，陳昭南［1966］が早くに指摘した単位重量あたりの価値の過大や純度の著しい不統一などに起因する銀遣いへの忌避の存在を——その一点のみでは既述したように急激な銅銭遣いの拡大を説明できないのだが——あらためて考慮に入れる必要がある。

さらに，黒田氏の研究の延長上に浮上する論点として，銭貴の長期化と並行して規模を拡大していった制銭供給の内実と市場への次なる影響という問題が挙げられる。黒田氏は，清朝の制銭供給が非弾力的なものであったため，それを補完するものとして乾隆後半以後に私鋳銭が充溢するに至ったことを指摘している。そのような制銭供給の非弾力性に加えて注目されるのが，制銭供給量の極端な地域差である。杜家驥［1999］が掲げる，乾隆20年代末頃における各鋳銭局の年間鋳造定額の一覧表をみると——それは清朝の制銭供給の最盛期にあたる——，全体の4割近くを占める京師から鋳造を全く実施していない諸省まで，制銭の供給量にかなりの地域差があったことに気づかされる。制銭供給に銅銭遣いの劇的な拡がりを招くほどの影響力があったのならば，かかる供給量の大きな地域差もまた，市場の銅銭流通を左右せずにはいなかったはずである。そのような観点から，銭貴発生以後，清朝中央および各省がいかなる意図をもって制銭供給に取り組み，その結果として最盛期の制銭供給体制にいかなる特色が現れ，供給量の顕著な地域差を生むに至ったのか，さらにはそれが民間の貨幣使用にどのような影響を与えたのかを解明することが求められる。それは，清代後期における「雑種幣制」の成立とも関わってくるであろう。

　要するに，清朝の制銭供給政策が貨幣史上において重大なインパクトをもっていたことは黒田明伸［1994］によって初めて明らかにされたところであり，当該政策の詳しい実態はまさにこれから本格的な考察の対象とされるべきものなのである。そこで，制銭供給による銅銭遣い拡大と銭価上昇という黒田氏の提示した基本的枠組みを踏まえつつ，清代前期における制銭供給政策の推移を整合的に理解した上で，当該時期の貨幣史的展開を根底から捉え直す作業が必然的に要請されるのである。

（ii）清朝国家論

　政策史として清朝の制銭供給に分析を加える本書は，清代貨幣史の再構成を期すと同時に，清代の国家－社会関係を考えるための事例の提出をも企図している。そこで本項においては，清朝国家論に関する主要な研究潮流を簡単に紹

介しながら，政策史的観点から清朝の国家像を論じるにあたっての本書の視角を述べたい。

まず，専制王朝としての中央集権・皇帝独裁体制をめぐる議論を取り上げる。足立啓二［1998］は，中国専制国家が一貫して政治的決定権を皇帝に集中させるとともに官僚機構を独自の権限をもたないものへと骨抜きにしていき，商品経済の発達による社会の流動化とも相俟って国家の社会を把握する能力は低下し続けたと論じる。足立氏はかかる変遷を「専制的純化」の語で表現し，それが最も極まった王朝が清朝であった，と位置づけている（77-80, 164-170頁）。ちなみに，同書において，前掲足立［1990a］［1990b］［1991］で示された貨幣史的論点は明示的には取り込まれていないが，同書に描かれた国家の社会把握の低下は，商品経済の発達が国家の統制を離れた私鋳銭による銅銭流通の再生を促していくという前掲論文で論じられた清代貨幣史像と確かに重なり合う。

それに対し，正規の王朝支配が社会の隅々までを包摂しえないのはもとより織り込み済みであって，かかる前提のもとに王朝支配の非公式部門が広がりをもって現実社会に柔軟に対応していたことを主張する議論が，近年注目を集めている。岩井茂樹［2004b］は，明代から現代中国に至る財政体系の構造分析を通して，中央が掌握する（掌握するものとされる）「中心の領域」は「徹底的に中央集権的」であったが，それ以外の中央が掌握することを放棄して地方官の裁量にはじめから任せていた「周辺の構造」は「徹底的に分散的」であった，と論じている。そしてその上で，「中心の領域と周辺の構造とは，対立しているのでもないし，当為とそれから逸脱した現実という単純な関係にあるのでもな」く，「中心の領域」と「周辺の構造」が相互に依存し合う関係にあったことを強調している。さらに，以上の議論を権力構造の問題に敷衍して，「権力の分散性こそが，じつは天にまで通じる皇帝の正統的権力の絶対性を支え，保護してい」た，と述べている（476-483頁）。

また，山本英史［2007］は岩井氏の所説に賛同し，徴税機構の編成や在地勢力との関係をめぐる考察に基づいて，「皇帝による集権的な支配権力が中国各地域の末端にまで広汎に浸透していたと見る，ないしはそうあるべきだと見な

す「当為」とは別に，……地域における既存の支配力に相当部分を依拠した「実態」が存在し」ていたのであり，清朝は「「実態」を「当為」の中にいかにして矛盾なく編み込むかに腐心し」ていた，と述べる。そして，「「当為」と「実態」の両者が織りなす複合的な制度の下に王朝支配が維持されていた」との理解を示している。

　一方，明朝との対比から，社会状況に的確に対応していった清朝の現実主義的側面に注目する研究が存在する。乾隆初年～同10年代の米価高騰に対する清朝の施策を分析した岸本美緒［1987a］は，「清朝政治の基本性格」として，「大原則を基礎とし，状況に応じて最もよい実質的結果を得ることを目指す」態度を挙げ，それは「必然的に，政府の政策方針に対症療法的・試行錯誤的性格を付与する」と述べている。ついで岸本［1995b］は，「明初体制は，財と人との流動化に対しうまく適応していくことの困難な「固い」体制であった」のに対し，その崩壊後に清朝が採用したのは，賦税・徭役の一本化や一般人による奴婢所有の公認など「社会の流動化にスムーズに対応しうる」「「柔らかい」体制」であった，と説く。さらに岸本［2001］は，16世紀以降の商品経済の伸張によって動揺した社会秩序の再建という課題に対処した雍正帝のビジョンとして，「皇帝にすべての権力を集中しようとする一元的な秩序理念と同時に，社会経済の流動化の勢いを抑えることなくコントロールしてゆこうとする雍正帝の柔軟な姿勢」を指摘している。

　また，上田信［2005］は，明代とは対照的に清朝の支配が安定した18世紀には「帝国の恣意はほとんど感じられない」とし，清朝は「少数民族の満洲族が人口の多数を占める漢族を支配するという緊張感」と「人民に食を与えなければ帝国は崩壊するという危機感」をもって通貨と糧食の安定供給に多大な関心と労力を費やした，と述べている。上田氏の議論もやはり，一方的・人為的に社会を編成するのではなく社会の変化に適宜対応していく清朝の姿を描出するものである[6]。

　岩井・山本両氏の議論は，王朝支配の非公式部門こそが多様で可変的な現地社会への対応を可能にしていたと強調しているのに対し，岸本・上田両氏の議

論は，明朝と比較した場合に清朝は王朝支配の公式部門において現地社会の変化に対応する柔軟性をもっていたことに注目している。両者の力点の置き所が異なるのは，恒久的な財政体系と個別的な経済政策という研究対象の相違に由来するところが大きいといえよう。また，山本・岸本・上田の各氏の議論は清朝の特徴を指摘したものであるが，岩井氏は明朝から現代中国までを貫く国家体制の基本的性格を論じたものであり，かかる相違も看過すべきではない。ただ，いずれにせよ，国家機構の存立のありようを論じるにあたって，社会経済の動向にいかに適合的に応じていたかを問題にしている点は四氏の議論に共通しているように見受けられる。一方，足立氏は，国家の社会からの乖離を強調しているが，そこにおいて国家の目的は「専制的純化」の一点に絞られている。

　本書は，国家が社会にいかに対峙していたか，あるいは対峙していたか否かという問題設定からは出発しない。本書は，あくまでも清朝政府の政策意図に即して制銭供給政策の展開を把握し，結果的に取り結ばれたものとして市場との相互関係を射程に捉えようとするものである。前節において説明したように，清朝は制銭供給を実施するにあたって，市場，皇帝政治の統治理念，軍政，財政の各方面の政策課題に包括的に取り組みながら政策形成をしていた。重要なのは，後三者は本来あるべき政策形成を妨げる手枷足枷などではなく，そのいずれもが市場の安定と並んで清朝支配を維持するための根本的問題であった，ということである。本書では，清朝がその限られた統治能力を市場の問題を含めた各政策課題にいかに配分していたのかを観察することによって，清朝支配に真に求められていたものは何だったのか，清朝支配とはいかにして成り立っていたのか，という問題の一端に迫りたい。そこにおいて，国家から社会（市場）への直接的・意識的な働きかけ（意図的な放任を含む）は，国家－社会関係の一側面としておのずと相対化されることになる。

　清朝国家論をめぐるもうひとつの研究潮流として，清朝が満洲人を中核とする八旗を人的資源として多様な版図を統治した王朝であったことを重視する立場がある。周知のように，中国進出以前に清朝に帰順した満洲人・モンゴル人・漢人らは八旗に編成され，様々な政治的・文化的背景を有する広大な版図の支

配を行政・軍事両面において実現していった。そこにおいて中国内地は，清朝皇帝と八旗によって束ね上げられた帝国の一部を構成するに過ぎないというだけでなく，明朝から受け継いだ統治機構も清朝独自の原理に則って運用されていた。Sugiyama Kiyohiko（杉山清彦）［2005］は，皇帝を含む旗王が八旗を分有支配しており，かれらの属下への影響力は総督・巡撫のような高官に対しても絶対的であったことを論じ，「清は確かに明の官制体系をほぼそのまま引き継いだが，人事を通して浸透することにより，いわば明制を"乗っ取った(hijacked)"のである。しかも，それはハン＝皇帝の手足としてというより，皇帝をも含む旗王が，自らの属下を通して権限と版図を分有していたと言える」と強調している。

　かかる立場からは，近年，八旗の組成原理や皇帝・八旗と外藩諸勢力との人的関係に関するものを中心として，多数の個別実証研究が蓄積されている。ただ，清朝が八旗を中心とする王朝であったということが具体的に中国内地における実際の政策にどのような痕跡を残したのかについては，必ずしも明確に議論されているわけではない。ここで重要なのは，八旗の問題が原因となって，清朝皇帝が中国内地の「民人（irgen）」に対して伝統的な「一君万民」的君主として振る舞うことに矛盾をきたし，そのことが実態面において清朝の中国統治に影響を及ぼすような事態があったのか否かである。これについて本書では，制銭供給をめぐる政策課題のひとつとして兵丁の生計問題を取り上げるなかで，八旗生計問題が清朝にとっていかなる位置を占めていたのか，そしてそのことが制銭供給政策の展開をいかに左右していたのかを論じていく。

　以上に挙げた以外にも，清朝国家の理解に資する見解が多数提出されていることは言うまでもない。ここでは，ひとえに本書の位置づけを明確にすることを目的として，本書の議論に直接関係するもののみを取り上げ，本書との対比を行った。

Ⅲ　史　料

（ⅰ）編纂史料

　本節では，本書で利用する史料を編纂史料・檔案史料・起居注冊・筆記史料に大別して，それぞれの特徴を説明する。

　清朝の制銭供給政策を検討する上では，当然ながら，歴代皇帝の事蹟を記録した『大清歴朝実録』や，施行された法令をまとめた『大清会典』『欽定大清会典則例』『欽定大清会典事例』『皇朝文献通考』などの編纂史料をあらためて十分に調査しなければならない。ただ，それらの官撰書はその性格上，裁可・実施された政策を記すのみであり，そこに至る経緯は追跡できないし，裁可・実施に至らなかった提議はほとんど記載されていない。加えて，"民生を保護する"という支配王朝としての公式見解が前面に押し出されており，ほとんどの政策がその文脈のもとに説明されている。そのため，制銭供給政策の概要を知ることはできるものの，清朝が造幣権の問題や兵丁の生計問題，制銭鋳造の採算の問題等をふまえて，さまざまな可能性を取捨選択しながら制銭供給政策の内容を練り上げていった経緯を明らかにすることはできない。よって，制銭供給政策に込められていた清朝側の政策意図を解明するためには，政策決定の過程において作成・使用された，一次史料である檔案史料（後述）の活用が不可欠となる。

　そのようななか，前掲の編纂史料とは性質を異にする，特に注目すべき編纂史料といえるのが，乾隆31年告成の『欽定戸部鼓鋳則例』である。それは，制銭供給の全盛期にあたる乾隆30年時点の京師両局および各省鋳銭局の辦銅・鋳造・諸経費などについて詳細に記録した史料であり，檔案史料を大量に読み込んでも容易には復元できない内容を有している。同史料は近年になって影印出版されたが，管見の限りでは，川勝守［2007］が同史料の成立の経緯と京師両局の辦銅に関する簡単な分析を行った以外には未だ利用されていないようである。本書では，乾隆中葉の制銭供給を論じる第八章において，檔案史料と併せ

て同史料を主要な典拠とする[7]。

　(ⅱ) 檔案史料

　檔案史料としては，第一に，順治から雍正にかけて文書行政の中心的役割を担い，乾隆以後も日常的な行政処理に引き続き用いられた題本がある。在京各衙門あるいは各省督撫らが上せた題本は，内閣の票擬（決裁案の作成）と皇帝の決裁を経て，六科（財政・経済に関する案件ならば戸科）が預かり複写を作ってそれを関係衙門・官僚に送付したのち，内閣に戻され保管された。現在台湾中央研究院歴史語言研究所に所蔵されているものが，『明清檔案』に収められている。また，北京大学を経て中国第一歴史檔案館に収蔵された順治・康熙・雍正の題本が同館所蔵マイクロフィルム「内閣漢文題本（北大移交部分）」に収録されており（貨幣関係題本のほとんどは順治のものであり，その大半は「順治年間制銭の鼓鋳」と題して『清代檔案史料叢編』7に掲載されている），さらに同館所蔵の乾隆元年以降の貨幣関係題本がマイクロフィルム「内閣漢文題本戸科貨幣類」に収録されている。「内閣漢文題本戸科貨幣類」については，鄭永昌［1989］が紹介を行っている。

　ただ，康熙・雍正年間の題本はほとんど現存していない。そこで本書では，戸科が前述の複写とは別に史官の記録に供することを目的として題本の内容を写し取り内閣に送り届けた「戸科史書」（中国第一歴史檔案館所蔵）を利用する。なお，本書で用いる檔案史料のなかでも「戸科史書」は特に多用することになるが，同史料を紹介・分析したものはみかけない。そこで，本書では補論Ｉにおいて同史料の概要を説明しておく。

　雍正年間以降は，奏摺が次第に政策決定過程における重要性を増していく。奏摺はもともと官僚から皇帝に宛てた私信であり，康熙年間に起源をもつとされる。雍正帝は奏摺を積極的に利用して，官僚たちを直接に掌握しようとした。乾隆帝の即位後には奏摺は政務全般の処理を担うようになり，在京各衙門も主に督撫らの提議に関する議覆として奏摺を上せるようになった。奏摺は皇帝自ら硃批を加えたのち軍機処に下され，上奏者に一旦返却されるが，最終的には

回収され宮中に保管された。本書では，台湾故宮博物院所蔵奏摺を収める『宮中檔雍正朝奏摺』・『宮中檔乾隆朝奏摺』，中国第一歴史檔案館所蔵の財政関係奏摺を収める「宮中檔硃批奏摺財政類」を用いる。また，硃批が与えられなかった奏摺は上奏者に返却されず軍機処に留め置かれたので，原件でありながら後述の「軍機処漢文録副奏摺」に収録されているものがある。

奏摺の複写には，中国第一歴史檔案館所蔵「軍機処漢文録副奏摺」所収の各省督撫・科道官の録副奏摺，同館所蔵の軍機処議覆檔（満文議覆檔を除く）をマイクロフィルム化した「議覆檔」所収の軍機大臣・総理事務王大臣の録副奏摺，ならびに台湾中央研究院歴史語言研究所『明清檔案』所収の戸部の奏副（副摺ともいう）などがある。とりわけ後二者は，乾隆初年の戸部の奏摺が前掲「宮中檔硃批奏摺財政類」に収められているのを除いて原件奏摺がほとんど残されていないので，極めて史料的重要性が高い。なお，補論Ⅱでは中国第一歴史檔案館所蔵「議覆檔」の概要を説明する。

また，軍機処では明発上諭・寄信上諭の複写である上諭檔を作成・保管しており，中国第一歴史檔案館所蔵の乾隆年間の上諭檔が『乾隆朝上諭檔』として影印出版されている。上諭には，内閣を通して広く官僚層に公布される明発上諭と，軍機処から特定の地方官に直接通達される寄信上諭とがある。一般に後者は機密性が高いといわれるが，地方官が奏摺において寄信上諭を引用し，その後通例に従い録副奏摺が作成され，その内容が内閣から関係衙門・官僚に通達されることは多々ある。とはいえ，案件への関与の有無に関わらずあらゆる官僚に公布される明発上諭とは，当然ながら性格は異なってくる。なお，「康雍乾戸部銀庫歴年存銀数」（『歴史檔案』1984-4，所収）は，上諭檔のなかに挟み込まれていた奏片（奏摺に添付された文書）を活字化したもので，乾隆40年に軍機大臣が諭旨に従って前年までの戸部銀庫の貯蔵額を調査・報告したものである。最も古い数値は康熙6年のものであり，康熙年間は欠落がいくらかあるが雍正元年から乾隆39年までは完全にそろっている。この奏片によって，康熙初年から乾隆30年代までにおける戸部銀庫の貯蔵額の推移がわかる。当該史料の重要性は，岸本美緒［1995a］によって明らかにされている。また，当該史料

の情報源になったと思われる戸部銀庫黄冊に関する研究に，史志宏［2008］がある。

この他，中国社会科学院経済研究所には，1930年代に社会調査所が故宮博物院等の檔案を抄写した「清代鈔檔」と称される史料群があり，そのうちの一冊である『題本 銭法（19）一般（一）256』には，既述の影印本・マイクロフィルム等からは確認できない題本・奏摺の写しが収録されている[8]。「清代鈔檔」については，岩井茂樹［1993b］がその成立の経緯を分析している。

(iii) 起居注冊

以上の他に官側で作成された史料としては，起居注冊がある。起居注冊とは皇帝に近侍する官が皇帝の起居言動を記録したものであり，皇帝の死後に実録を編纂する際の資料となった。清朝は，康熙10年に起居注官を置いて起居注冊の作成を開始し，康熙57年に一度取り止めたが雍正元年に再開して清末まで継続した（加藤直人［1979］）。本書に関係するのは康熙・雍正・乾隆の起居注冊であり，中国第一歴史檔案館所蔵のものが『康熙起居注』『雍正朝起居注冊』『乾隆帝起居注』としてそれぞれ出版されている（康熙は活字化したもの，雍正・乾隆は影印本である）。

『康熙起居注』には，康熙帝が題本に与える諭旨を決する際に大学士と口頭で取り交わした言葉が記されており，その記載と実際に朝廷・戸部・各省の間でやり取りされた題本（既述したように，康熙年間に関しては原件ではなく専ら「戸科史書」を利用することになる）を突き合わせることによって，政策決定・施行過程をより正確に把握することが可能になる。

『雍正朝起居注冊』は『大清世宗憲皇帝実録』の記述に近いが，『実録』には見られない文言が記されている場合がある。本書では，両方に記事がある場合は『雍正朝起居注冊』を引用・参照する。

『乾隆帝起居注』は，『大清高宗純皇帝実録』の記載と取り立てて違いがないので，本書では使用していない。

なお，起居注冊は明確な規定のもとに一年ごとに正本としてまとめられてい

たのであり編纂史料とみなすこともできるが，ここでは後年に編集されることのない一次史料であることと公刊された書物ではないことに着目し，編纂史料とは区別して単独の項目を立てた。

(iv) 筆記史料

以上に述べた官側の史料からは，政策過程のみならず民間の銅銭使用についても多くの情報が得られるが，民間の状況については官側の史料だけでなく個人の筆記史料を十分に検討することが必要なのは言うまでもない。

利用する筆記史料は，唐甄『潜書』(下篇上，更幣)，葉夢珠『閲世編』(巻7，銭法)，黄印『錫金識小録』(巻1，備参上，交易銀銭)，汪輝祖『病榻夢痕録』(巻下，乾隆57年条)，鄭光祖『一斑録』(巻2，人事；雑述6，銀銭貴賤；雑述6，洋銭)，銭泳『履園叢話』(叢話1，旧聞，銀価)。

Ⅳ　本書の構成

以下，本書の構成を説明する。本書の本論は前編と後編に分かれ，それぞれ四章から構成されている。そして，本論の考察結果を踏まえた結論，および，二つの史料解題を収めた補論を別途設けている。

前編〈銭賤から銭貴へ〉は，清朝が明末以来の銭価低迷のさなかに制銭供給に着手して以後，康熙末年から乾隆初年にかけて各地で銭貴が発生するまでの制銭供給政策の展開を追跡し，清朝の政策意図の変化が制銭の規格や供給地・供給量に著しい変化をもたらしたことを明らかにするとともに，当該政策が康熙末年以降における銭価の高騰や銅銭遣いの拡大といかなる関係にあったのかを検討するものである。

第一章〈明清交替と貨幣〉では，まず，主に先行研究に依拠して，明代中葉に本格化した海外からの銀流入が明朝の制銭供給の不活発と相俟って中国内地での銀遣いの拡がりと銅銭遣いの後退を招くとともに，北辺における交易の活発化をもたらしマンチュリアにおいて清朝の成立を促した経緯を述べる。その

上で，中国内地に進出した清朝が制銭供給に着手した意図について，鋳造差益の計上とそれに対する戸部の姿勢とを中心として分析を行う。

第二章〈清朝の中国支配確立過程と制銭供給政策のゆらぎ〉では，清朝がいったんは中国内地の征服を完了しながら三藩の乱の勃発に遭い，三藩ならびにそれに同調した台湾の鄭氏勢力を鎮圧した後に中国内地の支配を確立するという過程において，制銭供給が良貨鋳造と悪貨濫造の両極のあいだをゆらぎ続けていたことを指摘し，政治情勢との関わりに留意しながら当該時期における制銭供給政策の変遷を読み解く。

第三章〈康熙後半の京師における私鋳銭問題と銭貴の発生〉では，康熙後半に康熙帝によって俎上に上げられた京師の私鋳銭問題の実態を明らかにするとともに，洋銅の流入と京師両局の鋳造額との関係を論じる。そして，私鋳銭問題への取り組みと京師での制銭供給が，京師および周辺地域における銭価の発生といかなる関係にあったのかを解明する。また，乾隆40年前後に銭貴が沈静化するまでの京師および直隷の銭価の推移を示す。

第四章〈雍正年間の各省における私鋳銭問題と乾隆初年の銭貴の発生〉では，雍正帝が意欲的に取り組んだ各省の私鋳銭問題を取り上げて，既に銭貴が発生していた京師との状況の相違や政策上の連動を考慮しつつ，当該時期に強行された黄銅器皿の強制収買とそれらを原材料に用いた各省の制銭鋳造の実態を明らかにする。そして，その頃から江南を中心として全国的に問題化した銭貴と各省の制銭供給との関係を分析する。

後編〈最盛期の制銭供給とその行方〉は，清朝が銭貴への対応に迫られるようになってから乾隆中葉に年間鋳造定額が最大となるまでの制銭供給政策の推移を追跡して，銭貴に直面した清朝中央および地方官が何を企図して制銭供給を推し進めた（あるいは忌避した）のかを解き明かし，供給量の大きな地域差を生んだ制銭供給体制の特質と清代後期貨幣史への影響を論じるものである。

第五章〈京師の銭貴と制銭供給政策〉では，まず，康熙末年に問題化し乾隆初年にピークを迎えた京師の銭貴と八旗兵丁の生計問題との関わりを明らかにする。その上で，洋銅が減少する一方で滇銅が増産するなか，京師両局の制銭

鋳造がいかに推移したのかを論じるとともに，鋳造された制銭が八旗兵餉に集中的に搭放されていった経緯を分析し，京師の制銭供給をめぐる清朝の政策意図とそれが当該政策に与えた影響を論じる。

第六章〈各省の銭貴と制銭供給政策〉では，経済的最先進地域であった江南を事例として，各省において銭貴が民間に与えた弊害を明らかにする。また，各省が京師調達分の余剰の洋銅・滇銅しか確保しえない状況にあって，各省がいかなる形での制銭供給を指向し，それに対する中央の反応がどのように作用したのか，そしてその結果として各省の制銭供給政策がいかに方向付けられたのかを論述する。

第七章〈雲南省の制銭供給政策〉では，雍正元年に再開してから乾隆初年までの雲南省の制銭供給政策を取り上げ，康熙後半から省内において銅が増産し制銭鋳造が再開されるに至った経緯を省財政との関係から検討する。また，そうして始められた制銭供給が現地雲南において銭価の低落を引き起こすなか，どのような意図をもって推進されていたのかを明らかにする。

第八章〈乾隆中葉の制銭供給体制とその後〉では，第五・六・七章の考察結果を踏まえて，乾隆10年代から同40年までの京師・各省の制銭供給政策の推移を追跡する。そして，その結果として現れた制銭供給量の地域的な偏りを指摘し，かかる制銭供給から導かれることとなる乾隆末年以降の貨幣史的変遷への展望を示す。

結論では，以上の考察によって明らかになった内容をまとめ，制銭供給政策史の観点から清朝支配と民間の貨幣流通との統合的把握を試みる。

補論Ⅰ〈中国第一歴史檔案館所蔵「戸科史書」について〉および補論Ⅱ〈中国第一歴史檔案館所蔵「議覆檔」について〉では，それぞれ所収の貨幣関係題本を中心に，本書で多用したが清代史研究において未だ利用が進展していない中国第一歴史檔案館所蔵「戸科史書」および「議覆檔」の概要を述べ，それらの史料的価値の一端を示す。

註
（1）　明初以前の中国貨幣史の展開については，宮澤知之［2007］を参照。
（2）　銅銭1,000文を指す単位としては，「串」の他に「貫」が用いられることも多いが，本書では，官側の史料に最も頻繁に現れる「串」に統一する。
（3）　銀と米からなる兵丁への給与の銀支給部分。以下，本書では特に断らない限り，兵餉とは兵餉銀を指すものとする。
（4）　本書において「清初」とは，清朝が中国内地に進出した順治元年から，三藩の乱（康熙12〜20年），対ロシア戦（康熙24〜28年），対ジューン＝ガル戦（康熙29〜36年）を経て，清朝が故地マンチュリアと中国内地の支配権を確立するまでの約半世紀を指す。
（5）　中国側では近年，鄧亦兵［2001］，周玉英［2005］，王徳泰［2006］，李強［2007］，陳鋒［2008：575-588頁］など，乾隆初年を頂点とする銭貴について論じた研究が多数発表されているが，いずれも銅銭遣いの拡大に対する関心は希薄である。
（6）　上田信［2005：400-415頁］の通貨問題への言及については，本書の内容とも関わるため，以下のことを指摘しておかねばならない。同書は，黒田明伸［1994］を要約したものとして，「一八世紀の前半，銅銭は北京において戸部と工部に直属する宝源局・宝泉局と呼ばれる造幣局で鋳造され，主に軍隊への給与の支払いを通して中国全土に分配された。多くの兵士が駐屯する地域に，多くの銅銭が支給される。したがって，経済が発達し通貨を必要とする地域に，必ずしも十分な銅銭が供給されるという仕組みにはなっていなかった」（404頁），「（乾隆年間に入ると）駐留する軍隊が少ない省で，まず不足する銅銭を補充するために鋳造が開始され，全国に及んだ」（405-406頁）と論じているが，それらに相当する記載は黒田［1994］には見出せない。のみならず，それらは史実としても正確ではない。そもそも京師両局の鋳造した制銭が地方の兵餉に搭放された例は皆無に近いし，加えて兵餉における制銭搭放割合は一律ではないから，兵数が少ない省ほど従前の供給量が小さかった（それゆえ制銭鋳造が早くに始められた）という説明は成り立たないのである。黒田氏は，制銭供給が兵餉搭放に組み込まれていたため銅銭需要の季節変動などに対応する柔軟さを持ち合わせていなかったことを述べているのであって，兵数の多寡と制銭供給の多寡との関係は論じていない。
（7）　同史料の存在は，明清史夏合宿2006（2006年7月29〜31日，於熱海ビレッジ）にて研究報告を行った際，コメンテーターの黨武彦氏よりご教示いただいた。こ

こに記して感謝申し上げます。

(8) 中国社会科学院経済研究所において当該史料を閲覧するにあたっては，中国社会科学院近代史研究所劉小萌氏ならびに綿貫哲郎氏にご助力をいただいた。あらためてお礼申し上げます。

前編　銭賤から銭貴へ

第一章　明清交替と貨幣

　17世紀前半にマンチュリアにおいて成立した清朝は，順治元年（1644）に明朝滅亡後の中国内地に進出し，北京入城後ただちに制銭「順治通宝」の鋳造に着手した。その後，中国内地全土に支配領域を拡大するなかで，各省および一部の鎮においても順次，制銭の鋳造を始めていった。

　清朝が中国内地に進出した頃の貨幣状況は，銀遣いの主流化と銅銭遣いの後退，市場における銅銭の対銀比価たる銭価の低落によって特徴づけられる。そのような状況は，明代中葉以降の銀の増加を直接の契機として形成されたものであった。さらには，明朝に取って代わって中国の支配王朝となった清朝の成立もまた，中国内地における銀の増加という情勢と密接に関係していたことが，近年の研究によって明らかにされている。つまり，銀増大という同一の背景のもとに展開したのが，中国内地における銅銭遣いの後退であり，マンチュリアにおける清朝の台頭だったのである。それでは，その二つの現象が合流した結果として清朝が中国内地において取り組むこととなった制銭供給は，当初どのような目的に基づいて開始されたのであろうか。また，それは，明代中国の貨幣状況やマンチュリア時代の清朝の財政・貨幣政策との間にいかなる連続と断絶を認めうるであろうか。

　そこで本章では，まず，主に先行研究に依拠して，貨幣史上の画期をなす明代中葉の銀の増大を起点として明清交替に至るまでの貨幣状況を概観するとともに，マンチュリアにおける清朝の成立と銀および銅銭との関係を論述する。そしてその上で，中国進出直後から清朝が制銭供給を実施した経緯と政策意図を究明し，明清交替という全体状況のなかから清朝の制銭供給政策史を説き起こすこととしたい。

第一節　明代後半の銀と銅銭

　正統元年（1436），明朝政府は，江南の租税を銀100万両に換算して徴収する「江南折糧銀」制度の開始を決定した。それは，京師（北京）の武官の俸禄を南京での現物支給から京師での銀支給に改めるための施策であった。年額100万両という規定額通りの銀徴収がすぐに実現したわけではないようだが，現物・宝鈔（紙幣）・銅銭によって構成されていた明朝財政は，これ以後，徐々に銀財政へと姿を変えていくこととなる。江南を中心として民間から徴収された銀は，京師において支払われる俸禄・宮廷費・種々の賜与や，モンゴルと対峙する北辺の軍事費などに充当された（足立啓二［1990c］）。

　租税の銀納化は，むろん，民間における銀流通を前提としているが，直接の契機となったのは，宝鈔制度の崩壊と南から北への租税移送の増大であった。銀は経済的先進地を中心に従来から一般に流通していたが，宝鈔制度の維持に固執する明朝政府はその使用を禁じていた。しかし，宝鈔制度はその発行額の抑制にもかかわらず，回収の過少のために瓦解した（大田由紀夫［2001］）。一方，南京から北京への遷都に加えて，北辺における軍事費が年々増大していったこと（寺田隆信［1962］）により，財政収入の重心（南方）と財政支出の重心（北方）との地理的乖離は次第に深刻なものとなった。それゆえ，単位重量あたりの価値が大きく輸送負担が少ない貨幣を王朝財政の機軸に据えることはもはや不可避の情勢となっていた。広大な領域内における租税収入の送金に適合的な財政貨幣として，従前は使用を禁止されていた銀が求められるに至ったのである（大田由紀夫［1993］）。

　かくして明朝は，民間の銀経済に便乗する形で銀財政の構築を進めたのであるが，それはまた，銀経済のさらなる伸張を民間に要請するものであった。租税銀納の必要に迫られて，民間では全国的に銀需要が高まりをみせることとなる。そこに現れたのが，急速に増産しつつあった日本銀であった。すなわち，［日本］大永6年＝嘉靖5年（1526）に発見されたといわれる石見銀山の銀が，

［日本］天文2年＝嘉靖12年（1533）の「灰吹き法」導入によって急速に産出量を伸ばし，日本をして世界有数の銀産国たらしめたのである。

　しかし，当時明朝は海禁政策をとっており，隆慶元年（1567）に海禁を解除した後も日本との交易は厳しく禁じたので，明朝と日本との直接的な交易は行われなかった。そのため日本銀は初め，中国人と日本人の混交した「後期倭寇」やポルトガル商人らの密貿易によって中国へともたらされた。ついで，明朝からマカオ居住を認められたポルトガル商人が九州の港に入港するようになって，日本から中国への銀供給を独占的に担うこととなった。やがて日本で徳川政権が成立すると，朱印船が東南アジア各地に派遣され，出会い貿易を通して中国商船に銀をもたらした。1630年代にはオランダがこの海域に勢力を伸ばし，制海権を掌握する鄭芝龍との協調のもと日本貿易に進出して，ポルトガルを駆逐し日本銀供給の主たる担い手となった。こうして政策上の対日貿易禁止とはうらはらに中国へと流入し続けた日本銀に加えて，1571年（隆慶5年）にマニラに拠点を建設したスペイン人によって，ペルー副王領のポトシ銀山などで産出した新大陸銀がフィリピンにもたらされ，中国商船の手によって中国へと流入するようになった。そのように海外から銀を引き寄せる直接の吸引力となったのは，海外各国の需要を喚起した中国産品である。日本銀・新大陸銀流入と表裏をなして，中国からは生糸・絹織物・陶磁器などの産品が海外へと輸出された（小葉田淳［1976］，Atwell, William S.［1982］，加藤榮一［1995］，永積洋子［1995］，von Glahn, Richard［1996］，岸本美緒［1998b］，羽田正［2007］）。

　海外から中国に流入した銀は，16世紀後半には総計2千数百トン，17世紀前半には総計5千トン以上に上ったとみられる（von Glahn［1996：p.140］）。かかる銀の流入によって銀経済が伸張すると，それに歩調を合わせて，銀財政の構築もさらに進展していく。万暦（1573-1620）初年には，宦官の利権と絡む関税などの一部税収を例外として租税の銀納化はほぼ完了し（上田裕之［2004b］，滝野正二郎［2007］），銀による財政収入は年間約1千万両に達した（岩見宏［1989］）。同じ頃，民間においては銀遣いが普及して銅銭遣いが後退し，東南諸省を中心として物価の銅銭表示から銀表示への移行が進みつつあった（浜口福寿［1969］，

von Glahn [1996：pp.99-104])。とはいえ，ただ単に銀が大量に出回ったので銀遣いが優勢になったというわけではない。むしろ銀は，単位重量あたりの価値が大きいという属性のため，本来的に，銅銭などの小額貨幣との併用が必要な貨幣であった。また，秤量貨幣として使用された銀には，故意に不純物を混ぜ込んだ「仮銀」の流通など，純度や重量の判定をめぐる紛糾が絶えなかった。しかしながら，当該時期に安定的な銀銭併用の幣制が形成されることはなく，銀遣いが主流化するにつれて銅銭遣いは却って後退していった。そのことを端的に表現した記録として，清初の地方官・学者である唐甄は，

　　銭は前代に廃れり。……今（清代康熙前半の頃）は銭を用うると雖も，以て魚肉果菜の物に易うるに過ぎず。米の石以上，布帛の匹以上は，則ち必ず銀を以てす。

と記しており[1]，銅銭が明代に「廃れ」，日常的な小額の支払いにしか使用されなくなったことがわかる。

　そのように明代中葉以降，銅銭遣いが後退していった経緯を，大田由紀夫[1997]は以下のように説明している。

　明朝の銀財政への移行が始まると，俸禄や宮廷費として多額の銀が支出される京師において銀の流通量が増大した。景泰7年（1456）に至り，民間では江南方面から京師に大量の私鋳銭が流入し，品位の異なる各種銅銭を区別して換算率を設定する「撰銭」行為が広がっていることが上奏された。その後，高品位の銅銭の価格は上昇して一時は銀1両＝300文にまで騰貴し，一方で極めて劣悪な銅銭も流通するようになり，銀1両＝6,000〜7,000文という極度に低い銭価を建てられるものさえあった。そのようななか，洪武通宝・永楽通宝などの明朝の制銭が市場において次第に行使されなくなっていった。

　それは，次のような経緯として理解できる。すなわち，銀の流通が増大すれば，それに並行して銀を補完する小額貨幣として銅銭に対する需要も高まる。しかし，明朝は制銭供給に熱心ではなかった。弘治16年（1503）に約半世紀ぶりに行われた鋳造はほとんど実績を残さぬまま打ち止めとなり，約20年後の嘉靖6年に至って再開されたものの，採算割れを嫌ったために大規模なものとは

ならなかった。となると，銀が継続して大量供給されている京師は慢性的な銅銭不足に陥って銭貴となる。そのため，京師への大規模な私鋳銭流入が巻き起こって，京師の市場はさまざまな品位の銅銭が並存する状況となった。それは，銀経済の浸透にともなって東南諸省にも拡がった。かかる銅銭流通を秩序立てる行為こそが，「撰銭」行為に他ならない。そこにおいては高品位の銅銭が退蔵される傾向にあり，そこで稀少化が極まると低品位の銅銭と等価にしか評価されなくなって，それらと同程度の品位の私鋳銭に改鋳されたり，高品位の銅銭の流通がなお維持されている地域へと流出する。とりわけ流通量の乏しい明朝の制銭は，早々に姿を消すこととなった。結局，低品位の雑多な私鋳銭が市場を席巻する事態となり，銅銭に対する市場の信任は大きく減じて，小額の支払いにも銀が用いられるようになり，物価は銀建て・銀表示となっていった。

　以上の経緯を総括して大田氏は，「銭の信用を失墜させた低銭の流通は，好銭の稀少化（＝流動性不足）に対して，市場が採った流動性確保の手段だったのであり，早晩安定した別の流動性によって代替されるべき過渡的現象だった」と述べている（17頁。註記は原文）。それは，見方を変えると，良質な銅銭の追加供給がほとんどないにも関わらず市場が銅銭遣いの維持にぎりぎりまでこだわり続けたということでもあり，小額取引における銀遣いの拡がりにくさを示している。そもそもの事の発端は銀の増大にあったのであり，また，結局は小額取引においても銀が用いられるようになるのだから，であれば「好銭の稀少化」が発生した時点で銀がただちに「好銭」に取って代わってもよかったはずである。銀が豊富でなかった内陸諸省はともかく，京師や沿海諸省では決して不可能なことではなかったであろう。にもかかわらず，小額取引において銀遣いが浸透する前に「低銭の流通」とその崩壊を経験しなければならなかったのは，それだけ銀が小額取引に不適合であったために他ならない。

　また，黒田明伸 Kuroda Akinobu［2003］［2005］［2007］は，上述の如き品位の異なる銅銭の並存に関して，貨幣には日常的取引の媒介・資産としての保蔵・地域を超えた決済という異なった需要があり，異なる種類の銅銭にそれぞれ別の機能を担わせ共存させることが「合理的な選択」だったのであって，そ

れこそが「銭を差別化するということの内在的な意味」である，との見解を示している。確かに，銅銭遣いをめぐるそのような動機づけが，既に顕著化している銅銭の多様性への対応を可能にさせていた，と考えることはできよう。とはいえ，雑多な銅銭が並存する銅銭流通が安定性を欠いていたこともまた事実である。諸貨幣にそれぞれ異なる機能を担わせようという如上の動機づけが品位の大きく異なる銅銭の並存を——言い換えれば「好銭」の画一的流通の瓦解を——積極的に求めた，とまではいえないのではあるまいか。前述したように，「好銭」の安定流通が失われるなかで銀遣いへの全面的な移行を極力回避すべく銅銭遣いの維持を図った結果の撰銭であったように考えられる。

　かくして銅銭遣いは徐々に後退していったのであるが，明朝は制銭鋳造に対して最後まで消極的であったわけではなく，万暦年間からは増鋳に転じている。しかもその当初は極めて良質な制銭が鋳造され，万暦30年代初め頃には制銭が安定的に流通していた地域もあった（黒田明伸［2003：126-127頁］）。一時的にではあるが，「好銭の稀少化」が緩和されたのである。しかし，豊臣秀吉の朝鮮出兵に対してなされた万暦20年代後半の朝鮮への軍派遣などにより，明朝の財政状況は著しく悪化し，そこで明朝政府は，鋳造差益を獲得するために制銭の品質を落としていった。そうして制銭供給は，稀少化しつつある「好銭」の供給から，蔓延する悪貨のさらなる供給へと変質することとなった。それは銭価を下落させることこそあれ，銅銭流通の安定をもたらすことはなかった。そのような悪貨濫造は，アイシン国〜清朝との戦争のために軍費が急増した天啓（1621-1627）・崇禎（1628-1644）年間には一層顕著なものとなった。京師では従来の工部管下の宝源局に加えて戸部管下の宝泉局が新設され，各省においても各省城のみならず宣府鎮・密雲鎮といった北辺の軍事拠点でも鋳造が行われるようになった。さらに，「折二」「当五」「当十」などの高額面制銭が盛んに鋳造された。そのように財政状況の悪化に呼応して差益の獲得のみを追求した全国的な悪貨濫造が進行したことにより，市場には官鋳・私鋳の劣悪な銅銭が充溢し，崇禎末年には銭価が銀1両＝5〜6千文にまで暴落した（彭信威［1965：642-644，690-695頁］）。

17世紀半ばに清朝が明朝滅亡後の中国内地に進出した時の貨幣状況は，大略以上のようなものであった。租税の銀納化によって銀経済が伸張する直接のきっかけをつくったのも明朝なら，銅銭遣いの混乱と後退を招いたのもまた明朝であったといえる。明朝は銀財政を確立させ，差益獲得のための制銭の粗製鋳造を推し進め，そして内乱によって瓦解した。そこで新たに中国内地の支配王朝となったのが清朝であるが，清朝の成立もまた，中国内地における銀の増大と密接に関係していたといわれる。次節では，再び明代中葉に遡って，銀および銅銭との関係を中心に清朝成立の経緯を概観することとしたい。

第二節　清朝の成立と銀と銅銭

　明代マンチュリアにおける女直人諸勢力の首長らは，明朝に対して朝貢を行い，マンチュリアに名目的に設置された各衛所の武官職の辞令である勅書を発給されていた。朝貢に際しては，建州女直は撫順から，海西女直は開原から遼東の明朝領に入り京師に赴くよう規定され，京師では多くの下賜品を獲得し，官許交易も行えた他，撫順・開原の地では勅書を有する者に対して恒常的に交易（互市）が認められていた。互市において女直人は，貂皮・人参・淡水真珠などのマンチュリア特産品を持ち込み，明朝側の商人から穀物・鉄製農具・塩・織物などを調達していた。衛所の官職の辞令であると同時に互市への参加資格証明書ともなった勅書は，経済的利益の源泉として，女直人諸勢力間において争奪の的となった。

　ここに重なったのが，中国への銀流入に起因する「辺疆の経済ブーム」（岩井茂樹［1996］）であった。すなわち，前述したように16世紀には日本および新大陸から多額の銀が中国へと流入し続けたのだが，徴税を通して国庫に収蔵された銀のかなりの部分は軍費として北辺の各軍事拠点へと運ばれた。そしてその多くは，辺疆守備隊の指揮官や北辺の互市を牛耳る有力商人らの懐に入り，互市や密輸を活発化させたとみられるのである。また，岸本美緒［1990］［1998b］によれば，北辺から中国内地に還流した銀は，民間に広く行き渡ることはなく

一部の官僚や商人のもとに集積され、その結果、農村の窮乏とは対照的な都市の孤立的繁栄という状況が現れた。かかる官僚・大商人への銀の集中は、奢侈品である貂皮・人参・淡水真珠などの需要を増大させたと考えられる。かつて三田村泰助［1965］は、「万暦時代になって泰平が続き、生活の弛緩からくる異常な奢侈生活」が貂皮・人参等への巨大な需要を喚起したことを述べたが(171頁)、その「異常な奢侈生活」の背景には、上述のごとき銀の集中・偏在があったのである。かくして開原・撫順の互市が生み出す経済的利益は日増しに大きなものとなり、それにつれて女直人諸勢力間の勅書争奪戦はマンチュリアの政治情勢全般に直接的な影響を及ぼすようになった。

そのようななか、建州女直の一首長であったヌルハチが急速に台頭した。その後ろ盾となっていたのが、明軍の遼東総兵官李成梁である。李成梁は、兵丁の減少を秘匿して中央から送られてくる兵餉銀を横領した他、女直側から貂皮・人参を安価で買い入れて転売し年額数万両もの収入を得ており、それらの資金は自身の地位を安泰とするための賄賂として中央官界に流れた（和田正広［1984］［1988］）。李成梁は貂参の利を確保するため、女直側のパートナーとしてヌルハチを見出し、結託して互市の独占的支配を推し進めた。李成梁の庇護のもとでヌルハチは、1588年（万暦16年）までに建州女直を統一してマンジュ国(グルン)を樹立し、1593年（万暦21年）に海西女直の四国を中心とする九国連合軍を撃破、1599年（万暦27年）には開原辺外にあった海西女直のハダ国を滅ぼした。勢力拡大過程においてヌルハチは、属民を率いて帰順した女直人有力首長に対して、旧属民を動員した人参採取の権利を保証し、にわかに諸勢力が結集したマンジュ国の結束と国力の伸張を図った。かかる施策は、後継者のホンタイジにも継承されることとなる（上田裕之［2002］）。

1608年（万暦36年）に李成梁が失脚すると、明朝はヌルハチに対して俄然、強硬姿勢を鮮明にした。これに対してヌルハチは周辺諸勢力の征服を進め、1616年に全女直人の国家としてアイシン国を樹立、2年後の天命3年（1618）にはついに対明戦争に打って出た。以後、崇徳元年（1636）の清朝（大清国(ダイチングルン)）の成立を経て崇禎17年＝順治元年の明朝滅亡に至るまで、アイシン国〜清朝と

明朝とは一貫して戦争状態にあった。とはいえ，対明戦争の開始によってアイシン国〜清朝が中国市場と完全に切り離されてしまったわけではない。ヌルハチの跡を継いだホンタイジは，即位翌年の天聰元年（1627）に朝鮮に出征してこれを屈服させ，鴨緑江下流の義州において互市を開設することを認めさせた。義州の互市では，アイシン国〜清朝側は人参や銀を持ち込み，朝鮮から中国産の絹織物を買い取っていた。朝鮮側に渡った人参や銀の多くは，絹織物の対価として中国に流れ込んだと考えられる。また，西方でも，アイシン国〜清朝は帰順したハラチン・トメトを動員し，張家口での互市において中国側の商人に対し貂皮や人参を売り絹織物や米穀を購入させていた（梅山直也［2006］）。かつて李成梁が女直人から年間に買い付けていた人参は5,000斤，貂皮は3,000張に上ったとされる（和田正広［1984］）のに対し，天聰4年の義州の互市で売り渡された人参は1,700斤（これに銀の支払いが加わる。上田裕之［2002：20頁］），崇徳3年にトメトに委ねられた人参は2,700斤，貂皮は1,700張であった[2]。それぞれの互市の毎年の取引額は定かではないが，朝鮮やハラチン・トメトを仲介とした中国市場とのつながりは，李成梁の時代と比べても決して著しく劣るものではなかったとみられる。ホンタイジは，そのようにして中国市場との結びつきを取り戻していった。

　それでは次に，かかる対外関係のもとで急速に台頭したアイシン国〜清朝の国内情勢へと目を移したい。中国進出以前に清朝に帰順した満洲・モンゴル・漢の諸勢力は，すべて八旗のいずれかの旗に編入された。八旗は，鑲黄旗・正黄旗・正白旗・正紅旗・鑲白旗・鑲紅旗・正藍旗・鑲藍旗の8つの旗からなり，それぞれに満洲・蒙古（天聰9年成立）・漢軍（崇徳7年成立）の別があった。八旗に所属する者を旗人という。各旗には，都統以下の武官職が設けられた。また，明制に倣って天聰5年に六部が，崇徳元年に都察院が設置された他，モンゴル事務を処理する清朝固有の中央官庁として崇徳元年に蒙古衙門が置かれ，同3年に理藩院と改称された。これらの機関には，承政（後の尚書）以下の文官職が設けられた。さらに，ハン直属の文書管理機関として天聰10年に内三院（内国史院・内秘書院・内弘文院）が置かれ，大学士以下の文官職が設けられた。

言うまでもないことだが，清朝に帰順した人はみな八旗に編入されたのであるから，これらの諸官庁において文官となった者もすべて旗人である。旧首長層など有力な家系に連なる者は，このような八旗および諸官庁の文・武の官職を獲得することができた（杉山清彦［2008］）。一方，そのような官職とはおよそ無縁の一般旗人たちは，兵丁（披甲，uksin）に充用された。

ただし，中国進出以前においては，官員・兵丁に対する俸祿・兵餉の支給は実施されなかった。周知のように，当該時期の旗人の経済基盤は，全壮丁を対象に支給された旗地にあった（周藤吉之［1944］，趙令志［2001］）。これに，前述した旧首長層らを対象とする人参採取権の付与や，公課の官糧・徭役を免除した漢人農民の官職・世職（爵位）保有者への支給（上田裕之［2003］），さらには戦時の公認された掠奪行為が加わる。他方，旗人からの徴収としては，官糧として納入させたり徭役によって生産した穀物を官庫に収蔵しており，また，商税・罰銀・貢納品なども同様に官庫に収められていたことが確認される。だが，使途としては臨時の賞賜や新附の人の扶養に供される程度であって，官・兵に俸餉として一定額の銀や穀物を継続的に支給できるような規模ではなかった（細谷良夫［1972：46-47頁］，谷井陽子［2007：26-29頁］）。つまり，銀の増大という時代状況のなかで台頭した清朝ではあったが，その内部においては，銀財政はおろか，租税収入に立脚した俸餉支払いという基本的な収支体系からしてそもそも未成立であった。旗人の生計は，臨時の賞賜を除けば，清朝政府からの直接的な貨幣・物資の受給ではなく，清朝政府から与えられた旗地・漢人農民・人参採取権・掠奪の機会などを利用した物資調達に依拠していた。

また，当該時期には銅銭の鋳造が行われたものの，それもまた王朝の徴税・支払い手段として機能するものではなかった。出土銭としては，満文「abkai fulingga han jiha（天命ハン銭）」・漢文「天命通宝」，および満文「sure han ni jiha（スレ＝ハン銭）」という3種の銅銭の存在が知られているが，史料上の記載は，乾隆年間（1736-1795）に編纂された『皇朝文献通考』の巻13，銭幣1に，ヌルハチがアイシン国を樹立した天命元年に満漢2種の銅銭を鋳造し，ついでヌルハチからハン位を継承したホンタイジが天聰元年に同様に満漢2種の銅銭

を鋳造したと記されているのみであり(3)，それらの銅銭に関する同時代の記録は見出せない。よって，鋳造目的を史料的に究明することは不可能であるが，ハン即位時にしか鋳造を行っていないこと，また，創製されてまもない満洲文字を鋳込んでいることからは，銅銭の発行を支配の正統性の表明とみなす漢人の政治文化に沿いながら，それと同時に女直人の国家であることを強く意識した統治理念の所産と考えることができよう。いずれにせよ，それらの銅銭が旗人から徴収されたり王朝からの支払いに充当された形跡はない。おそらくは，それらの銅銭はハンの即位にともなう臨時の賞賜に用いられたに過ぎず，その使用に関しても何ら働きかけを行わなかったものと思われる。

　以上に述べたように，銀の増大によって銀遣いが主流化し銅銭遣いが後退しつつあった17世紀半ばの中国内地において新たに支配王朝となった清朝も，淵源をたどれば中国における銀の増大から影響を受けつつ成立し台頭した王朝であった。また，銅銭の発行を支配の正統性の表明とみなす中国内地の伝統的な政治文化を早くから共有していた。ただし，銀財政の運用や銀財政下での銀銭併用をめぐる貨幣政策の経験はもっていなかった。そうして，順治元年の明朝滅亡，中国内地進出の時を迎えることとなる。

第三節　清朝の中国進出と制銭供給の開始

　順治元年4月，摂政王和碩睿親王ドルゴン率いる清朝軍は山海関を守っていた呉三桂の軍勢と合流，北京を落とし崇禎帝を自殺に追い込んだ李自成の軍を破って，5月2日に北京に入城した。6月には盛京から北京への遷都を決定し，9月には前年に即位した順治帝を京師北京に迎え入れて，10月1日にあらためて即位式を挙行した。また，宗室王公や有力大臣の率いる軍勢を各地に派遣して反清勢力を掃討し，各地に残る旧明朝軍を緑営（緑旗）に編成していった。マンチュリアの旗人は大半が中国内地へと移住し，北京内城に居住する禁旅八旗と地方の拠点に駐留する駐防八旗とに分かれた。

　禁旅八旗に対して清朝は，直隷（明代の北直隷）各地に旗地を設定し，壮丁

ごとに支給した（細谷良夫［1967］）。その一方で、明朝の銀財政を継承して、官・兵に対する俸禄・兵餉の支給を開始していった。官職・世職を有する者の俸禄は、順治3年から同13年にかけて、マンチュリア時代の漢人農民分配制度を銀・米支給にスライドさせる形で整備された（上田裕之［2003］）。また、禁旅八旗の兵餉は、順治元年に銀支給が、同2年に米支給が開始され、駐防八旗の兵餉支給も順次開始された（細谷良夫［1972］、陳鋒［1992：30-34頁］）。これに加えて清朝は、投降した漢人の官・兵への俸餉支給も当然ながら行わねばならなかった。かくして、明朝の銀財政を継承することによってはじめて、清朝において、租税収入に基づく俸餉支給が実現したのである。ただし、マンチュリア時代の漢人農民分配制度を基礎として旗人官僚の俸禄制度を整え、さらにそれを漢人官僚にも適用して明代以来の額面の改定や柴薪銀の廃止を行うなど、明制の継承という一点からでは理解し切れないものであることには留意する必要がある（上田裕之［2003：33-34頁］）。

　このように明朝亡き後の中国内地における清朝の支配確立が急展開で進められるなか、京師の宝泉・宝源両鋳銭局が清朝に引き継がれ、制銭「順治通宝」の鋳造が開始された。『皇朝文献通考』巻13、銭幣1、順治元年条には、以下のように記されている。

　　順治元年、戸部宝泉局・工部宝源局を置き、順治通宝銭を鋳す。時に世祖章皇帝は燕京に定鼎し、宝泉局を置き戸部に属さしめ、宝源局は工部に属し、各おの制銭を鼓鋳す。「順治通宝」と曰い、漢字を用う。文ごとに重は一銭なり。宝泉局の歳に鋳する銭は戸部の庫に解交し、銀と配して兵餉に給発す。戸部漢右侍郎一員を以て京・省の銭法を督理せしむ。……宝源局の歳に鋳する銭は工部の節慎庫に解交し、以て各工の用に給発するに備う。〔工部の〕銭法も亦た漢右侍郎に　掌　らしむ。

ここからわかるように、清朝は順治元年に戸部管下の宝泉局と工部管下の宝源局において順治通宝の鋳造を開始したのであった。鋳込まれた文字は「順治通宝」の漢字4字であり、1文あたりの重量は1銭（約3.73グラム）だった。宝泉局が鋳造した制銭は戸部に納入され、兵餉に搭放された。戸部から支給する兵

餉とは，前述した禁旅八旗の兵餉のことである。それに対して，宝源局が鋳造した制銭は工部に納められ，各種土木事業において傭工に支払う賃金に用いることとなった。また，戸工両部の漢右侍郎が銭法の責任者となった。この時点において六部には，満洲尚書1名（漢尚書が任命されるのは順治5年以降）の下に満・漢の侍郎各2名が置かれていたが，貨幣政策の経験がない満洲人ではなく漢人の右侍郎に銭法の責任が帰せられたのであった。両部の満右侍郎も漢右侍郎とともに銭法を管理するようになったのは，康熙18年のことである[4]。

『皇朝文献通考』の記載は，順治帝が北京に「定鼎」した後にはじめて京師両局において制銭鋳造が開始されたかのように記されている。だが，順治11年正月に戸部尚書車克(チェケ)らが各鋳銭局の鋳造実績を報告した題本には，

 宝泉局は，順治元年五月に開鋳し，〔同〕二年五月に至るまで，庫貯の銅・
 鉛（亜鉛を指す）・銅器を用うること共に三百二十三万三千十觔十両，〔鋳
 つぶして用いた〕旧銭（廃銭）は一百六十一万七千七百八十九文なり。

とあって[5]，宝泉局の制銭鋳造が順治元年5月，つまり清朝軍の北京入城の同月にただちに開始されたことを確認できる。また，同年6月には，ドルゴンにより，銅製の仏像を銷燬して制銭の材料とすることが禁じられ，それに従って同年7月に工部が，民間から供出された仏像の銷燬を取り止めたことを報告している[6]。ここから，宝源局もまた宝泉局とほぼ同時期に制銭鋳造を開始していたことがわかる。京師両局の制銭鋳造は，順治帝の北京入りを待つことなく，軍隊の入城後ただちに着手されたのであった。

清朝は当初，銀1両＝700文という明朝の公定換算率を継承した[7]。だが，銭価低迷のため，翌順治2年には制銭1文の重量を1銭2分（約4.48グラム）に加増し，従来の重量1銭の制銭は銀1両＝1,400文の換算率に従って行使するよう命じた[8]。それでもなお，新鋳の重量1銭2分の制銭の銭価は銀1両＝700文の公定換算率を大きく下回り，順治3年には公定換算率より低い換算率で制銭を行使することを厳禁した[9]。しかし，銭価低迷は克服できなかった。『皇朝文献通考』巻13，銭幣1，順治4年条には，次のようにある。

 戸部は議して定むらく，制銭もて行使するに，原(もと)より七文ごとに銀一分に

準うるに係るも，銭価は既に重く小民は交易するに便ならず。応に改めて十文ごとに銀一分に準うべし。永く著して令と為さしむ。

順治4年に至って清朝は，民間の銭価低落のために，銀1両＝700文を公定換算率として維持することを断念し，公定換算率を銀1両＝1,000文に切り下げたのであった。

しかし，こののちも銭価は低迷したままで，新しい銀1両＝1,000文の公定換算率にさえ近づけることができず，制銭の重量を再び加増することとなった。『皇朝文献通考』巻13，銭幣1，順治8年条には，

戸部は議して言わく，「銭は国宝たれば，務めて厚く且つ大ならしめん。始めて制を定むるに，文ごとに重は一銭なり。継いで重は一銭二分となるも，猶お其の軽きを嫌うがごとし。応に文ごとに改めて重の一銭二分五釐なるを鋳すべし。仍お定制に照らして以て銭百文ごとに銀一分に準えん」と。之に従う。

とあり，順治8年に制銭1文の重量を1銭2分から1銭2分5釐（約4.66グラム）に加増したことが記されている。さらに清朝は，次章で論じるように，同14年には3度目の重量改定を行い，重量を1銭4分（約5.22グラム）に加増するとともに，各省の鋳造を全面的に停止させることとなる。

このように，清朝は初め銀1両＝700文という高い公定換算率と毎文1銭という軽量の規格を採用したが，銭価低迷のために維持することができず，公定換算率を銀1両＝1,000文に切り下げ，さらに，重量も段階的に引き上げていったものの，銭価低迷は容易には克服できなかったのであった。裏を返せば，清朝は，銭価低迷に苦慮しながらも，明代以来の高い公定換算率を可能な限り維持したいと望んでおり，且つ制銭の重量の上げ幅もなるべく小さなものにしようとしていたのである。つまりは，鋳造費用を極力抑え込もうとしていたのであった。彭沢益［1982］，足立啓二［1991：52-56頁］，韋慶遠［1992：335-337頁］，谷井陽子［1996：125頁］，von Glahn［1996：pp.208-210］等の先行研究が夙に指摘しているように，この時期の制銭鋳造は鋳造差益の獲得を最大の目的としていたのであり，それゆえ鋳造費用の抑制が重視されたものとみてよい。

第一章　明清交替と貨幣　51

　ただ，それらの研究は非常時の弥縫策として当該時期の制銭鋳造を捉えるのみであり，それ以上の議論はなされていない。制銭鋳造がいかなる財政構造および財政状況のもとでどのように推進されていたのか，また，同じく差益獲得を企図していた明末の制銭鋳造との間に相違はあるのか，といった点は，なおも検討の余地を残しているように思われる。そこで次節では，王朝財政を統括する戸部の動向に注目しながら，当該時期の制銭鋳造と差益獲得を詳細に検討したい。

第四節　鋳造差益と戸部

　鋳造差益は，鋳造し官庫に収蔵された制銭によってまかなわれる財政支出の額と，その制銭の鋳造費用との差額である。まずは京師の制銭鋳造における差益獲得を分析することとし，最初に，京師両局の辦銅制度の変遷について述べたい。先に引用した順治11年正月の車克等の題本にあったように，開鋳直後の宝泉局では庫に貯蔵されていた銅・亜鉛や銅器・廃銭を制銭鋳造の原材料に用いていた。宝源局も状況はほぼ同じであったと考えられる。京師両局はともに明末においても制銭鋳造の拠点であったので，銅，亜鉛，各種銅器，さらには鋳造済みの明朝の制銭＝廃銭などが大量に貯蔵されていたのである。
　京師両局の辦銅は，鋳造開始の翌年の順治2年から本格的に始められた。『皇朝文献通考』巻13，銭幣1，順治2年条には，
　　議して，崇文門及び天津・臨清・淮安の三関をして各おの税銀一万両を動
　　支して銅を辦じ宝泉局に解(お)らしむ。
　　又定むらく，工部は司官一人を差(つか)わして商銅を辦買するを専督し宝源局に
　　解らしむ。
とあり，順治2年に宝泉局の関差辦銅と宝源局の司官辦銅が始められたことがわかる。関差辦銅とは，特定の常関の監督（関差）に命じて，徴収した税銀を財源として市場の銅を収買させるものである。また，司官辦銅とは，部の司官（郎中・員外郎・主事）から1名を派遣して，部の庫銀を財源として市場の銅を

収買させるものである。

　京師両局の辦銅制度は、こののち数度の改定を経て康熙3年に一応の確立をみることになるので、ここでその経緯を確認しておく（表1.1参照）。宝泉局の辦銅は、順治4年に10関合計銀10万両（銅の収買に充てる銀＝「銅本銀」の額）、つづいて同7年に10関合計銀16万両へと増額され[10]、この定額が康熙22年まで維持されることとなった（康熙14年から同21年までは三藩の乱のために半額が免除された[11]）。一方、宝源局の辦銅は、工部管轄の常関の監督が関税を支出して銅を収買し宝源局に納入する関差辦銅と、江蘇省などの委員が該省の蘆課銀を支出して銅を収買し宝源局に納入する蘆政辦銅が加えられ、順治17年には工部司官辦銅が計90万觔、関差・蘆政辦銅が計90万觔、合計180万觔となった[12]。その後、康熙年間に入って工部司官辦銅が停止となり、また、蘆政辦銅が宝泉局に移管されて、各関の税銀が不足した際に蘆課銀を支出して銅を補塡すること

表1.1　順治2年～康熙21年における京師両局の辦銅制度の変遷

開始・改定年次	宝泉局 銅本銀	宝泉局 銅材	宝源局 銅本銀	宝源局 銅材
順治2年	（関）　40,000両 関差：崇文門・天津・臨清・淮安4関	（関）　615,384觔余	（司）　定額無し	（司）　定額無し
同4年	（関）　100,000両 関差：崇文門・天津・臨清・淮安・蕪湖・滸墅・揚州・西新・北新・九江10関	（関）　1,538,461觔余		
同7年	（関）　160,000両 関差：同上10関	（関）　2,461,538觔余		
同17年			（司）　58,500両 （関）　58,500両 関差：蕪湖・龍江・南新・荊州4関	（司）　900,000觔 （関）　900,000觔
康熙元年			（関）　58,500両 関差：同上4関	（関）　900,000觔
同3年	（関）　160,000両 （蘆）　※ 関差：同上10関 ※蘆政辦銅は各関の税銀不足に備える	（関）　2,461,538觔余	（関）　46,777両余 関差：同上4関	（関）　719,652觔

典拠：『皇朝文献通考』巻13～14、銭幣1～2。下線部は筆者が算出したもの。
　　　（司）は司官辦銅、（関）は関差辦銅、（蘆）は蘆政辦銅の銅本銀・銅額。

となって，宝源局の辦銅は関差辦銅の計719,652觔のみとなった[13]。

宝源局の辦銅額が収買する銅の額で記載されているのに対して，宝泉局の辦銅は支出する銅本銀の額しか記されていない。だが，康熙3年には銅を買い上げる際の官価を銅1觔につき銀6分5釐と定めている[14]。また，当初官価は銅1觔につき銀5分5釐から7分まで幅があったが[15]，後述するように，遅くとも順治11年には一律で銀6分5釐とされたことが，檔案史料から確認できる（ただし，順治末年には一時的に一律銀7分であったこともまた，檔案史料から窺える）。いま仮に，銅の買い上げ価格を銅1觔につき銀6分5釐とすると，銅本銀が銀4万両ならば収買すべき銅の額は615,384觔余，銀10万両ならば銅は1,538,461觔余，銀16万両ならば銅は2,461,538觔余と計算される。また，同様に銅の官価が銅1觔につき銀6分5釐であったとして，工部の辦銅に要した銀の額を算出すれば，銅180万觔の収買に必要な銀は117,000両，銅90万觔ならば銀は58,500両，銅719,652觔ならば銀は46,777両余，となる。

上述の京師両局の辦銅は，全額を紅銅（純銅）で納めるわけではなく，亜鉛や私鋳銭・廃銭・銅器を含むものであった。『皇朝文献通考』巻14，銭幣2，康熙23年条按語には，次のような説明がある。

> 国初の鋳銭は，或いは各関が銅額に於いて鉛觔（亜鉛）を兼辦するを聴（ゆる）す。或いは廃銭・旧銅を収買せしめ生・熟銅を分別して配鋳す。是（康熙23年）に至りて始めて成数（銅と亜鉛の比率）を酌定す。

この按語は，銅と亜鉛の合金比率が6：4と決定された康熙23年より以前の辦銅について説明したものである。康熙23年以前の辦銅は，紅銅と亜鉛を「兼辦」したり，あるいは廃銭・私鋳銭・銅器を収買していたことが記されている。

京師両局の辦銅制度については，以上の如く主に『皇朝文献通考』に依拠して概要を把握することが可能である。しかしながら制銭の鋳造額や鋳造費用，制銭を搭放した費目などについては，『皇朝文献通考』を初めとする編纂史料からはほとんど窺い知ることができない。そこで，以下では宝泉局の制銭鋳造について記した題本の記載に基づいて，清朝の中国進出直後の京師における鋳造差益獲得の実態に迫ることにしたい。

54　前編　銭賤から銭貴へ

　順治11年の宝泉局の鋳造実績を報告した，同12年正月の戸部右侍郎郝傑題本[16]に記載された内容を，表1.2に示す（釐未満の値は切り捨て）。それは，「旧管」「新収」「開除」「実在」の4項目からなる典型的な四柱形式となっている。
　「旧管」は，前年から繰り越した銅材（紅銅・亜鉛・銅器・廃銭・私鋳銭など，

表1.2　順治11年の宝泉局の制銭鋳造

	項目	銅材の額・制銭の額	銀に換算した場合の額
旧管	（a）毎觔7分銭銅	545,311觔14両7銭7分6釐	38,171両8銭3分4釐
	（b）毎觔6分5釐銭銅	846,344觔6両7銭	55,012両3銭8分7釐
	（c）毎觔6分銭銅	21,027觔	3,261両6銭2分
	（d）毎觔5分5釐銭銅	1,000觔	55両
	（e）鉄銅	1,794觔7両	不計価値
	（a）～（e）合計	1,415,477觔12両4銭7分6釐	94,500両8銭4分1釐
新収	（f）6分5釐部発銭銅	200,000觔	13,000両
	（g）各関解到銭銅	2,529,687觔10両3銭	164,429両6銭9分6釐
	（h）各州県解到銭銅	287,163觔3両5銭2分	18,665両6銭9分3釐
	（i）庫積羨余銅	8,000觔	不計価値
	（f）～（i）合計	3,024,850觔13両8銭2分	196,095両3銭6分1釐
開除	（j）用過銭雑等銅	2,200,000觔	142,365両
	（k）耗銅	264,000觔	—
	（l）浄銅	1,936,000觔	—
	（m）鋳成銭	247,808串	247,808両
	（n）工料銭	51,690串	51,690両
	（o）浄得餉銭	196,118串	196,118両
	（p）串縄銭	385串	385両
	（q）補軽銭	147串140文	147両1銭4分
	（r）本息銭	196,650串140文	196,650両1銭4分
	（s）充餉銭	188,049串990文	188,049両9銭9分
	（t）存局庫銭	8,600串150文	8,600両1銭5分
	（u）浄獲息銀		54,285両1銭4分
実在	（v）毎觔7分銭銅	545,311觔14両7銭7分6釐	38,171両8銭3分4釐
	（w）毎觔6分5釐銭銅	1,693,195觔4両5銭2分	110,057両6銭9分3釐
	（x）毎觔6分銭銅	27觔	1両6銭2分
	（y）鉄銅	1,794觔7両	不計価値
	（v）～（y）合計	2,240,328觔10両2銭9分6釐	148,231両1銭4分8釐

典拠：「内閣漢文題本（北大移交部分）」第29リール1577-1600（「順治年間制銭的鋳造」190-192頁），順治12年正月25日，戸部右侍郎郝傑題本。

制銭の原材料となったものを，便宜的に「銅材」と総称する）であり，その額は計141万觔余りである。

「新収」は，当該年度に新たに収めた銅材であり，その大半は（g）各関差が納入してきた銅材で，計302万觔余りである。新たに収買した銅材の1觔あたりの官価は一律6分5釐となっており，遅くとも順治11年までに銅本銀が1觔あたり銀6分5釐に一本化されたことがわかる。

「開除」は，当該年度に行った制銭の鋳造および搭放の詳細を記している。（j）は鋳造に供した銅材の総額で，220万觔とある。（k）は鋳造における鋳こぼれで，用いた銅材のちょうど12%となっている。なお，鋳こぼれは順治12年・同17年もやはり12%ちょうどである[17]。つまりそれは，実際の鋳こぼれではなく，鋳こぼれの名目で失われることが認められた銅材の額とみられる。次に，（l）1,936,000觔は，（j）から（k）を除いた，制銭に鋳出されるべき銅材の額である。制銭1文の重量は1銭2分5釐なので，その（l）から鋳出されるべき制銭の額は（m）にある247,808串となる（1,936,000觔×160÷1.25÷1,000）[18]。そこから（n）工食（鋳造技術者の給与）・物料（鋳型の原料や燃料の石炭など，銅材以外の物資の調達費用）を差し引くと，（o）の「浄得餉銭」となる。ところが，宝泉局から戸部に納入される（r）196,650串余は，（o）に（p）「串縄銭」と（q）「補軽銭」とを足し合わせた値となっている。（p）（q）は工食・物料に支出すべき（n）から差し引いたものとみられる。名称から推定すると，（p）は制銭を束ねる串縄を調達するための費目，（q）は鋳造し損じて規格よりも軽量の制銭が鋳出されてしまった分を補うための工食・物料からの徴収と考えられる。戸部に納入された（r）は，（s）にあるように大半が八旗兵餉に搭放され，（t）はその残余で，他の費目には搭放されずに翌年に繰り越されている。（u）の銀54,285両は鋳造差益であり，戸部が収蔵した制銭（r）を公定換算率に従って銀に換算した値196,650両から，用いた銅材の収買費用（j）銀142,365両を差し引いた値となっている。なお，（j）を（r）で除せば制銭1,000文あたりの鋳造費用が算出できる。その値は，およそ銀7銭2分4釐である。

「実在」は、年末時点における銅材の収蔵状況(つまりは翌年への繰り越し)であり、その額は計224万觔余りとなっている。

このように、郝傑題本には非常に具体的かつ詳細な情報が含まれている。ここでは、宝泉局の制銭鋳造によって戸部が銀54,285両余の鋳造差益を得ていたことに注目したい。戸部は、銀196,650両余分の兵餉支払いに用いる制銭196,650串余を、銀142,365両の元手で手にしたのである。換言すれば、銀54,285両の鋳造差益の獲得は、戸部が兵餉に支出する銀の節減に結びついていたのであった。ただ、それが宝泉局の制銭鋳造の目的であったのか、それとも結果的に差益が計上されていたに過ぎないのかは、上に挙げたような報告書から直接に読み取ることはできない。そういった政策意図の問題は、戸部自身による制銭鋳造よりも、制銭鋳造を行う戸部以外の機関——すなわち各省・鎮——と戸部との政策上のやり取りにこそ、鮮明に現れることになる。そこで、宝泉局の制銭鋳造による鋳造差益の獲得が戸部の支出削減に寄与していたことをひとまず確認した上で、次に、順治14年までに各省において実施された制銭鋳造について検討したい。

清朝は各省を順次支配下に収めると、各省城およびその他の軍事的要所に鋳銭局を設置して制銭鋳造を開始していった(表1．3参照)。各省における制銭供給も、『皇朝文献通考』などの編纂史料からは各鋳銭局の開始・停止年代の他はほぼ何も知り得ない。だが、制銭の鋳造・搭放に関する各省督撫らの題本は比較的豊富に存在しており、詳細な分析は十分に可能である。

順治5年に山西省城で行った制銭鋳造の会計について上奏した、順治6年8月の山西巡撫祝世昌題本には、次のようにある[19]。

> 順治五年正月より起ちて十二月終に至りて止むまで、経に臣は督催して銅・鉛(亜鉛)を易買し、月を按じて鋳造す。今、糧儲道李惟桓の開報するに拠れば、共に計るに一十二鋳、原本の銀両と夫匠役の工食・炭料(物料)等の項もて支費するを除くの外、実に利息を獲るは、毎分十文を以て計算すれば、共に該銀は四千九百七十二両五銭九分九釐なり。見在、布政司庫に貯す。亦た利を獲ること多からずと雖も、此の軍興孔棘の時に当たれば、

第一章　明清交替と貨幣　57

表1.3　順治元年〜康熙14年における各省・鎮の開鋳・停鋳年次

年代 地名	順治 元 2 3 4 5 6 7 8 9 10 11 12 13 14 15 16 17 18	康熙 元 2 3 4 5 6 7 8 9 10 11 12 13 14	備考
大同	○―――×―○―――×	○―× ○―――×	順治元年開鋳は＊
宣府	○―――× ○―――×	○―× ○―――×	順治元年開鋳は＊
密雲	○―――× ○―――×	○―× ○―――×	
臨清	○―――× ○―――×	○―× ○―――――×	順治2年開鋳は＊
山西省城	○――――――――――――――――	○―――――×	
陝西省城	○――――――――――――――――	○―――――×	
江寧	○―――――――――――――×		順治3年開鋳は＊
延綏	○×		開鋳・停鋳は＊
湖北省城	○―――――――――×	○―×	
甘粛（鎮）	⊗		開鋳・停鋳は＊
盛京	○×		
河南省城	○―――――――――×	○―× ○―×	
江西省城	○―――――――――×	○―× ○―×	
常徳	○――×		
荊州	○―×		開鋳は＊
鄖陽・襄陽	○―×		開鋳は＊
福建省城	○―――――――×	○―× ○―×	
山東省城	○―――――――×	○―× ○―×	
浙江省城	○―――――――×	○―――――×	
薊鎮	○× ○―――×	○―× ○―――――×	順治7年開鋳は＊
雲南省城		○―×	
湖南省城		○	
江蘇省城		○	
甘粛省城		○	
四川省城		○―×	
広東省城		○―×	
広西省城		○―×	
貴州省城		○―×	

○は開鋳，×は停鋳を表す
典拠：『皇朝文献通考』巻13〜14，銭幣1〜2。
　　　ただし，「内閣漢文題本」第29リール1536-1575（「順治年間制銭的鼓鋳」186-190頁），
　　　順治11年正月26日，戸部尚書車克等題本によって，実際の年次が『皇朝文献通考』
　　　の記載と異なっているものが複数確認された。それらについては当該題本の記載に
　　　したがい，備考欄に＊で示した。
　　　甘粛（鎮）は順治4年6月に開鋳して同年9月に停鋳。

　一分を得れば一分の用有り，留めて以て兵餉に接済すれば，亦た少しく万
一を佐く。細数の文冊を将て戸部に咨送して照査せしむるを除くの外，臣
は謹んで督臣佟養量・督餉臣王来用と会同し，具疏して奏聞し，伏して該

部に勅下して査照し施行せしめんことを乞う。

ここにはまず、山西巡撫祝世昌の監督下で順治5年の1年間に銀4,972両余の鋳造差益を獲得して布政司庫に収蔵し、それは兵餉に充当することになっていたことが記されている。また、省側はこの題本とは別に制銭鋳造に関する詳細な報告を戸部に対して送り届けていたことがわかる。中央への報告に関する同様の記載は、順治初年から各省督撫らの題本に広くみられる。

祝世昌題本には鋳造差益以外に具体的な数値が記載されておらず、鋳造した制銭それ自体がいかなる財政支出に用いられたのかもわからないが、鋳造額や制銭を搭放した費目を明記している題本も決して少なくない。例えば、順治9年6月16日に両江総督馬国柱が上奏した題本には、江寧で順治8年4月から同年12月までに行われた制銭鋳造について以下のように記されている[20]。

窃かに照らすに、江寧省は向に宝源・開通・広鋳の三局廠を設け、炉を開きて鼓鋳し息を生じて餉を助く。……順治八年四月に炉を開き鼓鋳するより起ちて、歳終に至りて止むまで、局廠ごとに鋳し完わること三鋳、共に計るに九鋳なり。通共するに鋳出したる制銭は一万九千八百一十三万三千一百四十七文なり。銭一千文ごとに銀一両と作せば、通共するに銀一十九万八千一百三十三両一銭四分七釐に値す。内、採買せる銅料（辦銅費用）、炭罐（物料）、並びに匠役に給したる工食もて共算するに用いし本銀一十二万六千三十両四分を除けば、実獲したる息銀は七万二千一百三両一銭七釐なり。臣は本（鋳造費用）・息（鋳造差益）の数目を将て鋳を逐いて稽査し明白にす。鋳出したる制銭は、即ち布政司庫に解りて兵餉・俸薪・工食等の項の支用に搭放せしめ、并びに各府州県が具領して搭放し、銭本に扣還して銅料を発買して鼓鋳に接済し、環転して息を生じ、以て軍需を裕かにす。

ここにはまず、鋳造差益を獲得して兵餉の財源に充てることが制銭鋳造の目的であることが明示されている。そのあとの記載によれば、江寧では順治8年4月から同年12月までに制銭198,133串147文を鋳造しており、それを財政支出に用いる際は銀1両＝1,000文の公定換算率に従うことになるので、制銭は合計

で銀198,133両1銭4分7釐に換算される。一方，銅材の収買費用および工食・物料に合計銀126,030両4分を支出していたので，差額の72,103両1銭7釐が「息銀」＝鋳造差益として計上され，それは兵餉に充当された。鋳造した制銭は，司庫に収蔵して兵餉・俸薪・工食に搭放した他，各府州県による銅材買い付けの代価に用いていた。なお，制銭1,000文あたりの鋳造費用を算出すると，およそ銀6銭3分6釐となる。

　以上に述べたように，各省でも京師と同様に，制銭鋳造によって鋳造差益が計上されており，それは当該地方の兵餉に充当されていた。鋳造差益は，各省においても，兵餉銀の節減に結びつけられていたのである。それはまた，鋳造差益を兵餉に充当した分だけ中央への送金が増額されるということでもある。すなわち，岩井茂樹［2004b］において整理されているように，戸部の統括する正項財政において中央財政と地方財政の財源区分は存在せず，全国の租税収入から地方の財政支出を差し引いた残額が「京餉」として中央に送金（「起解」）される構造であった。戸部の「独自財源」というべきものはほとんど存在せず，戸部の銀庫の充実は実質的に地方からの送金如何にかかっていた。かかる財政構造のもと，地方において鋳造差益を獲得し，正項財政の費目である兵餉に充当することは，それによって節減された銀が中央への送金に加算されることを意味するのである。それゆえ，当然のこととして戸部は，地方における鋳造差益を厳格に掌握するとともに確実に鋳造差益を獲得させようとした。そのことを具体的に示す事例を以下に挙げよう。

　順治9年，前年の制銭鋳造に関する戸部への報告を期日通りに行わない省が複数あることが問題化した[21]。その際，まず戸部右侍郎趙継鼎が，

　　旨で我に「銭のことを総管せよ」と言ったので，年末に奏銷する。湖広省
　　の武昌府などの地の銭を鼓鋳して得た利益を部に報告してきたので，先に
　　上奏した。未だ全く報告してこないものは，江南・鄖襄。また，完全には
　　報告してきていないものは，浙江・福建・陝西。何度催促しても来ない。
　　〔鋳造差益は〕銭糧のことに関係するので，遅らせることはできない。旨
　　を降して厳しく指示して，我らの部に委ねて，期日を限って報告してこさ

せ尽く定めた時,兵餉は明白(適切に処理できる状態)になる[22]。

と上奏し,兵餉の支給を円滑に行うために鋳造差益の戸部への報告を各省に厳命するよう求め,これに対して諭旨で戸部に議覆が命じられた。そこで戸部尚書車克等は順治9年6月23日に上奏して,「該臣等看得するに,各省鼓鋳の銭息は自応に季を按じて部に報じ年終に匯報せしめ,以て憑りて査核し奏繳すべし」と述べ,陝西と「鄖襄」(鄖陽・襄陽両鋳銭局)については趙継鼎が上奏した直後に報告があったので,それ以外の江蘇・浙江・福建の督撫に対して戸部への報告を命じるよう求め,裁可されたのであった。

『皇朝文献通考』巻13,銭幣1,順治9年条には,順治9年に,戸部の提議により,各省鋳銭局の鋳造費用および鋳造差益を各省から戸部に報告させ戸部がそれを取りまとめて上奏する会計報告制度(以下,「各省局銭本息奏銷例」と呼ぶ)が定められたことが記されている。

〔順治〕九年,各省局銭の本・息もて奏銷する例(各省局銭本息奏銷例)を定む。是れよりも先,各省が局を設け鼓鋳するに,初め章程を定め,局銭の本・息は各布政使が立冊して稽査すると雖も,未だ経に部に達かず。戸部は議して言わく,「本部は天下財賦の総匯たり。応に各該衙門に責成して鋳銭の本・息を将て季を按じて部に報ぜしむべし。〔本部は〕以て憑りて核査し,歳終に彙冊して奏銷せん」と。之に従う。

ここで各省からの報告が「未だ部に達かず」とあるのは,前述した江蘇・浙江・福建等省のことを指すとみられる。また,それに続く戸部の上奏は,その内容からみて,順治9年6月の車克等の題本を若干改訂して採録したものとみられる。つまり,順治8年分の制銭鋳造に関する各省から戸部への報告が不完全であることに端を発して,制銭鋳造の費用・差益を季ごとに戸部に報告することを各省に対して明確に義務化することが戸部によって提議され,単発の措置ではなく以後の定例として採用されたのであった。

なお,前掲の車克等の題本には江蘇省からの報告が全くないと記されているが,さきに引用した順治9年6月16日の両江総督馬国柱題本は,車克等の題本が提出される7日前の日付で提出された順治8年の江蘇省の制銭鋳造に関する

題本である。並行して戸部に向けても報告がなされたはずであるが、その戸部への到着は車克等の題本の提出よりも後にずれ込んだのであろう。だが、「何度催促しても」そのように遅延することこそを戸部は問題視していたのであり、それゆえ「各省局銭本息奏銷例」の制定によって戸部への報告義務を明確に規定する必要があったのである。

ちなみに、次章第一節で後述するように、順治8年には各鎮の制銭鋳造が一時的に停止された。それにより、鋳造差益の総額は減少したと考えられ、だからこそ戸部は従来以上に鋳造差益の厳格な掌握を追求したものと思われる。また、ちょうど順治8～9年に正項財政の全体を対象とする奏銷制度が成立しており（佐伯富［1963：428-429頁］）、いわば戸部による財政支配確立の一環として各省で計上された鋳造差益の掌握が目指された側面もあったと考えられる。

さらに、戸部は単に各省の鋳造差益を掌握しようとしていただけではなく、確実に鋳造差益を確保するよう各省に要求していた。銅材の収買不調のために順治11年の江蘇省の鋳造差益が少なかったことが問題化した時、戸部は順治13年3月に上奏して、

　鼓鋳は原より生息を以て餉を裕かにすれば、自(*じ*)当に銅觔を預辦して、炉に照らして開鋳し、以て生息に資すべし。……合(*まさ*)に仍りて該督に勅下して該布政司並びに経鋳の各官を厳督し、嗣後は務めて銅觔を預辦し、以て鋳息を広くせしめんことを請うべし。如し前に仍りて怠玩し息少なきを致さば、該督は即ちに経鋳の各官を将て指名して題参し、以て憑りて議処すれば可なり。

と述べ、差益を得て兵餉に充当するためには銅材をあらかじめ調達しておくことが不可欠であることを強調し、両江総督に銅材の調達と確実な鋳造差益の確保を命じるよう要請した。これに対して「議に依れ。厳に飭して行わしめよ」との諭旨が与えられ、提議は裁可された[23]。鋳造差益が正項財政の費目たる兵餉の財源に組み込まれ、中央への送金増に資するものであったからこそ、戸部は各省に対して確実に鋳造差益を確保するよう要求したのである。

このように、開始当初の制銭鋳造は確かに鋳造差益の獲得を企図したもので

あったが，決して各機関が自前の財源を捻出すべく無秩序に悪貨濫造を行っていたわけではなく，中央の戸部が兵餉銀を節減させ中央への送金を増加させるために，各鋳銭局に確実に鋳造差益を獲得させるとともにその掌握を目指していたのであった。当然，戸部自身による宝泉局での制銭鋳造もまた，かかる財源確保の一翼を担っていたと考えられる。

そのような差益獲得に対する戸部の積極姿勢は，当時の正項財政の状態を理解してこそ的確に把握しうるものである。すなわち，清朝の中国進出直後は正項財政が危機的状況にあり，その年間の赤字額は，順治8～9年頃には約88万両に，同13年以後には約400万両に達し，順治17年には戸部銀庫の貯蔵額は約16万両にまで減じていた（岸本美緒［1995a：490-492頁］）。この頃の正項財政の歳入規模がおよそ2千数百万両程度であったこと（張研［1998：589-590頁］）を考えれば，約16万両という戸部銀庫の貯蔵額がいかに微々たるものであったかがわかる。かかる財政危機を乗り越えるために戸部は，京師両局ならびに各省鋳銭局における制銭鋳造で差益を得て，それを兵餉に充当することによって兵餉に支出する銀の額を節減し，少しでも多くの銀を送金させて戸部銀庫に蓄えようと図ったのである。順治10年代初頭において各省の鋳造差益の合計は年間十数万両に過ぎず[24]，宝泉局の制銭鋳造で得た鋳造差益を加えても二十余万両ほどであったが，その程度の収入に執着しなければならないほど，正項財政は逼迫していたのであった。また，見方を変えれば，戸部銀庫の貯蔵額が約16万両にまで減少するような状況においては，二十数万両の鋳造差益は十分に大きな額の財政収入であったともいえる。

そのように差益獲得を企図した制銭鋳造には，本章第一節で言及した明末の制銭鋳造との連続性を認めることができる。確かに，明朝から清朝への交替によって，宮廷費用の膨張や北辺の軍費増大といった問題は解消されたが，その一方で八旗の官・兵を俸餉によって養うこととなったし，何より中国内地は未だ通常の徴税が行える状況になかった。それゆえ，鋳造差益の獲得を目的とした明末の制銭鋳造を中国進出直後の清朝も引き継がざるを得なかったのである。

明末の制銭の粗製濫造を引き継いだとなれば，当然，市場に対する影響も同

様のものとなる。清初上海の人，葉夢珠が著した『閲世編』巻7，銭法には，

　順治通宝の初頒に，官は実に千ごとに銀一両に准うるも，然るに銭法敝極の後に当たれば，奉行すること甚だ難し。藩司の頒する所の制銭は，有司が舗戸に強令して均分するに，舗戸は本を虧（か）くを明知し，已むを得ずして分舗の市価を酌量し実に未だ嘗て用通せず，以て故に有司も亦た多頒すること便ならず，民間の用うる所は惟だ七一色の低銀のみ。〔順治〕八年辛卯に至りて，千ごとの値銀は止だ四銭八分に値するのみ。其の後漸増するも亦た五，六銭に至るあたわず。積軽の勢いの然らしむるのみなり。

とある。上海において清朝の制銭が供給され始めた当初，明末以来の銭価低迷は打開されないままであった。制銭は官員によって舗戸に強制的に割り当てられたが，銭価が低迷するなか舗戸が制銭を支払いに用いれば損失を被るので，舗戸は制銭をそのまま死蔵した。その結果，市場には制銭が流通せず低銀のみが流通する事態となった。その後，銭価は次第に上昇したものの，1,000文＝5〜6銭未満，つまり銀1両＝2,000文程度にとどまった，という。明末の悪貨濫造が拍車をかけた銅銭遣いの後退と銭価の低迷という事態を，同じような悪貨濫造である清朝の制銭供給が打開するはずがなかった。

　ただし，差益目的の粗製濫造という点に明末との連続性を認めうる一方で，清朝は「折二」「当五」などの高額面制銭の鋳造に踏み切ることはなかった。また，財政状況が必ずしも好転していないにもかかわらず，市場の銭価低迷を受けて公定換算率の大幅な切り下げや制銭の重量の加増を決定していった。市場における銅銭流通の安定を度外視して差益獲得だけを追求することはなかったのである。それは，財政状況がなおも厳しい中での順治14年の重量大幅加増と地方鋳造停止へとつながっていく。

小　　結

　明代中葉以降，中国内地では明朝の銀財政構築と日本銀・新大陸銀の流入によって銀経済が浸透した。単位重量あたりの価値が大きい銀は本来，小額貨幣

との併用が求められる貨幣であったが，明朝は良質な制銭の供給に消極的で，明末には財政補填のために差益獲得を目的とした粗製濫造に走った。そのため，市場においては銅銭遣いが後退し，銭価は低迷を続けた。一方，中国に流れ込んだ銀は都市部と北辺の軍事拠点に偏在し，北辺の互市を活発化させ，奢侈品の貂皮・人参・淡水真珠などの交易に経済基盤をおく女直人首長ヌルハチの台頭を招いた。かくしてマンチュリアに清朝が成立するが，銀経済の影響のもとに急成長した政権とはいっても，銀財政の運用や銀銭併用のもとでの貨幣政策の経験は全く有していなかった。

　1644年に明朝滅亡後の中国内地に進出した清朝は，軍の北京入城後ただちに制銭鋳造に着手し，支配領域を拡げるにしたがって各省・鎮でも順次，制銭の鋳造を始めていった。それは，中国内地での徴税体制が確立せず，かたや八旗や投降漢人官兵への俸餉を支給しなければならない状況下で，鋳造差益を得るために推進した粗製濫造であった。それを主導したのは王朝財政を統括する戸部であり，鋳造差益を得ることによって兵餉に支出する銀を節減し，戸部の銀貯蔵額を増加させようとしたのであった。それは結局，明末の制銭鋳造と同様の施策であり，銅銭遣いの後退と銭価の低迷という現象はそのまま継続することとなった。ただし，公定換算率の大幅な切り下げや重量の段階的加増など，民間の銭価低迷を踏まえた譲歩がみられた点に，歯止めのない悪貨濫造がなされた明末との相違を見て取ることができる。そして，順治14年に至って，重量の大幅増と地方鋳造の停止という方針転換がなされることとなるのである。

　ただし，順治14年をもって差益獲得を追い求めない良貨鋳造へと完全に移行したわけではない。次章では，順治14年に如上の決定がなされてから，康熙中葉に清朝の中国支配が盤石のものとなるまでにおける制銭供給政策の推移に考察を加える。

註

（1）　唐甄『潜書』下篇上，更幣。
（2）　「満文国史院檔」崇徳3年7月11日条，参照。

第一章　明清交替と貨幣　65

(3) 漢文「天聰通宝」を鋳造したと記されているが，その実在は確認されていない。
(4) 『皇朝文献通考』巻14，銭幣2，康熙18年条。
(5) 「内閣漢文題本（北大移交部分）」第29リール1536-1575（「順治年間制銭的鼓鋳」186-190頁），順治11年正月26日，戸部尚書車克等題本。
(6) 『明清檔案』A1-49，順治元年7月7日，工部屯田清吏司員外郎聶一心掲帖。
(7) 『明清檔案』A1-39，順治元年7月26日，工部左侍郎葉初春啓本によって，当該啓本の提出より以前に銀1両＝制銭700文という公定換算率が採用されていたことを確認できる。
(8) 『皇朝文献通考』巻13，銭幣1，順治2年条。
(9) 『大清世祖章皇帝実録』巻25，順治3年4月乙巳（29日）条。
(10) 『皇朝文献通考』巻13，銭幣1，順治4年・同7年条。
(11) 『皇朝文献通考』巻14，銭幣2，康熙14年・同21年条。
(12) 『皇朝文献通考』巻13，銭幣1，順治17年条。
(13) 『皇朝文献通考』巻14，銭幣2，康熙元年条・同3年条。
(14) 『皇朝文献通考』巻14，銭幣2，康熙元年条・同3年条。
(15) 前註（5）所掲，車克等題本。
(16) 「内閣漢文題本（北大移交部分）」第29リール1577-1600（「順治年間制銭的鋳造」190-192頁），順治12年正月25日，戸部右侍郎郝傑題本。
(17) 「内閣漢文題本（北大移交部分）」第29リール1631-1649（「順治年間制銭的鋳造」196-199頁），順治13年2月10日，戸部右侍郎朱之弼題本；同，第29リール1713-1721（「順治年間制銭的鼓鋳」207-209頁），順治18年3月1日，戸部尚書車克等題本。
(18) 「觔」単位で計上された銅材の額に160をかけると単位が「銭」に換算される（1觔は16両）。それを制銭の重量（単位は「銭」）で除し，さらに1,000で除すと，鋳出される制銭の額（単位は「串」。1串は1,000文）が算出される。
(19) 「内閣漢文題本（北大移交部分）」第29リール1397-1401（「順治年間制銭的鼓鋳」168頁），順治6年8月22日，山西巡撫祝世昌題本。
(20) 「内閣漢文題本（北大移交部分）」第29リール1492-1498（「順治年間制銭的鼓鋳」179-180頁），順治9年6月16日，両江総督馬国柱題本。
(21) 「内閣漢文題本（北大移交部分）」第29リール1461-1468（「順治年間制銭的鼓鋳」176-177頁），順治9年6月23日，戸部尚書車克等題本。以下に掲げる趙継鼎の上

66 前編　銭賎から銭貴へ

奏は，この題本に引用されているものである。

(22)　この部分は漢文が欠落しており，対応する満文から訳出した。原文は以下の通り。

> hesei mimbe jiha i weile be uheri kadala sehe be dahame aniya i dubede wesimbufi bodombi.. hūguwang ni golo i u ceng fui jergi ba i jiha hungkerefi baha aisi be jurgan de boolanjifi neneme wesimbuhe.. yooni boojanjire undengge. giyangnan. yun siyang.. jai eden boolanjihangge. jegiyang. fugiyan. šansi.. ududu jergi bošoci jiderakū.. ciyanliyang ni baita de holbobuha be dahame goidabuci ojorakū.. hese wasimbufi ciralame tacibufi meni jurgan de afabufi inenggi bilafi boolanjibure yooni toktobuha de coohai ciyanliyang getuken ombi..

(23)　「内閣漢文題本（北大移交部分）」第29リール1650-1669（「順治年間制銭的鼓鋳」199-202頁），順治13年3月17日，戸部尚書戴明説等題本。

(24)　「内閣漢文題本（北大移交部分）」第29リール1682-1687（「順治年間制銭的鼓鋳」未収録），順治13年閏5月5日，戸部右侍郎梁清遠題本によれば，順治12年に各省の制銭鋳造によって得られた鋳造差益の合計は160,458両余だった（ただし，報告が遅れていた福建省の秋・冬二季分は含まれていない）。

第二章　清朝の中国支配確立過程と制銭供給政策のゆらぎ

　順治14年（1657），制銭の重量が大幅に加増されるとともに，各省・鎮の鋳造はすべて停止されることとなった。制銭の重量加増によって，鋳造差益の獲得は以前よりも困難になったと考えられる。ただ，そのような方針転換が何を企図したものであったのか，また，従来の戸部主導による差益獲得への積極姿勢がどのように撤回されていったのかは，未だ全く跡付けられていない。また，康熙23年（1684）から同41年までの期間，重量1銭という甚だ低品位の制銭が，京師および華中・華南諸省において盛んに鋳造され，その後は再び京師での良貨供給に復している。制銭の粗製濫造がなされたのは，清朝の中国進出直後だけではなかった。清初において制銭供給政策は，良貨鋳造と悪貨鋳造のあいだをゆらぎ続けていたのである。そのことに初めて着目した黒田明伸［1994：42頁］は，「銅銭流通の画一性獲得のため，宋銭のような良貨と小銭のような悪貨の双方を排除しようと試行錯誤したためとみなしてよかろう」と論じている。しかし，政策過程の分析によって導き出された結論ではなく，推測の域にとどまっている。
　かかる順治末年から康熙中葉にかけての制銭供給政策の変遷を分析する上で考慮すべきは，当該時期が清朝による中国支配の確立期であり，反清勢力のひとまずの一掃，呉三桂の蜂起による三藩の乱の勃発，三藩および鄭氏の鎮圧，対ロシア戦・対ジューン＝ガル戦の展開，という王朝の存否に直接関わる出来事が立て続けに発生していたということである。中国内地進出直後に差益目的の悪貨濫造を余儀なくさせた清朝支配の脆弱さは，康熙30年代後半に至るまで完全には克服されなかったのであり，となれば制銭供給政策もその影響を免れられなかったはずである。
　そこで本章では，順治末年から康熙中葉にかけての清朝の中国支配確立過程に注意を払いながら，順治14年の重量加増と各省停鋳，康熙23年の重量軽減と

その前後における一部諸省の鋳造再開という二つの抜本的な方針転換とそれらに関連する種々の措置に対して考察を加え、当該時期における制銭供給政策のゆらぎが意味するところを明らかにしたい。

第一節　中国内地の平定と順治14年の制銭重量加増

清朝が順治元年に中国内地に進出した後、明朝皇室の後裔を擁立した所謂南明政権が各地で建てられ、特に桂王政権は一時、広東・広西・雲南・貴州・四川・湖南・江西を勢力下に置き、台湾の鄭成功とも連携を図った。だが次第に清朝軍が優勢となり、順治13年に桂王は雲南に逃れた。翌14年、桂王を奉じていた孫可望と李定国が衝突し、敗れた孫可望が大軍を率いて清朝に降った。同年、平西王呉三桂に桂王討伐が命じられ、同16年に清朝軍は雲南を制圧、桂王はビルマに逃れた。そして同18年に呉三桂が桂王の身柄を確保し、ここに清朝は中国内地の反清勢力を一掃した。

また、同時期の政権中枢に目を転じると、順治7年、摂政王和碩睿親王ドルゴンが没し、翌8年に順治帝の親政が開始された。その後、順治帝は中国的な政治体制へと傾斜していき、同12年には内務府に代わって明朝の十三衙門を復設、同15年には内三院の内閣への改組を断行して大学士による票擬を復活させた。また、谷井俊仁［1994：148頁］によれば、同時期に順治帝は従来型の合議の場である議政王大臣会議に姿を現さなくなり、文書による政務処理の比重が増していったという。そのように、地方では反清勢力の掃討に一定の目処が立ち、中央では政治体制の中国化が志向されるなか、順治14年に制銭の重量加増と各省の鋳造停止が決定されたのであった。

前章でも述べたように、清朝は銭価の低落を受けて、順治2年に制銭の重量を1銭から1銭2分に加増し、ついで同4年に公定換算率を銀1両＝700文から銀1両＝1,000文に切り下げたが、それらの施策に関する題本は見出すことができない。現存する題本のなかで銭価低迷に関する最初のものは、順治8年正月の戸部尚書巴哈納等の題本である。そこには、民間の銭舗（両替商）の多

くが明朝の廃銭を混入させており，そのために銭価が銀１両＝1,400文ほどに低落していることを報告し，対策として銀１両の支払いに1,000文以上の銅銭を取り交わした者を治罪することを提議し，裁可されている[1]。

この年には，前章で述べたように，清朝は制銭の重量を１銭２分５釐に加増しており，加えて，鋳銭局が過多であるとして各鎮における制銭鋳造を停止している[2]。しかし，それでも銭価は上昇せず，順治９年７月に戸部尚書車克等は上奏して，銭価が低落しているのは「此れ皆な廃銭もて攙和し行使するの故なり」とし，廃銭を行使した者を厳罰に処すよう求め，裁可された[3]。同年９月には，福建道監察御史婁応奎が制銭１文＝廃銭２文の比価を採用して廃銭の使用を公認するよう提議したが，議覆を求められた戸部尚書車克等は同年10月に上奏して，「銭法の壅滞は全て廃銭の混行に由る」と従来の主張を繰り返し，その結果，廃銭行使公認の提議は却下されることとなった[4]。

このように戸部は，銭価低迷の原因は明朝の廃銭が使用されていることにあるとの主張を再三にわたって繰り返し，その対策として廃銭を行使した者を処罰するよう訴え，裁可を得ていた。その主張は，制銭の供給過多や品質の悪さが銭価を下落させているわけではないと暗に訴えるものであり，積極的に制銭鋳造を行って鋳造差益を得て兵餉に充当しようという思惑と表裏をなしていたといえる。そして順治10年に戸部は，２年前に停止された各鎮の制銭鋳造のうち，密雲・薊州・宣府・陽和（順治６年から同13年まで大同局を移設）・臨清の制銭鋳造の再開を提議し，裁可された[5]。関連する題本が現存していないので政策決定過程を復元することはできないが，制銭供給に問題があるわけではないという戸部の従来からの主張に沿った決定であったことは間違いない。

さらに，同年閏６月に戸部尚書車克等は上奏して，銭価低迷が克服されないのは私鋳銭が流通しているためであるとして，私鋳犯の厳重な処罰を求め，裁可された[6]。廃銭に加えて，私鋳銭が銭価下落の原因として挙げられたのであった。戸部は一貫して，銭価低迷の原因を制銭以外の非合法銅銭の流通に求め，みずからが統括する京師・各省の制銭供給とは一切関連づけようとしなかった。

しかし，その直後に下った上諭は，制銭の粗製濫造こそが銅銭流通の混乱の

原因であると断じ，制銭の品質向上を命じるものであった。『皇朝文献通考』巻13，銭幣1，順治10年条に，その経緯が記されている。

　九卿等は会して銭法を疏通せしむるを議して奏して言わく，「鋳銭は定式に照らして文ごとに一銭二分五釐とし，銭背の左に漢文『一釐』の二字を増鋳し，其の右に戸部は『戸』字を鋳し，工部は『工』字を鋳せしめ，江南・江西・浙江・福建・湖広・湖南・山東・山西・陝西の省城及び密雲・薊・宣府・陽和・臨清等の鎮は，並びに開局の地方の一字を鋳せしめん。須く精工するを極むべし。鋳するに式に合わざる者は参究せん。千文ごとに銀一両に准(なぞら)うるに，其の見行の旧時の制銭は，原(もと)より高低厚薄の等しからざる有れば，以て一切の貿易を強斉し難し。応に暫くは民便に従うべし。直省の銭法に至りては，右布政使に責成して専督し稽査せしめん」と。上諭を奉ずらく，「銭法の行われ難きは皆な鋳造の精たらざるに因(よ)りて致す所なり。見今，官銭は該部をして炉座を酌減し，務めて精工して式の如からしめよ。背に『一釐』の二字を添え，上下通行せしめよ。……」と。

九卿らは上奏して，公定換算率は銀1両＝1,000文となっているが，これまでに鋳造した制銭は品質が不揃いであり民間に公定換算率を強制できないことを述べ，制銭の品質を向上させる必要を訴えた。そこで下された上諭は，制銭の粗悪さが銅銭流通の混乱の原因であると結論し，精工して規格通りの制銭を鋳造するよう命じた。九卿らの上奏およびそれを受けて下された上諭の内容は，銭価低迷を全面的に廃銭・私鋳銭に起因するものとしてきた戸部の主張を完全に覆すものといえる。九卿会議には，戸部の尚書・侍郎らが参加していたはずであるが，そこでは戸部の従来からの主張は通らなかったのである。

　この上諭を受けて，戸部は同年9月に上奏し，各省の鋳銭局に「式に照らして精工して鋳造」することを皇帝から厳命するよう要請し，裁可された[7]。しかしながら，その後も事態は好転せず，順治14年には制銭の粗製濫造が銭価低落と私鋳横行をもたらしているとする次のような上諭が戸部に下され，制銭の重量を1銭2分5釐から1銭4分へと大幅に加増するとともに各省の制銭鋳造をすべて停止することが決定したのであった。『皇朝文献通考』巻13，銭幣1，

順治14年条には，以下のようにある(8)。

　　戸部は上諭を奉ずらく，「鼓鋳の法は原より国を裕かにし民に便なるを以
　　てす。今，各省は炉を開くこと太だ多く，鋳造すること精たらず，以て奸
　　民が機に乗じて盗鋳するを致す。銭は愈よ多く愈よ賤し。私銭は公行し，
　　官銭は壅滞し，官・民は両に其の病を受く。銭法をして弊無からしめんと
　　欲すれば，鼓鋳もて一に帰せしむるに若くは莫し。其れ各省の鋳炉は一概
　　に停止せよ。独り京局をして鼓鋳せしめん。務めて旧銭に比して体質は更
　　に闊厚を加え，文ごとに重は一銭四分とし，磨鑢し精工せよ。且つ満・漢
　　字を兼用し，私鋳するに偽作に難からしめん。一面に『順治通宝』の四漢
　　字を鋳し，一面に『宝泉』の二満字を鋳せ。其の見行の銭は，姑く暫用す
　　るを准す。三年を俟ちて後，止だ新鋳の制銭のみを用い，旧銭は尽く銷毀
　　を行え」と。

この決定は，制銭の重量を１銭４分にまで加増して且つ精工し，私鋳防止を期
して満文を鋳込み，また各省の制銭鋳造を停止させて，私鋳銭の流通（「私銭公
行」）と制銭の銭価の低迷（「官銭壅滞」）を克服しようとしたものであった。ま
た，これ以前に鋳造した制銭は３年の後に全て鋳つぶすことを命じており，従
来の低品位の制銭によって銀１両＝1,000文の公定換算率に沿った銭価を実現
することは，ここにおいて完全に断念されたのであった。実際に，順治18年に
は，順治10年以前に鋳造された「一釐」の２字が鋳込まれていない制銭の回収
が始まり(9)，さらにその２年後の康熙２年には，順治10年から同14年までに鋳
造された制銭の回収が開始されている(10)。なお，宝泉局鋳造の制銭の背面に鋳
込むこととなった「『宝泉』の二満字」とは，「宝泉」を音写した「boo ciowan」
である。また，この上諭には宝源局が鋳造した制銭に対する言及がないが，上
諭を採録した『皇朝文献通考』巻13，銭幣１，順治14年条按語には，宝源局鋳
造の制銭にも「宝源」を音写した満文（「boo yuwan」）を鋳込むことになった
ことが記されている。

　このように，戸部は制銭鋳造を続行して鋳造差益を獲得するために，銭価低
迷をひとえに廃銭・私鋳銭の流通に起因するものと主張していたが，制銭の粗

製濫造こそが銭価低迷や私鋳横行を惹起していると断じる上諭が下り，制銭の重量を一挙に1銭4分に加増するとともに，中央の監視が行き届きにくい各省の制銭鋳造をすべて停止することとなった。かかる決定は，財源捻出策から脱却して経済秩序の安定（銭価引き上げ）や統治理念の貫徹（私鋳銭の排除）を目指そうという気運が政権中枢において高まりつつあったことの現れとみられる。そこには，本節冒頭で述べた，桂王勢力の封じ込めの進展や順治帝の中国的政治体制への傾斜といった状況の変化が少なからず影響していよう。

ただし，順治14年の上諭をもってただちに制銭供給政策が鋳造差益を追い求めない良貨供給へと転換したわけではない。次節では，制銭の重量が1銭4分に加増された後の京師の制銭鋳造，および短期間ながら再開された各省の制銭鋳造の実態を明らかにし，康熙初年に京師限定の良貨供給路線が定まるまでの経緯を跡づける。

第二節　京師における制銭供給の継続と各省の停鋳

順治14年に重量が加増された後の制銭鋳造は，どのようなものであったのだろうか。そこでまずは，順治18年3月の戸部尚書車克等題本[11]をもとに，順治17年の宝泉局における制銭鋳造と鋳造差益について検討したい。車克等の題本の内容を表2.1に示す。

ここでは，戸部がみずから買い付けた銅材の収買価格が1觔あたり銀6分5釐であるのを除いて，前年からの繰り越しの銅材も，新たに各関差が納めてきた銅材も，収買の官価が1觔あたり銀7分となっている。遅くとも順治16年には，辦銅の大部分において官価は銀7分に増額されていたのである。それは，銅材の市価上昇に対応したものと考えられる。

また，京師両局では，順治14年の制銭の重量加増時にあわせて工食・物料の増額もなされていた。前章第四節で挙げた順治12年正月の戸部右侍郎郝傑題本[12]によれば，順治11年当時，工食・物料は原材料100觔につきおよそ2,350文であったが，『皇朝文献通考』巻14，銭幣2，康熙41年条には，

第二章　清朝の中国支配確立過程と制銭供給政策のゆらぎ　73

表2.1　順治17年の宝泉局の制銭鋳造

		項目	銅材の額・制銭の額	銀に換算した場合の額
旧管	(a)	銭銅 (毎觔7分)	2,187,245觔15両3銭9分6釐	153,107両2銭1分7釐
	(b)	鉄銅	1,794觔7両	不計価値
	(a)・(b) 合計		2,189,040觔6両3銭9分6釐	153,107両2銭1分7釐
新収	(c)	部発銭銅 (毎觔6分5釐)	61,700觔	4,010両5銭
	(d)	各関解到銭銅 (毎觔7分)	1,548,779觔11両	108,414両5銭7分8釐
	(c)・(d) 合計		1,610,479觔11両	112,425両0銭7分8釐
開除	(e)	用過銭銅	2,300,000觔	160,691両5銭
	(f)	耗銅	276,000觔	
	(g)	浄銅	2,024,000觔	
	(h)	応鋳銭	231,314串289文	231,314両2銭8分9釐
	(i)	工料銭	61,985串	61,985両
	(j)	浄得餉銭	169,329串289文	169,329両2銭8分9釐
	(k)	串縄銭	345串	345両
	(l)	本息銭	169,674串289文	169,674両2銭8分9釐
	(m)	浄獲息銀	———	8,982両7銭8分9釐
実在	(n)	銭銅 (毎觔7分)	1,497,725觔10両3銭9分6釐	104,840両7銭9分5釐
	(o)	鉄銅	1,794觔7両	不計価値
	(n)・(o) 合計		1,497,725觔10両3銭9分6釐	104,840両7銭9分5釐

典拠：「内閣漢文題本（北大移交部分）」第29リール1713-1721（「順治年間制銭的鼓鋳」207-209頁），順治18年3月1日，戸部尚書車克等題本。

　順治十四年，各省の炉を設くるを停止し専ら京局のみを留め，改めて文ごとに重の一銭四分なるを鋳するに因り，銅百觔ごとに銅十二觔を耗やし銭十串五十文有奇を鋳するを准す。匠工に物料等の項の銭二千六百九十五文を支給す。

とあり，順治14年に工食・物料が100觔につき計2,695文に増額されたことがわかる。

　制銭の重量加増に加え，銅材収買の官価や工食・物料を増額した結果として，順治17年の制銭鋳造では制銭1,000文あたりの鋳造費用（(e)の銀額を(l)で

除すことで得られる）がおよそ銀9銭4分7釐に達し，鋳造総額は順治11年とほぼ同じでありながら鋳造差益が銀9千両を下回るまでに減少している。

一方，各省における制銭鋳造は，順治14年の上諭によって停止となったが，それは一時的な措置に終わり，ほどなくして各省一斉鋳造が再開された。まず，順治17年に旧来の鋳銭局と新たに支配下に入った雲南において制銭鋳造が始まった。制銭の背面には，各鋳銭局の所在地を表わす漢字1字を右側に，それを音写した満文を左側に鋳込むこととなった。例えば，江寧局であれば，右に「寧」，左に満文で「ning」と鋳込むのである[13]。

かくして再開が決まった各省の制銭鋳造は，決定から2年後の康熙元年には「銭価賤きに過ぐ」との理由から，江寧を除いて再び停鋳となった[14]。そのため鋳造実施期間は極めて短いものに終わったが，この時に各省において鋳造された満漢文並記の順治通宝は少なからず現存しており，決して鋳造実績がなかったわけではない。しかも，現存するものはいずれも精美であり（佟昱［2006：129-142頁］），順治14年の決定に背くことなく良質な制銭の鋳造が各省においても実施されていたことが見て取れる。

その後，康熙6年には浙江総督趙廷臣の上奏に端を発して，湖南・江蘇・甘粛の各省城を加えて各省の制銭鋳造を再開することが決定した。『皇朝文献通考』巻14，銭幣2，康熙6年条には，

> 時に以て浙江総督趙廷臣は疏して言わく，「直省の炉座は応に仍お旧に照らして鼓鋳せしめ，以て国儲を裕かにし民用を済うべし」と。経に戸部は議准す。

とあり，鋳造差益を獲得して財政収入に繰り込むこと（「以裕国儲」）が鋳造再開の主要な動機付けであったことが窺える。それより前の康熙3年には，銅材収買の官価が1觔につき銀6分5釐に戻されていた[15]。また，康熙6年の江寧では，制銭199,791串を鋳造して，銀40,419両余の鋳造差益を計上し，兵餉に充当している[16]。制銭1串あたりの鋳造費用は約7銭9分8釐であり，前述した順治17年の宝泉局に比べて約1銭5分も小さい。これは，銅材収買の官価減額だけでは説明がつかない差であり，江寧は宝泉局よりも工食・物料が少なかっ

第二章　清朝の中国支配確立過程と制銭供給政策のゆらぎ　75

たものとみられる。いずれにせよ，江寧の制銭鋳造では少なからず鋳造差益を獲得しており，康熙6年にそれが諸省にも拡大されたと考えることができる。さらに，翌同7年には戸部の提議が認められて，四川・広東・広西・貴州の各省城でも制銭鋳造を開始することが決定された[17]。

　康熙初年に各省で鋳造された制銭について，葉夢珠『閲世編』巻7，銭法には，

　　康熙初めに泊び，始め京省に命じて各おの局を開きて銭を鋳せしむるに，銭背に直省〔の名〕を明著し，字は満・漢を兼ね，体は重，工は良にして，嘉（嘉靖通宝）・隆（隆慶通宝）の上に直出す。

とあり，制銭の品質は極めて良好であったという。それに加えて，租税徴収に銅銭を組み込んだ結果，銭価は上昇して1,000文＝銀9銭余，すなわち銀1両＝1千余文という公定換算率にかなり近い値にまで達した，と記されている。また，現存する制銭をみても，康熙初年に各省で鋳造された制銭は精美なものが多い（東京清朝銭クラブ［1973：42-56頁］）[18]。鋳造差益の獲得を企図する一方で，良質な制銭の鋳造もまた堅持されていたのであった。

　しかし同じ頃，雲南省は鋳造の暫時停止を求め，一旦は戸部の反対により退けられたが[19]，重ねて平西親王呉三桂が停鋳を要求したため裁可された[20]。また，新たに鋳造開始が命じられた四川・広東・広西・貴州の各省も銅の調達や鋳造技術者の確保が難しいことを主張しており，山東省も銅不足を訴えて鋳造を縮小するに至り，そこで戸部は康熙8年8月に，各省を対象に鋳造の利点の有無を調査することを提議して，裁可を得た[21]。そこで各省から上せられた題本を確認することはできないが，康熙8年11月の刑科給事中張登選の題本[22]，および康熙9年2月の戸科給事中姚文然の題本[23]に関係する記述がみられ，康熙9年4月に各省一斉鋳造の停止が決定している。以下では，それら2件の題本の内容を検討し，制銭供給のいかなる弊害が各省において問題視されていたのかを具体的に明らかにしたい。

　刑科給事中張登選の題本には，現地での弊害として，以下の諸点が挙げられている。すなわち，①民間に廃銭・私鋳銭・銅器は既になく，そのために銅価が騰貴し，戸部は銅価として1觔あたり銀6分余を計上することしか認めてい

ないが，実際には市価は銀1銭に及んでおり，不足分を官員が自辦するのも困難なので民間に強制的に割り当てざるを得ないこと。②自省に銅材がなければ遠隔地に銅材を求めることとなり，当然に少なからず輸送費用が発生し，その資金もまた民間から調達せざるを得ないこと。③自省でも各戸に対して銅器の供出を強要することになり，それがまた民間を騒擾すること。④京師の銭価は制銭1,000文＝銀7銭，つまり銀1両＝約1,430文に過ぎず，京師から離れるほど各地の銭価はさらに低くなっており，銀1両＝1,000文の公定換算率に則って制銭を受給した兵丁たちが「民間の物件を強買」していること，などであり，鋳造差益は兵・民が「賠折」する形となっていて「有名無実」であると訴えている。そして張登選は，各省督撫が前後して上奏した題本をあらためて調査して制銭鋳造を停止することを戸部に命じるよう求めている。この張登選題本に対する諭旨で，康熙帝は戸部に議覆を命じている。ただ，管見の限りでは，戸部の議覆は現存しておらず，編纂史料からも議覆の内容を確認することはできない。

次に，戸科給事中姚文然の題本を検討する。姚文然は，張登選も述べていた，鋳造差益が実質的に得られていないことを力説している。姚文然は具体的な事例として広東省の制銭鋳造に言及しており，制銭721串を鋳造した際，銅材1觔につき銀6分5釐という官価に則れば銀593両の支出しか鋳造費用として認められないが，実際に要する鋳造費用は銀1,043両に達し，戸部が支出を認める銀593両の他に銀450両が必要であり，それは担当の官員が立て替えていて，その負担は結局は民間に転嫁される，と指摘している。1串あたりに換算すると，戸部の規定に従えば鋳造費用はおよそ銀8銭2分2釐に抑えられるが，実際は銀1両4銭4分7釐ほどに達していた。制銭1串は銀1両に換算して搭放するので，戸部は差し引き銀1銭7分8釐の鋳造差益を得ていたが，それは，名目上の鋳造費用と実際の鋳造費用との差額6銭2分5釐を民間に負担させることによって成り立っていたのである。続いて姚文然は，制銭搭放が制銭を受給する兵丁たちの生計に打撃を与えていることについて，以下のように述べている。

銭の時値は米・塩の時値の如し。地の宜しきに因り，民の便なるに従いて，法令を以て強定すべからず。今，京城の銭値は約略そ千文ごとに銀八銭に値するに過ぎず。若し各省開局せば，銭を鋳すること愈よ多ければ，則ち銭値は愈よ賤し。乃ち旗下の窮丁，辺腹の戍卒，駅逓の馬料・役食に給するに，仍お一両の定価を以て之を放じ，加うるに運道搬運の脚費を以てす。見在，興延の各営鎮の如きは，已に具呈して泣控し，減餉を情願し，銭を領するを願わざる者有るなり。

ここで姚文然は，現在京師の銭価は1,000文＝銀8銭，つまり銀1両＝1,250文であり，各省が制銭鋳造を行えば銭価はますます下落することを指摘する。その上で，兵餉や駅站の経費に制銭を搭放する際は銀1両＝1,000文の公定換算率に則り，加えて制銭の輸送費用を要するので，兵丁らは制銭の搭放を望んでいない，と訴えている。そして姚文然は，「各督撫は疏して停鋳を請うに，其の兵・民に便ならざるの処は倶に已に詳陳したれば，臣の贅するを俟つ無し」と述べている。この姚文然題本に対しても，「該部は議奏せよ」との諭旨が与えられているが，前掲の張登選題本と同じく戸部の議覆の内容は知り得ない。

鋳造の取りやめを求める各省督撫らの上奏は，前述した戸部による調査への反応と考えられる。にもかかわらず，戸部は各省からの停鋳要請を尽く退けていたのであった。鋳造差益の獲得を重視する戸部は，形だけの調査を実施したに過ぎなかったのだろう。しかし，上述の如き張登選・姚文然の上奏を経て，康熙9年4月には各省一斉鋳造の停止が決定された。『皇朝文献通考』巻14，銭幣2，康熙9年条には，次のように記載されている。

〔康熙〕九年，江寧・蘇州・江西・福建・湖北・湖南・河南・山東・山西・陝西・甘粛・広東・広西・雲南・貴州・四川の鼓鋳を停む。時に以て四川巡撫張徳地は疏して言わく，「四川は僻処の辺地にして州県は本より銭糧を存留する無し。而るに陸路には桟道の艱有り，水路には川江の険有り。若し銀・銭もて兼徴せしめば，則ち起解の脚費は恐らくは民を累するを致さん。見在，銭文を需むるの用無ければ，請うらくは，鼓鋳を停めんことを」と。経に戸部は議して，「応に請う所の如くせん。其の江寧等の十五

布政使司は均しく銭を需むること急なるに非ざる処有るを恐る。開鋳して以来，官銭既に多く，或いは壅滞を致したれば，亦た査ぶるを行い停むるを議すべし」と。旨を得たるに，「俱に暫く停止を行え」と。

これによれば，四川巡撫張徳地が省内に銅銭需要がないことを理由に制銭鋳造の停止を提議し，戸部が議覆して張徳地の意見を支持し，さらに「江寧等の十五布政使司」(江寧・蘇州・江西・福建・湖北・湖南・河南・山東・山西・陝西・甘粛・広東・広西・雲南・貴州)のすべてについて停鋳を検討すべきであると上奏，それに対して康熙帝は，各省の制銭鋳造を全面的に停止するよう命じる諭旨を即座に与えたのである。『大清聖祖仁皇帝実録』によれば，それは同年4月のことであった[24]。

順治17年から康熙元年まで，および，康熙6年から同9年にかけて，各省では鋳造差益の獲得を企図しながら，順治14年の上諭に従い良質な制銭の鋳造を行っていた。そこには，中国内地を掌中に収めて本格的に秩序形成に乗り出しつつも，財政的には未だ足下のおぼつかなかった当時の清朝支配の実情が現れているといえよう。しかし，制銭の重量加増や銅材の市価上昇により1串あたりの実際の鋳造費用は増大し，その一方で，銅材収買の官価引き下げにより戸部が鋳造費用として認める額は逆に縮小した。それはそのまま，民間に転嫁される差額負担の増大を意味したのであり，地方官の問題視するところとなった。また，葉夢珠の観察したように，良質な制銭の登場によって銭価が上昇した地域もあったが，銭価が低落したままの地域はより広範に存在した。順治17年以降一貫して鋳造を続けていた江寧に加えて，蘇州にも鋳銭局があった江蘇省は，おそらくは例外的であって，多くの地域では新鋳の制銭は供給量の絶対的不足のため銭価動向にほとんど影響を及ぼさなかったものと思われる。それゆえ，制銭の搭放は兵餉の購買力を損なった。それもまた，地方官にとって座視できない深刻な問題だったのである。

結局，康熙9年に多くの省の制銭鋳造が停止され，同10年には密雲・薊州・宣府・大同の各鎮の制銭鋳造が停止され[25]，同13年には浙江省城[26]，同14年には臨清鎮も停鋳に至り[27]，各省における制銭鋳造は完全に途絶することとなっ

第二章　清朝の中国支配確立過程と制銭供給政策のゆらぎ　79

た（57頁所掲表1.3参照）。だがここで注目すべきは，康熙9～14年という時期に制銭供給が停止されているという事実である。戸部銀庫は，前述のように順治末年には払底寸前であったが，康熙6年には貯蔵額が約250万両となり，同12年には2千万両を突破した（表2.2参照）。つまり，康熙年間に入ってから財政状況が急速に好転し，同9年頃には既に正項財政は窮地を脱していて，多

表2.2　康熙6年～同61年における戸部銀庫貯蔵額の推移

年次	貯蔵額	年次	貯蔵額
康熙6年	2,488,492両	康熙34年	42,263,516両
7年		35年	42,628,989両
8年		36年	40,639,920両
9年		37年	40,542,966両
10年		38年	
11年	18,096,850両	39年	
12年	21,358,006両	40年	
13年		41年	
14年		42年	38,368,105両
15年		43年	39,985,306両
16年	5,307,216両	44年	
17年	3,339,920両	45年	
18年		46年	
19年		47年	47,184,788両
20年		48年	43,767,094両
21年		49年	45,881,072両
22年		50年	
23年		51年	
24年		52年	43,094,239両
25年	26,052,735両	53年	40,734,825両
26年	28,964,499両	54年	
27年		55年	
28年		56年	
29年		57年	44,319,033両
30年	31,849,719両	58年	47,368,645両
31年	34,255,285両	59年	39,317,103両
32年	37,600,663両	60年	32,622,421両
33年	41,007,790両	61年	

典拠：「康雍乾戸部銀庫歴年存銀数」。空欄は額が不明であることを意味する。

くの弊害をともなってまで鋳造差益の確保を目指さなければならない状況ではなくなっていたのである。そもそも、鋳造差益の獲得にこだわった制銭供給の弊害は、制銭の精工を命じた順治10年の上諭以来一貫して認識されていた。だが、正項財政の確立を待たずして鋳造差益の獲得を断念するわけにはいかなかった。康熙初年に正項財政が軌道に乗り、そこではじめて、種々の弊害を直視して差益獲得に主眼を置いた制銭鋳造を取り止めることが可能になったのである。

　その一方で、京師両局だけはその後も制銭供給を継続して行っている。京師両局の場合、辦銅は両局の鋳銭業務から切り離されて関税制度の一部と化していたため、銅材収買の官価の不足が関税の過徴につながることはあっても、制銭供給政策に直接的な影響を及ぼすことはなかったと考えられる。香坂昌紀［1981：125-128頁］によれば、康熙20年代の滸墅関では、規定の銅本銀では銅材採買費用の4割弱にしかならず、正規の関税を大幅に上回る徴収を行っていた。それは、「税則を無視してなされる恣意的収奪の、いわば公然たる口実として利用され、物貨流通の上に重大な阻害要因となった」、という。そのような関税の過徴に依存して、京師両局の制銭鋳造は成り立っていたのであった。

　しかし、前章でも触れたように、康熙12年に勃発した三藩の乱の影響により、同14年から同21年まで辦銅額が半減されており、必然的に京師両局の鋳造規模も縮小したと考えられる。京師での良貨供給は、細々としたものにとどまった。三藩の乱の発生はまた、さらに大きな影響を制銭供給政策に及ぼすこととなる。次節以降でみていきたい。

第三節　三藩・鄭氏の鎮圧と康煕23年の制銭重量軽減

　康熙12年、雲南の平西親王呉三桂が清朝に対して反旗を翻し、雲南・貴州から湖南に進出して、さらにそこから東西へ進撃した。翌年には陝西の提督王輔臣、広西の孫延齢、福建の靖南王耿精忠が叛し、広東の平南王尚可喜が孤立して呉三桂軍に降った。さらには台湾の鄭氏勢力も清朝に対する攻撃を開始し、いったんは長江以南の大半の地域が反清諸勢力に制圧される事態となった。し

かし、それらの諸勢力が利害を一致させて共同して清朝に対することはできず、攻勢に転じた清朝軍によって次々と鎮圧され、康熙20年に中国内地の反乱はすべて平定され、同22年には台湾の鄭氏勢力も瓦解した。

その直後の康熙23年、制銭1文の重量が1銭4分から1銭へと大幅に軽減されることとなった。以下で、その経緯をみていく。なお、康熙41年に制銭の重量が1銭4分に戻されて以後、康熙23年から同41年までに鋳造された重さ1銭の制銭は「小制銭」、同41年以降に鋳造された重さ1銭4分の制銭は「大制銭」と称されるようになった。それは康熙41年に重量を加増し二種の制銭の呼び分けが必要になったことで生まれた呼称であるが、本書では「小制銭」の語を、その鋳造が始まった康熙23年にまで遡らせて使用することとする。

康熙23年3月、康熙帝は銭法の管理に吏部右侍郎陳廷敬らを特派することを決定した。その経緯が、『大清聖祖仁皇帝実録』巻114、康熙23年3月丙戌（20日）条に記されている。

> 戸部等の衙門は議覆すらく、「〔戸部〕銭法侍郎李仙根が宝泉局の康熙二十二年分の鼓鋳の用いたる銅觔を将て具題し、旨を得たるに、『銭法を管理するは、倶に応に另に選差を行うべし。鋳銭の事宜并びに耗費等の項を将て詳しく察看を加え、鋳造を親督せしめん。務めて尽く積弊を除き、永く定例と為さんことを期せ。応に差わすべき各官は、該部が開列して具奏せよ』」と。尋いで戸部は各部院の堂官を将て名を列ねて旨を請う。上は吏部侍郎陳廷敬・兵部侍郎阿蘭泰・刑部侍郎仏倫・都察院左副都御史馬世斉に命じて銭法を管理せしむ。

通常、銭法は戸・工両部の満・漢右侍郎が督理するものであるが、康熙帝はこの時、戸・工両部の官員ではない、吏部右侍郎陳廷敬・兵部右侍郎阿蘭泰・刑部左侍郎仏倫・都察院左副都御史馬世斉の4名に暫定的に銭法を管理させたのであった[28]。

この上諭で注目すべきは、康熙帝が「耗費等の項」の調査を特に命じていることである。つまり、制銭鋳造における経費の削減が陳廷敬らの最大の任務であった。そこで陳廷敬らが最初に行ったのが、耗銅と工食・物料の削減であっ

た。『皇朝文献通考』巻14，銭幣2，康熙41年条に記載された大学士らの上奏に，以下のような文言がみられる。

　　康熙二十三年，以て耗費の事宜を詳察し，耗銅を将て減じて定むるに九觔と為し，百觔ごとに銭十串四百文を鋳さしむ。匠工に支給する物料（工食を含む）は，減じて一千九百七十四文と定む。

順治14年以後，耗銅は用いる銅材の12％であったが，ここに至り9％に削減された。また，工食・物料も，前述したように順治14年に銅材100觔につき2,695文に増額されていたのだが，この時1,974文へと大幅に減らされた。ここには陳廷敬らの名は明記されていないが，「耗費の事宜を詳察し」とあるところから，康熙帝に「鋳銭の事宜并びに耗費等の項を将て詳しく察看を加え」ることを命じられた陳廷敬らの立案によるものとみなせる[29]。

　耗銅および工食・物料の削減に続いて陳廷敬らは，制銭1文の重量を1銭に軽減することを提案し，九卿の議覆を経て裁可された。『大清聖祖仁皇帝実録』巻116，康熙23年9月丙寅（3日）条には次のようにある。

　　九卿等は議覆すらく，「銭法を管理せる侍郎陳廷敬等が疏言するに，『民間の便ならざる所は，銭価が昂貴するより甚だしきは莫し。定例は，銭一串ごとに銀一両に値す。今銀一両ごとに僅かに銭八，九百文不等を得るのみ。銭が日々に少なく日々に貴きは，皆な奸究不法の徒が銭を燬き銅と作し利を牟るによりて致す所なり。銅価は觔ごとに銀一銭四，五分不等に値す。銀一両を計れば，僅かに銅七觔有余を買うのみ。而るに銭一串を燬けば銅八觔十二両を得る。即ち今日の極貴の銭を以てすれば，銀一両を用いて銭八，九百文に換う。銷燬すれば，銅七觔七，八両を得べし。尚お銅を買いて得る所より浮く。何ぞ況や銭価賤き時をや。銭を燬くの弊を除かんことを欲し，制銭の多からんことを求むれば，稍軽きの銭を鼓鋳するに若くは莫し。銭〔一文〕ごとに約そ重一銭とせば，銭を燬き銅と為せども，既に厚利無く，則ち銭を燬くの弊は自ずと絶し，銭価は平じて民に利する有らん。……』と。相応に倶に請う所に照らして各省に通行して遵行せしむべし」と。旨を得たるに，「議に依れ。……」と。

ここにみえる陳廷敬の上奏に経費削減に関する言及はみられず，重量の軽減は，私銷を防止することによって銀1両＝800～900文に騰貴した銭価を引き下げることを目指した施策として記されている。確かに，この頃京師では銭貴が問題化していた。既に康熙19年には銭貴問題が朝廷で議題に上っており，その時も重量軽減が選択肢として挙がっていたが，最終的には銅炮を各省から集めて京師両局において鋳つぶし制銭を増鋳することとなった(30)。しかしそれでもなお，京師の銭価は平減せず，ここに至って制銭の重量軽減が決定したのであった。

とはいえ，重量軽減によって鋳造費用の削減が可能になることを見逃してはならない。そこで，康熙23年の制銭の重量軽減に関する『皇朝文献通考』巻14，銭幣2，康熙23年条の記述に注目すると，

　　管理銭法吏部左侍郎陳廷敬は疏して言わく，「民間の便ならざる所は，銭価が昂貴するより甚だしきは莫し。……総計すれば，宝泉・宝源二局は，毎年各処が税課銀二十五万三千両を動じて銅三百八十九万二千三百七觔有奇を辦解す。内，耗銅三十五万三百七觔有奇を除けば，浄銅は三百五十四万二千觔なり。見に銭四十万四千八百串を鋳す。今，若し改めて文ごとに重の一銭なるを鋳せば，計るに毎年銭十六万一千九百二十串を多鋳すべし。此れ民に利し，亦た国に利する者なり」と。旨を得たるに，「九卿は会議せよ」と。尋いで「応に請う所の如くすべし。……」と。之に従う。

とあって，陳廷敬らは上奏のなかで，重量軽減は同量の銅材からの鋳造額を拡大するもの，つまり辦銅費用を据え置きにしたままより多額の制銭を官庫に収蔵できるようにするものであり，王朝財政に裨益する（「利於国」），ということを言明していた事実が判明する。そして，そのような制銭鋳造費用の削減は，陳廷敬らの本来の任務に沿ったものである。陳廷敬らは，制銭の私銷防止と銭価引き下げのみならず，鋳造費用の削減による差益獲得をも視野に入れて，制銭の重量軽減を提議したものと考えられる。

　加えてこの時，陳廷敬らが提議した制銭の重量軽減を裁可するよう戸部尚書科爾坤（コルコン）が強く求めていたのであった。上に掲げたふたつの史料には，九卿の議覆から裁可までの間に紆余曲折があったようには記されていないが，『大清聖

祖仁皇帝実録』巻299，康熙61年9月戊子（6日）条によれば，晩年に康熙帝は，小制銭の鋳造を裁可した経緯を回顧して次のように述べている。

> 昔年，銭価貴きに因り，管理銭法侍郎陳廷敬・阿蘭泰・仏倫・馬世斉等は條奏すらく，「奸宄は利を図り銭を毀き銅と作し，以て銭価の騰貴するを致す。如し制銭を将て重の一銭なるを鋳せば，則ち銭価は即ち平じ，民に甚だ便ならん」と。九卿は陳廷敬等の奏する所に照らして議覆すらく，「小銭を鋳するを准さんことを」と。朕は遅るること数月に至るも，未だ准行するを肯んぜず。是の時，科爾坤・法倫は屢ば制銭もて小を鋳すれば甚だ裨益有るを将て奏すれば，始めて其の請に従う。

つまり，陳廷敬らが制銭の大幅な重量軽減を提言し九卿が議覆して裁可を求めた当初は，康熙帝は慎重な態度をとり数ヶ月にわたって決裁を留保していたが，戸部尚書科爾坤が提言者の一人である刑部左侍郎法倫とともに繰り返し上奏して裁可を要請し，そこでようやく康熙帝は重量の軽減を許したのであった。ここから，小制銭の鋳造は，もともとは陳廷敬らの提議によるものであったが，最終的には戸部が最も強く求めて裁可を引き出したものであったことがわかる。

実は戸部はこの時までに，康熙18年以降，広西・湖北・福建漳州・雲南・湖南において制銭鋳造を実施しており，鋳造差益を獲得して兵餉等に充当していた。例えば漳州では，康熙20年4月から翌同21年4月までに鋳造差益18,078両余を得て，投降兵丁への支給や武器製造費用の支払いに充てており[31]，また湖北省でも，康熙22年の制銭鋳造によって8,953両の差益を計上し，兵餉に支出していたことが確認される[32]。それは反乱鎮圧直後の混乱期における窮余の一策として着手されたものであろうが，そこにおいて戸部は再び差益目的の制銭鋳造への誘惑に駆られることになったであろう。しかし，順治末年から康熙初年にかけての各省での制銭鋳造が破綻した過去に鑑みれば，良貨鋳造を維持したまま銅材収買の官価の抑制によって鋳造差益を獲得し続けるのは困難である。そこで戸部尚書科爾坤は，吏部右侍郎陳廷敬らが制銭の重量軽減を提議した際，提案者の一人である刑部左侍郎仏倫を巻き込んで，提議の裁可を康熙帝に強く求めたのである。

なお，康熙23年には，銅と亜鉛の合金比率が決定された。『皇朝文献通考』巻14，銭幣2，康熙23年条とその按語に，次のような記述がみえる。

　銅六鉛（亜鉛）四を以て制銭を配鋳するを定む。

　臣等謹んで按ずるに，……是の年の湖南省のごとき，嗣後の福建・広東・湖北・浙江等の省のごときは，〔鋳銭〕局を開くに皆な例に照らして配鋳せしむ。惟だ雲南の鋳局のみは，是の時本地及び貴州等の処の鉛廠が未だ開採せざれば，銅賤く鉛貴く，銅価が觔ごとに五分四釐なるに鉛価が觔ごとに五分五釐なるを以て，銅八鉛二を以て配鋳するを准す。

清朝は，康熙23年に銅と亜鉛の合金比率を6：4と定め，京師両局だけでなく康熙23〜39年の間に一時的に鋳銭を行った湖南・福建・広東・湖北・浙江等省の鋳銭局にもその合金比率を採用させた（例外として雲南省では，銅の価格が低く亜鉛の価格が高いことを理由に，銅8：亜鉛2という合金比率が採用された。つまり銅産地である同省では，銅材収買の官価は適用されていなかった）。

これは，洋銅の輸入急増と国内での銅生産の開始に呼応したものである。すなわち，康熙20年に三藩の乱が終結し同22年に台湾の鄭氏が降伏したのと並行して，中国への洋銅流入が急増した。日本から輸入された洋銅は，未精錬の粗銅や種々の銅器も若干含まれていたが，大部分は「条銅」と呼ばれる精錬済みの紅銅であった（詳細は次章）。また，康熙14年に銅の開採が許されたことにより[33]，前述の雲南のみならず湖南・広東等で産出した銅もまた制銭鋳造に使用できるようになっていた。洋銅の輸入急増や国内での銅生産の開始によって，京師両局および各省の鋳銭局は紅銅を大量に確保することが初めて可能になったのである。康熙19年には，辦銅における紅銅納入が増え始めていたとみられ，紅銅と亜鉛を以て京師両局への銅材納入にあてる場合は6：4の比率で納めることが辦銅を担う各官に命じられている[34]。その後，さらに紅銅と亜鉛の納入が一般化して，上述のように銅と亜鉛との合金比率を6：4と決定するに至ったものと考えられる。

ちなみに，戸工両部以外の官員による銭法の管理は，康熙27年3月まで続けられた[35]。ただしその間も，後述するように，各省督撫からの上奏に関する議

覆は従来通り戸部に命じられていた。銭法管理に関する職責が戸工両部から康熙帝が特派した官員へと完全に移されていたわけではないのである。特に，小制銭の鋳造決定の後は，特派された官員が重要な政策決定を主導した形跡はみとめられない。

以上に述べたように，康熙23年には康熙帝から「耗費等の項」の改善を命じられた陳廷敬らによって耗銅および工食・物料の削減が行われた。さらに，陳廷敬は制銭の重量軽減を提言し，戸部尚書科爾坤が重ねてその裁可を康熙帝に求め，重量1銭の「小制銭」の鋳造が決定したのであった。極端に軽量である小制銭の鋳造は多額の鋳造差益を生むものであり，かかる小制銭の採用を強く要請したのが戸部尚書であったことは，結果的に康熙中葉の小制銭鋳造が戸部主導の財政補塡策として進められたことを予想させるものである。そこで次節では，京師・各省における小制銭供給を検討し，鋳造差益の財政的位置づけと差益獲得に対する清朝の姿勢を明らかにしたい。

第四節　京師・各省における制銭供給と鋳造差益

まず，京師両局の辦銅制度の変遷をみておく（表2．3参照）。康熙25年，関差辦銅の1觔あたりの銅材の収買の官価を銀6分5釐から銀1銭に増額した[36]。同27年には，蘆政辦銅の銅材収買の官価も銀1銭に増額し[37]，京師両局の辦銅における銅材の収買価格は一律銀1銭となった。

それは一見，経費削減の方針に反するものではある。だが，既にみたように従来の1觔あたり銀6分5釐という官価は著しい不足をきたしていたのであり，民間を擾乱することなく銅材を着実に買い上げて制銭鋳造に供するためには，官価をある程度増額することはやむを得なかった。また，制銭の重量が軽減されたことによって鋳造費用が大幅に縮小したので，鋳造差益が消滅しない範囲内において銅材収買の官価をいくらか増額することが可能になった。そこで清朝は，鋳造差益が多少減じようともそれを確実に得ることを選び，官価の増額に踏み切ったものとみられる。新しい辦銅制度における年間の収買総額は，康

第二章　清朝の中国支配確立過程と制銭供給政策のゆらぎ　87

表2.3　康熙22年〜同38年における京師両局の辦銅制度の変遷

改定年次	宝泉局		宝源局	
	銅本銀	銅材	銅本銀	銅材
康熙22年	（関）175,000両	（関）2,692,307觔	（関）46,777両余	（関）719,652觔
	関差：崇文門・天津・臨清・淮安・蕪湖・滸墅・揚州・西新・北新・湖口・贛関・太平橋・鳳陽13関		関差：蕪湖・龍江・南新・荊州4関（康熙3年から変更なし）	
同23年			（関）61,779両余　（蘆）16,220両余	（関）950,450觔　（蘆）249,550觔
			辦銅：蕪湖・龍江・南新・荊州・贛関・滸墅・太平橋・鳳陽・湖口9関	
			蘆政：江蘇・安徽・湖広・江西4省	
同25年	（関）269,230両余	（関）2,692,307觔	（関）95,045両余　（蘆）16,220両余	（関）950,450觔　（蘆）249,550觔
	関差：同上13関		関差：同上9関　蘆政：同上4省	
同27年			（関）95,045両余　（蘆）24,955両余	（関）950,450觔　（蘆）249,550觔
			関差：同上9関　蘆政：同上4省	

典拠：『皇朝文献通考』巻14、銭幣2。下線部は筆者が算出したもの。
（関）は関差辦銅、（蘆）は蘆政辦銅の銅本銀・銅額。

熙25年までに、宝泉局が関差辦銅による2,692,307觔、宝源局が関差辦銅および再び宝源局に移管された蘆政辦銅による1,200,000觔、両局合計3,892,307觔と定められた[38]。官価は1觔あたり銀1銭であるから、年間に関税・蘆課銀から計389,230両余を辦銅に支出したことになる。

京師両局の制銭鋳造に関しては、康熙26年3月25日から同27年3月25日までの1年間における宝泉局の制銭鋳造について記した管理京省銭法吏部左侍郎張鵬等題本[39]の内容を検討したい（表2.4参照）。この1年間に、宝泉局では銅材342万觔を制銭鋳造に用いた。鋳こぼれとして認められたのはその9％の307,800觔で、残りの3,112,200觔が制銭に鋳出された。そうすると制銭の鋳造総額は497,952串となるはずだが（3,112,200觔×160÷1÷1,000）、実際にはそれより739串746文多い498,691串746文が鋳出されている（その理由は明らかでない）。その

表2.4 康熙26年3月25日～同27年3月25日の宝泉局の制銭鋳造

項目	銅材の額・制銭の額	銀に換算した場合の額
(a) 各関が納入した銅，および河南布政司が納入した銭銅	2,730,788觔13両	273,078両8銭8分1釐
(b) 繰り越しの銅	708,093觔14両3銭零	70,809両3銭9分4釐
(a)・(b) 合計	3,438,882觔11両3銭零	343,888両2銭7分1釐
(c) 用いた銅	3,420,000觔	342,000両
(d) 耗銅	307,800觔	30,780両
(e) 制銭に鋳出される銅	3,112,200觔	311,220両
(f) 鋳造した制銭	498,691串746文	498,691両7銭4分6釐
(g) 工食・物料	67,510串800文	67,510両8銭
(h) 「実存」制銭	431,180串946文	431,180両9銭4分6釐
(i) 鋳造差益		89,180両9銭4分6釐

典拠:「戸科史書」第266冊，康熙27年3月26日，管理京省銭法吏部左侍郎張鵬題本。

うち67,510串800文が工食・物料の支払いに充てられて，残余の431,180串946文が戸部に納入された。それは財政支出に用いる際に431,180両9銭4分6釐に換算される。これに対して銅材の調達に342,000両を要していたので，差額の89,180両9銭4分6釐が鋳造差益として計上されたのであった。換言すれば，戸部は431,180両9銭4分6釐分の兵餉として支出する制銭431,180串946文を，342,000両の費用で手に入れたのである。制銭1,000文あたりの鋳造費用を計算すれば，銀7銭9分3釐となる。

次に，各省について論じる。各省では，康熙18年から同39年までの間に，華中・華南のいくつかの省において制銭鋳造が行われている。それは個別に開始され個別に終了しており，順治から康熙初年に実施されたような各省一斉鋳造とは異なる（表2.5参照）。

康熙26年5月から同27年4月に広東省肇慶で行われた制銭鋳造の詳細を上奏し報告した両広総督呉興祚題本について，戸部尚書鄂爾多（オルド）等は，次のように上奏している[40]。

　　両広総督呉興祚は疏して称すらく，「肇慶局は康熙二十六年五月より起ちて二十七年四月終に至りて止むまで，共に用いし採買せる銅・鉛（亜鉛）は一百二十九万六千觔なり。値の銀は一十二万九千六百両なり。耗銅一十

一万四千二百一十勌を除くの外，応に鋳すべき銭は一十八万九千八十六串四百文なり。内，工料（工食・物料）銭二万五千五百八十三串四十文並びに銅を採買せる銀一十二万九千六百両を除けば，浄獲せる息銭は三万三千九百零三串三百六十〔文〕なり」と等の因。……其の前項の獲たる息銀は，応に該督をして庫に貯して文を候ち餉に撥せしむべし。

これによれば，広東省肇慶では康熙26年5月から同27年4月に行われた制銭鋳

表2.5 康熙18年～同39年における各省の開鋳・停鋳年次

地名＼年代	康熙 18 19 20 21 22 23 24 25 26 27 28 29 30 31 32 33 34 35 36 37 38 39	備考
広西省城	〇―×	
湖北省城	〇――――――――――――――――――――×	開鋳は①
福建漳州	〇×	開鋳は②
雲南省城	〇――――×	
雲南大理	〇――――×	
雲南禄豊	〇――――×	
雲南蒙自	〇――――×	
湖南省城	〇――――――――――――×	
福建省城	〇―――――――×	
雲南臨安	〇―――×	
広東省城	〇――――――× 〇――×	
広東肇慶	〇―‥‥	※③
福建台湾	〇――×	
浙江省城	〇――×	

〇は開鋳，×は停鋳を表す
典拠：『皇朝文献通考』巻14，銭幣2。
　ただし，以下の档案史料によって実際の年次が『皇朝文献通考』の記載と異なることを確認したものは，それにしたがい，典拠を備考欄に略号で示した。各略号が指す档案史料は以下の通り。
　①「戸科史書」第265冊，康熙27年3月2日，戸部尚書鄂爾多等題本。
　②「戸科史書」第231冊，康熙24年4月29日，戸部尚書科爾坤等題本。
　③「戸科史書」第274冊，康熙27年7月19日，戸部尚書鄂爾多等題本。
※肇慶局は，『皇朝文献通考』によれば康熙26年に停鋳したことになっているが，③によって少なくとも康熙27年4月までは鋳造を行っており，またその時点でも停鋳を予定していない（そればかりか鋳造炉の増設計画が議題に上がっている）ことが判明した。停鋳年次を記載した史料は未だ見出していない。

造において，銅・亜鉛計1,296,000觔を鋳造に供した。耗銅は全体の9％の114,210觔であり，その余の1,179,360觔から制銭189,086串400文を鋳出した（1,179,360觔×160÷1÷1,000）。そのうち25,583串40文を工食・物料に支出，結果として制銭163,503串360文を官庫に収蔵した。それに対して銅・亜鉛の収買費用として官庫より銀129,600両を支出しており，それは制銭129,600串に換算されるから，収蔵した制銭との差額33,903串360文が鋳造差益（息銭）として計上された。制銭1,000文あたりの鋳造費用を計算すれば，銀7銭9分3釐となる。これに対して戸部尚書鄂爾多等は議覆して，差益を官庫に貯蔵させて兵餉に充当させることを提議しており，裁可されている。管見の限り，康熙中葉においては他の省における鋳造差益も同様に処理されている。各省では，制銭鋳造によって鋳造差益を得ていたのであり，順治年間と同じく，鋳造差益は戸部の管理下におかれて正項財政の費目である兵餉の財源に組み込まれていたのである。

　康熙中葉における各省の制銭鋳造のなかで最も大規模に行われたのが，雲南省の制銭供給であった。その他の諸省の年間鋳造額が概ね数万串程度であったのに対し，銅産地であった雲南省の年間鋳造額は20万串を超え，銀10万両以上の鋳造差益を得ていた。先述したように，雲南省では自省産出の銅を採買する際に京師両局辦銅とは異なる独自の官価を定めており，それは銅が1觔あたり銀5分4釐，亜鉛が1觔あたり銀5分5釐と，京師両局辦銅の官価（銅材1觔あたり銀1銭）を大きく下回っていた。それゆえ，制銭1,000文あたりの鋳造費用も，京師両局に比べてはるかに小さかったのである。

　しかし，制銭供給を開始してほどなくして雲南省の銭価下落が問題化し，雲南の督撫らは再三にわたって鋳造額の削減を中央に求めるようになった。このことについては足立啓二［1991：56頁］が，「二四年二五年には早くも銭甚だ賤しきを理由とする巡撫の減鋳の請がなされる。二七年には一両一〇〇〇文で搭放する銭が，三〜四銭にしか評価されていないことが報告され，二八年，ようやく停鋳に至」った，との説明を夙に行っている。では，そのように鋳造停止がなかなか裁可されなかったのは，いかなる理由によるのであろうか。そこにこそ，康熙中葉の小制銭鋳造に対する清朝の姿勢が如実に現れているとみら

れる。以下では，筆者が「戸科史書」中から新たに見出した題本を用いながら，あらためて雲南省停鋳までの経緯を分析したい。

　まず，康熙24年から翌同25年にかけて，雲南巡撫王継文が鋳造に用いる銅・亜鉛の減額，つまり鋳造額の削減を願い出たが，退けられている。その経緯については，康熙25年2月の戸部尚書科爾坤等題本に記されている。すなわち，最初に王継文が「滇省は制銭を改鋳して歳に約そ十分の四を増鋳するを将て，是を以て銭多く価賤し」という理由を挙げて減鋳を提議し，そこで戸部は議覆して鋳造額を削減せずに鋳造を継続するよう主張，これに対して康熙帝が「滇省〔の上奏〕に拠れば鋳する所の制銭が壅滞すと。産銅必ずや多からん。著して該督撫をして査明せしめて到る日に再た議して具奏せよ」との諭旨を下したのであった[41]。起居注冊の記載によって，戸部が議覆を上せ康熙帝が諭旨を下したのが康熙24年5月のことであったことが判明する[42]。この時，康熙帝が雲南省の銭価下落よりも銅産の状況に関心を示したのは，銅を京師両局の制銭鋳造に供する可能性を探ってのことであった。前述したように，この頃京師では銭価騰貴が問題化しており，雲南から銅を調達できれば制銭鋳造を拡大し銭価を引き下げることが可能になると考えられた。

　しかし，前掲科爾坤等題本によれば，康熙24年12月に雲南巡撫王継文は上奏して，

　　滇省は地皆な山嶺にして制銭は壅（とどこお）り易く賤くなり易く，兵・民は行使し難し。適ま新銭を改鋳するを奉じたれば，数たるや愈よ多く，是を以て銅・鉛（亜鉛）を節して銭を添せざらんことを請えり。……銭の壅るは銅多きの故に係るに非ず。

と述べ，山がちで閉塞的という地理的要因のために制銭が拡散せず銭価が下がっているのであって，銅が豊富なために銭価が下落しているわけではない，と報告した。ここにおいて康熙帝の描いた滇銅輸送構想は立ち消えになると同時に，雲南省における銭価下落が初めて主要な議題となったのである。すると戸部は，翌25年2月に議覆して，

　　査すれば滇省は康熙二十年十一月内に鼓鋳するより起ちて鼓鋳の年分は久

しからざるに，何ぞ銭多く壅滞するを称するや。

として，康熙24年5月に行った最初の議覆と同様に鋳造の続行を強硬に主張，康熙帝はすぐには裁可せずに九卿詹事科道会議による協議を命じた[43]。そして，そこでも戸部の見解が妥当であるとの結論に達し，結局，王継文の減鋳提議は退けられるに至った[44]。

ついで康熙27年にも，雲南省は減鋳を提議した。すなわち，同年2月に雲南巡撫石琳は，「臣査するに銭法の疏通は時に因りて宜しきを制するに在り。今，銭は壅り価は減じ，既に兵・民に便ならず」として鋳造額の削減の許可を求めた[45]。しかし，またも戸部は議覆において提議を退けるよう主張し，裁可を得た[46]。だが遂に兵丁らが制銭の受領を拒絶して兵変を起こす事態となり（邱澎生 [2001：57-58頁]），そこで同年8月に雲貴総督范承勲は，

> 雲南は銅・鉛（亜鉛）を産すれば，先後して炉四十八を設け，銭を鋳して軍餉に供す。……千文ごとに銀一両に抵（あ）つ。鼓鋳は日々に増し，銭価は日々に減じ，千銭の値銀は三，四銭に過ぎず。

として，銭価の暴落による兵餉の購買力低下の状況を具体的に述べて，兵餉の全額銀支給への切り替えと鋳造の停止を求め[47]，ここでようやく，兵餉の銀支給への切り替えと鋳造額の半減が認められたのであった。そして，以後は制銭を駅站官役俸工雑用等の項に充てることとなった[48]。だが，巡撫石琳は翌康熙28年閏3月に鋳造の完全停止を提議し[49]，戸部の賛同を得て同年に雲南省の制銭鋳造はすべて停止された。ただし，戸部はあくまでもそれを暫定的な措置として，3年後には再開させることとした[50]。

以上の経緯からは，現地での銭価下落にも関わらず，戸部が制銭鋳造の縮小・停止に極めて否定的であったこと，また，銭価下落をめぐって現地の督撫らが最も問題視し中央での政策決定にも影響したのは兵餉の購買力低下であり，銭価下落を理由に鋳造を縮小・停止しても官庫の制銭は他の雑多な支出に用いて，鋳造済みの制銭が官庫に死蔵されるのを避け，結果的に民間に制銭を供給し続けていたことがわかる。

雲南省と同様に他の各省においても，兵丁にかなりの不利益が生じるまで制

銭鋳造が強行されていた。広東省では，前述した肇慶と省城において鋳造を行っていた。省城では，康熙25年に制銭鋳造を開始し，同31年に停止したが，同34年には再開した。同37年に至り広東巡撫蕭永藻は，

> 炉を開き鼓鋳するは，原より兵・民に便ならしむる為なり。而るに粤東は海隅に偏在したれば，銭を用うること多く無し。開鋳して将に三年に及ばんとするに，銭文倍増し，銭価は益ます減じ，見在毎千〔文〕の市価は三銭二，三分不等なり。兵丁の月餉は定例（制銭1,000文＝銀1両という公定換算率）に按じて支するも，市価に照らして用うれば，已に苦累に属す。

と上奏して制銭鋳造の停止を提議し，認められた[51]。官庫に残った制銭は，役食・俸工に支出することになった[52]。銭価が公定比価をはるかに下回る制銭1,000文＝銀3銭余（銀1両＝約3,000文）という値にまで暴落してから鋳造を停止していることからは，兵丁の生計への打撃が相当程度に達するまで制銭鋳造を強行したことが見て取れる。また，かかる制銭供給がいよいよ行き詰まった際は，兵餉への制銭搭放は中止するものの，銭価のさらなる下落を招かないための配慮は特段なされず，制銭を兵餉以外の雑多な支出に用いて制銭の死蔵を回避したのであった。

　以上のことは，同時期に制銭鋳造を行った他の諸省にも共通する。すなわち，康熙19年に鋳造を開始した湖北省でも，同28年に，銀3銭に換算して兵餉に搭放している制銭300文の購買力が銀2銭にも満たないことを理由に，兵餉への制銭搭放を取りやめて制銭は俸工に支出することとなった[53]。同39年に同省の制銭鋳造が停止された時，その理由として「銭は壅滞し易く価直は賤きに過ぐ」ことが挙げられている[54]。湖北省においても銭価がかなり下落するまで制銭を兵餉に搭放し，しかも搭放を停止した後も実に11年もの長きにわたって制銭鋳造を強行していたことがわかる。また，浙江省は康熙35年に鋳造を開始し同38年に終了しているが，停鋳前年の康熙37年に兵餉への制銭搭放を停止して俸工に支出することに改めている[55]。浙江省でもやはり，鋳造済みの制銭を兵丁に受給させられないまでに銭価が下落していたものとみてよい。

　このように制銭鋳造が強行され続けたのは，鋳造差益獲得に対する戸部の積

極姿勢に根ざしたものと考えられる。そのことを示す事例として，康煕29年10月に都察院左副都御史李逈が各省一斉鋳造の開始を提議した際の清朝中央における政策論議の推移を検討したい。この時李逈は，福建・広東等省の鋳造を一旦停止しその他の諸省の鋳造を再開させるよう提議，制銭が充裕すれば民生に裨益し，その上鋳造差益として十余万両の歳入増が見込める，と主張した[56]。現に鋳造を行っている福建・広東の停鋳を求めているのは，偏りのない全国的な制銭流通の実現を期して，制銭供給量に大きな地域差を生じさせないよう考慮したものとみられる。これについて同月に議覆した戸部尚書蘇赫(え)等は，

　　査すれば福建・広東二省の炉を設けて銭を鋳するは，原より兵・民に益有るが為にして，毎年見に息銀四万余両を得。該督撫は並びに未だ兵・民に益無きを以て〔鋳造停止を〕題請せず。応に閩・粤は姑(しばら)く鼓鋳を停むべきの処は，議を容るる母かれ。〔また〕既に称すらく「各省旧に照らして炉を開き鼓鋳すれば毎年息銀十万余両を増すべし。而して制銭は充溢せん」と等の語。相応(あい)に直隷・各省の督撫に行文して，応に鋳銭すべきや否や，兵・民に益有りや無きやの処もて査明せしめ，具題して到るの日に再た議すれば可なり。

と述べて，福建・広東は鋳造差益によって鋳造差益を得ており督撫から停鋳提議もないので鋳造を続け，またその他の各省については，十数万両の鋳造差益を獲得しうると李逈が述べているので，鋳造が可能であるかについて督撫に調査・上奏させたい，との見解を提示した。この議覆からは，各省の制銭鋳造をめぐって戸部が差益の有無を判断基準として，差益の得られる制銭鋳造を積極的に推進しようとしていたことを明確に見て取れる。しかし，かかる戸部の議覆に対して康煕帝は，

　　直隷・各省は察するを行うを必せず。著して見行の例に照らして行わしめよ。

との諭旨を下し，その結果，全省的に鋳造差益獲得を目的とする制銭鋳造がなされることはなかった[57]。ここにおける康煕帝の慎重姿勢は，おそらくは，康煕初年に全国的な制銭鋳造が頓挫したことをふまえ，京師両局の他には新たに

銅産が始まった省とその近隣省に制銭鋳造を限定させようと意図したものと思われる。かつて陳廷敬らに「耗費等の項」の改善を命じた康熙帝であったが，もとより小制銭の鋳造には消極的だったのであり，各省一斉鋳造を推進してまで鋳造差益を得ようという考えはなかったのであった。かくして各省一斉鋳造は実現しなかったが，上述の政策論議からは，戸部が鋳造差益の獲得を非常に重視していたことを看取できる。それゆえに，雲南・広東・湖北・湖南・浙江などの諸省では，民間の銭価が暴落するまで制銭鋳造が執拗に続けられたのである。

　以上に述べたように，康熙中葉に「耗費等の項」の改善を命じられた陳廷敬らが制銭の重量を１銭に軽減することを提言し，その後戸部の度重なる要請によって裁可されるに至り，並行して銅材収買の官価が１觔あたり銀１銭に増額されるなか，戸部の主導により華中・華南諸省において制銭の粗製濫造が強行されたのであった。その最大の目的は，清朝の中国進出直後の制銭供給と同じく，鋳造差益を得て兵餉に充当することによって財政支出を節減し，なるべく多くの銀を戸部銀庫に収めることであったと考えてよい。戸部銀庫の貯蔵額は，前述したように康熙10年代初頭には２千万両台に達していたが，直後に勃発した三藩の乱によって同10年代後半には400万両を下回るまでに激減していた（表２．２参照）。それゆえ，反乱鎮圧後，各省の兵数を維持しながら可能な限り多くの銀を戸部銀庫に収蔵するためには，京師両局および銅の調達が比較的容易な華中・華南諸省において差益獲得を目的とする制銭鋳造を強行せざるを得なかったのである。

　また，鋳造差益の獲得を目的とする制銭鋳造であればこそ，戸部銀庫が充実さえすれば各省にそれを無理に行わせる理由は失われた。戸部銀庫の銀貯蔵額は康熙33年に４千万両を突破し，その後康熙末年まで横ばいで推移している（79頁所掲表２．２参照）。つまり，戦乱直後の緊縮財政は康熙30年代中頃に終わりを告げたのである。それは，西方における対ジューン＝ガル戦が終了した時期に重なる。そして，ちょうどそれに符合するように，各省の制銭鋳造は康熙30年代に次々と終了している（89頁所掲表２．５参照）。康熙28年に停止した雲南

省の制銭鋳造の再開も,先延ばししつつも康熙36年にはなお再開時期を探っていたが,その後再開を検討した形跡はない[58]。小制銭の供給が銭価の暴落と兵餉の購買力低下を招き,そのことが小制銭供給の継続を困難にさせたのは事実であるが,鋳造差益獲得の財政的重要性が縮小したことによってはじめて,小制銭供給を強行する必要性が失われたのである。政策が民間に混乱をもたらして頓挫した,という単線的な理解に収斂すべきではない。

小　結

　清朝の中国進出直後は,前章で論じたように,戸部が主導して差益目的の制銭の粗製濫造が全国的に展開された。その結果,市場における銭価の低迷と私鋳銭の流通とが問題視されるようになり,順治14年,戸部に上諭が下って,制銭の重量大幅加増と各省の鋳造停止が命じられた。しかし,正項財政は依然として危機的状況にあり,ほどなくして各省の鋳造は再開され,良質な制銭の鋳造を堅持する一方で銅材収買の官価を抑え込んで鋳造差益の獲得を図った。だが,銅材の市価が上昇するなか官価の不足が顕著なものとなって,名目上の鋳造費用と実際の鋳造費用に大きな差額が生じ,その負担は民間に転嫁された。また,銭価低迷は容易には克服されなかったため,公定換算率に則った制銭搭放は兵餉の購買力を損なうものとなった。やがて反清勢力の掃討も終わり,正項財政が軌道に乗ると,康熙9年から同14年までの間に各省の制銭鋳造はすべて停止され,辦銅業務から切り離された京師両局のみが良貨の鋳造を続けることになった。

　康熙12年に三藩の乱が勃発すると,軍費の増大と租税収入の激減によって,戸部銀庫は同10年代末に再び払底寸前の状態に陥った。そこで一部の諸省では制銭鋳造を行って差益を獲得し兵餉に充当したが,良貨鋳造を維持したまま銅材の官価抑制に依存して鋳造差益を獲得し続けるのは困難であった。そこにおいて,制銭鋳造に関する「耗費」の解消を命じられた陳廷敬らが制銭の重量軽減を提議すると,戸部は康熙帝に重ねて要請し裁可を引き出した。そうして重

量1銭という甚だ低品位の制銭の鋳造を京師および華中・華南諸省で実施し，鋳造差益を獲得していった。戸部は銭価低落と兵餉の購買力低下が相当深刻になるまで鋳造を強行させ，搭放ができなくなった後はその他の雑多な費目に制銭を支出させてその死蔵を回避した。康熙30年代半ばに至り，西方での対ジューン＝ガル戦が終了して緊縮財政が事実上終わりを告げると，そこでようやく諸省の鋳造は停止され，残るは京師両局のみとなった。

このように，順治末年から康熙中葉にかけての制銭供給政策のゆらぎは，清朝の中国支配確立過程を如実に反映したものであった。それでは，清朝による中国支配が盤石のものとなった時，制銭供給政策と民間の銅銭流通にはいかなる変化が現れたのであろうか。第三章および第四章において検討することにしたい。

註
(1) 「内閣漢文題本（北大移交部分）」第29リール1415-1422（「順治年間制銭的鼓鋳」169-170頁），順治8年正月28日，戸部尚書巴哈納等題本。
(2) 『皇朝文献通考』巻13，銭幣1，順治8年条。
(3) 「内閣漢文題本（北大移交部分）」第29リール1469-1480（「順治年間制銭的鼓鋳」177-178頁），順治9年7月11日，戸部尚書車克等題本。
(4) 「内閣漢文題本（北大移交部分）」第29リール1481-1491（「順治年間制銭的鼓鋳」178-179頁），順治9年10月17日，戸部尚書車克等題本。
(5) 『皇朝文献通考』巻13，銭幣1，順治10年条。
(6) 「内閣漢文題本（北大移交部分）」第29リール1510-1518（「順治年間制銭的鼓鋳」183-184頁），順治10年閏6月15日，戸部尚書車克等題本。
(7) 「内閣漢文題本（北大移交部分）」第29リール1519-1527（「順治年間制銭的鼓鋳」184-185頁），順治10年9月12日，戸部尚書車克等題本。
(8) ほぼ同じ内容の上諭が『大清世祖章皇帝実録』巻111，順治14年9月己巳（30日）条に採録されているが，重量加増に関する記載がない。
(9) 『皇朝文献通考』巻13，銭幣1，順治18年条。
(10) 『皇朝文献通考』巻14，銭幣2，康熙2年条。
(11) 「内閣漢文題本（北大移交部分）」第29リール1713-1721（「順治年間制銭的鼓鋳」

207-209頁），順治18年3月1日，戸部尚書車克等題本。
(12) 「内閣漢文題本（北大移交部分）」第29リール1577-1600（「順治年間制銭的鋳造」190-192頁），順治12年正月25日，戸部右侍郎郝傑題本。
(13) 『皇朝文献通考』巻13，銭幣1，順治17年条。
(14) 『皇朝文献通考』巻14，銭幣2，康熙元年条。
(15) 『皇朝文献通考』巻14，銭幣2，康熙3年条。
(16) 「戸科史書」第136冊，康熙7年5月14日，戸部尚書王弘祚等題本
(17) 『皇朝文献通考』巻14，銭幣2，康熙7年条。
(18) 康熙中葉に重量1銭の制銭を鋳造した一部諸省を除き，康熙初年しか鋳造を行っていない華北諸省や各鎮の鋳造した康熙通宝をみると，概ね精美である。
(19) 「戸科史書」第136冊，康熙7年5月16日，戸部尚書馬希納（マヒナ）等題本。
(20) 「戸科史書」第136冊，康熙7年5月24日，戸部右侍郎厳正矩題本。
(21) 「戸科史書」第140冊，康熙8年8月3日，戸部尚書米斯翰（ミスハン）等題本。
(22) 「康熙八至十二年有関鼓鋳的御史奏章」20-21頁，康熙8年11月11日，刑科給事中張登選題本。
(23) 「康熙八至十二年有関鼓鋳的御史奏章」21-22頁，康熙9年2月24日，戸科給事中姚文然題本。
(24) 『大清聖祖仁皇帝実録』巻33，康熙9年4月丁亥（1日）条には，戸部が四川巡撫張徳地の停鋳提議を支持する議覆を行い，裁可を得たことが記されている。ただ，「江寧等の十五布政使司」に関する記載はみられない。
(25) 『皇朝文献通考』巻14，銭幣2，康熙10年条。
(26) 『皇朝文献通考』巻14，銭幣2，康熙13年条。
(27) 『皇朝文献通考』巻14，銭幣2，康熙14年条。
(28) 陳廷敬らが銭法の管理を命じられた背景には，本来の銭法管理の責任者である戸部漢右侍郎李仙根・工部漢右侍郎金世鑑らの失策があったようで，康熙帝は「調用して以て銭法を管理せしむるに，弊端を失察せり」と叱責し「降四級」の処分を下している。しかし，李仙根・金世鑑らによる銭法の管理に具体的にいかなる落ち度があったのかは定かでない。『大清聖祖仁皇帝実録』巻116，康熙23年8月庚戌（17日）条，参照。
(29) 『皇朝文献通考』巻14，銭幣2，康熙41年条は，耗銅と工食・物料の削減が康熙23年のどの時点で提言・裁可されたのか明記していない。だが，「百舫ごとに

銭十串四百文を鋳せしむ」とあり、これは制銭1文の重量を1銭4分として算出した数字であることから、耗銅と工食・物料の削減は、陳廷敬らが銭法の管理を命じられた3月丙戌から制銭の重量軽減が裁可された9月丙寅までの間に決定したことが判明する。

(30) 『康熙起居注』康熙19年9月20日乙亥条。
(31) 「戸科史書」第231冊、康熙24年4月29日、戸部尚書科爾坤等題本。
(32) 「戸科史書」第255冊、康熙26年正月24日、戸部尚書科爾坤等題本。
(33) 清朝は康熙14年以後、銅・亜鉛・鉛等の採掘を願い出る民があれば認め、該省督撫にそれを監督させた。康熙『大清会典』巻31、戸部、庫蔵、銭法、採銅、康熙14年・同18年条。
(34) 『皇朝文献通考』巻14、銭幣2、康熙19年条。
(35) 「戸科史書」第266冊、康熙27年3月26日、管理京省銭法吏部左侍郎張鵬等題本において張鵬らは、銭法を引き続き自分たちが管轄すべきか戸部に委ねるかについて康熙帝に指示を仰ぎ、これに対して同年同月29日に「著して該部をして管理せしめよ」との諭旨が下された。工部への言及がないが、この際に宝源局の管理も工部右侍郎の管轄下に復したものとみられる。
(36) 『大清聖祖仁皇帝実録』巻125、康熙25年4月戊子（4日）条。
(37) 『皇朝文献通考』巻14、銭幣2、康熙27年条。
(38) 『皇朝文献通考』巻14、銭幣2、康熙22年条・同23年条・同25年条、参照。
(39) 「戸科史書」第266冊、康熙27年3月26日、管理京省銭法吏部左侍郎張鵬等題本（同日付けで提出された前註（35）所掲張鵬等題本とは別の題本）。
(40) 「戸科史書」第274冊、康熙27年7月19日、戸部尚書鄂爾多等題本。
(41) 「戸科史書」第247冊、康熙25年2月29日、戸部尚書科爾坤等題本。
(42) 『康熙起居注』康熙24年5月29日戊子条。
(43) 前註（41）所掲、科爾坤等題本。
(44) 「戸科史書」第247冊、康熙25年3月10日、戸部尚書科爾坤等題本。
(45) 「戸科史書」第265冊、康熙27年2月7日、雲南巡撫石琳題本。
(46) 「戸科史書」第267冊、康熙27年3月23日、戸部尚書鄂爾多等題本。
(47) 『国朝耆献類徴初編』巻53、范承勳伝。
(48) 雍正『大清会典』巻48、戸部、庫蔵、銭法、搭放、康熙27年条。
(49) 「戸科史書」第293冊、康熙28年閏3月5日、雲南巡撫石琳題本。
(50) 「戸科史書」第296冊、康熙28年4月28日、戸部尚書鄂爾多等題本。

(51) 『国朝耆献類徴初編』巻12, 蕭永藻伝。
(52) 雍正『大清会典』巻48, 戸部, 庫蔵, 銭法, 搭放, 康熙42年条。同条には鋳造を停止して制銭は役食・俸工に支出することが記されているが, 鋳造が停止されたのは康熙37年であり, 康熙42年条にかけられているのは明らかに誤り。
(53) 「戸科史書」第289冊, 康熙28年2月29日, 戸部尚書鄂爾多等題本。
(54) 『皇朝文献通考』巻14, 銭幣2, 康熙39年条。
(55) 雍正『大清会典』巻48, 戸部, 庫蔵, 銭法, 搭放, 康熙37年条。
(56) 「戸科史書」第315冊, 康熙29年10月3日, 都察院左副都御史李逈題本。
(57) 「戸科史書」第314冊, 康熙29年10月23日, 戸部尚書蘇赫等題本。
(58) 雍正『大清会典』巻48, 戸部, 庫蔵, 銭法, 監鋳, 康熙36年条によれば, 同年の時点で, 官庫の制銭をすべて支出し終わったのちに鋳造を再開することが決められている。康熙28年に鋳造を停止した時点では, 3年の後に再開する予定であったが, 鋳造再開は先送りされ続けていたのである。そして結局, 康熙末年まで雲南省の制銭鋳造が再び行われることはなかった。

第三章　康熙後半の京師における私鋳銭問題と銭貴の発生

　康熙30年代（1691-1700）なかば，対ジューン＝ガル戦争が完了すると，清朝の緊縮財政も終わりを告げ，差益獲得を目的とする小制銭の鋳造を行うのは京師両局のみとなった。そして康熙41年，清朝は小制銭の鋳造を打ち切り，重量を康熙23年以前と同じ1銭4分に戻した大制銭の鋳造に移行する。それから十数年を経て，京師とその周辺地域において，銭価の高騰が問題視されるようになった。康熙後半に，京師両局の制銭鋳造および京師とその周辺の銭価動向はそろって新しい局面に突入したのであった。果たして，当該時期の京師やその周辺では，銅銭をめぐっていかなる新しい事態が進行していたのであろうか。

　京師の銭貴は，乾隆初年に全国化することになる銭貴において最も早くに問題化したものである。したがって，銭貴発生のメカニズムや，制銭供給，銅銭遣い拡大との関係を検証する上で，極めて重要な事例であるといえる。しかし，これまでの研究においては，足立啓二［1991：56頁］によって康熙50年代に京師の銭価が他地域に先駆けて騰貴し始めたことが指摘された以外は，ほとんど注意を向けられてこなかった。京師の銭貴に関する個別研究である鄧亦兵［2001］も，その論述内容は概括的なものにとどまっている。

　康熙後半の京師の銅銭流通をめぐっては，清朝中央において私鋳銭問題が盛んに論議されていたことを見逃すことはできない。それは，制銭供給政策にも何らかの影響を及ぼしていたであろう。そのように私鋳銭問題に関心が集まるなか，制銭供給政策はいかに展開し，市場にどのような結果をもたらしたのであろうか。また，私鋳銭が充溢する状況からいかにして銭価の騰貴という現象が生じていったのであろうか。さらには，そこにおいて銅銭遣いの拡がりはどのように位置づけられるのであろうか。

　以下，本章では，私鋳銭問題との関係に注目しながら，康熙41年に制銭の重量が加増された経緯と，その後の京師両局の制銭鋳造を追跡した上で，康熙末

年の京師およびその周辺地域における銭貴発生の実情を詳細に検討し，制銭供給と銭価上昇，銅銭遣いの拡大との相互関係を考察する。また，銭貴発生から乾隆中頃までの京師および直隷の銭価の推移を概観する。

第一節　康熙後半の私鋳銭問題

康熙41年，清朝は小制銭の鋳造を取りやめ，重量を康熙23年以前と同じ1銭4分に戻した「大制銭」の鋳造に切り替えることを決定した。『皇朝文献通考』巻14，銭幣2，康熙41年条には，以下のようにある[1]。

　大学士等は会して銭法を議し奏して言わく，「見今私鋳する者多く，官銭は壅滞す。若し少しく旧制を更（あらた）めずんば，銭法は頗る疏通し難からん」と。上諭を奉ずらく，「前に法倫等は屢ば制銭を将て小なるを鋳すれば甚だ裨益有るを奏したれば，始めて其の行うを准す。今，小なるを鋳して以来，私鋳の銭は停止するあたわず。〔爾等は〕九卿等と会同して再た詳議を加うべし。務めて永遠に遵行して弊無からしめよ」と。尋いで議して言わく，「……今，制銭は私銭を攙和（混ぜ合わせること）し易し。請うらくは，仍（よ）りて順治十四年の銭式に照らして改めて文ごとに重の一銭四分なるを鋳せんことを。……宝泉局をして卯を按じて銅を加え鋳して額数に足らしめん。本年十一月に大銭を鋳するより起ちて，三年の内は暫く旧鋳の小制銭を兼用するを准さん。但だ，銭値（銭価）は交易するに一律なるを便とせざれば，応に新鋳の制銭は千文ごとに銀一両に準（なぞら）え，旧鋳の小制銭は千文ごとに銀七銭に準うるを定むべし。三年を俟（ま）ちて後，新銭が用に足らば，則ち旧銭は漸次其れをして各自銷毀せしめ，其の新鋳の制銭は務めて分・両に準足せしめん。……」と。之に従う。

まず大学士は上奏して，私鋳が横行して制銭が円滑に流通していないことを解決すべき問題として提示している。次に，その上奏を受けて康熙帝は，小制銭の鋳造を開始して以来私鋳が急速に広まったとの認識を示した上で，「永遠に遵行」しうる抜本的な改革案の提出を大学士と九卿に命じた。そこで大学士・

第三章　康熙後半の京師における私鋳銭問題と銭貴の発生　103

九卿らは，小制銭は「私銭を攙和し易」い，つまり私鋳銭を混入させることが容易なので私鋳を誘発しやすいことを指摘して，制銭の重量を康熙23年以前と同じ1銭4分に戻すことを提議し，以後3年は暫定的に小制銭の使用を認めて，重量1銭4分の大制銭1,000文＝銀1両，重量1銭の小制銭1,000文＝銀7銭（銀1両＝約1,430文）という別個の換算率を公定することを求め，裁可されたのであった。

　ここでは，私鋳問題に加えて銭価低迷にも対策が講じられていることを見逃してはならない。もし小制銭が銀1両＝1,000文の公定換算率に近い値で用いられていたならば，重量を大幅に加増した大制銭を新しく鋳造するからといって，仮にも現王朝が発行した小制銭の公定換算率をわざわざ切り下げるとは考えられない。後述するように，康熙45年における京師の銭価は銀1両＝約1,700文だったのであり，また，小制銭の鋳造を行った諸省の銭価が尽く暴落していたのは前章でみた通りである。そこから，康熙41年時点の京師においても銭価は低迷していたと考えられる。そこで，小制銭の公定換算率は市価を踏まえて銀1両＝約1,430文に切り下げ，重量を加増した新鋳の大制銭は本来の公定換算率である銀1両＝1,000文で用いさせ，その上で3年後に小制銭を銷燬することによって，銀1両＝1,000文の公定換算率に沿った銭価を実現しようと図ったものと考えられる。

　このように，康熙41年に清朝は，私鋳の横行とその結果としての銭価の低迷という事態を打開すべく，私鋳銭の混入が容易な小制銭の鋳造を停止して重量1銭4分の大制銭の鋳造に切り替え，将来的には小制銭を排除して大制銭のみを使用させることとしたのであった。ただし，私鋳や銭賤が激化したので清朝が対応したという単線的な理解は適当でない。王朝財政が軌道に乗ったことにより，政策の重心を民間の貨幣流通の統制にシフトしうる状況が整い，そこで初めて私鋳や銭賤といった問題（それ自体が市場の問題としていつ深刻化したのかははっきりしない）が俎上に載せられたとみるべきであろう。

　しかし，小制銭の銷燬を開始するとされていた3年後の康熙44年に至って戸部は，銷燬の延期を提議して裁可を得た。雍正『大清会典』巻48，戸部，庫蔵

3，銭法，搭放，康熙44年条には，以下のようにある。

〔康熙〕四十一年十一月に起ちて，本年六月に至りて止むまで，〔宝泉〕局内の鋳する所の新制銭（大制銭）は〔搭放に〕敷かず。旧制銭（小制銭）を将て暫く銷燬するを停め，本年十一月に起ちて限を展ばすこと五年，配搭し使用す。

これによれば戸部は，宝泉局内の大制銭が不足しているとの理由から，旧鋳の小制銭を新鋳の大制銭とともに搭放に用い，予定されていた小制銭の銷燬は開始せず，小制銭の使用許可を5年延長することを求めて，裁可を得たのであった。

この当時，戸部は八旗兵餉および各衙門公費に制銭を搭放していた。ただ，銀建て支出のうち何％を制銭搭放にするかは随時変更可能であるし，しかも銭価が低迷する状況にあっては受給者は公定換算率に基づく搭放を望まなかったはずで，大制銭が足りないから旧鋳の小制銭を搭放するという記載を額面通り受け取ることはできない。それならば搭放割合を縮小して銀支出に切り換えればいいだけの話である。また，市場から小制銭を排除し大制銭を充溢させる方針がとうに決定していたことからすれば，戸部銀庫の小制銭は無用のものとして真っ先に銷燬して大制銭の原材料に回すべきであろうに，3年を経てなお庫内に残存していたというのも不自然である（使用禁止に先立って市場の小制銭を回収し始めていた形跡はない）。

おそらく戸部は，大学士・九卿会議の総意に表向き従いながらも，民間において大制銭との兼用が許されていることを理由に，鋳造済みの小制銭を銷燬せずに搭放し続けていたものとみられる。そして，小制銭の使用を公式に禁ずる予定であった康熙44年に至っても小制銭が庫内に残っていたのであろう。本来であれば，それらは銷燬して大制銭に改鋳すべきところだが，そのまま搭放した方が銀支出を節減できるので，大制銭が搭放に足りないことを口実に小制銭の搭放継続を訴えたものと思われる。それが裁可されたのは，大制銭が未だ十分に流通しておらず，小制銭の銷燬を命じられる状況ではない，という現状認識もまた妥当であったためだろう。

大制銭を供給する一方で小制銭の使用が引き続き公認され，そればかりか追加供給さえなされるとなれば，新たに供給された大制銭もたちまち小制銭と同等の品位の私鋳銭に改鋳され，本来の意図に反して銭価を一層押し下げたとみられる。翌康熙45年，康熙帝はにわかに銭価低迷の解消に力を注ぎ始めた。まず，『康熙起居注』康熙45年4月9日丙申条によれば，この日康熙帝は低迷する銭価を引き上げる方策について大学士李光地らに諮り，そこで以下のようなやり取りがあった。

　　李光地は奏して曰わく，「小銭（小制銭）[2]を厳禁すれば，則ち銭価は自ずから高くならん」と。上は曰わく，「但だ小銭を禁ずるのみに在らざるなり。今，〔京師の宝泉・宝源両局の〕鋳する所の大銭（大制銭）は全て山西に買往し，又小銭を私鋳する者有り。銭価の賤き所以なり。朕意うに，大銭の山西に買往する者を禁じ，再た銀を発して小銭を収買し，或いは蔵貯し或いは大銭を重鋳し，小銭を私鋳するの人を厳拿せんと欲す。則ち銭価は必ずや貴くならん。爾等は戸部と会同して詳議し具奏すべし」と。

康熙帝の諮問に答えて李光地は，小制銭（「小銭」）の使用を禁止することを提案した。それに対して康熙帝は，取りうる施策は小制銭の禁止だけではない，と指摘した。ただでさえ小制銭の使用禁止を前年に覆したばかりであった上，大制銭がほとんど流通していない状況では禁止できるはずがなかった。

　そこで康熙帝は，現在京師で鋳造している大制銭は尽く山西方面に販運され，しかも小制銭を私鋳している者がおり，そのために銭価が低落している，との見解を述べた。そして，大制銭の販運を禁じ，また，私鋳されたものを大量に含む小制銭の収買を実施し，収買した小制銭は搭放に用いずに貯蔵するかあるいは銷燬して大制銭の鋳造に供して，あわせて私鋳犯の逮捕を行えば，大制銭は増加し小制銭は減少して銭価は上昇するだろう，との認識を示し，大学士と戸部による議覆を命じた。

　その3日後，『康熙起居注』康熙45年4月12日己亥条によれば，大学士と戸部の大臣は協議した結果を上奏し，戸部銀庫から銀10万両を支出して，京師において戸部官僚と五城御史が合同で小制銭（「旧制銭」）の収買を行うことを提

言した。それに対して康熙帝は，

　　今，銭価の賤きは皆な私銭多きの故なり。……京に在りて〔小制銭を〕収買するは，爾等の議する所の如くするを准す。〔直隷〕天津・〔山東〕臨清地方に至りても亦た当に賢能なる官各一員を遣わし，即ち該地方の餉銀各一万両を支して〔小制銭を〕収買すべし。〔戸部左〕侍郎穆丹を専差して買うを督し，銭価貴きを視たる後，時ならず奏聞せしめん。又聞くならく，山・陝両省は大制銭を買去すること甚だ多しと。着して山・陝・直隷の督撫に行文して，緊要なる関口を厳査し，厳しく擒拿せしめよ。如し拏獲せられば，販運の人を将て重に従りて治罪せよ。

と述べ，京師に加えて，京師に程近い大運河沿いの要所たる天津・臨清においても小制銭の収買を実施し，さらに，山西・陝西・直隷の督撫に指令を送って，京師から山西・陝西方面への大制銭の販運を厳しく取り締まらせるよう命じた。

　以上の経緯からは，康熙帝が大制銭を安定的に流通させ銭価低落を克服しようと図っていたのは京師およびその近隣地方一帯であったことが読み取れる。また，ここにおいて康熙帝は，「銭価の賤きは皆な私銭多きの故なり」と述べており，私鋳銭の流通を問題視して小制銭の収買を推進していたことがわかる。すなわち康熙帝は，正規の小制銭が過剰であるととらえたのではなく，流通する小制銭のなかに私鋳されたものが大量に含まれていることを銭価低迷の原因とみなして小制銭の収買を実施させたのである。

　しかしながら，およそ3ヶ月後の同年7月6日，小制銭収買を監督していた戸部左侍郎穆丹からの上奏により，天津・臨清では銭価は上昇したが，京師ではなお小制銭を混用させる者が甚だ多く，つまり小制銭が依然として大量に流通しており，銭価が銀1両＝1,700文と低落したままであることが報告された。この状況に康熙帝は憤慨し，五城の官員・九門提督・順天府尹の処遇を都察院に委ね，京師での小制銭の使用がやめば不問に付すが，使用が続けば2～3ヶ月ごとに処分を議するよう命じた[3]。同時期には，私鋳犯が続々と逮捕されている[4]。前述したように，康熙帝は私鋳こそが銭価低落の最大の原因であると考えていた。それゆえ，大規模な収買にもかかわらず小制銭の使用が続い

第三章　康熙後半の京師における私鋳銭問題と銭貴の発生　107

ているのは小制銭の私鋳が行われているからに他ならないとして，私鋳犯の取り締まりを強化させたのである。また，同年10月には，京師で焼酒を売って得た大制銭を城外に持ち出し売却していた者を九門提督が捕らえ刑部に送致したが，刑部が無罪放免とするという事件が起こった。これに康熙帝は「刑部は果たして何の意なるか」と激昂し，刑部官僚の処分を都察院に協議させ，釈放を行った郎中倪隆阿(ニルンガ)を降一級，罰俸一年，また，尚書王掞，左侍郎魯瑚(ルフ)・卞永誉の3名を罰俸一年とするに至った(5)。大規模な小制銭収買にも関わらず京師の銭価低迷を克服できなかった康熙帝は，小制銭の私鋳と大制銭の販運に対する取り締まりを一層厳しく行わせたのであった。

　それでは，康熙帝は大制銭の各省への流通拡大をどのように考えていたのであろうか。そこで注目すべき案件として，同じ頃，山東巡撫趙世顕は，大制銭が十分に流通するまでは民間の銅銭使用を放任し，自省で大制銭の鋳造を行い大制銭が省内に充溢した後に小制銭の使用を厳禁することを提議した。それは，大制銭の流通と小制銭の排除に関する中央の方針に沿った内容である。しかし，康熙帝は10月9日に九卿に議覆を命じた上で(6)，同月27日に大学士李光地らに対して次のように述べて趙世顕を非難した（『康熙起居注』康熙45年10月27日辛亥条）。

　　長山県周村一帯は，俱(とも)に炉を開き私鋳したるに，趙世顕は禁ぜず捕らえず，反(かえ)りて大銭を鼓鋳せんことを請う。謬(あやま)りなり。若し私鋳を禁捕せずして大銭を鋳せば，則ち大銭は重く小銭は軽く，奸民は必ずや利を図り，大銭を燬(や)き小銭を鋳する者愈(いよい)よ多からん。是れ大いに地方を利さざるなり。……朕は今，〔兵部右〕侍郎恩丕等を差(つか)わして駅を馳せしむ。徳州の兵四十名を帯し長山周村等の処に往き，私銭を鋳する者を捕らえて擒獲したるの後，則ち私鋳の鑪を並べて携えて趙世顕の処に至りて之を示し，『爾の地方は現に私鋳を鋳して禁ぜず捕らえず，又大銭を鋳するを請わんと欲するは何ぞや』と問えば，其の時趙世顕は何れの辞を将て以て対(こた)えんや。

ここで康熙帝は，まず私鋳を根絶しなければいくら大制銭を供給しても銷燬されて私鋳に利用されてしまうことを指摘し，趙世顕の提議が妥当でないことを

痛烈に非難している。

　翌10月28日，九卿は山東省の制銭鋳造を認めるよう上奏したが，康熙帝は私鋳犯の捜査の結果を待って決裁を下すこととした[7]。そして11月14日には，康熙帝の派遣した兵部右侍郎恩丕が私鋳犯を拘束したことを受け，康熙帝は趙世顕の開鋳提議を裁可するよう上奏した九卿を激しく叱責した[8]。これを受けて同月19日には，九卿が康熙帝に面奏して自分たちの「愚昧無知」を謝罪して処罰を求めた[9]。

　この2年後の康熙47年には，戸部が以下のような上奏を行い，各省の私鋳をめぐる地方官の処分規定が厳罰化された（『皇朝文献通考』巻14，銭幣2，康熙47年条）。

> 直省の私銭の盛行は，皆な該管の各官が実力訪緝せざれば以て奸民の法を藐(かろ)んずるを致すなり。応に再た処分を厳定するを行うべし。嗣後，私鋳及び興販の不法の徒有りて，該管地方の文武官が厳緝を行わず，或いは上司が査出し或いは旁人が首告せば，其れ情を知る者は，私鋳の首たるの例に照らして斬決し家産は官に入(い)る。情を知らざる者は，溺職を以て革職を論ず。

この時厳罰化されたのは，事情を知らなかった州県・衛所の官員（「該管地方の文武官」）の処分規定であり，それまでは順治18年（1661）以来「降三級調用」とされていたが[10]，この時の改定により革職を論じることとなった。かかる措置が必要とされたのは，「直省の私銭の盛行」とあるように各省において広く私鋳が続いていたからであり，大制銭を供給しようにも現地で鋳造できる状況でないのは山東省に限った話ではなかったといえる。事実，康熙41年に大制銭の鋳造が開始されてから同61年に康熙帝が死去するまで，各省では制銭鋳造は一切行われていない。

　また，各省の私鋳銭流通に対処すべく定められた前述の規定で，私鋳とともに販運（「興販」）が捜査の対象として挙げられており，販運が私鋳につながっていると認識されていたことがわかる。前述したように京師からの大制銭の販運を容認しなかったのは，単に京師における大制銭の安定的流通を優先させた

結果ではなく、大制銭の販運が各省での私鋳に結びついているとみなされていたからであった。

このように、各省には私鋳取り締まりの徹底が求められており、未だ鋳銭局を設置できる状況ではないと判断されていた。その一方で、大制銭を全国に充溢させた後に小制銭の使用を禁止するという方針に変わりはなかった。『康熙起居注』康熙53年正月21日癸亥条によれば、この日朝廷では次のようなやり取りがあった。

> 戸部尚書穆和倫等入奏すらく、「小銭（小制銭）は三年の限期已に満つるも、現今、大銭は商民の用度に敷（た）らざれば、小銭を将て再た限を展（の）ばすこと三年にして大銭と兼用せしめんことを請う」と。具摺して覧に呈す。上は摺を覧て曰わく、「爾等の見る所は甚だ善し。……銭法は必ず民に便なる有るを期して始めて善し。民に便なるを計らずして但だ法の必ず行わるるを期し、厳しく禁止を加えば、則ち民に益無し。凡（およ）そ事は必ず権変を酌量し、其の宜しきを失せざれば、方に済有るのみ」と。

ここで康熙帝は、民間の利便を考慮せずに強引に小制銭を禁じることの非を説いて、戸部が提議した小制銭の使用容認期限の延長を裁可しているが、大制銭が民間に充溢した後に小制銭を銷燬する方針自体はあくまでも維持している。

販運は私鋳との関連から取り締まりの対象とされたが、京師からの大制銭の流出自体が禁じられていたわけではない。むしろ、販運ではない通常の売買を介して大制銭が次第に各省にも行き渡ることが期待されていたと思われる。現状としてはまだ各省に鋳銭局を設置してまとまった額の制銭を供給できる状態ではないが、地方官に私鋳・販運の取り締まりを徹底させつつ、京師から大制銭がだんだんと各地に拡散していくことによって、全国に大制銭を充溢させようとしていたのである。それがどれほどの現実味をもって考えられていたかは定かでないが、いずれにせよ大制銭は京師から全国に向けて一元的に供給することとなったのである。

換言すれば、京師における大制銭の供給は、京師での大制銭の安定的流通を実現するという実際的な課題に加えて、全国に大制銭を行き渡らせるというい

ささか観念的な目標をも課せられたのであった。となれば、当然のこととして、その供給量を可能な限り増大させることが必要となる。以上を踏まえて、次節では、同時期における宝泉・宝源両局の制銭鋳造量の推移を追っていきたい。

第二節　洋銅採買と京師の制銭供給の増大

まず、康熙中葉から後半にかけての洋銅採買の進展と京師両局の辦銅制度の変遷をおっていきたい。図３．１には、各年次の洋銅流入額、辦銅定額、京師両局が鋳造に用いる銅の定額を示している。また、辦銅制度の詳細については、表３．１を参照されたい。

康熙10年代、中国船による日本からの銅輸出は徐々に増加していた。康熙23年、三藩・鄭氏を鎮圧した清朝は「海禁」を解除し、「展海令」を発布して海外交易を奨励した。その情報を入手した徳川幕府は、多数の中国船が長崎に殺到して銀が大量流出することを怖れ、翌［日本］貞享２年＝康熙24年、「御定

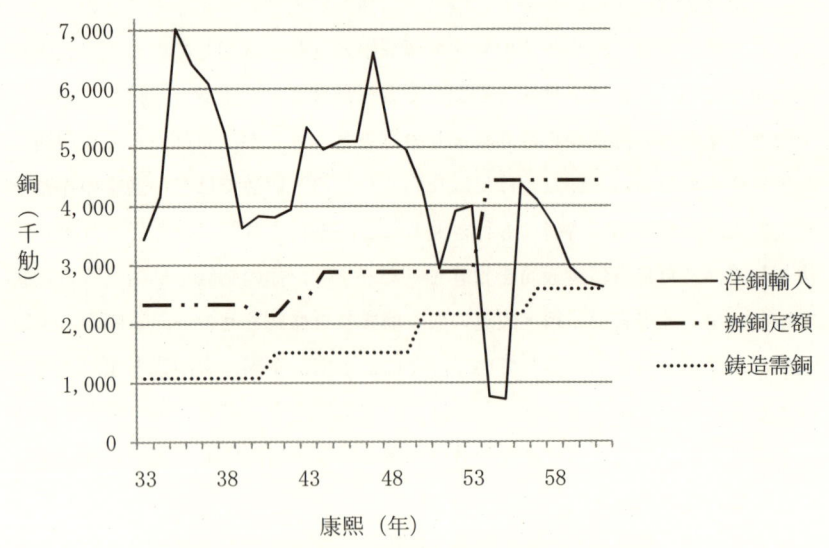

図３．１　康熙33年〜同61年における辦銅状況の推移
洋銅流入額の典拠は劉序楓［1999：138-140頁］。

表 3.1 康熙39年～同60年における京師両局の辦銅制度の変遷

改定年次	宝泉局		宝源局	
	銅本銀	銅	銅本銀	銅
康熙39年 ＊	蕪湖・許墅・湖口・淮安・北新・揚州の6関の辦銅を王綱明が承辦 　　銅本銀計<u>336,954両</u>，銅材2,246,360觔 崇文門の辦銅を張鼎臣が承辦 　　銅本銀23,076両余，銅材153,846觔 （その余は引き続き関差辦銅）			
同40年 ＊	蕪湖・許墅・北新の3関の辦銅を王綱明が承辦 　　銅本銀計212,535両余，銅材1,416,900觔余 湖口・揚州・鳳陽・崇文門・天津・太平橋の6関の辦銅を張鼎臣が承辦 　　銅本銀計172,905両余，銅材1,152,700觔 龍江・淮安・臨清・贛関・南新の5関の辦銅を曹寅が承辦 　　銅本銀計151,663両余，銅材1,011,089觔			
同42年	長蘆・山東・両浙の塩課銀による辦銅を追加 　　銅本銀計75,000両，銅材500,000觔			
同44年	福建・広東の塩課銀による辦銅を追加 　　銅本銀計40,500両，銅材270,000觔 両浙の塩課銀による辦銅を増額 　　銅本銀22,500両，銅材150,000觔 福建・広東・江南・浙江の海関税銀による辦銅を追加 　　銅本銀計45,000両，銅材300,000觔			
同48年	商人辦銅廃止，関差辦銅に復する			
同51年	一部，商人辦銅			
同54年	<u>453,124両余</u>	紅銅 2,923,384觔	<u>234,331両余</u>	紅銅 1,511,816觔
	督撫：江蘇・安徽・江西・浙江・福建・湖北・湖南・広東8省		督撫：江蘇・安徽・江西・浙江・福建・湖北・湖南・広東8省	
同58年	<u>511,592両余</u>	紅銅 2,923,384觔	<u>264,567両余</u>	紅銅 1,511,816觔
	督撫：同上8省		督撫：同上8省	

典拠：『皇朝文献通考』巻14，銭幣2。＊は香坂昌紀［1981：128-133頁］による。
下線部は筆者が算出したもの。

高」制度を施行して中国船からの輸入額を銀6,000貫に制限し，ついで［日本］元禄元年＝康熙27年には年間の取引船数を70艘と定めた。その限られた貿易額において，中国船の輸出はその大部分を銅が占めるようになった。さらに，元禄4年＝康熙30年に泉屋（住友）によって別子銅山の銅産出が開始されると，貿易制限が密輸の盛行や輸入品の価格騰貴を引き起こしていたこともあり，元

禄8年＝康熙34年から輸出品を銅に限定した「銅代物替」貿易が認められるようになった。かくして，日本から中国への銅輸出は最盛期を迎えることとなった（中村質［1988］，太田勝也［1992］）。日本からの中国船の銅輸出額は，康熙20年代から同50年代までほぼ毎年300万觔を超え，特に「銅代物替」貿易が行われた康熙30年代後半から同40年代後半にかけては年額がたびたび500〜700万觔に達している（劉序楓［1999：138-139頁］）。

こうして大量に流入した洋銅は康熙30年代中頃まで，順治初年以来の関差辦銅によって戸工両部へともたらされていたが，康熙38年から同40年にかけて，京師両局の辦銅は関差辦銅から商人辦銅へと切り替わった[11]。それまで「十四関差の辦ずる所の銅觔は，原より監督が随時商を招き採買するに係る」[12]ものであったが，商人辦銅への移行により，名実ともに商人が関税の一部を辦銅資金として受領し銅材を採買し納入することとなった。この際，銅材の収買価格が1觔につき1銭から1銭5分に増額された。なお，辦銅を担う商人は資金を運用して内務府に一定額の上納金を納めることが義務づけられていたが（香坂昌紀［1981：131-133頁］），それは戸部の統括する正項財政に還流するものではないので，鋳造費用の算出においては考慮しないことにする。

康熙40年から同48年にかけては，内務府商人である王綱明，そして上三旗ボーイである張鼎臣・曹寅[13]の三者が辦銅することとなり，その年間の収買定額は三者合計で3,580,689觔であった（香坂昌紀［1981：133頁］）。さらに，同42年に長蘆・山東・両浙の塩課銀による辦銅，計50万觔を追加，ついで同44年には福建・広東・両浙の塩課銀と福建・広東・江南・浙江の海関税銀による辦銅，計71万觔を追加（両浙塩課銀は増額，他は新規）[14]，年間の収買定額は合計で4,790,689觔となった。年間に辦銅に支出される関税・塩課銀は，合計718,603両余となる。その後，同48年に商人辦銅は終了して関差辦銅に復した（香坂昌紀［1981：136-137頁］）。

康熙51年から同54年にかけて，部分的に商人辦銅が復活したが，詳細は不明である[15]。確かなことは，この2度目の商人辦銅に相当の滞納があったことである。その頃の長崎では，大坂銅座からの銅の調達が滞り始め，その影響によ

り洋銅の確保が困難になったものと考えられる。そうして滞納がかさんだ商人辦銅に代わって，関差辦銅に戻すことがいったんは決定した。しかし，戸部が関差辦銅は結局商人に依存するとの理由から商人辦銅の継続を請い，康熙帝が商人辦銅の停止は既に決したこととして戸部の提言を突っぱねるという紆余曲折があった末，康熙55年から江蘇・安徽・江西・浙江・福建・湖北・湖南・広東の8省督撫による辦銅を実施するはこびとなった[16]。この時，8省督撫が紅銅を納入する辦銅と商人が亜鉛を納入する辦鉛が初めて分離した。

　紅銅の年間収買定額は，宝泉局分が2,923,384觔，宝源局分が1,511,816觔，合計4,435,200觔で，8省はそれぞれ紅銅554,400觔を収買し，戸部に365,423觔，工部に188,977觔を納入することとなった。財源は従前の関税から各省の地丁銀両に切り替えられ，紅銅1觔につき価銀（代価）1銭2分5釐，脚銀（輸送費）3分，合計1銭5分5釐と定められた。年間に合計687,456両の地丁銀両が紅銅収買に支出された計算になる。また，亜鉛の年間収買定額は，宝泉局分が1,948,923觔，宝源局分が1,007,877觔，両局合計2,956,800觔とされ，商人に戸部の庫銀を与えて亜鉛を買い付けさせて両局に納入させることとなった。亜鉛1觔につき，価銀は6分2釐5毫，脚銀は3分，合計9分2釐5毫と定められた。年間に亜鉛の収買に支出される戸部の庫銀は，合計273,504両となる。なお，紅銅と亜鉛の年間収買定額の総計は7,392,000觔，その収買に支出される銀は総計960,960両となる。

　かかる辦銅・辦鉛制度の基本的な枠組みは雍正（1723-1735）末年まで変わらない。ただし，康熙末年に紅銅・亜鉛の収買価格が増額されていった。まず康熙57年，紅銅の価銀を1銭4分5釐に増額し，価銀・脚銀の合計は1銭7分5釐，年間の辦銅資金は合計776,160両となった[17]。康熙61年には，亜鉛の価銀を暫定的に8分2釐5毫に増額，価銀・脚銀の合計は1銭1分2釐5毫となり[18]，年間の辦鉛資金は合計332,640両にまで膨らんだ。年間の辦銅・辦鉛資金の合計は，実に銀1,108,800両に達したことになる。

　康熙後半における京師両局の辦銅・辦鉛制度は，以上の通りである。続いて，両局の年間鋳造定額の推移を追跡する（表3.2参照）。

114 前編 銭賤から銭貴へ

　宝泉局の年間鋳造定額として確認できる最初の額は，制銭の重量を1銭4分に戻す前の康熙33年のものである。すなわち，『皇朝文献通考』巻14，銭幣2，康熙33年条には，

　　宝泉局をして毎年三十六卯を開鋳せしむ。卯ごとに用うる銅・鉛（亜鉛）は五万觔。

表3.2 康熙41年～乾隆40年における京師両局の年間鋳造定額の推移

	宝泉局			宝源局			合計	
	卯	鋳造額	戸部収蔵額	卯	鋳造額	工部収蔵額	鋳造額	戸工両部収蔵額
康熙41年	36	262,080	226,548					
同43年				36	224,640	182,001.600	486,720	408,549.600
同50年	36	374,400	303,336				599,040	485,337.600
同57年	36	449,280	364,003.200				673,920	546,004.800
同60年 *1			364,435.200			182,325.600		546,760.800
雍正元年	40	499,200	405,168				723,840	587,493.600
同2年				40	249,600	202,584	748,800	607,752
同4年	41	511,680	415,297.200	41	255,840	207,648.600	767,520	622,945.800
同10年				37	230,880	187,390.200	742,560	602,687.400
同12年	41	512,418	422,086.800	37	231,213	190,453.800	743,631	612,540.600
同13年				41	256,209	211,043.400	768,627	633,130.200
乾隆4年 *2			512,418	41		256,209	768,627	768,627
同6年 *3			464,292.200	41		232,146.100	768,627	696,438.300
同7年	61	762,378	690,776.200	61	381,189	345,388.100	1,143,567	1,036,164.300
同9年	71	887,358	804,018.200	71	443,679	402,009.100	1,331,037	1,206,027.300
同10年	61	762,378	690,776.200	61	381,189	345,388.100	1,143,567	1,036,164.300
同16年	71	887,358	804,018.200	71	443,679	402,009.100	1,331,037	1,206,027.300
同21年				81	506,169	458,630.100	1,393,527	1,262,648.300
同25年	76	949,848	860,639.200				1,456,017	1,319,269.300
同27年				71	443,679	402,009.100	1,393,527	1,262,648.300
同38年	75	937,350	871,578	70	437,430	437,430	1,374,780	1,309,008

鋳造額・収蔵額の単位は串（小数点以下は文を表す）。
典拠：『皇朝文献通考』巻14～18，銭幣2～6；嘉慶『欽定大清会典事例』巻173，戸部，銭法，京局鼓鋳；同，巻648，工部，鼓鋳，鼓鋳局銭。
*1　工食・物料の減額により戸工両部の収蔵額が増加
*2　工食・物料の銀支給への転換により戸工両部の収蔵額が増加
*3　工食の制銭支給への転換により戸工両部の収蔵額が減少

第三章　康熙後半の京師における私鋳銭問題と銭貴の発生　115

とあって，用いる銅・亜鉛が1卯あたり50,000觔，年間1,800,000觔であったことが知られる。そのうち耗銅は全体の9％の162,000觔で，制銭に鋳出される原材料は1,638,000觔。制銭1文の重量は1銭だから，鋳出される制銭は計262,080串（1,638,000×160÷1÷1,000）。これに対して工食・物料は，原材料100觔あたり1,974文であったから，年間1,800,000觔につき35,532串。よって，宝泉局で定額通りに制銭鋳造が行われた場合に戸部に納入される制銭は計226,548串となる。

　ただし，康熙36年に宝泉局では定額を大幅に超える419,388串もの小制銭が鋳造され，363,099串744文が戸部に納入されている[19]。鋳造差益を得られる小制銭の鋳造を戸部は極めて積極的に行っており，であればこそ，前述のように小制銭の鋳造を終了して3年を経ても搭放しきらないほどの小制銭が戸部に収蔵されていたのであろう。

　康熙41年に至って，制銭の重量が1銭4分に加増されたが，その時「宝泉局をして卯を按じて銅を加え鋳して額数に足らしむ」こととなり[20]，実際に辦銅額の増額もなされているので（先述した康熙42年および同44年の辦銅額加増），重量加増後も鋳造定額は変わらなかったと考えられる。よって，1卯あたりの銅・亜鉛の額は制銭の重量加増に比例して，計70,000觔に増加したものとみてよい。

　一方，宝源局は康熙23年以来，年間36卯とされており，同43年に1卯あたりの銅・亜鉛の額が60,000觔と定められた[21]。とすると，宝源局において年間に用いる銅・亜鉛は合計2,160,000觔，そのうち耗銅は全体の9％の194,400觔だから，制銭に鋳出される原材料は1,965,600觔となる。よって鋳出される制銭は224,640串（1,965,600×160÷1.4÷1,000），工食・物料は100觔あたり1,974文であるから年間2,160,000觔につき42,638串400文となり，したがって宝源局から工部に納められる制銭は年間182,001串600文と計算される。

　康熙50年以降，宝泉局の年間鋳造定額は段階的に引き上げられていく。まず，『皇朝文献通考』巻14，銭幣2，康熙50年条に，

　　増して宝泉局をして卯ごとに銅・鉛十万觔を用いしむと定む。

とあり，康熙50年に1卯あたりの銅・亜鉛の額が100,000觔に増額された。遅

くとも同年頃には前述の定額通りに鋳造されるようになっていて，銅や亜鉛の余剰もあり，そこでさらなる定額加増が決められたものと考えられる。年間の卯数は36であるから，用いる銅・亜鉛の総額は3,600,000觔。そのうち耗銅は全体の9％の324,000觔であるから，制銭に鋳出される原材料は3,276,000觔。鋳出される制銭は374,400串（3,276,000×160÷1.4÷1,000）。工食・物料は，100觔あたり1,974文であるから，年間3,600,000觔につき71,064串。よって，宝泉局から戸部に納入される制銭は計303,336串となる。

　だが，1卯あたりの銅・亜鉛の額を増したことにより36卯の鋳造が達成されなくなったとみえて，『皇朝文献通考』巻14，銭幣2，康熙53年条には，

　　宝泉局に命じて毎年三十六卯を開鋳せしむ。

とあり，康熙53年に宝泉局の年間の卯数を36とすることがあらためて命じられている。さらに，鋳造の不調をめぐって，工部右侍郎崔徴璧の上奏と工部の議覆を経て，

　　銅・鉛が完せずんば責は商人に在り，鋳卯完せずんば責は〔宝泉・宝源両局の〕監督に在り，或いは商人が限内に交する所甚だ少なく限を逾えて始めて完解を行い以て卯数足らざるを致すは，咎は監督に在らざれば奏銷の内において声明せよ。

と命じられ，辦銅商人と宝泉・宝源両局監督の責任の範囲が明確化された。

　ついで，上述したように翌康熙54年，滞納が問題化していた関差や内務府商人の辦銅を取り止め，江蘇・安徽・江西・浙江・福建・湖北・湖南・広東の8省督撫に辦銅を担わせることになったのだが，その過程で康熙帝は戸部に対し，「鼓鋳の事は戸部の崇責に係る」[22]「鼓鋳の事は最も緊要を為す」[23]といった諭旨を与えており，滞りなく制銭供給を進めるよう戸部に強く要求していたことが窺える。

　その結果として，年間36卯・各卯100,000觔という定額通りの鋳造が行われるようになったようで，『皇朝文献通考』巻14，銭幣2，康熙57年条に，

　　増して宝泉局をして卯ごとに銅・鉛十二万觔を用いしむと定む。

とあるように，康熙57年に至って1卯につき用いる銅・亜鉛をさらに120,000觔

第三章　康熙後半の京師における私鋳銭問題と銭貴の発生　117

へと増額している。その結果，年間に用いる銅・亜鉛の総額は4,320,000觔，鋳造総額は449,280串（4,320,000×0.91×160÷1.4÷1,000），戸部に納入される制銭の総額は364,003串200文に増加した。これにより，宝泉局の鋳造規模は宝源局のちょうど2倍となった。

　加えて同年には，既述したように，銅の市価高騰を受けて銅の価銀を1觔あたり1銭4分5釐に増額すると同時に，紅銅が不足した場合は定額の3割を上限として銅器の収買を許すことが決定した（銅器採買の官価は1觔あたり1銭1分9釐）[24]。また，同じく既述したように，康熙61年には亜鉛採買の官価も1觔あたり価銀・脚銀合計9分2釐5毫から1銭1分2釐5毫に増額している。このような辦銅・辦鉛における官価の増額は，ただ単に市価の上昇に対応したものとみなすべきではない。もし，制銭鋳造に対する積極性がそもそも存在しなかったならば，銅や亜鉛の市価上昇は鋳造の縮小・断念に結果したはずである。そうではなく，官価を増額させていったのは，極力円滑に銅・亜鉛を確保して制銭鋳造を滞らせないように意識的に努めていたためと考えられる。

　ちなみに，康熙50年代後半には洋銅の流入が減少し，辦銅の阻滞が目立ち始めていた。しかし，銅のあてがないにもかかわらず康熙帝の意気込みだけで鋳造定額を加増するとは到底考えられない。康熙57年の時点で年間36卯・各卯100,000觔の定額通りの鋳造が実現しており，なおかつ鋳造を拡大する目途が立っていたからこそ，各卯120,000觔とする定額改定が決定したのである。図3．1から明らかなように，辦銅額は常に制銭鋳造における銅の使用定額を大きく上回るように設定されていたから，それによって康熙50年代前半までに相当額の銅のストックが形成されていたと考えれば，洋銅流入が減少した同50年代後半に鋳造が伸びを見せたとしても何ら不思議ではない。実際，康熙61年に宝泉局は234万余觔もの銅を翌雍正元年に繰り越している[25]。康熙末年に辦銅は阻滞し始めていたが，鋳造自体に影響を与えるまでには至っていなかったのである。時に鋳造が定額通り行われなかったのも，おそらくは設備上の問題，より根本的には鋳造差益を得られない大制銭鋳造に対する戸部の消極姿勢に起因するものであって，銅の枯渇のためではない。

118　前編　銭賤から銭貴へ

　加えて、『皇朝文献通考』巻14、銭幣2、康煕61年条按語によれば、康煕60年の年間の卯数は宝泉・宝源両局ともに36、1卯ごとに用いる銅・亜鉛は宝泉局が120,000觔、宝源局が60,000觔とあり、遅くとも康煕60年には宝泉局において年間36卯・各卯120,000觔の鋳造が達成されていたことを確認できる。なお、同年には、工食・物料が100觔あたり1,974文から1,964文に10文減額されていた。よって、康煕60年頃において京師両局の年間に用いる原材料は6,480,000觔、耗銅は583,200觔、制銭に鋳出される原材料は5,896,800觔、鋳出される制銭は673,920串（5,896,800×160÷1.4÷1,000）、それに対して工食・物料は計127,267串200文であるから、両局から戸工両部に納入される制銭は計546,652串800文であったことになる。

　それでは以上を踏まえて、本節の最後に、当該時期の京師両局における制銭鋳造の採算についてみていきたい（図3.2参照）。

　まず最初に、制銭の重量が1銭4分に増額された直後の康煕43年頃の制銭の鋳造費用を求める。便宜的に原材料100觔からの制銭鋳造を計算すると、銅材

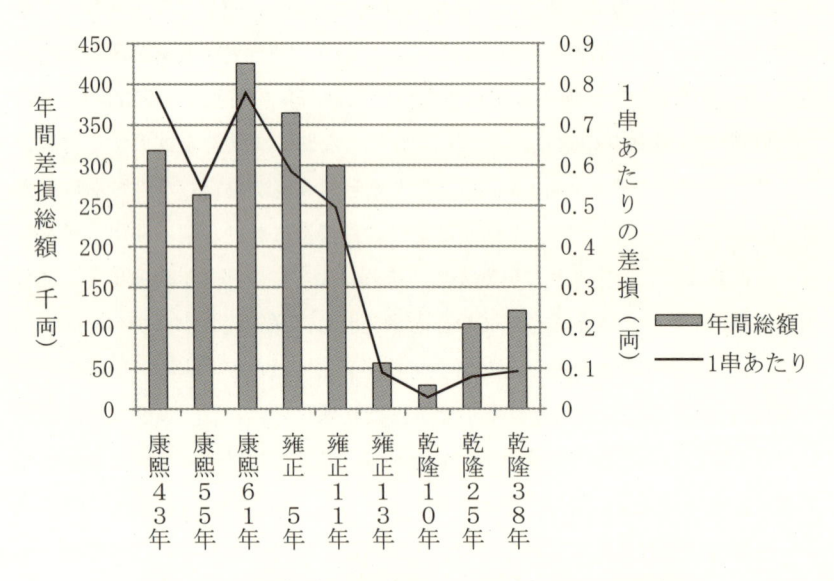

図3.2　康煕後半～乾隆中葉における京師両局の鋳造差損

第三章　康熙後半の京師における私鋳銭問題と銭貴の発生　119

100觔の収買費用は銀15両。これに対し，耗銅が全体の９％の９觔，１文の重量が１銭４分であるから，鋳出される制銭は10串400文（91×160÷1.4÷1,000）。工食・物料は原材料100觔につき1,974文なので，部に納められる制銭は８串426文。よって，制銭1,000文の鋳造費用は銀１両７銭８分となる。関差辦銅から商人辦銅へ移行した際に銅材収買の官価を１觔につき１銭から１銭５分に増額し，さらに制銭の重量を１銭から１銭４分に加増したことにより，鋳造差益を得ていた小制銭鋳造から一転して，制銭供給は大幅な採算割れに陥ったのである。戸工両部の収蔵額は年間408,549串600文だから，鋳造差損は合計318,668両余となる。

　次に，８省督撫による辦銅・辦鉛制度が整えられた康熙55年頃における制銭の鋳造費用を求める。原材料100觔につき，用いる紅銅は60觔であり，その収買費用は銀９両３銭，用いる亜鉛は40觔で，その収買費用は銀３両７銭である。よって，紅銅・亜鉛計100觔の収買費用の合計は銀13両となる。これに対し，鋳出される制銭は前述の通り10串400文である。工食・物料が１串974文であるから，部に納入される制銭は８串426文。したがって，制銭1,000文の鋳造費用は銀１両５銭４分３釐となる。原材料の６割を占める紅銅の官価は従前の銅材の官価よりわずかに高いのみで，残り４割を占める亜鉛の官価は従前の銅材の官価に比べてかなり低かったので，制銭の鋳造費用は若干ながら減少した。だがそれでも，採算を大きく割っていたことには変わりない。戸工両部の収蔵額は年間485,337串600文だから，鋳造差損は合計263,538両余と算出される。

　さらに，紅銅・亜鉛の収買価格が相次いで増額された後の康熙61年頃の鋳造費用を求める（康熙57年から紅銅不足の場合に限り認められた銅器納入はここでは考慮しない）。紅銅60觔の収買価格は銀10両５銭，亜鉛40觔の収買価格は銀４両５銭で，その合計は銀15両。鋳出される制銭は10串400文であるのに対して，工食・物料が康熙60年頃に１串964文に削減されたので[26]，部に納入される制銭は８串436文であり，制銭1,000文の鋳造費用は銀１両７銭７分８釐に達する。これは，前述の康熙41～54年における鋳造費用とほぼ同じである。戸工両部の収蔵額は年間546,652串800文だから，鋳造差損は合計425,295両余となる。

このように，康熙後半の京師両局の制銭鋳造は，大幅な採算割れの状態にあった。それにも関わらず，当該時期に清朝は，京師両局における大制銭の鋳造規模を拡大させていたのであった。康熙49年以前における宝泉局の年間鋳造定額が計262,080串であったのに対し，同57年には計449,280串にまで達したのであるから，宝泉局の鋳造定額は8年の間に約1.7倍に拡大したことになる。定額をもとに康熙42年から同61年までの20年間における宝泉局の鋳造総額を算出すれば計6,963,840串となり，これに康熙43年から同61年までの宝源局の鋳造総額4,268,160串を加えれば合計11,232,000串になる。定額通りの鋳造がたびたび命じられていることから，実際の鋳造実績は定額をやや下回っていたと思われるけれども，それでも1千万串前後には達していたとみられる。そのような大制銭の積極鋳造の背景には，前節で議論した，京師での大制銭の安定的流通と京師から各省への大制銭の浸透を目指していた康熙帝の方針があった。また，それとととともに，同時期の財政的安定が大きく影響していたとみるべきであろう。

そのことを具体的に裏付けるのが，当該時期における戸部銀庫の銀貯蔵額の推移である（79頁所掲表2．2参照）。戸部銀庫の銀が康熙30年代に4千万両台に乗ったのは，既に述べた通りである。その後は，データの欠落も多いが，概ね4千万両台で推移している。データが残っている限りにおいて目につくのは，康熙58年から雍正元年にかけて貯蔵額が約2千4百万両も減じている点である（雍正元年の銀貯蔵額は，150頁所掲表4．1参照）。その要因として考えられるのは，康熙59年にラサを制圧しジューン＝ガルを駆逐してダライラマ7世を坐牀させたチベット遠征，および，康熙60年に台湾で勃発した朱一貴の乱の鎮圧という，ふたつの軍事行動である。ともあれ，康熙後半はほぼ一貫して戸部銀庫は極めて充実していたとみられる。もちろん，記録された数字の信憑性の問題は残るわけだが，少なくとも報告を受けた康熙帝は財政に余裕があると認識していたであろうし，具体的な貯蔵額を措いても清初以来もっとも財政的に安定していたことに変わりはない。そのような状況下で，京師両局における大制銭の鋳造拡大は推し進められたのである。

鋳造された大制銭は八旗兵餉などの費目に搭放され，また，徴税は銀でなされており大制銭が官庫に還流することは原則としてなかったので，鋳造量の拡大は供給量の増大に直結し，さらには流通量の増加につながっていったとみられる。そして，京師において良質な大制銭が増大していったのと同時期に，京師とその周辺地域において深刻な銭貴が問題化したのであった。その経緯を次節にて検討することとしたい。

第三節　京師と周辺地域における銅銭遣いの拡大と銭貴の発生

　京師では，康熙50年代中頃より市場の銭価が公定換算率を上回るようになった。すなわち，康熙53年には，京師の銭価が銀1両＝920文となっていた[27]。乾隆7年（1742）5月に上せられた正藍旗漢軍都統伊勒慎奏摺によれば，康熙58〜59年頃から銭価が次第に上昇し始めたとある[28]。
　同61年には戸部が上奏して，銀1両＝880文であった京師の銭価が780文に急騰したことを報告している[29]。同年9月に康熙帝は，今後取るべき対策について上奏するよう，九卿詹事科道会議に命じた[30]。そこで九卿らは，「銭直（銭価）の平減は全て銭文の充裕に在り」と述べ，辦銅を担う督撫（康熙60年からは江浙両省が他省の割り当て分をも担当）の滞納に対して厳しく弾劾を行うことを提議し，裁可されている[31]。つまり，銭価高騰の原因は銅銭の不足にあり，辦銅を円滑に進め制銭を鋳造し供給すれば，銅銭流通量は増加し銭価は下がる，とみなされたのであった。
　確かに，言うまでもなく，この時点での銅銭需要に対して流通量が不足していたから銭価が騰貴したのである。しかし，そもそも銅銭需要は可変的なものである。また，私鋳の取り締まりによって雑多な銅銭の流通は多少抑制されたと考えられるものの，小制銭の収買は康熙45年に大々的に行われて以降は実施された形跡がなく，その一方で大制銭の供給量は康熙末年に増加していた。よって，単純に銅銭流通量が従来に比べて減少したために銭価が上昇したとみることはできない。むしろ，供給は増加したがそれを凌駕する需要の拡大が同時期

に生じて銭価が騰貴したという可能性を探るべきである。

　前節で言及した康熙58年からの戸部銀庫貯蔵額の減少は，銭貴が表面化した時期とちょうど重なっている。しかしながら，京師において大量の庫銀が放出され，それによって銭価が騰貴したのかといえば，答は否である。康熙末年の庫銀減少は前述のようにチベット遠征や台湾遠征にともなう支出の結果と考えられるが，それらの支出は京師ではなく現地の軍事拠点においてなされたものである。戸部の庫銀減少は，通常は京餉として戸部に送金されるはずの税収が各地の軍費に振り向けられたことによる。したがって，康熙末年における戸部の庫銀減少と京師の銭貴との間に直接的な相関関係はない。それでは，何が銅銭の供給増を凌駕する需要増を引き起こしたのであろうか。

　ここで思い起こされるのが，序論でも述べた，各省の銭貴の深刻化に関する黒田明伸氏の議論である。すなわち，黒田氏は，乾隆5年以降に各省の制銭供給が本格化すると，民間において銀遣いから銅銭遣いへの転換が進行して銅銭需要が拡大し，銭価が却って高騰したことを論じている（黒田明伸［1994：85,120頁］）。制銭供給が増大した康熙末年以降の京師とその周辺でも，制銭の増加を原因とする銀遣いから銅銭遣いへの転換とそれによる銅銭の需要拡大が発生していたのではないだろうか。

　以下，そのことを史料に即して考えてみたい。乾隆7年5月に上せられた前掲の伊勒慎奏摺には，京師の周辺地域における貨幣使用の変化について，次のように記されている。

　　康熙年間は零星の買売は倶に銭文を使うも，牛馬・車騾・米糧等の物を置買する者は銀を用うること多きに居る。後に迨びて各処の交易は〔価格の〕大小を論ずる無く皆な銭文を使う。

ここには，京師の周辺地域で高額取引における銀遣いから銅銭遣いへの転換が進んでいたことが明記されている。その理由として伊勒慎は，

　　奸商は毎に交易に遇うに，銀を兌する時に即ち成色（純度）を攪頼し大戥を使用すれば，百姓は其の刁の難艱を畏れて，交易有りて銀を需むること三，二十両の数に至るも亦た，必ず銭文を講用して清楚なるを希翼す。因

第三章　康熙後半の京師における私鋳銭問題と銭貴の発生　123

りて通(あまね)く銭を行使して銀を用いざるなり。

と述べ，民間では商人に秤量貨幣たる銀の純度や重量をごまかされるのを避けるため，20～30両という高額の取引でも銀より銅銭の使用が好まれる傾向にあったことを記している。つまり，高額取引でも銅銭を用いたいという要請がもとより民間には潜在していたのである。それでは，かかる潜在的需要が銅銭遣いへの転換としてにわかに顕在化したのはなぜなのだろうか。

　そこで注目すべきは，前節で詳しく述べたように，当該時期に大制銭の供給が増大していたということである。俄然，大制銭が安定的に流通し始め，そのことが，もとより差し障りのあった銀遣いから大制銭を主体とする銅銭遣いへの転換を引き起こしたのではなかろうか。1串あたり銀1両7銭余もの費用をかけて鋳造された良質かつ画一的な大制銭であれば，これまで銀が担っていた高額取引に使用されるだけの信任を得ることは可能であろう。また，そこで銭価が上昇しても，大制銭とほぼ同等の品位の銅銭を私鋳して一定の利益を得られる水準にはなかなか達しないだろうから，私鋳銭による銭貴の抑止ははたらきにくいと考えられる。

　銅銭遣い拡大と銭価高騰を先導したのは既存の雑多な銅銭か，新たに供給された大制銭か，あるいは銅銭の総量の増加であって両者の差異にはあまり関係がないのか——かかる問題を考察する上で極めて興味深い現象が起こっている。銭価が徐々に上昇しつつあった康熙56年，民間で小制銭が盛んに銷燬され銅として売買されていることが問題化しているのである。その地理的範囲は特に明記されてはいないが，前年に開始された宝泉・宝源両局の廃銅収買[32]に原因が求められていることから，京師を中心としてみられた現象と考えてよい。小制銭はゆくゆくは銷燬させる予定であったが，それを未だ命じていない段階での銷燬は法を犯すものに他ならず，康熙帝は禁令を設けるよう指示している[33]。

　ここで注目されるのは，制銭全般ではなく専ら小制銭が銷燬されていたことである。もし大制銭と小制銭の購買力（銭価）が一致ないし接近していれば，断然，著しく過低評価された大制銭の方が盛んに銷燬されるはずであり，一方の小制銭は銭価が上昇すれば容易に銷燬の利潤が消滅すると考えられる。しか

し，実際には銭価の上昇に並行する小制銭の銷燬横行という正反対の現象が起きたのであった。どういうことかというと，規定通りに鋳造されていれば大制銭と小制銭の素材価値には約１．４倍の差があるわけだが（銅と亜鉛の合金比率は同じだから，素材価値は重量に正比例する），大制銭と小制銭の購買力がそれ以上に乖離しており，小制銭の方が素材価値と比べて著しく過低評価されていた（大制銭は過低評価の程度が相対的に小さかったか素材価値相応，あるいはそれ以上に評価されていた）ために盛んに銷燬されたのである。とすれば当時銀１両＝900文程度に騰貴していたのは大制銭に相違ない。小制銭を始めとする既存の雑多な銅銭が，中心的にあるいは大制銭と区別なく用いられて銅銭遣い拡大を牽引していたとは考えられない。むしろそれらは，ただの銅片同然とみられて銅銭流通から退場しつつあったのである。

　所謂「グレシャムの法則」に従えば，新規供給された大制銭は退蔵されたり，あるいは既存の雑多な銅銭と同等品位の私鋳銭に改鋳されたりして，市場から「駆逐」されると予想される。確かに大制銭の鋳造が始まった当初は，本章第一節において述べたように，市場には大制銭が流通せず雑多な銅銭が充溢したようである。しかしその後，私鋳の取り締まりが強化され，さらに鋳造規模が拡大すると，秤量貨幣ゆえの困難がともなう銀に代替しうる良貨への潜在的需要を背景として，大制銭は銀に取って代わり対銀比価たる銭価の高騰を引き起こすとともに，銀との代替性という点で大制銭より優位に立てない雑多な銅銭を「駆逐」していったのである[34]。いわば「良貨」と「悪貨」の勝敗は，康熙帝の施策に強く規定されながら，最終的には，使用範囲が銅銭と相互浸透的であった銀との関係によって決したのであった。

　もちろん，当時の京師・周辺地域一帯の貨幣経済の規模や，そこに20年間で累計１千万串の大制銭が供給されたことのインパクトを数量的に検証することは困難であるが，諸史料から確認される限りの史実――大制銭の増加，従来から支障があった銀遣いから銅銭遣いへの突然の移行，銭価の高騰，小制銭の銷燬横行――を包括的に捉え得る枠組みとして，新たに供給された大制銭を主体とする銅銭遣いの拡大と銭価の騰貴という理解が導き出されるのである。

第三章　康熙後半の京師における私鋳銭問題と銭貴の発生　125

そのような銅銭遣いの急速な拡がりは，もとより銅銭遣いが盛んであった京師よりも，前掲伊勒慎奏摺にあるように京師の周辺地域において顕著に現れたものと考えられる。とすると，制銭が供給される京師から周辺地域に制銭が流出していったメカニズムが説明されなければならないことになるが，伊勒慎奏摺には，かかる制銭流出に関して，以下のような具体的な記述がある。

　　現今，京中では銀は両ごとに大制銭八百文に兌し，郷屯中では銀は両ごとに大制銭八百五十文に兌す。名は多く五十文を兌換すと雖も，其の実は彼処の銀戥は両ごとに京中に比して大なること九分二釐不等。又，短底して八百五十文の数の内より大制銭十二，三文を少給す。戥頭と短底とを合計すれば，反りて京中に比して銀は両ごとに制銭三，四十文を少得す。是を以て奸商は銭文を盗運して四野に佈散し，漁利するを希図す。

周辺地域で用いられている銀秤は京師のそれより幾分大きく，また1,000文より少ない銅銭で銭串をなす「短底」（所謂「短陌」[35]の一形態）の慣習もあったので，京師を基準とすると周辺地域の実際の銭価は名目上の銭価より銀1両あたり80～90文ほど高かった。そのため，名目上において周辺地域の銭価が京師より数十文安くても，京師において京師の銀秤で量った銀を元手として大制銭を買い取り，「短底」の銭串にして周辺地域に持ち込んで販売し，代価として銀を現地の銀秤で量って受け取れば，元手以上の銀を得ることができた。

　つまり，京師から周辺地域への利鞘目的の大制銭販運が発生する上で，周辺地域の名目上の銭価が京師のそれを上回ることは必須の前提条件ではなかった。周辺地域の名目上の銭価が京師に比べて銀1両あたり100文前後あるいはそれ以上低落していれば，京師からの大制銭販運は利益を生まなかったが，そのような状況でなければ，京師から周辺地域への販運は京師に大制銭が豊富でさえあればいつでも発生し得たのである。なお，京師からの販運は，既述したようにかつて康熙帝が厳しく取り締まらせたものであるが，十数年の時を経て取り締まりも有名無実化していたのであろう。雍正12年には，鑲藍旗漢軍掌右司関防参領蘇伯合（スベヘ）が京師からの銅銭販運を直隷総督に取り締まらせるよう奏請している[36]。それは，販運に対する禁令と捜査が全く実態を失っていたことの現れ

といえる。

　制銭が京師から流出し続けていたことを伺わせる史料として，雍正13年の正白旗満洲副都統ピヤントゥの満文奏摺には，以下のような記述がある[37]。

　　黄銅の器具を用いることを禁じ，制銭を盗銷するものを捕らえさせ，制銭を毎月伝諭して与えたにもかかわらず，銅銭は全く豊富にならず，銭価は全く安くならない。これを詳察して考えれば，康熙50年代よりそこに用いる銅銭の内，順治年間の銅銭をなお混ぜ合わせていた。現在の用いる銅銭の内，数百〔文〕に康熙年間の銅銭を1，2文も見ない。順治18年〔間〕の鋳造した銅銭は康熙40，50年に至るまでなおあったにもかかわらず，康熙61年〔間〕の鋳造した銅銭がこの13年の間にたちまち尽きようとしているのを詳察すれば，制銭を盗銷する者がなおいることを窃かに考えるのみ。

ここにおいてピヤントゥは，康熙の61年間に鋳造した制銭が早くも京師から姿を消していることを指摘し，銷燬によるものであろうと推測している。しかし，康熙41年以降だけでも鋳造額が1千万串前後にも及んだ康熙通宝が尽く銷燬されたとは考えにくい。ピヤントゥが観察した康熙通宝の急速な減少は，前掲の伊勒慎奏摺や蘇伯合奏摺等に記されている京師から周辺地域への販運によるものと考えた方がよい。京師両局の鋳造した制銭は次々と京師城外へ流出していたので，古い制銭から順次姿を消していったのである。

　京師から周辺地域への大制銭の販運が活発化した時期に関する正確な記録は見出せないが，前掲伊勒慎奏摺には既述したように「康熙年間」には周辺地域の銅銭遣いは限られていたと記されており，京師から周辺地域への大制銭流出が盛んになった時期は康熙・雍正の交を大きく遡るものではないとみられる。一方，雍正元年7月に上せられた雲南道監察御史戴芝の奏摺には，京師以上に銭価が高騰している周辺地域へ商人が京師の銅銭を販運し，それがまた京師の銭貴に拍車をかけていることが述べられている[38]。両奏摺の記載から，康熙末年に京師から周辺地域への大制銭販運がにわかに活発化し，周辺地域において銅銭遣いを拡大させ，雍正元年には既に周辺地域の銭価高騰が相当顕著なものになって大制銭の販運を加速させていた，とみることができる。前掲ピヤントゥ

奏摺に，順治通宝が康熙50年頃まで京師城内に流通していたのに対し，康熙通宝が雍正13年の段階でほとんど見られなくなっていたことが記されているが，それはまさに，康熙末年以降に制銭の流出が俄然加速したことの証左といえよう。

とすると，京師から周辺地域への大制銭販運が活発化した時期は，京師における大制銭の供給量が増大した時期とちょうど一致する。以上から，康熙末年に京師において大制銭が増加し，そのことが京師から周辺地域への大制銭の販運を促して，周辺地域における銅銭遣いの拡がりと銭価上昇を惹起して京師からの大制銭の流出を加速させ，またそれが周辺地域での銅銭遣いをさらに押し広げ，結果として京師でも周辺地域でも大制銭の供給増加が銅銭遣いの拡大に追いつかず，京師とその周辺の州県における銭価高騰につながったと考えられるのである。

第四節　京師と直隷における銭貴の推移

第五章で後述するように，京師の銭貴が問題化して以降，清朝は京師両局の制銭鋳造額を断続的に加増して京師における制銭供給を拡大していった。しかしそれは，京師の銭価引き下げには直結しなった。本節では，乾隆30年代までの京師および直隷の銭価の推移を概観する。

前述したように，京師の銭価は康熙58～59年頃から上昇を始め，同61年には銀1両＝780文にまで達した。その後，雍正5年9月に雍正帝は上諭において京師の銭価が「已に稍平じたりと覚ゆ」と述べており[39]，同6年正月には河南総督田文鏡が上せた奏摺に「一両もて目下九百余文に換うべし」との硃批を記している[40]。そこから，雍正5～6年頃には京師の銭価は一時的に銀1両＝900文程度で安定していたことがわかる。

しかし，乾隆初年に銭貴は再び深刻化した。乾隆2年に戸部は上奏して，京師の銭価が上昇して銀1両＝約800文に達していることを報告している[41]。翌乾隆3年には銭貴がさらに深刻化し，銭価がおよそ銀1両＝750～780文ほどに

まで騰貴した[42]。乾隆4年3月に内閣侍読学士祖尚志が上せた奏摺にも、近年京師の銭価は銀1両=750~800文に騰貴していると記されている[43]。

その後、銭価は若干下がったようで、乾隆6年2月の分守広東糧駅道按察使司僉事朱叔権奏摺は銀1両=830~840文[44]、同年9月の貴州道監察御史孫灝奏摺は銀1両=820~830文と記している[45]。だが、銭価は再び上昇を始め、乾隆7年4月の吏部左侍郎蔣溥奏摺および同年5月の前掲伊勒慎奏摺はともに京師の銭価を銀1両=800文と記している[46]。ついで、乾隆8年6月に上せられた稽察内務府事務協理河南道監察御史周祖栄奏摺は、銭価が銀1両=800文から780文に上昇したと述べている[47]。また、乾隆10年4月の江南道監察御史欧堪善奏摺には、銀1両=800文とある[48]。

乾隆10~20年代の京師の銭価を示す史料はほとんど見出せないが、乾隆27年には糶米の代価として収蔵した銅銭を兌換発売に供する際に価格を銀1両2銭=1,000文、すなわち銀1両=約830文としている。それは当然、市場の銭価より若干低く設定されたものに相違ないから、そこから当時の京師の銭価がなお銀1両=800文程度に高騰していたことを窺える[49]。その後、京師の銭価は乾隆20年代末からようやく下がり始め[50]、同38年には銀1両=900文台となっており[51]、同40年には銀1両=960文にまで下がっていた[52]。

以上のように京師では、雍正5~6年頃に一時的に銭貴が沈静化したのを除けば、康熙末年から乾隆30年頃まで、銀1両=750~850文ほどの銭貴が続いたのであった。かように京師において積極的な制銭供給にも関わらず銭貴が長期化したのは、制銭供給地である京師からの銅銭流出・拡散によって、銅銭遣い拡大と銭価高騰の地理的範囲が拡がり、それがさらなる京師からの銅銭流出を惹起し続けたためとみられる。

そこで直隷の銭価の推移を追うと、雍正7年の時点では、「直隷諸府」における銭価低落が問題視されており[53]、京師の周辺地域を除けば銭貴は未だ問題化しておらず、むしろ康熙中葉以来の状況が継続していたものとみられる。ところが、その後銭価は徐々に上昇していった。乾隆3年に直隷按察使多綸は、保定の銭価が銀1両=830文にまで上昇していることを報告している[54]。そして、

乾隆12年9月に保定の宝直局が制銭鋳造を開始し(55)，同年中に兵餉への制銭搭放を開始すると(56)，その直後から却って銭価騰貴に拍車がかかって，翌乾隆13年冬季には銭貴が一層深刻なものとなった(57)。同年10月には直隷総督那蘇図(ナストゥ)が，銭価を銀1両＝800文と報告している(58)。さらに，乾隆14～16年頃に直隷総督方観承は，制銭の兌換発売の価格を銀1両＝800文としており，それは民間の銭価よりも若干低く設定されたものとみられるので，民間の銭価が銀1両＝700文台後半に達していたことを窺える(59)。京師城内と周辺地域との間にみられたような短底や銀秤の大きな違いが存在しなければ，銅銭の拡散は急速には進行しないが，それでも着実に直隷の銅銭流通量は増加して，それにより銀遣いから銅銭遣いへの転換が進行していったと考えられ，結果として銭価上昇が次第に顕著なものになっていったのである。さらに，保定で制銭供給が開始されたことによって，銅銭流通量の増加による銅銭遣いの拡大と銭価の騰貴は決定的なものとなったと考えられる。

　乾隆15年には銅の不足のために宝直局の制銭鋳造額が3分の2に縮小されたが(60)，ほどなくして銭価は落ち着きをみせ，乾隆18年3月に直隷総督方観承は銭価が銀1両＝830～840文にまで下がったと述べており(61)，同年11月には銀1両＝878文と報告している(62)。その後，乾隆30年代に入ると銭貴は終息に向かい，乾隆34年には銀1両＝979文となった(63)。

小　　結

　康熙30年代中葉に対ジューン＝ガル戦が終了して緊縮財政が終わりを告げると，小制銭の濫造がもたらした私鋳銭充溢と銭価低迷が俎上に上げられ，康熙41年に制銭の重量が1銭4分に戻された。その後の財政的充実と洋銅の大量流入は，大制銭の鋳造拡大を可能にした。京師では，大制銭を供給するとともに，私鋳されたものを大量に含む小制銭の収買，私鋳犯の摘発，大制銭の販運の取り締まりなどが実施された。ただし康熙帝は，私鋳犯の捜査が十分でない各省において大制銭を供給しても私鋳の材料にされるだけであると考え，各省の鋳

造を認めず，京師両局からの一元的な制銭供給の拡大を強力に推進していった。そうして，京師には康熙末年までに，累計1千万串程度の大制銭がもたらされることとなった。

　すると，短陌慣行や銀秤の相違などにより，京師から周辺地域への制銭流出が発生し，従来は専ら銀遣いであった周辺地域において銅銭遣いが急速に拡がりをみせ，銭価が上昇していった。秤量貨幣たる銀は，純度や重量の判定をめぐる紛糾が避けられないため，良質な銅銭に対する需要がもとより潜在していたのである。良質な大制銭の大量供給は，かかる潜在的需要を一挙に顕在化させる効果をもったのであった。そして，京師からのさらなる制銭流出が引き起こされ，それは銅銭遣いの一層の拡大を招いて銭価をますます騰貴させ，京師からの制銭流出を加速させることになった。かくして，京師とその周辺地域では，全国のどの地域にも先んじて，銭貴が問題化するに至ったのである。その後，清朝は銭貴を解消すべく，京師における制銭供給をますます拡充していったが，京師では乾隆30年頃に至るまで銀1両＝750〜850文程度の激しい銭貴が継続した。また，銭貴は乾隆初頭には直隷各地に蔓延するに至ったとみられ，そこで保定においても制銭鋳造が開始されたが，それもやはり銅銭遣いの拡大と銭貴の深刻化を招いた。制銭の追加供給は，銭価の引き下げよりも，むしろ銅銭遣いのさらなる拡大と銭価の一層の騰貴につながったのである。

　康熙末年に京師とその周辺地域で発生した銭貴は，乾隆初年までに全国的な現象と化していった。では，その経緯にはいかなる説明を与えることが可能であろうか。次章において検討することとしたい。

註
（1）『大清聖祖仁皇帝実録』巻210により，この決定が康熙41年10月乙巳（28日）になされたことがわかるが，ここでは記載内容がより詳細な『皇朝文献通考』を引用した。
（2）　通常，「小銭」とは私鋳銭を指すが，ここでいう「小銭」は小制銭を指している。それは，ここで康熙帝が「小銭」の収買を命じているのに対し，後述するよ

第三章　康熙後半の京師における私鋳銭問題と銭貴の発生　131

うに戸部が「旧制銭」収買の具体案を提出して裁可を得ていることからも明らかである。ただし、その「小銭」は、私鋳されたものを大量に含んでいると認識されている。

（3）『康熙起居注』康熙45年7月6日辛酉条。
（4）『康熙起居注』康熙45年7月19日甲戌条・7月24日己卯条。
（5）『康熙起居注』康熙45年10月1日乙酉条・10月16日庚子条。
（6）『康熙起居注』康熙45年10月9日癸巳条。趙世顕の提議の内容は、10月28日壬子条。
（7）『康熙起居注』康熙45年10月28日壬子条。
（8）『康熙起居注』康熙45年11月14日戊辰条。
（9）『康熙起居注』康熙45年11月19日癸酉条。
（10）雍正『大清会典』巻48，戸部，庫蔵3，禁令，順治18年条。
（11）『皇朝文献通考』巻14，銭幣2，康熙38年条・同年条按語・同40年条；香坂昌紀［1981：128-133頁］。
（12）『皇朝文献通考』巻14，銭幣2，康熙38年条。
（13）張鼎臣・曹寅はあくまで旗人であって商人ではないが、『皇朝文献通考』はこの時期の辦銅を「商人辦銅」と記しており、本書も便宜上これにならうものである。
（14）『皇朝文献通考』巻14，銭幣2，康熙42年条・同44年条。
（15）『皇朝文献通考』巻14，銭幣2，康熙51年条・同52年条。
（16）『康熙起居注』康熙54年6月28日壬申条・7月9日壬寅条・12月22日甲申条；『大清聖祖仁皇帝実録』巻266，康熙54年12月甲申（22日）条；『皇朝文献通考』巻14，銭幣2，康熙54年条。
（17）『皇朝文献通考』巻14，銭幣2，康熙57年条。
（18）『皇朝文献通考』巻14，銭幣2，康熙61年条。
（19）「戸科史書」第324冊，康熙37年3月10日，戸部尚書馬斉(マチ)等題本。
（20）『皇朝文献通考』巻14，銭幣2，康熙41年条。
（21）嘉慶『欽定大清会典事例』巻684，工部，鼓鋳，鼓鋳局銭，康熙23年条・同43年条・同54年条。
（22）『康熙起居注』康熙54年6月28日壬申条。
（23）『康熙起居注』康熙54年7月9日壬寅条

(24) 『皇朝文献通考』巻14，銭幣2，康熙57年条。
(25) 「戸科史書」第348冊，雍正2年3月29日，戸部右侍郎托時(トシ)等題本。
(26) 『皇朝文献通考』巻14，銭幣2，康熙61年条按語。
(27) 『康熙起居注』康熙53年6月19日己丑条。
(28) 「軍機処漢文録副奏摺」第52リール345-349，乾隆7年5月8日，正藍旗漢軍都統伊勒慎奏摺。
(29) 『皇朝文献通考』巻14，銭幣2，康熙61年条。
(30) 『大清聖祖仁皇帝実録』巻299，康熙61年9月戊子（6日）条。
(31) 『皇朝文献通考』巻14，銭幣2，康熙61年条。
(32) 『皇朝文献通考』巻14，銭幣2，康熙55年条。
(33) 『康熙起居注』康熙56年6月16日己亥条；『皇朝文献通考』巻14，銭幣2，康熙56年条。
(34) 黒田明伸［2003：60頁］は，18世紀の中国において「「良貨」たる官銭が「悪貨」たる私鋳銭を駆逐していた」と述べているが，そこで説明されているのは，制銭が充溢すると私鋳は利益を生まないので盛行しないということであり，新規供給された「良貨」が既存の「悪貨」を駆逐するメカニズムは示されていない。また，黒田［1994：46頁］には，清朝は乾隆年間に「大量の統一した良貨を，私銷の弊を絶えず受けるという犠牲を払いながら」供給し続けたとあり，新規供給された「良貨」は数量の面で既存の「悪貨」を（一時的に）圧倒したに過ぎず，既存の「悪貨」を基準とする銷燬からは一貫して逃れられなかったと捉えている。このように，黒田氏は18世紀中国の「良貨が悪貨を駆逐する」状況をいち早く指摘しているものの，本書で論じた大制銭＝「良貨」の増大に並行する小制銭＝「悪貨」の銷燬を説明しうる理論は提示されていないようであり，この問題は後年の他地域における銭貴とも比較しながらより詳細に検討する必要があると考える。
(35) 「短陌」に関する専論に，山本進［2005a］［2005b］がある。
(36) 『宮中檔雍正朝奏摺』第23輯，256-257頁，雍正12年6月28日，鑲藍旗漢軍掌右司関防参領蘇伯合奏摺。
(37) 『宮中檔雍正朝奏摺』第31輯，798-803頁，雍正13年10月21日，正白旗満洲副都統ピヤントゥ奏摺。引用部分の満洲語原文は，以下の通り。

suwayan teišun i agūra tetun baitalara be fafulaha. durun i jiha be biyadari

第三章　康熙後半の京師における私鋳銭問題と銭貴の発生　133

selgiyeme buhe bime. jiha umai elgiyen oho akū. jiha i hūda umai ja ojorakū. erebe kimcime gūnici. elhe taifin i susai uduci aniya ci casi baitalara jiha i dorgi kemuni suwaliyaganjaha bihe.. te i baitalara jiha i dorgi. ududu tanggū de elhe taifin aniyai jiha be emke juwe saburakū.. ijishūn dasan i juwan jakūn aniyai hungkerehe jiha. elhe taifin i dehi susai aniya otolo kemuni bihe bime. elhe taifin i ninju emu aniyai hungkerehe jiha. ere juwan ilan aniyai sidende uthai wajime hamika be kimcime. duruni jiha be hūlhame efulerengge kemuni bisire be dolori gūnire dabala.

(38) 『宮中檔雍正朝奏摺』第1輯, 448-450頁, 雍正元年7月6日, 雲南道監察御史戴芝奏摺。

(39) 『雍正朝起居注冊』雍正5年9月2日乙卯（2日）条。

(40) 『宮中檔雍正朝奏摺』第9輯, 664-669頁, 雍正6年正月26日, 河南総督田文鏡奏摺。

(41) 『皇朝文献通考』巻16, 銭幣4, 乾隆2年条。

(42) 例として,「軍機処漢文録副奏摺」第51リール2450-2455, 乾隆3年3月1日, 河南道監察御史明徳奏摺；同, 第52リール7-11, 乾隆3年3月11日, 陝西道監察御史舒輅奏摺；「宮中檔硃批奏摺財政類」第60リール367-369, 乾隆3年5月26日, 鑲白旗漢軍参領金秉恭奏摺；同, 第60リール390-440, 乾隆3年6月17日, 大学士鄂爾泰（オルタイ）等奏摺。

(43) 「宮中檔硃批奏摺財政類」第60リール535-540, 乾隆4年3月9日, 内閣侍読学士祖尚志奏摺。

(44) 「宮中檔硃批奏摺財政類」第60リール910-916, 乾隆6年2月15日, 分守広東糧駅道按察使司僉事朱叔権奏摺。

(45) 「軍機処漢文録副奏摺」第52リール228-292, 乾隆6年9月7日, 貴州道監察御史孫灝奏摺。

(46) 「軍機処漢文録副奏摺」第52リール339-341, 乾隆7年4月11日, 吏部左侍郎蒋溥奏摺；前註（28）所掲, 伊勒慎奏摺。

(47) 「宮中檔硃批奏摺財政類」第60リール1199-1202, 乾隆8年6月13日, 稽察内務府事務協理河南道監察御史周祖栄奏摺。

(48) 「宮中檔硃批奏摺財政類」第60リール1654-1656, 乾隆10年4月6日, 江南道監察御史欧堪善奏摺。

(49)　『皇朝文献通考』巻32，市糴1，乾隆27年条。
(50)　『皇朝文献通考』巻18，銭幣6，乾隆38年条。
(51)　『乾隆朝上諭檔』第7冊，乾隆38年10月1日条。
(52)　「宮中檔硃批奏摺財政類」第62リール880-882，乾隆41年5月28日，刑部尚書英廉等奏摺。
(53)　『雍正朝起居注冊』雍正7年2月20日乙未条。
(54)　「宮中檔硃批奏摺財政類」第60リール270-274，乾隆3年2月6日，直隷按察使多綸奏摺。
(55)　「宮中檔硃批奏摺財政類」第60リール2067-2068，乾隆12年10月7日，直隷総督那蘇図奏摺。
(56)　「宮中檔硃批奏摺財政類」第60リール2079-2080，乾隆12年12月7日，直隷総督那蘇図奏摺。
(57)　「宮中檔硃批奏摺財政類」第60リール2533-2534，乾隆14年11月12日，直隷総督方観承奏摺に，「乾隆十三年冬間に各処の銭価は俱に昂り」とある。
(58)　『大清高宗純皇帝実録』巻327，乾隆13年10月己酉（28日）条。
(59)　前註（57）所掲，直隷総督方観承奏摺；「宮中檔硃批奏摺財政類」第60リール2920-2922，乾隆15年12月6日，直隷総督方観承奏摺；『宮中檔乾隆朝奏摺』第2輯，189頁，乾隆16年12月11日，直隷総督方観承奏摺。
(60)　『皇朝文献通考』巻16，銭幣4，乾隆10年条。開鋳を決定した乾隆10年には鋳造炉を6座設置したが，銅の不足のため同15年に4座に減らしたのであった。
(61)　『大清高宗純皇帝実録』巻435，乾隆18年3月乙酉（29日）条。
(62)　『宮中檔乾隆朝奏摺』第6輯，787-788頁，乾隆18年11月20日，直隷総督方観承奏摺。
(63)　「宮中檔硃批奏摺財政類」第61リール1952-1953，乾隆34年11月4日，直隷総督楊廷璋奏摺。

第四章 雍正年間の各省における私鋳銭問題と乾隆初年の銭貴の発生

　前章において論じたように，康熙 (1622-1722) 末年に京師とその周辺州県において，旧来の銀遣いから新たに供給された制銭を主体とする銅銭遣いへの転換が急速に進行して銭価が騰貴した。それからほどなくして即位した雍正帝が直面したのは，京師における銭貴問題と，各省の相変わらずの私鋳銭問題であったはずである。その後，雍正 4 年 (1726) に至り，雍正帝は各省に対して制銭の鋳造を開始するよう命じた。それは，保有を禁じて官が強制収買することになった黄銅器皿を原材料に供するものであった。

　これまでの研究史をたどると，雍正年間の貨幣政策全般を論述した佐伯富 [1959] や黄銅器皿の禁の専論である李強 [2007] など，多くの研究が雍正帝のこの開鋳命令を銭貴対策であるとみなしてきた。ただ，それらの研究においては，康熙中葉以来，全国的な私鋳銭充溢が問題視されるなかで京師とその周辺地域のみが他地域に先駆けて康熙末年に銭貴という新しい局面に入っていたことが正確に把握されていなかった。それゆえ，詳細な分析を経ずに銭貴に関する種々の史料をおしなべて全国的銭貴を述べたものと判断するきらいがあった。しかし実際には，京師と各省とでは雍正に入ってもなお状況が異なっていた可能性を考慮しなければならないし，それと同時に，京師と各省との間ではたとえ状況が相違していても政策上の連動があった可能性を視野に入れる必要がある。そこにおいて着目すべきは，そもそも雍正年間の各省の銅銭流通に関する史料はほとんどが私鋳銭問題を論じたものであるということである。従来の研究は銭貴に乗じて私鋳が盛行したという想定のもと，それらの史料を銭貴に関するものと読み替えてきたのであるが，各省の私鋳銭問題は康熙中葉以来のものであることを踏まえて再検討する必要がある。雍正帝の各省に対する開鋳命令については，かかる観点に立って政策過程をつぶさに検討し，雍正帝の企図したところを究明しなければならない。

それは，乾隆初年を頂点とする各省の銭貴の実態に迫るためには不可欠な作業である。すなわち，雍正帝の開鋳命令が銭貴対策であったならば，それ以前に銭貴は全国各地で広範に発生していたことになり，その原因は雍正4年以前の何らかの事象に求めなければならない。それに対して，開鋳命令が銭貴対策ではなく別の意図に基づくものであったならば，制銭供給と銭価上昇との関係は全く白紙の状態から検討し直す必要が生じてくる。いずれにせよ，銭貴の原因を検討するにあたっては，京師とその周辺地域の銭貴と銅銭遣い拡大に関する前章での考察結果に十分留意することが求められよう。

以下，本章では，京師との状況の相違と政策上の連動の可能性に留意しながら，雍正年間の各省の制銭供給政策を詳細に復元し分析して，各省において乾隆初年に顕著化することになる銭貴の発生の経緯，さらには銅銭遣い拡大との関係を明らかにしたい。

第一節　雍正年間の私鋳銭問題

『雍正朝起居注冊』雍正3年5月16日癸丑条によれば，雍正帝は以下のような上諭を下して私鋳取り締まりの強化を命じ，三法司（刑部・都察院・大理寺）に議覆を命じた。管見の限りでは，これは雍正帝が各省の銅銭流通に言及した最初の事例である。

> 京師の銭局は毎歳鼓鋳したれば，則ち制銭は応に日々に加増して欠乏を致さざるべし。聞くならく，各省は未だ流布するを得ざれば民用に敷らずと。是れ必ずや官銭（制銭）を銷して以て私鋳を為す者有らん。且つ聞くならく，湖広・河南等の省は私鋳の風尤も甚だしと。此の為に，特に諭旨を頒す。着して直隷及び各省督撫をして該地方官を申飭して密訪し査拿し厳しく禁止を行わしむ。奸徒をして漏網せしむること毋かれ。……私鋳治罪の例は当に如何に條律を厳定すべきかの処もて，着して三法司をして詳議し具奏せしむ。特に諭す。

ここで雍正帝は，制銭が依然として各省に流通していないことを問題視して，

第四章　雍正年間の各省における私鋳銭問題と乾隆初年の銭貴の発生　137

制銭を銷燬して私鋳をはたらいている者がいるに違いないとの見解を示し，その対策を三法司に諮問している。

　「民用に敷らず」との記述から言えるのは，京師で「毎歳鼓鋳」している制銭が各省の民間の銅銭使用（「民用」）に足りていない，ということだけである。言い換えれば，それは，国幣たる制銭のみで民間の銅銭使用を完全に担うべきであるとする為政者にとっての制銭の不足（銅銭の内訳に関すること）であり，民間にとっての銅銭の不足（銅銭の需給に関すること）とイコールではない。問題視される現状をもたらした原因として制銭の私鋳銭への改鋳が取り沙汰されているが，制銭から私鋳銭への改鋳は，利潤獲得のために当然なされる卑金属混入や重量軽減が銅銭流通量を増加させることこそあれ，減少させることはない。よって，論法として，銅銭の不足ではなく制銭の不足を説明するものでなければならない。この史料からは，民間の銅銭需要に対して銅銭流通量すなわち制銭と私鋳銭の総和に過不足があったかどうかを看取することはできず，したがって，各省の銭価は高かったとも低かったともいえない。ここにおいて雍正帝は，各省において制銭が既存の私鋳銭を駆逐できていないことを問題視しているのであって，それ以上の意味（銭貴の発生）を読み取るのは行き過ぎである。

　この上諭を受けて三法司は，経紀（仲買商）・舗戸（小売商）が私鋳銭を混入できないようにすれば私鋳犯は売却のあてを失って私鋳はおのずとやむとして，経紀・舗戸に命じて今後一ヶ月以内に私鋳銭を官に売り渡させ，それ以後に私鋳銭を用いた者は黒龍江地方に送致して奴僕となすことを提議した。また地方官については，過去の私鋳横行の責任は問わず，今後管轄下の地方で私鋳を見過ごしていたことが発覚すれば従来の規定に則って処分すべし，とした。雍正帝はこの提案を裁可している[1]。

　しかしこの後も，私鋳銭の収買が断行されることはほとんどなかった。上述の決定では，経紀・舗戸には私鋳銭の官への売り渡しが命じられていたが，地方官に命じられたのは私鋳犯の取り締まりのみであって，既存の私鋳銭の収買義務は明確化されていなかったのである。そこで総督管理山西巡撫伊都立（イドゥリ）は，

翌雍正4年7月に上奏して，私鋳銭を収買し起解してこない地方官の処分を主張した[2]。刑部から議覆を委ねられた吏部も，同年10月19日に上奏して伊都立の提議に賛同した。それに対して雍正帝は，同月24日に次のような諭旨を与えて提議を退けた[3]。

> 此の如く例を定めば，則ち地方官は各おの自ずから其の考成を顧みて，必ずや奉行するに厳迫に過ぎて，民間に事を生じ滋擾するに至らん。夫れ銭文は乃ち民間の日用の必需の物たり。聞くならく，向来晋省（伊都立の管轄地）の民間の用うる所は多く小銭（私鋳銭）に係ると。只だ応に法を設け漸次収禁すべきなるも，若し例を定むること太(はなは)だ厳しく，逼りて小銭を将(も)って尽く収買を行わしめ，而して大銭（制銭）は又た未だ如何に行布せんかを議及せずんば，民間の日用は未だ便ならざること有るが似(ごと)し。

前年には私鋳抑止のための私鋳銭収買を裁可した雍正帝であったが，遅くともこの頃には私鋳犯の取り締まりと既に流通している私鋳銭の収買とを切り離し，私鋳銭が各省の民間の銅銭流通を担っている現状を認めた上で，制銭が充溢するまではむやみに既存の私鋳銭を収買できないと判断していた。同年12月に吏部はあらためて議覆し，雍正帝の意向に沿って制銭が充溢した後に私鋳銭収買を厳格に行うこととして，雍正帝の裁可を得た[4]。

ここからは，銅銭の需給逼迫に対する雍正帝の懸念が窺える。ただしそれは，民間の銅銭流通を担っている既存の私鋳銭を強制収買しておきながら制銭を新規供給しなかった場合に将来起こりうる事態として想定されたものであり（それは極めて真っ当な判断である），現状として既に銭貴になっていたというわけではない。むしろ，現に京師の深刻な銭貴への対応に追われていた雍正帝が，後に撤回したとはいえ各省における私鋳銭の強制収買を一度は裁可したという事実からすれば，各省の銭貴は少なくとも政策的に問題視される状況にはなかったと考える方が自然であろう。制銭供給をともなわない私鋳銭収買による銅銭の需給逼迫は，私鋳銭が民間の銅銭流通を担っている状況においては，たとえ極度の銭賤であったとしても想定し得る事態である。

ともあれ，ここにおいて，強制的に経紀・舗戸から私鋳銭を買い上げるとい

第四章　雍正年間の各省における私鋳銭問題と乾隆初年の銭貴の発生　139

う前年の決定は事実上撤回され，私鋳銭が各省の銅銭流通を担っていることをひとまず認めた上で，各省に制銭を充溢させることを当面の課題としたのであった。康熙帝は私鋳犯の取り締まりが先決として，各省の制銭供給には結局着手しなかったのだが，雍正帝はもう一歩踏み込んで，私鋳犯の取り締まりと並行して制銭の供給をも実施しようとしたのである。

　だが，雍正帝の配慮をよそに，総督管理山西巡撫伊都立および甘粛巡撫石文焯は私鋳銭の厳禁・収買に踏み切って銅銭不足による銭価上昇を惹起し，雍正帝の怒りをかったのだった。まず，雍正4年11月に山西布政使高成齢は，私鋳銭（「私銭」）を厳禁してから銭価が上昇して銀1両＝900文前後になったので，官員を京師に派遣して戸部から制銭16万串を受領して自省の兵餉に搭放したいと願い出た。それに対して雍正帝は，伊都立と高成齢の見通しの甘さは先に私鋳銭収買を強行するよう主張した時に露呈しており，今回の上奏からも明白になった，と痛烈に非難して，戸部の制銭を山西省に融通することを認めなかった[5]。

　ついで，雍正6年11月に署理甘粛巡撫張廷棟が，現地の銭価が高騰して銀1両＝840〜920文に達していることを報告した[6]。それは，制銭鋳造の原料とするため私鋳銭（「小銭」）収買を強行した結果であり，張廷棟は制銭鋳造中止への裁可を求めた。これに対して雍正帝は，かつて山西総督伊都里の収買強行案を却下した経緯を示した上で，前任甘粛巡撫（この時点では礼部尚書）石文焯が私鋳銭の収買を強行したことを次のように非難し，制銭鋳造を中止させた。

　　甘粛巡撫石文焯は摺もて奏して帑を発して小銭（私鋳銭）を収買し暫く鼓鋳を開かんことを請う。朕は諭を批して云わく，「陳ぶる所の開鋳の一事は，朕が詳悉に斟酌して再た諭す。若し小銭を禁用するあたわざるの急策ならば，恐らくは未だ必ずしも毀く所の銭銅が新鋳の用に敷るあたわざらん。小銭の禁は急驟すべからず。暫く寛めて旨を候て」と。乃ち石文焯は並びに遵奉して朕の再た諭旨を降すを候たず，復た具摺して銭を収め開鋳せんことを懇請す。朕は石文焯身ら地方に在りて屡次懇切に陳奏するを以て必ずや確かに見る所有らんとし，是を以て其の請う所を允し，部に交

して准行するも、〔石文焯は〕銭を収め開鋳するの弊を意わず、駅站を煩擾し、累を官・民に貽(のこ)す。

この上諭から、雍正帝は甘粛巡撫であった石文焯の度重なる要請を受けてあくまでも試験的・例外的に私鋳銭収買による制銭鋳造を認めたことがわかる[7]。雍正帝は、私鋳銭を収買し銷燬して制銭を鋳造・供給する過程において民間で銅銭が不足することを当初から懸念しており、にもかかわらず結局その不安が的中する形となったので、私鋳銭収買への裁可を重ねて求めた前任甘粛巡撫石文焯を厳しく叱責したのである。

まずは制銭を充裕させなければ現に流通している私鋳銭を厳禁することはできない、という雍正帝の方針は、雍正年間を通して一貫していた。雍正13年5月、署理湖北巡撫呉応棻が私鋳銭を収買して制銭鋳造の原材料とすることを提言した際、雍正帝は同年6月に寄信上諭を与えて、

目今、官銭（制銭）は尚お未だ充裕せざれば現に用に敷らず。若し小銭（私鋳銭）を将て全収して官に入れば、則ち民用は資藉する所無く、大いに便ならざること有らん。従前、石文焯・伊都立は皆て曾て小銭を収めて以て鼓鋳に供さんことを請うに、朕は厳切に諭して之を止めしむ。豈に呉応棻は未だ之を聞かざらんや。……是れ督撫等に在りては、有司を董率して実力奉行し、広く黄銅を収めて以て官銭の源を裕(ゆた)かにし、私鋳を厳禁して以て将来の弊を杜(かつ)げ。

と呉応棻の提議を批判している[8]。この時点でも雍正帝は、制銭不足のために私鋳銭が民間の銅銭流通を担っていることを問題視し、民間に混乱をもたらすことなく私鋳銭を排除するには何よりもまず制銭の充裕を実現しなければならないと考えていたのである。

なお、ここで注目すべき点として、私鋳銭問題をめぐって雍正帝は「聞くならく、各省は〔制銭が〕未だ流布するを得ざれば民用に敷らずと」[9]「聞くならく、向来晋省の民間の用うる所は多く小銭に係ると」[10]「蓋し小銭の来たりしことは已(すで)に久し」[11]などと述べ、私鋳銭の流通は従前より続く現象であるとの認識を示している。また、そのような私鋳銭流通が近年になって加速したと

第四章　雍正年間の各省における私鋳銭問題と乾隆初年の銭貴の発生　141

するような文言は一切見受けられない。私鋳銭の排除を目指した雍正帝の方針は，あくまでも，従前から続く私鋳銭流通の克服という論理に貫かれていた。つまり，市場の経済現象として私鋳銭問題が突如表面化したわけではないのであり，時の皇帝によって任意に政治問題化されたという点において，雍正年間の私鋳銭問題は乾隆末年の私鋳銭問題（黨武彦［2003］）と通じるところがある。

　このように，雍正帝は新たな私鋳は厳しく取り締まりつつ，既存の私鋳銭の流通は当面容認して，各省に制銭を充裕させた後に私鋳銭の使用を厳禁し，制銭の画一的流通を実現しようと目論んでいた。となると，当然のこととして，各省における制銭供給の拡大が政策課題として浮上することとなる。以上を踏まえて次節では，いかにして雍正帝が各省に制銭供給を実施させていったのかを論述する。

第二節　黄銅器皿の禁と各省の制銭供給の実施

　雍正年間には洋銅の流入が減少し，京師両局で用いる紅銅の確保さえ困難を来していた。京師両局の制銭鋳造は，次章で論じるように禁旅八旗の生計問題と密接に関わっていたので，ただでさえ不十分な京師両局用の紅銅を各省に融通することは到底できなかった。そこで，各省の制銭鋳造の原材料とされたのが，鍋・包丁・火鉢・洗面器・煙管などの黄銅器皿であった。実は，雍正4年10月24日に伊都立の私鋳銭強制収買提議を支持した吏部の議覆が退けられる直前の同月9日に，京師の銭貴に端を発して，黄銅器皿の保有を禁止し強制的に収買して制銭鋳造に供することが決定しており，それが各省での私鋳銭排除の手順をめぐる方針の変更に影響したと思われるのである。その経緯については，前年の江西道監察御史勒因特（レンティ）による黄銅器皿の製造禁止提議にまで遡って説明する必要がある。

　雍正3年10月，勒因特は次のような満文題本を上せて，制銭の銷燬を防止するために黄銅器皿の製造を禁止するよう提議した[12]。

　　宝源局・宝泉局の二銭廠で大制銭を鼓鋳してより以来，計算すれば，千万串に至ったにもかかわらず，用には足りず銭価はなお高い。この理由を詳

しく問い調べれば，皆な奸悪が制銭を盗銷するために生じている。何となれば，〔現在の銭価では〕銀1両につき840～850銭に交換する。〔その制銭の〕重量を計算すれば7觔余である。銀1両で交換した銭を溶かせば，〔その7觔余の銅は〕銀2～3両で売れる。また，煙管というものは微小な品といえども，買って用いる人は甚だ多い。10銭を銷燬して煙管1本を打造すれば，100余銭で売れる。1倍で10倍の利益を得るので，奸悪の輩が制銭を銷燬して煙管等の品を打造し売ることは明らかである。……臣我の考えでは，現に用いている既製の器等の品，また軍器・楽器・戥子・天平等の品を打造し売るのを除き，制銭を銷燬して黄銅の煙管・器等の品を打造・鋳造するのを厳禁してやめさせたい。これを歩軍統領・五城・順天府に委ねて，禁止し捜査させてくれまいか。

ここで注目すべきは，黄銅器皿の製造禁止の担当機関として，京師を管轄する「歩軍統領・五城・順天府」が挙げられていることである。つまり，勒因特の提議は京師での実施を想定したものに他ならず，「銭価はなお高い」というその地理的範囲は明示されていないものの，あくまでも京師の銭貴への対応策として提言されたのであった。これに対して雍正帝は，九卿に議覆を命じる諭旨を与えた。

翌雍正4年正月，九卿は上奏して，軍器・楽器・戥子・天平・5觔以下の円鏡を除き，全国で黄銅器皿の製造および使用を禁止し，流通している黄銅をすべて収買することを提議し，地理的事情から京師への輸送が困難な一部の省を除いては，各地で収買した黄銅を尽く京師に集めて京師両局の制銭鋳造に供することとして，裁可された[13]。使用の禁止は勒因特の提議にはなかった内容であるが，使用を禁ずれば新規購入がなくなり，製造禁止の実効性を高める，との観点から付け加えられたものであろう。また，禁令の対象範囲が全国とされた点も勒因特の提議と異なるが，京師城内のみ製造を禁止しても城外の地で制銭の銷燬と黄銅器皿の製造が行われれば京師の銭貴対策としての効果がないために全国を対象としたに過ぎない。収買した黄銅器皿をほぼ全面的に京師両局の鋳造に供することとしている点から言っても，この決定は京師の銭貴対策の

第四章　雍正年間の各省における私鋳銭問題と乾隆初年の銭貴の発生　143

域を出るものではなかった。

　ただ，既製品は「売るを情願する者有らば倶に廃銅と作して官に交し価値を給与す」とし，既製品の保有禁止には踏み込まなかったため，結局この時の措置は不備のあるものとなった。そこで雍正帝は同年9月7日に次のような上諭を下し，京師において黄銅器皿の保有を禁止し既製の黄銅器皿を尽く買い上げることを検討するよう，九卿に命じた[14]。

　　向（さき）に銭価昂貴したるに因（よ）りて，朕は心を悉くして籌画すること再びに至り三たびに至る。今，鼓鋳の銭は日々に増すも，銭文は其の多きを見ず，銭価は仍お復（ま）た減じず。是れ必ずや奸民が利を図りて，制銭を銷燬し器皿を打造するの事有らん。若し銅器を禁止せずんば，則ち銭価は究むるに平ずるあたわず。従前九卿は議して，黄銅器皿を製造するを許さず，其の已に成るの銅器は出売を情願する者有らば倶に廃銅と作し官に交して価値を給与せしめり。朕思うに，此の如く奉行すれば，究むるに積弊を尽除するあたわず，且つ些微の物件も亦た彙集し官に交し難ければ，終（つい）に有名無実に属せり。嗣後，京城の内，三品以上の官員は銅器を用うるを准（ゆる）すを除く外，其の余の人等は黄銅器皿を用うるを得ず。限を定むること三年とし，其れをして所有（あらゆる）黄銅器皿を将て悉（ことごと）く出売を行わしめよ。当官は応に得べきの価を給すべし。

雍正帝が示したのは，「京城の内」と明記されているように京師における黄銅器皿の使用禁止・強制収買であり，各省は含まれていなかった。「銭価昂貴」の地理的範囲は明示されていないが，やはり京師の銭貴対策だったのである。

　これに関して同月21日に議覆した九卿は，上諭に記された京師において雍正帝の指示の通りに黄銅器皿の強制収買を行い，収買した黄銅器皿を京師両局の制銭鋳造に供する他，「直省においても京師の例に照らして」黄銅器皿の強制収買を実施することを提議した[15]。各省の状況や各省を禁令の対象に含めるべきとする根拠は特段示されていないが，雍正帝から不備を指摘された従来の黄銅器皿の製造・使用禁止は全国において施行されていたのであるから，これを機にその全面的な改正を提言するのは至極自然ななりゆきであろう。

九卿の議覆に対して雍正帝は，約半月後の10月9日に次のような諭旨を与えた。

> 議に依れ。其の各省の銅斤を禁止するの処は，且（しばら）く先ず直隷八府並びに各督撫駐箚の省城において之を試行せしめよ。

これにより，京師・直隷・各省城において，黄銅器皿の保有を禁止して強制的に収買し，それを京師・各省の制銭鋳造に供することとなったのである。なお，京官の上せた題本には通常は上奏日の1～3日後に諭旨が下るものであり，このように約半月も決裁が保留されるのは異例のことである。また，各省の省城以外の府州県は，ひとまずは対象に含めないこととしたのであった。京師における黄銅器皿の保有禁止・強制収買は雍正帝自ら指示したことであったが，銭貴という現実問題が深刻化している京師とは状況が異なる各省において同様に強制収買を強行することには慎重な態度をとったものとみられる。

このように，京師の銭貴対策の余波として，各省にも制銭鋳造を行わせることが決定したのであった。それはほとんどなりゆき任せの展開であったが，その15日後の10月24日に伊都立の私鋳銭収買強行案に賛同する吏部の議覆を退ける前述の諭旨が下って，経紀・舗戸から既存の私鋳銭を強制的に買い上げるという前年の決定が事実上撤回され，各省において私鋳銭を排除するためにまずは制銭の充溢を目指す考えが示されたのである。それは，各省に制銭供給を行わせることが決定したからこその方針転換であったと考えられよう。

ほどなくして雍正帝は，黄銅器皿収買の徹底を命じる明発上諭を重ねて発し始める。同年12月には，

> 国家は局を開いて年年鼓鋳するも，而（しか）るに京師の銭文は加増するを見ず，外省地方も亦た未だ流布せず。是れ必ずや制銭を銷燬して器皿を製造する有りて，以て銭文短小するを致さん。朕は民生を念切して屢（しばしば）諭旨を降すも，而るに銭価は仍お未だ平減せざれば，是を以て黄銅器皿を用うるを禁ぜり。凡そ民間の有する所は，倶に価を給して其れをして官に交（おょ）さしめ，以て鼓鋳に資す。此れ心を悉くして籌画し，専ら民間の生に資し用に便ならしむる為に起見す。並びに朕の銅斤を需用するの処有るに非ず。……著

第四章　雍正年間の各省における私鋳銭問題と乾隆初年の銭貴の発生　145

して此の旨を将って通く暁諭を行い，其れをして朕の意を咸体せしめよ。
との上諭を都察院・五城御史に下して，強制収買の趣旨を周知せしめるよう指示している[16]。同月には，京師の旗人に対して上諭を下し，黄銅器皿を速やかに供出するよう命じている[17]。また，翌雍正5年4月にも上諭を下して，省城以外の地も含め各省の全域で黄銅器皿の保有禁止・強制収買を実施するよう命じた[18]。

　これらの上諭は，制銭の銷燬盛行による銭価騰貴に応じた施策として黄銅器皿の保有禁止・強制収買と制銭鋳造への転用を位置づけている。従来の研究は，特にこれらの上諭に依拠して，雍正の制銭供給は京師のみならず各省においても一様に銭貴の解消を期して実施されたものであったと論じ，他の史料にみえる私鋳銭問題は銭貴に乗じて私鋳がにわかに活発化した結果とみなしてきた。しかし，既述したように，黄銅器皿の保有禁止・強制収買は，京師の銭貴の原因を制銭の銷燬に求めたことから黄銅器皿の製造禁止を全国的に施行するに至り，それを保有禁止・強制収買に改める際に各省にも適用することとなり，結果的に各省での私鋳銭排除に欠かせない制銭鋳造の原料調達手段として拾い上げられたものであった。かかる経緯を理解した上で，黄銅器皿収買の徹底を命じた明発上諭の内容を再検討する必要がある。

　上に引いた雍正4年12月の上諭をみると，国家が制銭を鋳造しているにも関わらず京師では銅銭が「加増」せず，各省では鋳造した制銭が「流布」していない，と述べている。それは，京師の銭貴と各省の私鋳銭問題をそれぞれ指したものである。ここで鍵となるのは，民間にとっての銅銭の不足（需給逼迫）に該当するのは前者のみであるが，為政者からはどちらも制銭の不足（制銭を追加供給すべき状況）として一括して把握されうる現象だということである。次に，そのような状況に至った原因を制銭の銷燬に求めた上で，「朕は民生を念切して屢ば諭旨を降すも，而るに銭価は仍お未だ平減せざれば，是を以て黄銅器皿を用うるを禁ぜり」と述べている。これは明らかに，京師の銭貴対策として展開した雍正3年10月の勒因特の提議から同4年10月の黄銅器皿の保有禁止・強制収買決定までの一連の経緯を反映した記述である。そもそも，「銭価は仍

お未だ平減せざれば」という文言が全国的な銭貴を指すと理解しようにも、この上諭より以前に各省に対して銭貴あるいは制銭の銷燬盛行を解決すべく「屢ば諭旨を降し」た、などという事実は存在しない。要するにこの上諭では、京師の銭貴と各省の私鋳銭問題とを為政者の視点から制銭の不足として一括して捉えた上で、京師の銭価が依然下がらないことを直接の根拠として、黄銅器皿の保有禁止・強制収買を正当化したのである。そうすることによって、各省の制銭供給が私鋳銭排除を期したものであることを明記せずに済ませているわけだが、おそらくそこには、民生保護の文脈を前面に押し出そうとする意図がはたらいている。

　皇帝と現地の地方官との間を行き来する実務レベルの文書というべき奏摺をみれば、各省について雍正帝が問題視していたのが私鋳銭流通であったことは明白であり、硃批において雍正帝は、制銭を充溢させた後に私鋳銭を排除するという前述の方針をたびたび示している。例えば、雍正6年正月の河南総督田文鏡奏摺[19]に与えられた硃批には、

　　京中は〔黄銅器皿を〕厳禁すること方に一載にして銭価は一両もて目下九百余文に換うべし。此れ数十年未だ聞かざる者なり。各省銅足りて炉を開く時、再た加えて各省制銭を鼓鋳して〔制銭が民間の〕用に敷る時、雑銭を将て一に厳禁せば、私鋳の事も亦た尽く息むべし。汝等封疆の大臣は但だ旨に違い実力奉行するのみ。五年の内に朕は銭法を大清に保たん。

とあり、京師の政策課題が銭価の引き下げであるのに対して各省の政策課題は私鋳銭の排除であり、私鋳銭を排除するためにはまず制銭を充溢させるべきことが記されている。また、雍正8年3月の江蘇巡撫尹継善（イェンギシャン）奏摺[20]に与えられた硃批には、

　　若果制銭が用に敷るに至り、亦た必ず官価にて私銭を収買し、一面に用うるを禁ずれば、〔私鋳の禁は〕方に挙行すべし。然らずんば徒に紛擾を滋さん。……今各省をして炉を開き銅を禁ぜしむるの意は原より此の為なり。

とあって、やはり制銭充溢の後に私鋳銭を排除する方針が示されるとともに、私鋳銭の排除こそが各省において黄銅器皿の保有禁止・強制収買と制銭鋳造を

第四章　雍正年間の各省における私鋳銭問題と乾隆初年の銭貴の発生　147

実施させることの真意であることがはっきりと記されている。しかも，これらの奏摺において，銭貴問題は一切言及されていない。繰り返すが，制銭の不足とは民間の銅銭使用を制銭のみで担うには至っていないことを意味しており，現状において「制銭が用に敷」りていないといっても銅銭の需給逼迫を指しているわけではない。確実に言えることは，雍正帝が各省の私鋳銭流通を問題視していたということである。銭価については，おおよその傾向に言及することさえなく，雍正帝が銭貴解消を期していたと論断するのは無理がある。

　もし仮に，銭貴に乗じて私鋳が盛んになるなど，ふたつの現象が並行して発生していたのであれば，あるいはそのように認識されていたのであれば，折に触れてかかる説明がなされるであろうし，銅銭流通量の増加が求められる銭貴対策と私鋳銭の排除（銅銭流通量は減少することになる）を目指す私鋳銭対策とをいかに両立させるかについて，多少なりとも何らかの指針が提示されるであろう。しかしながら，そもそも銭貴と私鋳銭の両方に言及する史料からして全く見出されない。のみならず，先述したように，私鋳銭の流通は今に始まったことではなく従来からの弊害であるという雍正帝の認識が繰り返し示されている。銭貴の発生とそれに乗じた私鋳活発化という図式は，それを否定する決定的な史料もないが，それ以前に，推論としての合理性を主張するための傍証が全く得られないのである。

　雍正帝は引き続き制銭鋳造の早期実施を重ねて各省督撫に要求していった。すなわち，雍正5年9月，雍正帝は黄銅器皿の禁の徹底を督撫に命じるとともに，保有を許される官員を三品以上から一品のみに改めた[21]。これにより，各省では将軍・提督（従一品）を除くすべての官員に黄銅器皿の供出が義務づけられることとなった。ついで雍正6年8月には，各省の制銭鋳造が始まらない原因の調査を戸部に命じた[22]。さらに雍正7年正月には，兵餉搭放との兼ね合い（省内の兵餉の一定割合を制銭搭放とするために足りるか否か）に関わらず鋳造を開始するよう督撫に命じた[23]。このような再三の要求（もはや銭貴にも私鋳銭にも言及していない）によって，江蘇・浙江・安徽・江西・湖北・湖南・山東・山西・河南の計9省が開鋳するに至った。

雍正年間からは各省鋳銭局もまた京師両局と同様に「宝某局」という名称が用いられるようになった。例えば，江蘇省の省城蘇州に開設された鋳銭局は「宝蘇局」，浙江省の省城杭州に開設された鋳銭局は「宝浙局」の如くである。また，それにともなって，制銭の背面にもまた，京師両局の「boo ciowan（宝泉）」「boo yuwan（宝源）」と同じように，「boo su（宝蘇）」「boo je（宝浙）」などと鋳銭局名の漢字2字を音写した満文を鋳込むことになった[24]。

各省の鋳造額に関しては，まず，江蘇省が雍正8年7月から同10年4月までの間に制銭151,900串余を鋳造し[25]，さらに雍正13年から乾隆2年にかけても制銭を鋳造している。雍正13年の鋳造再開時に用意された黄銅器皿は約125万觔で，それはおよそ制銭15万串を鋳造しうる量である[26]。また，浙江省は雍正8年から同10年までに制銭189,800串余を鋳造[27]，同12年にも17,500串余を鋳造した[28]。また，山東省は雍正7年から乾隆3年にかけて，42,400串余を鋳造している[29]。以上の3省の他に通算の鋳造総額を知りうる省はないが，安徽省が雍正10年12月29日から同11年12月28日までの1年間に鋳造した制銭は20,505串余[30]，湖南省が雍正9年正月から同年9月までに鋳造した制銭は，およそ13,000串だった[31]。この他，江西省が雍正7年11月から同10年9月までに行った制銭鋳造で用いた黄銅器皿および亜鉛は合計149,820觔で，およそ制銭15,600串相当である[32]。また，河南省が雍正5年に収買した黄銅器皿は約62,170觔[33]，山西省が雍正6～7年に収買した黄銅器皿は合計約80,300觔で[34]，いずれも制銭1万串弱を鋳造できる量である。湖北省の黄銅器皿収買額および鋳造額については，関連史料を見出すことができない。このように，9省の鋳造額は不明な点が多いが，江蘇・浙江両省の鋳造額（合計約50万串）が抜きん出ていたことは確実である。それは，江南には長年洋銅が流入し続けており，また，当該地域は経済的最先進地域でもあったので，銅器の生産量・保有量が他の地域よりも多かったはずであり[35]，黄銅器皿の調達が他地域に比べて容易だったためと考えられる。

各省の鋳造費用に関する史料は極めて乏しいが，『皇朝文献通考』巻15，銭幣3，雍正4年条按語に，江蘇省は官庫に制銭20串を収蔵するために鋳造費用

として銀24両1銭余（1串あたり約1両2銭），浙江省は同じく制銭20串に銀25両5銭余（1串あたり約1両2銭7分）を支出していたと記されている。浙江省に関しては，雍正年間における制銭の鋳造費用の推移を記した档案史料が存在する(36)。それによれば，制銭1串の鋳造費用は鋳造開始当初は銀1両2銭8釐余で，その後，加える亜鉛の比率を増したので銀1両1銭8分7釐に減少した。しかし，俸餉への制銭搭放は銀1両＝1,000文の公定換算率にしたがって行うよう命じられていたので，累計で32,168両余の鋳造差損が生じたという。黄銅器皿の買い取り価格は重さ1觔につき銀9分5釐〜1銭1分9釐と決められていたので(37)，他の省においても制銭1串あたりの鋳造費用は浙江省と大きく異なることはなかった。断片的な記録になるが，雍正8年頃の江蘇省では銀1両2銭1分余(38)，同時期の湖南省では銀1両2銭3分〜1両2銭6分(39)，雍正10年頃の江西省では銀1両2銭2分余(40)，雍正11年頃の安徽省では銀1両2銭3分余であり(41)，いずれも銀1両＝1,000文の換算率にしたがって制銭を兵餉に搭放していたので，制銭鋳造は採算割れに陥っていた。

　そのように鋳造差損をともなう制銭鋳造を積極的に推進できた背景には，雍正年間における正項財政の充実があった（表4．1参照）。すなわち，康熙末年のチベット遠征などにより戸部銀庫の貯蔵額は雍正元年までに2千3百万両余りに減少したが，その後，雍正帝の緊縮財政によって順調に回復し，各省に制銭鋳造を命じる前年の雍正3年には早くも4千万両台を突破，各省が次々と鋳造を開始した同7年には6千万両台に乗っていた。その後，西北での対ジューン＝ガル戦勃発による軍費増大にともない庫銀は急速に減少するが，同12年の3千2百余万両から再び増加に転じており，財政危機というほどの状況には決して至らなかった。かかる財政的安定を背景に，各省の制銭鋳造は推し進められたのである。

　黄銅器皿を用いた各省の制銭鋳造は，黄銅器皿を使い切ったことを理由に，雍正9年から乾隆3年までに終了していった(42)。黄銅器皿の禁令は，雍正帝が没した直後の乾隆元年に解除された（黨武彦［1995：46-47頁］）。

　以上のように，雍正7年から乾隆3年にかけて，江蘇・浙江・安徽・江西・

表4.1 雍正元年〜乾隆39年における戸部銀庫貯蔵額の推移

年次	貯蔵額	年次	貯蔵額
雍正元年	23,711,920両	乾隆14年	28,073,043両
2年	31,627,608両	15年	30,796,177両
3年	40,434,744両	16年	32,493,786両
4年	47,409,780両	17年	38,630,287両
5年	55,252,933両	18年	39,870,394両
6年	58,235,780両	19年	37,605,422両
7年	60,248,747両	20年	42,997,048両
8年	62,183,349両	21年	43,222,030両
9年	50,375,953両	22年	40,152,254両
10年	44,392,848両	23年	36,380,809両
11年	37,933,743両	24年	36,732,865両
12年	32,503,428両	25年	35,496,902両
13年	34,530,485両	26年	36,638,572両
乾隆元年	33,959,624両	27年	41,927,924両
2年	34,385,138両	28年	47,063,610両
3年	34,858,478両	29年	54,273,814両
4年	32,582,976両	30年	60,336,375両
5年	34,085,876両	31年	66,613,127両
6年	31,463,539両	32年	66,501,052両
7年	32,746,752両	33年	71,823,888両
8年	29,121,104両	34年	76,222,877両
9年	31,902,518両	35年	77,299,736両
10年	33,170,655両	36年	78,940,001両
11年	34,633,177両	37年	78,740,262両
12年	32,363,404両	38年	69,677,071両
13年	27,463,645両	39年	73,905,610両

典拠:「康雍乾戸部銀庫歴年存銀数」

湖北・湖南・山東・山西・河南の計9省において黄銅器皿を用いた制銭鋳造が実施された。それは，採算を割った良貨鋳造であった。9省の鋳造額をみると，江蘇・浙江両省が抜きん出て大きかった。この時期に江南には，突如として約50万串もの良質な制銭が供給されたのであった。そこで次節では，江浙両省による制銭供給とその直後に表面化した江南の銭貴との関係を分析したい。

第三節　江南における銅銭遣いの拡大と銭貴の発生

　江南の銭貴に関しては，多数の筆記史料に記録が残されている。乾隆17年頃成立した黄印『錫金識小録』巻１，備参上，交易銀銭には，江蘇の無錫・金匱の銭価として，「昔は銭価は八十四文を以てするごとに銀一銭に当つ。……後に八十文を以て一銭に当つ。今は則ち七十文を以て一銭に当つるなり」と記載されている。また，江蘇金匱の人，銭泳の著した『履園叢話』銀価条には，「銀価に至りては，乾隆初年は白銀一両ごとに大銭七百文に換えたり。後に漸増して七二，七四，七六に至り八十，八四文に至る」とある。さらに，江蘇省蘇州府の人，鄭光祖が著した『一斑録』雑述６，銀銭貴賤条には，乾隆40年以前のこととして，「銀一両は銭七百文に兌して，数十年変更する所無し」と記されている。この他，浙江省紹興府蕭山の人，汪輝祖が著した『病榻夢痕録』巻下，乾隆57年条には，「辛巳（乾隆26年）以前，庫平紋銀一両は銭に易うるに七百八，九十文に過ぎず。丙午（同51年）に至りても，猶お一千に及ばざるがごとし」とある。以上から，乾隆初年の江南では多くの地域で銭価が銀１両＝700文程度にまで騰貴していたことがわかる。

　江南の銭貴を記す檔案史料は，乾隆に入った直後から頻出し始める。乾隆２年以降，江蘇・浙江両省の督撫は銭価が銀１両＝700文台前半にまで騰貴していることを理由に制銭供給の必要を訴え，同５年以降に両省は増産し始めた滇銅と京師両局の辦銅から切り離された洋銅とを用いて継続的な制銭鋳造を開始していった（第六章参照）。それと並行して，銭貴の具体的状況の報告と原因究明を期した奏摺がみられるようになる。そこでたびたび指摘されているのが，銀遣いから銅銭遣いへの転換による銭価の騰貴である。乾隆６年２月の分守広東糧駅道按察使司僉事朱叔権奏摺[43]には，

　　臣は浙江に生長するに，寧波・温州・台州等の府の如きは，大小を論ずる
　　無く交易は往て皆な但だ銀を用うるを知るのみにして銭を用うるを知らず，
　　即い釐数の間なるも亦た皆な銀を用いたり。……今は則ち寧波・温・台の

各府は特だ分・釐なるは務めて銭文を用うるのみならず，即い成両成十なるも亦た皆な銭を用いて銀を用いざるなり。

とあり，寧波・温州・台州のこととして，かつては全く銅銭を用いなかったが，現在では数両～10両ほどの支払いでも銅銭を用いて銀を用いないようになったことが記されている。また，乾隆10年2月の浙江布政使潘思榘奏摺[44]には，江南一帯で見受けられることとして，

　窃かに見るに，数十年来銀もて貿易すべきの物は漸く銭を用うるに改まる。即ち江浙を以て論ずれば，松江の布，杭湖の絲，浙東の麻・炭・楮・漆等の物は，向日は収買するに倶に銀を用うるに係る。今は則ち銭を用いざる無し。……甚だしきに至りては，民間の田房の交易は即ち盈千累百の契内も銀と書くも而るに実に則ち銭を交わす。

とあり，江南各地において，主要商品である綿布や生糸などの売買が銀遣いから銅銭遣いに改まり，数百両から1千両にも及ぶ高額の不動産取引でさえ書面上は銀と記していても実際には銅銭を交わすことがあると述べられている。

　このように江南では，銀遣いから銅銭遣いへの劇的な転換が進行し，そのために銅銭の対銀比価たる銭価が高騰したのであった。それでは，何が契機となって民間で銅銭遣いが拡がったのであろうか。浙江省に関する朱叔権奏摺は乾隆5年に浙江省が銭貴対策として制銭供給を開始した後のものであり，江南全般の状況を述べた潘思榘奏摺は浙江省に続けて同6年に江蘇省が同じく銭貴対策として制銭供給を開始した後のものである。したがって，米穀備蓄政策の影響で銭価が上昇し，それに対して乾隆5～6年以降に江浙両省が制銭供給を行った結果としてはじめて銅銭遣いが拡がるとともに銭価がさらに騰貴した，という可能性も，これらふたつの奏摺に従う限りは否定できない。

　しかし，この時期の江南における銅銭遣いの拡大と銭貴について，乾隆10年2月の署理雲南按察使張坦熊奏摺[45]には以下のような記述がみられる。

　銭文日々に多くして而るに銭価未だ平じざるは，実に兵餉に〔制銭を〕搭放して漸次広遠となり，民間の用銭愈よ繁きに因り，銭価の高擡愈よ甚だしきなり。如えば臣は浙江に在りて康熙六十年より雍正四年に至るまで

親ら見るに、民は銭少なく価昂きを病まず。温(温州)・台(台州)両府は向に銭を用いず、即ち分・釐なるも倶に銀末を用う。乃ち雍正六、七年間より温・台等の処も亦た兵餉に〔制銭を〕搭放するを行えば、民間は始めて改めて銭を用い銀を用いざるなり。

浙江省が制銭鋳造を開始したのは雍正8年のことであるので、「雍正六、七年間より」制銭搭放を行ったとあるのは事実誤認であるが、雍正の制銭供給が銅銭遣い拡大の直接の原因であることを明記した史料として本奏摺は極めて重要である。またここには、制銭が供給される以前は「民は銭少なく価昂きを病まず」、つまり、銅銭を用いることがほとんどなかったので、たとえ銅銭が少なかろうとも銭価の高騰が問題化することはなかったことが述べられているのである。雍正の制銭供給政策こそが、江南において銀遣いから銅銭遣いへの転換を促進し銭貴を発生させたのであった。

このように制銭供給を受けて一挙に銀遣いが後退して銅銭遣いが広まった理由としては、まず第一に、もとより銀は小額の支払いに適さなかったことが挙げられる。乾隆4年6月の江蘇巡撫張渠奏摺[46]には、

民間が貿易するに、大なるは固より皆な銀を用うるも、而るに肩挑背負するは日々に分文を趁う。窮黎は既に銀色の高低を識らず、又等頭の軽重を知らざれば、故に銭を用うるを以て便と為す。

とあり、小額の支払いにおける銅銭の利便性が強調されている。さらに、故意に混ぜものを加えた「仮銀」の流通が、民間をして銀遣いを忌避させていた。潘思榘は前掲奏摺において、

近世は巧詐日々に滋し、漸く成色を分かちて且つ作して仮銀と為して行使す。愚民は辦識するあたわず、一たび欺給を受けば貲本は虧失す。以て市集の交易は銭に非ずんば行われざるを致す。

と述べ、仮銀の流通のために民間が銀遣いを忌避し、現在では銅銭による支払いでなければ受け取りを拒否される事態になっていると指摘している。銅銭遣い拡大による銭貴は、換言すれば、銀離れによる「銀賤」だったのである。

もちろん、銀の単位重量あたりの価値の過大や仮銀問題は、雍正から乾隆初

年という一時期に固有の現象ではない。安定した貨幣への要求は，常に潜在していたと考えられる。とはいえ，良質な銅銭の安定流通が実現していなかったため，銅銭を盛んに用いようにもその余地がなかったのである。それに対して，雍正年間に供給された制銭は差益獲得を期した悪貨ではなく，1文あたりの重量が1銭4分の良貨であった（雍正11年に1銭2分に改定されたが，差益目的の粗製濫造に転じたわけではない）。銀の不便さに由来する潜在的な銅銭需要は，良質な制銭の供給を受けてはじめて銀離れ・銅銭遣い拡大となって顕在化し銭貴を引き起こした，とみるべきである。そして，米穀備蓄政策によって形成された旧穀の売却にともなう銅銭需要の増大は，かかる銭貴に拍車をかけたものとみなせる。また，そこで銭貴対策として始められた乾隆5～6年以降の制銭供給によって，却って銅銭遣い拡大の流れが定着して銭貴が長期化した，と考えることができよう。

なお，当時は顕著な人口増大と商品経済の発展がみられた時期として知られるが，それらは銭貴の直接的な原因とはいえないものの，制銭供給によって顕在化させられるべき潜在的銅銭需要の膨張として結果したものと想定できよう。

第四節　銭貴問題の全国化とその実態

乾隆初年には，江蘇・浙江両省に続いて，その他の諸省においても銭貴への対応が政策課題化していった。本節では，その経緯を追っていきたい。

京師や江南と同様に，雍正年間に現地でなされた制銭供給によって銭価が騰貴したと考えられるのが，貴州・四川両省である。貴州省は雍正8年に，四川省は同10年にそれぞれ制銭供給を開始していた（貴州省宝黔局は省城貴陽ではなく畢節県に設置）[47]。貴州省の制銭鋳造は自省の銅（黔銅）と滇銅を，四川省の制銭鋳造は滇銅を用いるものであり，収買した黄銅器皿を用いていたその他の諸省の制銭鋳造とは異なる。とはいえ，鋳造開始時期が諸省のそれと重なることから考えて，制銭供給の実施を各省に迫る雍正帝の命令に応じた施策と考えられる。そして，それはやはり銅銭遣いの拡大と銭価上昇をもたらした。乾隆

第四章 雍正年間の各省における私鋳銭問題と乾隆初年の銭貴の発生 155

9年の貴州総督張広泗の奏摺には、以下のような記載がある[48]。

> 窃かに照らすに黔省の畢節銭局は、雍正八年の開鋳の始めに於いて、民苗の素習は銭を用うるを知らざるに縁り、猶お行銷して及ばざらんことを恐るるがごとし。是を以て僅かに議して炉十座を立つるのみ。……継いで泉布流通して銭価は漸く昂く、各項の銀両を支放するも又皆の銭文を多搭するを望む。経に臣は乾隆四年に題して炉十座を添うるを請う。邇年以来、特だ兵・民が交易するに便なるを称するのみならず、即ち窮郷僻壌の苗猓も皆用銭の利便なるを知る。之に兼ねて、黔地は界が川・楚・両粤に連なれば、商賈絡繹して行使すること愈よ遠く、銭価は愈よ昂し。向年省城の市価は紋銀一両は銭九百七、八十文より九百五、六十文に至るに易うべし。今は則ち止だ銭九百文に易う。局内の鋳出の銭文は流通の用に敷らず。

ここにあるように、貴州省では当初、制銭を供給しても「民苗の素習は銭を用うるを知ら」ないので順調に流通しないことを懸念していた。貴州省の制銭供給は決して民間の銅銭需要に対応したものではなかった。制銭供給を開始した後に銅銭遣いが急速に拡大して却って銭価が上昇するに至ったのである。

また、四川省に関しても、乾隆6年4月の四川巡撫碩色（ショセ）の奏摺に、銭価が銀1両＝940～950文に下がったもののなお高いのは、「蓋し国家承平なること日久しければ、生聚・蕃衍・民人既に銭を用うること自ずと多きに因るなり」とあり、四川省でも銅銭遣いが広まって銭価が上昇したことがわかる。それもまた、制銭供給によるものとみてよいだろう。

雍正年間に制銭鋳造は行われなかったが銭価の上昇と銅銭遣いの拡大がみられたのが、福建・広東両省である。乾隆4年8月に閩浙総督郝玉麟・署理福建巡撫王士任は、福建の銭価を銀1両＝800文と記している[49]。翌5年2月には閩浙総督徳沛・署理福建巡撫王士任が制銭鋳造の開始を提議して[50]、裁可されている[51]。ついで、乾隆5年正月に両広総督馬爾泰（マルタイ）奏摺は、銭価が銀1両＝約900文に上昇しており、制銭は欠乏していることを述べて制銭鋳造を提議し、戸部の議に下されているが[52]、裁可された形跡はない。広東省は後に乾隆9年5月に、広東按察使張嗣昌が制銭鋳造の開始を提議し[53]、ようやく裁可を得て

いる(54)。

　このように銭価が上昇していた福建・広東両省では,銭貴と並行して銅銭遣いの拡大が進行していた。さきに引用した乾隆6年2月の朱叔権奏摺には,

　　臣は閩・広に仕筮するに,閩省は二十余年より以前は大小の交易は皆な銀両を用う。今は分・釐より以て田産に至るまで,各項の交易は銀を須むること数十両より百両に曁ぶ以外,皆な銭を用いて銀を用いざるなり。広東は従前は則ち古銭と銀両もて兼用す。今は銀を用うる者も亦た多く銭文を用うるに改まり,古銭を用うる者も亦た今銭を用うるに改まる。

と記されている(55)。この奏摺は,福建・広東両省が銭貴対策として制銭供給を開始するより以前に上せられたものである。

　それではなぜ,両省において銅銭遣いが拡がりをみせたのであろうか。そこで注目すべきは,朱叔権奏摺に,広東ではそれまで「古銭」と銀しか用いられていなかったが最近になって「今銭」すなわち近年鋳造された制銭の使用が始まった,と記述されていることである。つまり,民間で死蔵されていた既存の雑多な銅銭が突如として流通し始めたわけではなく,新たにもたらされた制銭が用いられるようになったのである。そのように,自省で制銭鋳造を行っていないにも関わらず,制銭の使用が広まったということは,省外から制銭が流入したとみるほかない。

　制銭の流入経路として考えられるのは,第一に,雲南・広西方面からの流入である。第七章で詳述するように,雲南省では雍正元年より制銭鋳造を開始していた。しかし,経済的後進地域である雲南省内で制銭供給を始めると銭価はたちどころに下落し,そこで雲貴広西総督鄂爾泰（オルタイ）は他省への制銭移送を推し進めた。そこで主要な移送先となったのが,雲南省と隣接していて輸送費用が比較的小さかった広西省であった。雍正4年には広西省に2万串を移送し,翌雍正5年には広東・広西両省に各2万串を移送した。さらに,雍正7年からは雲南省から広西省へ毎年62,000串を移送することとなり,乾隆14年まで続けられた。そうして広西省に運び込まれた制銭が,交易や販運を通して広東さらには福建へと流出した可能性がある。

第四章　雍正年間の各省における私鋳銭問題と乾隆初年の銭貴の発生　157

　第二に，京師・直隷方面からの流入が考えられる。やや時代は下るが，『大清高宗純皇帝実録』巻236, 乾隆10年3月甲申（12日）条に引用された兵部左侍郎歩軍統領舒赫徳・順天府府尹蒋炳らの奏摺に，次のような文言がある。

> 京に近き州県の銭価が頓長す。総て各省糧艘が将次に通（通州）に抵り，閩広の洋船が将次に津（天津）に抵り，一切船隻を停泊し時に乗じて南下するに及び，奸民が〔銅銭を〕囤積して販売するに因りて致す所なり。

ここから，直隷の天津に赴いた福建・広東両省の民間の商船が盛んに銅銭を持ち去っていたことがわかる。一般に，単位重量あたりの価値が小さい銅銭は可搬性が小さいとされるが，船舶のバラストとして適しており，わざわざ銅銭を銀に兌換して出港地に帰還する必要はなかった。むしろ，京師・直隷での支払いに銀に代わって良質な銅銭が増えていたとすればそれは，福建・広東から至った商人にとって歓迎すべき事態であっただろう。

　その他にも，雍正から乾隆初頭にかけて合計約50万串の制銭が供給された江蘇・浙江両省から制銭が流入した可能性も否定できない。ともあれ，福建・広東両省では，制銭鋳造を開始するより以前に，省外から制銭が流入したことによって，銀遣いから銅銭遣いへの転換が進行し，その結果，銭価が高騰したものと考えられる。

　以上に述べた貴州・四川・福建・広東等の諸省では，雍正年間に実施された制銭供給によって銅銭遣いが拡大して銭価を上昇させていた。また，そこにおいては，米穀備蓄政策の影響も徐々に現れ始めていたはずである。銭貴の原因は，複合的なものになりつつあった。ただし，銭貴のみならず銀遣いから銅銭遣いへの転換をも視野に入れるならば，やはり従前からの制銭供給政策が決定的な意味をもっていたとみなければならない。

　そのように銭価上昇と銅銭遣い拡大が並行していた諸省と少なからず様相を異にしていたのが，長江中流域の湖北・湖南・江西等省である。当該諸省においては，制銭の流通や銅銭遣いの拡大はみられず，私鋳銭が市場の銅銭流通を担ったまま銭価が上昇していったのである。すなわち，乾隆5年11月に湖北巡撫張渠は，もとより自省では私鋳銭が大量に流通して制銭は稀少であり，その

上，近年になって銭価が銀1両＝約1,000文から800文前後に騰貴し，機に乗じて私鋳が横行していることを報告し，対策として制銭を鋳造し銭価を引き下げることを提議している(56)。また，乾隆6年4月に署理湖南巡撫許容も，銭価が高騰しており，しかも私鋳銭以外にほとんど銅銭が流通していない状況なので，制銭鋳造を実施したい，と上奏している(57)。さらには，同年9月に署理江西巡撫包括もまた，銭価が銀1両＝約830文に上がっており，平均して1文の重量が5分にも満たない劣悪な私鋳銭が流通していることを報告し，制銭鋳造の実施を提議している(58)。湖北・湖南・江西の提議はいずれも認められ，3省は制銭鋳造を開始していった(59)。

湖北・湖南・江西での私鋳銭の多さについては，制銭鋳造が提議されるより少し遡った乾隆4年10月の掌京畿道事広東道監察御史鍾衡奏摺にも言及がある(60)。

> 江西の南昌・九江・臨江・吉安等の府の如きは，倶に小銭を用う。串ごとに紋銀八銭六，七分不等なり。……湖広は銭文を行使するに，則ち康熙・雍正・乾隆の大銭を用いて両頭に居中し，各種の雑色の銅斤の砕小軽薄の銭を用いて串を成す。百ごとに四寸に満たず。紋銀一両は雑銭七百六，七十文不等に易う。

ここからも，湖北・湖南・江西において制銭がほとんど流通していなかったことを確認できる。また，湖広では既に銭価が銀1両＝700文台に達しており，一方江西の銭価は未だ銀1両＝1,100文台であったことが看取される。

このように，発生当初の湖北・湖南・江西等省の銭貴は，制銭の流通や銅銭遣いの拡大をともなわず，私鋳銭が市場の銅銭流通を担ったまま，銭価だけが上昇していたのであった。その原因としては，時期的にいって，米穀備蓄政策による銅銭需要の増大が考えられる。ただし，これまでに論じてきた諸省の場合，当該政策による銅銭需要増大とは主に，旧穀の売却に多額の銅銭が必要とされることを指していた。それに対して長江中流域に位置する湖北・湖南・江西等省は屈指の穀倉地帯であり，この時期には多くの省が備蓄するための新穀の買い入れを行っていた。それもやはり支払いに銅銭を要するので，銅銭需要

第四章　雍正年間の各省における私鋳銭問題と乾隆初年の銭貴の発生　159

を大きく増大させることになる。当該諸省において，制銭が供給されず銅銭遣いの拡大はみられなかったものの，銭価だけが急速に上昇していたのは，かかる事情によるものと思われる。

　その後，乾隆8年11月に山東・河南・山西・陝西・甘粛の督撫に対して寄信上諭が下り，蔓延する制銭不足を解消するために各々自省での制銭鋳造の実施を検討するよう命じられた。それに対して同年12月に山東巡撫喀爾吉善は，山東は京師からさほど離れておらず京師両局の制銭が流通しており，銭価はやや高いが江南ほどではない，と報告した。乾隆帝はこの奏摺に「知道了」と硃批して，山東省の開鋳は見送られた[61]。ついで，同9年3月に山西巡撫阿里袞は，銅を確保できる目途が立たないことを報告した。すると乾隆帝は，山西商人に洋銅を採買させる案を示して再検討を命じた[62]。結局，山西省は省内の監生劉光晟の子劉勲に洋銅を調達させて制銭鋳造を開始することになった[63]。また，同年8月に河南巡撫碩色は，雲南から京師両局に納める銅から毎年30万觔を河南省に融通して制銭鋳造を行うことを提議し，戸部に議覆が命じられた[64]。その議覆は見出せないが，河南省はその後も制銭鋳造を行っておらず，提議は却下されたことがわかる。また，同年9月に川陝総督慶復・甘粛巡撫黄廷桂は上奏して，甘粛の銭価は銀1両＝820〜930文ほどであり銭貴は問題化していないと報告し，乾隆帝の了解を得た[65]。

　乾隆9年正月には，官に対しておよそ銀114万両の債務を負った内務府商人范毓馪[66]に，乾隆10年より6年にわたって直隷・陝西・江蘇・江西・湖北に年間計130万觔の洋銅を納入させることが決定した。直隷・陝西への銅1觔の納入は銀1銭4分，江蘇・江西・湖北への銅1觔の納入は銀1銭3分の返済と換算された。そしてここにおいて，直隷ならびに陝西に対して范氏の納入する洋銅を用いて制銭鋳造を行うよう命じられたのであった[67]。つまり，華北では直隷・山西・陝西が制銭鋳造を実施するに至ったのであるが，それらはいずれも清朝中央が制銭供給の実施を政策課題化させたものであり，現地の督撫らの提議に基づくものではなかったのである。

　ともあれ，乾隆10年代初頭にはほとんどの省において制銭供給が実施される

に至った。そしてそれは，雍正年間以来の制銭供給が銅銭遣いの拡大と銭価上昇をもたらしていた地域においても，その他の地域においても，銀遣いから銅銭遣いへの転換と銭価の騰貴を惹起していったと考えられる。

小　　結

　雍正帝が即位した当時，京師では康熙後半以来の制銭供給増大によって引き起こされた銭貴が続く一方，各省においては私鋳銭が民間の銅銭流通を担う状況にあり，雍正帝は各省における私鋳銭流通の打開に強い意欲を示した。同じ頃，京師の銭貴の原因が制銭の銷燬に求められ，黄銅器皿の製造を全国的に禁止することとなり，さらにそれが黄銅器皿の保有禁止・強制収買に改められるに至り，雍正帝は黄銅器皿を原材料として各省に制銭鋳造を行わせる方針を固めた。雍正帝は，明発上諭では全国的な制銭不足という文脈のもと京師の銭貴を根拠として黄銅器皿の保有禁止・強制収買を正当化し，一方で奏摺に書き記す硃批では私鋳銭の排除を期すという各省固有の政策意図を督撫らに明確に伝え，早期の鋳造開始を重ねて要求していった。その結果，江蘇・浙江両省では合計約50万串の制銭が供給されることとなった。それは，堅調な財政状況のもと私鋳銭の排除を期して鋳造された良貨であり，清初に差益獲得を期して鋳造された低品位の制銭とは異なっていた。民間では，秤量貨幣ゆえの困難がつきまとう銀に代替しうる安定した貨幣への潜在的需要がもとより存在していたため，まとまった額の良貨が久方ぶりに供給された江南では，期せずして銀遣いから銅銭遣いへの転換が惹起され，銭価が騰貴するに至ったのであった。
　また，貴州・四川両省では，雍正年間に滇銅・黔銅を用いて制銭鋳造を開始していた。すると，両省でも新たに供給された制銭を主体とする銅銭遣いが拡大して銭価が上昇した。また，福建・広東両省では鋳造はなされなかったが，京師や雲南などの方面から制銭が流れ込んだとみられ，銅銭遣いが拡大して銭価が上昇した。そうして江蘇・浙江・福建・広東・貴州・四川等の省で銅銭遣いの拡大と銭価上昇が進行したところに，米穀備蓄政策によって形成された旧

第四章　雍正年間の各省における私鋳銭問題と乾隆初年の銭貴の発生　161

穀の売却にともなう銅銭需要の増大が重なり，銭貴に拍車をかけることになったとみられる。一方，湖北・湖南・江西等省では，制銭の流通や銅銭遣いの拡大はみられなかったが，備蓄された旧穀の売却に加えて，諸省が当該地方において備蓄のための米穀買い入れを行うという穀倉地帯特有の事情のため巨大な銅銭需要が生じ，私鋳銭が市場の銅銭流通を担ったまま，銭価だけが上昇することになったと考えられる。かくして華中・華南の広い範囲で銭貴が問題化し，それら諸省の制銭供給が次々と開始されるようになると，清朝中央は，全国的な銭貴傾向に対処する必要があると考え，華北の直隷・山西・陝西にも制銭鋳造を行わせた。以上のような経緯によって，銭価引き下げを標榜した制銭鋳造がほぼ同時期に各省で一斉に開始されることとなったのである。

註
（１）『皇朝文献通考』巻15，銭幣３，雍正３年条。
（２）「戸科史書」第377冊，雍正４年７月21日，総督管理山西巡撫伊都立題本。
（３）『雍正朝内閣六科史書 吏科』第31輯，295-296頁，雍正４年10月19日，吏部尚書査弼納等題本。
（４）『雍正朝内閣六科史書 吏科』第32輯，182-183頁，雍正４年12月３日，吏部尚書査弼納等題本。
（５）『宮中檔雍正朝奏摺』第６輯，862頁，雍正４年11月14日，山西布政使高成齢奏摺。
（６）『宮中檔雍正朝奏摺』第11輯，782-785頁，雍正６年11月15日，署理甘粛巡撫張廷棟奏摺。
（７）「戸科史書」第425冊，雍正６年12月（上奏日不明，15日奉旨），総理戸部事務和碩怡親王允祥等題本。なお，「宮中檔硃批奏摺財政類」第60リール51-54，雍正４年９月20日，甘粛巡撫石文焯奏摺は，私鋳銭を原材料とする制銭鋳造を提議したものであり，「該部は議奏せよ」との硃批が記されている。そして，「戸科史書」第380冊，雍正４年11月22日，総理戸部事務和碩怡親王允祥等題本において，戸部が石文焯の提議を支持する議覆を行って雍正帝の裁可を得た。石文焯が「屢次」上奏を行ったことを現存する史料によって裏付けることはできない。
（８）『宮中檔雍正朝奏摺』第25輯，142-143頁，雍正13年８月４日，署理湖北巡撫印

務呉応棻奏摺。
(9)　『雍正朝起居注冊』雍正3年5月16日癸丑条。
(10)　前註（3）所掲，吏部尚書査弼納等題本。
(11)　前註（8）所掲，呉応棻奏摺。
(12)　「戸科史書」第367冊，雍正3年10月23日，江西道監察御史勒因特題本。引用部分の満洲語原文は以下の通り。

>　boo yuwan gioi. boo ciowan gioi juwe jiha kūwaran de. amba durun i jiha hūngkerehe ci ebsi bodoci. minggan tumen ulcin de isinaha bime. baitalara de tesurakū. jiha i hūda kemuni mangga. ere turgun be kimcime fujurulaci gemu jalingga ehe durun i jiha be hūlahame wembume efuleheci banjinahabi. adarame seci emu yan menggun de jakūn tanggū dehi susai jiha hūlašambi. ujen be bodoci nadan gin funcembi. emu yan menggun de hūlašaha jiha be wembume oci. juwe ilan yan menggun uncambi. jai dambagu omira dai serengge. buya ajige jaka bicibe udafi baitalara niyalma umesi labdu. juwan jiha be wembume efulefi. dambagu omire dai emke weilere oci. tanggū funcere jiha uncambi. emu ubu de juwan ubu aisi bahame ofi. jalingga ehe urse durun i jiha be wembume efulefi dambagu omire dai jergi jaka weilefi uncarangge iletu. ……amban mini gūnin de. ne baitalara šanggaha tetun i jergi jaka. jai coohai agūra kumun i jaka dengse pingse i jergi jaka be weilefi uncaraci tulgiyen. durun i jiha be wembume efulefi suwayan teišun i dambagu omire dai. tetun i jergi jaka weilere hūngkerere be ciralame fafulafi nakabuki. erebe yafahan coohai uheri da. sunja hecen. šūn tiyan fu de afabufi ciralame baicabureo.

(13)　「戸科史書」第370冊，雍正4年正月24日，戸部等衙門大学士張廷玉等題本。
(14)　『雍正朝起居注冊』雍正4年9月7日丙申条。
(15)　「戸科史書」第379冊，雍正4年9月21日，戸部等衙門大学士張廷玉等題本。
(16)　『大清世宗憲皇帝実録』巻51，雍正4年12月丙子（19日）条。
(17)　『雍正朝起居注冊』雍正4年12月27日甲申条。
(18)　『雍正朝起居注冊』雍正5年4月6日壬辰条。
(19)　『宮中檔雍正朝奏摺』第9輯，664-669頁，雍正6年正月26日，河南総督田文鏡奏摺。

第四章　雍正年間の各省における私鋳銭問題と乾隆初年の銭貴の発生　163

(20)　『宮中檔雍正朝奏摺』第16輯，9-10頁，雍正8年3月22日，江蘇巡撫尹継善奏摺。
(21)　『雍正朝起居注冊』雍正5年9月2日乙卯条。
(22)　「宮中檔硃批奏摺財政類」第60リール76-78，雍正6年12月26日，署理江西巡撫張坦麟奏摺に引用された上諭。
(23)　『雍正朝起居注冊』雍正7年正月18日癸亥条。
(24)　『皇朝文献通考』巻13，銭幣1，順治17年条按語。
(25)　『宮中檔雍正朝奏摺』第19輯，567-568頁，雍正10年3月24日，署理江蘇巡撫喬世臣奏摺。
(26)　『大清高宗純皇帝実録』巻4，雍正13年10月己卯（14日）条；「宮中檔硃批奏摺財政類」第60リール252-254，乾隆2年10月11日，江蘇布政使張渠奏摺。用いた黄銅器皿が125万觔ならば，耗銅は9％の112,500觔なので，制銭に鋳出される銅材は1,137,500觔。第五章で述べるように，制銭の重量は雍正12年に1銭2分に改定されたので，鋳出される制銭は151,666串余となる（1,137,500×160÷1.2÷1,000）。ただ，おそらくは鋳造には若干の亜鉛を加えたと思われるので，実際の鋳造額はこれを上回ると考えられる。
(27)　「宮中檔硃批奏摺財政類」第60リール543-548，乾隆4年3月18日，閩浙総督郝玉麟・浙江巡撫盧焯奏摺。
(28)　「内閣漢文題本戸科貨幣類」第1リール37-61，乾隆元年2月26日，管戸部尚書事張廷玉等題本。
(29)　「宮中檔硃批奏摺財政類」第60リール1224-1226，乾隆8年12月2日，山東巡撫喀爾吉善奏摺。
(30)　「内閣漢文題本戸科貨幣類」第1リール203-216，乾隆元年8月22日，安徽巡撫趙国麟題本。
(31)　『明清檔案』A51-91，雍正10年5月9日，湖南巡撫趙弘恩掲帖。
(32)　『明清檔案』A54-81，雍正10年11月12日，江西巡撫謝旻掲帖。
(33)　前註（19）所掲，田文鏡奏摺。
(34)　『明清檔案』A43-53，雍正8年4月3日，山西巡撫石麟掲帖。
(35)　『宮中檔雍正朝奏摺』第9輯，127-129頁，雍正5年10月13日，浙江巡撫李衛奏摺には，「黄色廃銅を将て銅器を製作するは，浙省は独り多し」とあり，江南における銅器の生産量・保有量の多さを窺える。

(36) 「内閣漢文題本戸科貨幣類」第1リール1219-1246、乾隆5年6月25日、浙江巡撫盧焯題本。

(37) 『皇朝文献通考』巻15、銭幣3、雍正4年条。

(38) 『明清檔案』A45-39、雍正8年8月30日、江蘇巡撫尹継善掲帖。

(39) 『明清檔案』A45-78、雍正8年10月3日、湖南巡撫趙弘恩掲帖。

(40) 前註(32)所掲、謝旻掲帖。

(41) 前註(30)所掲、趙国麟題本。

(42) 『皇朝文献通考』巻15、銭幣3、雍正9年条・同10年条・同11年条・同12年条；同、巻16、銭幣4、乾隆3年条。ただし、それによれば江蘇省は雍正10年に停鋳したことになっているが、前述のように雍正13年から乾隆2年にも鋳造を行っており、また浙江省も雍正11年に停鋳したとされているが、前述したように雍正12年にも若干の制銭を鋳造している。他の省についても、『皇朝文献通考』が記す以外の期間に鋳造を行っていた可能性は否定できない。

(43) 「宮中檔硃批奏摺財政類」第60リール910-916、乾隆6年2月15日、分守広東糧駅道按察使司僉事朱叔権奏摺。

(44) 「宮中檔硃批奏摺財政類」第60リール1603-160、乾隆10年2月25日、浙江布政使潘思榘奏摺。

(45) 「宮中檔硃批奏摺財政類」第60リール1590-1591、乾隆10年2月10日、署理雲南按察使張坦熊奏摺。

(46) 「宮中檔硃批奏摺財政類」第60リール556-558、乾隆4年6月9日、江蘇巡撫張渠奏摺。

(47) 『皇朝文献通考』巻15、銭幣3、雍正8年条・同10年条。

(48) 「宮中檔硃批奏摺財政類」第60リール1336-1339、乾隆9年4月3日、貴州総督張広泗奏摺。

(49) 「宮中檔硃批奏摺財政類」第60リール580-584、乾隆4年8月12日、閩浙総督郝玉麟・署理福建巡撫王士任奏摺。

(50) 「宮中檔硃批奏摺財政類」第60リール731-733、乾隆5年2月13日、閩浙総督徳沛・署理福建巡撫王士任奏摺。

(51) 『皇朝文献通考』巻16、銭幣4、乾隆5年条。

(52) 「宮中檔硃批奏摺財政類」第60リール728-730、乾隆5年正月28日、署理両広総督馬爾泰奏摺。

第四章　雍正年間の各省における私鋳銭問題と乾隆初年の銭貴の発生　165

(53)　「宮中檔硃批奏摺財政類」第60リール1403-1405, 乾隆9年5月25日, 広東按察使張嗣昌奏摺。
(54)　『皇朝文献通考』巻16, 銭幣4, 乾隆10年条。
(55)　前註(43)所掲, 朱叔権奏摺。
(56)　「宮中檔硃批奏摺財政類」第60リール901-903, 乾隆5年11月8日, 湖北巡撫張渠奏摺。
(57)　「宮中檔硃批奏摺財政類」第60リール950-952, 乾隆6年4月4日, 署理湖南巡撫許容奏摺。
(58)　「宮中檔硃批奏摺財政類」第60リール1004-1006, 乾隆6年9月12日, 署理江西巡撫包括奏摺。
(59)　『明清檔案』A97-117, 乾隆5年12月5日, 吏部尚書協理戸部事務訥親等奏摺；『大清高宗純皇帝実録』巻156, 乾隆6年12月癸巳(2日)条；『皇朝文献通考』巻16, 銭幣4, 乾隆7年条。
(60)　「宮中檔硃批奏摺財政類」第60リール630-634, 乾隆4年10月16日, 掌京畿道事広東道監察御史鍾衡奏摺。
(61)　前註(29)所掲, 喀爾吉善奏摺。
(62)　「宮中檔硃批奏摺財政類」第60リール1311-1312, 乾隆9年2月1日, 山西巡撫阿里袞奏摺。
(63)　「宮中檔硃批奏摺財政類」第60リール1317-1318, 乾隆9年3月4日, 山西巡撫阿里袞奏摺。
(64)　「宮中檔硃批奏摺財政類」第60リール1536-1539, 乾隆9年8月5日, 河南巡撫碩色奏摺。
(65)　「宮中檔硃批奏摺財政類」第60リール1551-1553, 乾隆9年9月26日, 川陝総督慶復・甘粛巡撫黄廷桂奏摺。
(66)　内務府商人范毓馪に関しては, 松浦章[1978], 韋慶遠・呉奇衍[1981]参照。
(67)　「宮中檔硃批奏摺財政類」第60リール1294-1310, 乾隆9年正月29日, 吏部尚書協理戸部事務訥親等奏摺。

後編　最盛期の制銭供給とその行方

第五章　京師の銭貴と制銭供給政策

　康熙 (1662-1722) 末年より京師において銭価が騰貴し，乾隆 (1736-1795) 中葉に至るまで沈静化しなかったことは，既に第三章でみた通りである。その間，清朝政府は京師両局の制銭鋳造額を加増し，京師における制銭供給を拡大していった。乾隆30年前後に清朝の制銭鋳造は最盛期を迎えるが，その内訳をみると，京師一都市だけで全体の4割近くに達していたことがわかる（杜家驥 [1999]）。そこから，清朝が京師における制銭供給に最も熱心に取り組んでいたことが看取される。それでは，清朝は京師の銭貴がもたらすいかなる弊害を問題視していたのであろうか。

　そこで真っ先に想起されるのは，京師に居住する禁旅八旗の存在である。制銭の主たる受給者は生計の零細な兵丁であり，京師においては禁旅八旗の兵丁であった。八旗は「本朝の根本」と称されているように清朝の帝国統治の中心的存在であり，その兵丁が制銭の主な受給者であったことは，京師において制銭供給が積極展開されたことと密接に関係していたと考えられる。足立啓二 [1991：62頁] は，「銭貴による搭放率引き上げの中で，雍正元年・四年の調整ののち，五年には宝源局の銭も工価を除き，全て搭放にまわすことになった」と指摘している。そのような八旗兵餉に対する制銭の集中は，この時期の京師における制銭供給政策の特色であり，当該政策を分析する上で鍵になる現象といえる。ただ，足立氏は，兵丁の生計にとって銭価の騰貴がいかなる意味をもっていたのかについては，具体的な考察を行っていない。また，八旗兵餉に制銭を集中させていった経緯に関しても，より詳細な検討が必要である。

　黒田明伸 [1994：48頁] は，兵餉への制銭搭放について，「そもそもの直接の動機は，官兵への一種の優遇策を込めたものであったため，……一両＝一〇〇〇文のレートをとっていて，銭貴であればあるほど受け取る側には有利となることになっていた」との説明を行っている[1]。例えば，銭価が銀1両＝800

文であれば，兵丁が銀1両にかえて制銭1,000文を受け取ることは200文の収入増につながる。そのような制銭受給が兵丁にもたらす直接的な利点は確かに見逃せない。しかし，銭貴がそのように兵丁にとって好都合なだけの現象であったならば，銭貴が全国的な現象となっていったにもかかわらず京師において抜きん出て巨額の制銭を鋳造し，さらにはその多くを八旗兵餉への搭放に集中させなければならなかった必要性，緊急性を必ずしも理解できない。清朝が制銭を八旗兵餉への搭放に集中させたのは，公定換算率と市場の銭価との差額を利用して兵丁に収入増をもたらすためだけでなく，銀ばかりを受給させるわけにはいかない何らかの切迫した事情があったためなのではなかろうか。

また，京師において銭貴が問題化した康熙末年から，滇銅の京師への輸送が本格化する乾隆4年頃までは，洋銅の減少のために清朝が銅調達に最も苦慮した時代であった。それは京師両局の制銭鋳造にも支障をきたしたはずであり，そのように辦銅と制銭鋳造に困難がともなう時期になされた八旗兵餉への制銭搭放には，清朝の政策意図とその切実さが如実に現れているであろう。

以上のことを踏まえて本章では，まず，康熙末年以降に問題化した京師の銭貴と八旗兵丁の生計問題との関わりを明らかにした上で，康熙末年から乾隆初年における京師両局の辦銅・辦鉛・辦錫制度と制銭鋳造の推移を追跡し，当該時期に八旗兵餉への制銭搭放がどのように推し進められていたのかを分析する。

第一節　京師の銭貴と八旗兵丁の生計

よく知られているように，康熙中葉以降，八旗生計は窮乏化の一途をたどり，その救済は清朝政府の重大な政策課題であり続けた。第一章において述べたように，清朝の中国内地進出後に八旗に対する俸祿・兵餉の支給が始まり，また，壮丁ごとに旗地が割り当てられた。ところが旗地経済は，人口増加への非対応，労働力の不足，荘頭・佃戸の管理の困難，旗人の都市生活と奢侈化などにより早々に破綻し，多くの旗地は民間に典売され，その結果として旗人の生計は俸餉への依存を強めていった（石橋秀雄［1957］，細谷良夫［1967］［1972］，趙令志

[2001：327-335頁]）。しかし，康熙中葉以降の長期的な物価上昇（岸本美緒［1978］［1979］）にも関わらず兵餉の増額は行われることなく，さらには人口増加により兵丁に採用される機会は減少していったため，下層旗人は窮乏化する一方であった。そこで清朝は，重ねて奢侈を戒め質素倹約を命じ，その一方で臨時の賞与・貸与を行い，さらには，各旗に銀を発給し運用させて得た利息を旗人の婚葬の費用に充てようとした「生息銀両」（安部健夫［1950］，韋慶遠［1986］［1987］［1988］）や，正規の兵丁となるための訓練を施すという名目による「教養兵」枠の新設などの政策を行った。しかし，どれも事態を好転させるには至らず，遂に乾隆年間には，八旗満洲・八旗蒙古の正身旗人の兵丁採用を優先させる見地から，隷属的身分の旗人や八旗漢軍の旗人を八旗から切り離して民籍に移す「出旗為民」政策を開始することとなる（陳佳華・傅克東［1981：29-30頁］，劉小萌［1988］）。結局のところ，旗人が商工業に従事することを許さず，八旗全体を財政的に扶養しようという制度自体，重大な限界を孕んでいたといえる（韋慶遠［1990：430頁］）。

そのように八旗生計の困窮が深刻さを増すなかで，康熙末年以降，京師の銭価が騰貴したのであった。それは，八旗生計といかなる関わりをもっていたのであろうか。そこでまず，乾隆元年8月の監察御史斉軾の奏摺にある次のような記述に注目したい[2]。

伏して惟うに，皇上は八旗の官・兵の生計を軫念し，格外に恩を加えて一年の俸餉を借給す。実に旗人の生計に大いに裨益有り。但だ俸餉を借支してより以来，銭価は之を平日と較ぶるに頗る昂貴したりと覚ゆ。今，纔かに鑲黄・正黄の二旗の俸餉を支放するのみなるに，銭価は遽に昂貴するを致すこと此の如し。恐らくは将来又更に貴きを加えん。請うらくは，歩軍統領・順天府・五城に勅下して出示して市商に暁諭せしめ，銭価もて貴きを加うるを許さざらんことを。再た査すれば，現在，八旗兵餉は毎月止だ銭一成を搭放するのみ。臣愚かにも以為らく，本年九月より十二月に至るまで，此の四か月内の兵餉もて，応に二成の銭を以て搭放すべし。則ち銭価は漸平し，旗・民は皆な益を受けん。

これによれば，乾隆元年に八旗の官員・兵丁に対して1年分の俸餉の貸与を実施した際，鑲黄・正黄の2旗への支給を終えた段階で銭価が上昇していた。そこで監察御史斉軾は，商人に銭価を引き上げないよう暁諭を示すと同時に，銭価を下げるために八旗兵餉における制銭搭放割合を9月から12月まで暫定的に2割に加増するよう求めた。

この奏摺に対して乾隆帝は，「総理事務王大臣に交せ」との硃批を与え，総理事務王大臣の和碩荘親王允禄・和碩果親王允礼・大学士鄂爾泰・大学士張廷玉に協議を命じた。総理事務王大臣の議覆の詳細は知り得ないが，同年9月の順天府府尹陳守創の奏摺に，

> 本年九月内に，御史臣斉軾は銭価の昂貴したるを以て，奏して八旗の俸餉もて二成の銭を以て搭放せんことを請う。経に総理事務王大臣等は議准すらく，「本年九・十・十一の三個月の八旗兵餉は俱に二成の銭を以て搭放し，并びに奸商の〔銅銭を〕堆積するを査禁して銭文をして流通せしめん」と等の因。具奏して旨を奉じたるに，「議に依れ」と。欽み遵い案に在り。

とあることから，商人への暁諭の実施は裁可され，また，同年9月から11月まで3ヶ月にわたって八旗兵餉の制銭搭放割合を2割に加増することが決定したことを確認できる[3]。このように，乾隆元年に八旗の官員・兵丁に対して生計支援策として1年分の俸餉を貸与した際，もとより高めで推移していた京師の銭価がさらに高騰し，商人に対して銭価の吊り上げを禁じる暁諭を行うとともに，八旗兵餉の制銭搭放割合を拡大するという対策がとられたのであった。

翌乾隆2年にも八旗兵丁に対して，半年分の兵餉の貸与を行うことが決定した[4]。その上諭が下った7日後の同年9月22日には，大学士管戸部尚書事張廷玉等が次のような上奏を行っている[5]。

> 今，査すれば，臣部（戸部）の庫内の現存せる銭，并びに宝泉局の応に〔戸部に〕解るべき卯銭は，核算すれば共該に存する銭は二十七万七千余串なり。内，閏九月より起ちて十二月底に至るまで，約そ搭放に銭十二万八千余串を需むるを除く外，尚お余剰の銭は十四万九千余串なり。伏して査するに，現在，諭旨を欽奉して，在京の兵丁等に著して再た餉銀半年を

第五章　京師の銭貴と制銭供給政策　173

借給し閏九月に給発せしむ。窃(ひそ)かに恐らくは，民間の銭価が漸く長じんことを。閏九月・十月分の兵餉は一成を搭放するを除くの外，請うらくは，再た一成を加え以て市価を平じんことを。

すなわち張廷玉等は，兵餉の貸与によって前年の俸餉貸与の際と同様に銭価が高騰することを見越して，制銭搭放の加増を提言したのである。また，同奏摺で張廷玉等は，冬季には旗人が衣類を質請けすることが多く，兵丁に支給した制銭が当舗に集中することが予想されると指摘し，当舗の制銭保有を制限する暁諭を示すこともあわせて提議した。この奏摺に対して乾隆帝は，「この奏したことは甚だ妥当である。議した通りに行わせよ（ere wesimbuhengge umesi inu. gisurehe songkoi yabubu）」との硃批を与えている。

その4日後の同年9月26日に，乾隆帝は次のような上諭を下し，商人に対して銭価・物価の吊り上げを行わないよう命じた(6)。

上年（乾隆元年）八月，朕は八旗官員・兵丁に恩を加えて一年の俸餉を借給す。而(しか)るに京師の銭文・貨物は一時に昂貴す。彼の時，即ち旨を降して暁諭し，其れをして省改して富の為に仁ならざるの戒を蹈(お)すを得ざらしむ。目下，朕は又恩を加えて八旗の兵丁に半年の餉銀を借給し，以て其の生計を厚くせんとするも，乃ち帑銀尚お未だ領出せざるに，銭価・物価は已(すで)に経に驟(にわか)に長ず。此れ等の商民は，竟(つい)に従前の諭旨を凛遵せず，惟だ利を図るを以て心と為すのみ。是れ法を奉ぜざるの奸民なり。

これによれば，乾隆2年に再度の兵餉貸与が決定すると，貸与が始まらないうちから早くも銭価・物価が上昇したのであった。ここにおいて乾隆帝は，銭価・物価を吊り上げた商人たちを「法を奉ぜざるの奸民」と断じている。前掲の張廷玉等の奏摺，そしてこの上諭から窺えるように，乾隆2年の兵餉貸与に際して清朝中央は，民間の銭価・物価の上昇に対して相当の注意を払っていたのであった。

このように，銭貴のさなかにおいて兵丁らに兵餉の貸与などを実施して銀を与えても，大量の庫銀の放出は銭価のさらなる高騰を惹起した。つまり，兵丁に銀を与えれば与えるほど，市場において兵丁による巨大な銅銭需要が発生し

て，銭価を一層騰貴させ，兵丁が一定額の銀から兌換して得られる銅銭の額を減少させたのである。もっとも，京師の物価が銀建てであったなら，銭価がいかに推移しようと銀建ての兵餉の購買力が左右されることはない。しかし，当時の京師の貨幣使用状況は，

> 夫れ京師の使銭は各省と異なれり。各省は銀・銭もて兼使するに，京師の日用は一文より以て千万文に至るまで銭に非ずんば一物をも買うべからず。

といわれるほど銅銭遣いが一般的であり[7]，物価も，少なくとも兵丁の支出に関わるような範囲においては専ら銅銭建てであったと考えられる。それゆえ，銭価の上昇はそのまま銀で支給された兵餉の購買力低下を意味したのであり，であればこそ，前掲史料にみられるように，銭価の騰貴が問題視されたのである。

上述のような庫銀放出と銭価上昇との関係は，臨時の兵餉貸与のみならず通常の兵餉支給にもあてはまるものであった。この当時，京師で禁旅八旗の兵丁に支給される兵餉の年間総額は四百数十万両だった[8]。したがって，八旗兵餉に占める銀支給割合を1割増すごとに，戸部銀庫から放出される銀は年間四十数万両増加するのだが，それは兵丁が銅銭との兌換を求めて市場に持ち込む銀の増大となるから，銭貴に拍車をかけ兵餉の購買力を低下させることになる。逆に制銭搭放割合を1割加増すれば，戸部から兵丁の手に渡る銀を年間四十数万両縮小させることができた。それは，市場における兵丁の銅銭需要がその分だけ縮小するということであり，それによって銭価の急騰は回避され，兵餉の大部分を占める銀支給部分の購買力低下に歯止めをかけられる[9]。また，公定換算率に従い制銭を搭放することによる収入増によって，兵餉の購買力を多少なりとも補うことができる。つまり，総額が巨大であると同時に受給者が銅銭需要者である八旗兵餉の制銭搭放割合は，京師の銭価動向に多大な影響を及ぼし，それが兵餉自体の購買力にはね返ってきたのである。ここにこそ，八旗兵餉における制銭搭放を拡充する必要性と緊急性があった。

以上のことを具体的事例に沿って確認していきたい。乾隆2年閏9月26日に上せられた鑲藍旗漢軍副都統慶泰の奏摺には，次のような記載がみられる[10]。

向例は，八旗月餉は皇恩を恭蒙して一成の銭を以て搭放す。原より軍に裨する有らんことを期す。但だ，毎月の例は先に銀両を発して後に銭を発するに係る。中間相隔たること啻だ数日のみならず。夫れ兵丁の日用の急需する所の者は多く銭文に属す。一切の米・塩・薪・水より以て宿欠等の項に及ぶまで，総べて支餉の日に環集し，銀を領して到手する刻に至るを待ちたれば，姑らく緩むるは難く，急ぎ速やかに銭に換えて以て分析し措辨するに便ならしめんとせざるを得ず。是を以て群起して争い換うれば，奸商は遂に隙に乗じて居奇して銭価を頓長し，以て一時の利を網せんとす。銭文頒発し到手するに至るに及びては，虧を受くること已に先に在り。臣の目を以て情形を観るに，月月皆な然り。是れ操縦の権は多く舗戸に在り，遂に兵丁をして俱に暗に其の累を受けしむるなり。仰ぎて請うらくは，戸部に勅下して，嗣後の毎月の放餉は其の先に制銭を発し後に餉銀を発するを准さんことを。

これによれば，兵餉支給時に兵丁は種々の代金を一斉に請求されるので，兵丁はみな兵餉銀を銅銭に兌換しようとし，そこで商人が機に乗じて銭価を吊り上げていた。ここでは，兵餉のうち制銭の支給が銀の支給よりも後になされるので，そのような弊害が生じるとされている。この慶泰奏摺には硃批が与えられておらず，奏摺は上奏者に返却されず軍機処に留め置かれた。とはいえ決裁が保留されたわけではなく，軍機大臣が即座に議覆して制銭を先に支給するという提議を採用するよう求め，慶泰が上奏した翌日の閏9月27日に裁可されている[11]。最終的には，兵餉は銀と制銭とを同時に支給することとなった[12]。

だが，制銭搭放部分の支給時期の調節は，決して抜本的な解決策たりえなかった。生計の零細な兵丁が必要としていたのは主として銅銭であり，それに見合った高率の制銭搭放がなされない限り，兵丁は受領した銀を銭舗で銅銭に兌換せざるを得ないからである。そこで生まれる巨大な銅銭需要は民間の銭価を上昇させ，兵丁の受領した銀の購買力を低下させた。乾隆3年5月に上せられた鑲白旗漢軍参領金秉恭奏摺には，以下のようにある[13]。

奴才毎に見るに，凡そ八旗の開餉の時に遇えば，舗戸の銭価は一時に頓長

し、必ず兵丁の餉銀を用い完えるを俟ちたる後、銭価は始爾めて漸平す。蓋し兵丁の関する（受領する）所は銀多く銭少なきに因りて、実に銭舗に向いて兌換せざるを得ざるの勢い有れば、舗戸は遂に以て奇貨居くべしと為し、斉しく利を網するを行う。深く恨むべしと為す。臣の愚見を以てするに、五城の米を売り存する所の銭を将て、大制銭九百文を以て銀一両に合し（換算し）、八旗兵餉に搭放するに毎十分の中に制銭四分を給与するに若くはなし。……此の如くすれば、則ち官銭は千ごとに既に百文を省き、而して兵丁の得る所は之を市価と較ぶれば毎両尤も一百五十文多し。大制銭の数は、況や兵丁をして急切に銭を需め兌換するを致さざらしめ、而して銭行の市価は自ずと由りて増多に過ぐるは無きをや。

ここでも兵餉支給時に銭舗が銭価を吊り上げることによって兵丁が損失を蒙っていることが記されている。その上で金秉恭は、新鋳の制銭に加えて五城の米局が糶米によって得た銅銭を兵餉支給に組み込み、さらに制銭搭放の際の対銀換算率を銀1両＝900文に切り上げることで、制銭支給の割合を4割に引き上げるよう要請している。京師において制銭の換算率を操作するというこの大胆な提案は結局採用されなかったものの[14]、兵餉における制銭搭放割合を拡大して「兵丁をして急切に銭を需め兌換するを致さざらしめ」ることこそが兵丁から切望されていたことがわかる。しかも、制銭搭放割合を拡大すれば、兵丁が当座の種々の支払いに窮しないというだけでなく、兵丁の銅銭需要が縮小することにより「銭行の市価は自ずと由りて増多に過ぐるは無」く、残りの銀受給部分の購買力低下も避けることができた。

兵餉の大部分を銀で受給する限り、兵丁はそれを民間の銭舗で銅銭に兌換して支払いに用いなければならなかった。銀の占める割合が大きいほど兵丁による巨大な銅銭需要が発生し、ただでさえ高騰している民間の銭価をさらに上昇させ、結果として兵餉の購買力をより低下させた。ゆえに、清朝は兵餉をできる限り制銭で支給して「兵丁をして急切に銭を需め兌換するを致さざらしめ」、銭価のさらなる騰貴を防ぎ兵餉の購買力低下に歯止めをかけることを必要としていたのであった。

また，この金秉恭奏摺で注目すべきは，兵餉支給に時をあわせた銭舗の銭価吊り上げが「深く恨むべしと為す」と記されていることである。前掲慶泰奏摺の「奸商は遂に隙に乗じて居奇して銭価を頓長し，以て一時の利を網せんとす」という記述にも，銭舗に対する憎悪の感情が表されている。確かにそこには「官」として「奸商」の行為を非難する意味も込められているだろうが，副都統・参領という，ともに八旗兵丁を直接に管理する八旗の武官の上奏であり，本質的には「旗人」としての見解であったとみるべきである。兵餉支給にともなう銭価騰貴は，それにより八旗兵丁が一方的に打撃を受けたというだけでなく，かれらと銭舗との感情的対立に直結するものであった。それは，多くの旗人が居住し俸餉によって生計を立てていた京師において，清朝の支配者層をなす旗人と被支配者層をなす漢人の商人との利害対立が顕在化することを意味する。かかる事態は，八旗を帝国統治の根本とする清朝にとって，何としてでも避けなければならないものであった。

以上のように，銭貴に際して八旗兵餉に銀を支給することは，八旗兵餉の購買力を低下させ兵丁の生計に打撃を与えるものであり，しかもそれは八旗兵丁と漢人商人の利害対立を尖鋭化させる危険性を孕んでいた。八旗兵丁の生計を保護し，かれらと漢人商人との利害対立を緩和するためには，兵餉の制銭搭放割合を可能な限り拡大することが必要とされたのであった。

第二節　洋銅採買から滇銅輸送へ

八旗兵餉により多くの制銭を搭放するためには，何よりもまず銅や亜鉛を着実に調達しなければならない。しかし，康熙末年から乾隆初年にかけては，洋銅の流入が徐々に減少する一方で滇銅の生産もようやく軌道に乗り始めたばかりであり，清朝中央が銅の確保に最も苦慮した時代であった。そのような時期に清朝は，京師両局で用いる銅の調達をめぐってどのような措置を講じていたのであろうか。以下，京師両局の辦銅制度，および辦鉛制度と乾隆5年に始まる辦錫制度の変遷を追跡したい（表5．1参照）。

洋銅の減少は，日本国内における銅の減産と，徳川幕府の輸出制限によるものである。第三章で述べたように，［日本］元禄8年＝康熙34年，幕府は輸出品を銅に限定した「銅代物替」貿易を認め，これにより日本から中国への銅輸出は最盛となった。しかし，［日本］正徳5年＝康熙54年に至り，幕府は所謂「正徳新例」を施行して，「銅代物替」貿易を廃止し，通常の交易においても銅の輸出額を年間300万觔に制限した。しかも，［日本］享保5年＝康熙59年から享保13年＝雍正6年にかけてはその規定額さえ満たされず，享保14年＝雍正7年から数年間はしばらく輸出額が300万觔を超えたものの，享保18年＝雍正11年からは再び300万觔を下回ることになった。そして寛保2年＝乾隆7年には，輸出制限額が半減して年間150万觔と定められた（太田勝也［1992］，劉序楓［1997］）。

洋銅の流入量減少は，徐々に清朝の辦銅制度に影響を与えていった。第三章で論じたように，康熙55年より江蘇・安徽・江西・浙江・福建・湖北・湖南・

表5.1 康熙61年～乾隆40年における京師両局の辦銅制度の変遷

改定年次	宝泉局		宝源局	
	銅本銀	銅額	銅本銀	銅額
康熙61年	511,592両余	2,923,384觔	264,567両余	1,511,816觔
	督撫：江蘇（安徽・江西・福建・広東）・浙江（湖北・湖南）		督撫：江蘇（安徽・江西・福建・広東）・浙江（湖北・湖南）	
雍正2年	511,592両余	2,923,384觔	264,567両余	1,511,816觔
	督撫：江蘇（安徽・江西）・浙江・福建・広東・湖北・湖南		督撫：江蘇（安徽・江西）・浙江・福建・広東・湖北・湖南	
雍正8年	511,592両余	2,923,384觔	264,567両余	1,511,816觔
	督撫：江蘇（安徽・江西）・浙江・福建・広東・湖北・湖南		督撫：江蘇（安徽・江西）・浙江・福建・広東・湖北・湖南	
乾隆元年	江浙海関：各1,000,000觔			
	雲南省：制銭344,632串余＋銅336,800觔			
乾隆4年	雲南省：正運＝「正銅」4,000,000觔，「耗銅」320,000觔			
	加運＝「正銅」1,704,000觔，「耗銅」136,320觔			
	計6,160,320觔			
	価銀は計566,749両余（脚銀は固定されず）			

典拠：『皇朝文献通考』巻14～16，銭幣2～4。下線部は筆者が算出したもの
　　（　）は辦銅を代行する対象の省。▭で示したのは滇銅を収買する省

広東の8省督撫による辦銅が実施されていた。銅の納入額は1省につき554,400觔，8省合計4,435,200觔であった。だが，康熙58年には，8省の滞納額は合計約272万余觔にも達した[15]。そこで康熙61年からは，江蘇省が安徽・江西・福建・広東の4省の銅納入を，浙江省が湖北・湖南両省の銅納入を代行することとなった。その理由は，8省が辦銅を分担するといっても実際にはどの省も専ら江南にもたらされる洋銅を買い付けていたからである[16]。しかし，雍正2年に署理江蘇巡撫何天培は，洋銅の輸入が不調なので福建・広東両省分の辦銅の代行をやめさせてほしいと請願して裁可された[17]。また，同年には浙江巡撫黄叔琳が，湖北・湖南両省分の辦銅を代行して洋銅を確保するのは難しいので翌雍正3年は湖北・湖南両省には増産傾向にある滇銅を採買させるよう提議して，1度は戸部の議覆において退けられたものの，再度要請して裁可されている[18]。年間辦銅額443万余觔に対して日本からの銅輸出額は年間300万觔を下回っている状況であり，洋銅だけでは京師両局の銅需要に応えられなくなっていた。同3年に浙江省は，翌雍正4年分も湖北・湖南両省は独自に辦銅を行うよう求め，一時は湖南省の反対に遭ったが，同4年に浙江巡撫李衛・湖北巡撫鄭任鑰・湖南巡撫布蘭泰（ブランタイ）が協議した結果，李衛の要求通りに湖北・湖南両省は辦銅を継続することで一致し，戸部の議覆を経て裁可された[19]。それまでの江浙両省による辦銅の滞納額は，最大で，江蘇省が453万余觔[20]，浙江省が249万觔[21]にも及んでいた。

　このように，洋銅を主体とする辦銅は綻びをみせつつあったが，同時期に滇銅の産出が増大していた。雍正5年5月，雲貴広西総督鄂爾泰は奏摺を上せて，同年には計三百数十万觔の滇銅を産出できる見込みであるが買い上げる財源がなく，ひとまず塩務の盈余銀（定額を超えて収蔵した塩課銀）から5〜6万両を融通して銅を買い上げたいと提議した。それとともに，収買した銅を売却し銀を受領して塩務盈余銀を回収するにあたって，諸省の洋銅採買が順調でないことを挙げ，自身はかつて江蘇省に赴任していたので（雍正元年3月から同3年8月まで江蘇布政使だった）その事情に精通していることを述べ，各省の辦銅に供するため漢口・鎮江に滇銅を輸送して売却したいと提言した。それに対して雍

正帝は,「旨有りて部に諭して議し行わしむ」と硃批した⁽²²⁾。それは,別途上せられていた題本に「該部は速やかに議して施行せよ」との諭旨を与え,戸部に輸送を実施するための協議を命じたことを指している。そこで戸部は議覆して,塩務盈余銀6万両を支出して銅を収買し,湖北・湖南両省に買い取らせるために漢口に100万觔を,また,江蘇省に買い取らせて洋銅未納分を補填させるために鎮江に100万觔を輸送させるという案を提出し,裁可された⁽²³⁾。

その後,江蘇省は辦銅額の全額を洋銅で納めることとなったが,雍正8年には広東総督郝玉麟が自省の辦銅を洋銅から滇銅に切り替えたいと提議し,戸部の議覆を経て裁可され,結果として湖北・湖南・広東の3省が年間計1,663,200觔の滇銅を漢口で雲南省側から受け取り⁽²⁴⁾,その余の江蘇(安徽・江西の割り当て分を代行)・浙江・福建の3省が年間計2,772,000觔の洋銅を採買して,各々京師両局に納入することとなった。こうして京師両局の辦銅に占める洋銅の割合は全体の8分の5に減じ,しかも前述のように雍正7年からしばらくは日本からの銅輸出が年間300万觔を超えていたので,京師両局の辦銅は一時の小康状態を迎えることとなる。とはいえ,鋳造拡大のために辦銅額を増額できるような状況には程遠かった。

また,この当時は,銅の調達困難のみならず制銭鋳造費用の膨張が問題視されるようになっていた。雍正11年,雍正帝は次のような明発上諭を下して制銭鋳造の費用削減に関する3つの改革案を示し,その協議を命じた。その1点目は制銭の重量軽減を命じるものであり,それは次節で検討することとして,ここでは2点目に挙げられた辦銅に関する改革,および3点目に挙げられた辦鉛に関する改革について述べていきたい⁽²⁵⁾。

現今,五省は洋銅を採辦し,三省は滇銅を採辦す。朕思うに,其れ〔滇銅を採辦している〕三省をして銅を辦じ部に解らしむるよりは,即ち滇省をして近きに就きて鋳銭し,運びて四川永寧県に至り,水路より運びて漢口に赴き,漕船に搭附して京に解らしむるに若くは莫し。京鋳の半を省くべければ,甚だ便益を為す。戸・工両局の用うるを需むる鉛觔に至りては,旧より商辦に係るも,貴州の鉛廠の甚だ旺んなるを聞く。如し水脚を酌給

し，該撫をして委員をして京に解らしめば，之を商辦と較ぶるに節省すること尤も多からん。著して規條を酌定し妥協し辦理せしめよ。

まず辦銅に関しては，京師で搭放する制銭の一部を雲南省で鋳造するというものである。既に述べたように，康熙55年に開始された8省督撫辦銅のうち湖北・湖南・広東の3省は，この時点までに滇銅収買へと改められていた。その3省分の銅を雲南省で制銭に鋳造してから京師に輸送させようとする案であり，経費の大幅減を期待したものであった。続いて辦鉛に関しては，商人に請け負わせていた辦鉛の官辦化であり，貴州省に該省の鉛廠で産出する亜鉛を収買し宝泉・宝源両局に納入させようというものである。これもまた，経費の抑え込みを目的としていた。

かかる上諭を受けて九卿らが協議し上奏を行った。その内容が，『皇朝文献通考』巻15，銭幣3，雍正12年条にみえる。まず雲南省での制銭鋳造については，湖北・湖南・広東の3省が年間に収買・輸送すべき滇銅1,663,200觔を雲南省広西府にて鋳銭し京師に輸送すれば，戸工両部に納入される制銭は344,632串余で，その鋳造費用と京師までの輸送費用の合計は1串につき銀8銭3分8釐でおさまると見込まれた。それは，乾隆2年に始めて実施されることとなる。続いて辦鉛の官辦化に関しては，次のようにある。

　　京局が改めて銅・鉛（亜鉛）もて対鋳するを定めてより（後述するように，雍正5年に銅と亜鉛の合金比率を5：5に変更していた），毎年鉛を増辦することは三百六十六万觔に至る。向（さき）に商人より採辦するに，觔ごとに価銀六分二釐五毫・水脚銀三分を給す。〔雍正〕十一年に至り，鉛価が平減するを以て，各商は呈して觔ごとに銀一分五釐を節省し，価四分七釐五毫と定めんことを請う。是に至り戸・工二部は旨に遵い，議して言わく，「貴州の蓮花・硃砂等の廠が産する所の白鉛は歳に四，五百万觔を下らず。各廠の定価は百觔ごとに銀一両三銭。之を商辦と較ぶれば，実に節省すること多し。請うらくは，雍正十三年より始めと為し，貴州巡撫をして委員をして額に照らして収買し分かちて戸・工二部に解らしめ，百觔ごとに水脚銀三両を給さんことを。……」と。之に従う。

ここにおいて貴州省による辦鉛は実施に移され，一時は8分2釐5毫にまで増額された亜鉛の価銀は一気に1分3釐にまで削減，脚銀と合わせても4分3釐となった。

上述の辦銅・辦鉛制度の改革と同時になされた制銭の重量軽減は，鋳造差損の縮小を企図したものであったが，辦銅・辦鉛が順調であったなら鋳造規模の拡大をも可能にしたはずである。しかし，実際にはそうはならなかった。乾隆元年，署理江蘇巡撫顧琮の上奏と戸部の議覆を経て，制銭の重量軽減によって京師両局の年間の銅使用量が約380万觔から約330万觔に減じたことを理由に，辦銅総額を年間443万余觔から洋銅・滇銅各200万觔，合計400万觔に削減することが決定したのである。あわせて，各省から洋銅買い付けに派遣された委員は洋銅輸入の状況を熟知しておらず江南までの旅費もかさむので，洋銅は江浙両海関監督の辦銅に切り替えて両海関に各100万觔を収買・納入させ，また，雲南省には200万觔の辦銅額と上述の344,632串の鋳造・納入に要する銅との差額336,800觔を納入させることとなった(26)。これにより，辦銅全体のうち滇銅が占める割合はさらに増して5割となる。辦銅額では，滇銅が336,800觔の増加，洋銅は772,999觔の減少となる。辦銅の中心は，洋銅から滇銅へと移りつつあった。しかし，制銭の重量軽減を鋳造拡大に結びつけることはできなかった。

その直後に，8省督撫辦銅時代の商人の洋銅未納を整理させるため，乾隆3年分の江浙海関の洋銅採買を休止させることが決定した(27)。そこで乾隆2年5月に雲南総督尹継善は上奏して，滇銅の産出が極めて盛んであるので，洋銅採買が休止となった江浙等省に滇銅を収買させることを提議した(28)。議覆を命じられた総理事務王大臣と九卿は尹継善の提議を支持し，乾隆3年は江蘇・安徽・浙江・福建の4省に対して各50万觔の滇銅を収買し京師両局に納入することを命じるよう上奏し，裁可された(29)。続いて雲南巡撫張允随は乾隆3年2月に上奏し，雲南省広西府から京師への制銭輸送の困難を理由に広西府での鋳造を停止して(30)，鋳造分の銅166万余觔を湖北・湖南・広東の辦銅に復し，さらに自省納入分の33万余觔をも3省の辦銅に繰り込むことを提議した。それが実現す

れば，江浙海関の洋銅採買が休止しているあいだは，年間400万觔の滇銅を江蘇・安徽・浙江・福建・湖北・湖南・広東の7省が分担して京師両局に納入することになる。乾隆帝は，広西府での制銭鋳造の停止等について，大学士が戸部尚書海望（ハイワン）および前雲南総督の刑部尚書尹継善とともに協議するよう命じた(31)。

ところがここで，直隷総督李衛が，先に決定した江蘇・安徽・浙江・福建の4省による滇銅納入に異を唱え，各省の委員に滇銅の京師への輸送を担わせるのは弊害が多いと予想されるので雲南省がみずから京師両局に滇銅を送り届けるべきだと主張した(32)。議覆を命じられた九卿は，李衛の提議を妥当であると判断し，雲南省に年間滇銅200万觔の納入を命じることとなった(33)。さらに，雲南省広西府からの制銭輸送停止に関する大学士鄂爾泰等の議覆も，広西府での制銭鋳造の停止は支持しながらも，先の江蘇・安徽・浙江・福建の4省による滇銅納入の撤回に鑑みて，広西府鋳造分と雲南省納入分の滇銅計200万觔は湖北・湖南・広東の3省の辦銅とはせず，やはり雲南省に納入させるよう主張し，裁可を得た(34)。かくして，京師両局の銅400万觔は雲南省に全額を滇銅で納入させることとなり，ここにおいて洋銅は京師両局の辦銅から完全に切り離されたのである（江浙両海関の洋銅採買は結局再開されなかった）。

乾隆4年に始められることとなった京師両局への滇銅納入の詳細は，雲南巡撫張允随の提出した原案について大学士鄂爾泰（元雲貴広西総督）・刑部尚書尹継善（前雲南総督）と戸部が議覆して最終的に定められるに至った(35)。その内容は多岐にわたるので，ここでは年間の輸送定額と価脚銀等の経費に絞って説明する(36)。

まず，年間輸送定額は，「正運」と「加運」に分かれており，正運の「正銅」が乾隆元年に改定された辦銅額を引き継いだもので400万觔となっており，また，鋳こぼれを補塡するという名目の「耗銅」32万觔が加えられた。さらに，加運の「正銅」が1,704,000觔，「耗銅」が136,320觔で，以上4項目の総額は6,160,320觔であった。なお，この他に正運・加運のそれぞれに「正銅」の3％にあたる額が「正銅」「耗銅」の欠額に備えるという名目の「余銅」として加えられ，雲南省が用意する銅は総計6,331,440觔に達した。辦銅の資金は，戸部

の庫銀が雲南省に支払われた。価銀は1觔につき銀9分2釐となったが、脚銀は従前のように定額化されず、実際の支出を報告・決算することとなった。

　鋳造費用を計算するには脚銀の大体の値を把握する必要があるが、雲南省各地の銅廠から四川省瀘州、江蘇省鎮江、直隷の通州を経て京師に至るまでの水・陸の脚銀に関するまとまった史料はほとんど存在しない。そこで前後の時代に目を移してみると、雍正5年に雲南省が滇銅を江蘇・湖北・湖南等省の辦銅に供したいと要請した際、戸部は銅廠から鎮江までの脚銀を3分8釐、鎮江から京師までの脚銀を3分、計6分8釐としている[37]。また、川勝守［1989：14-25頁］は嘉慶年間（1796-1820）に成立した『銅政便覧』巻3、京運の条の内容を詳細に検討し、銅廠から京師までの脚銀を100觔につき6両1銭1分7釐〜6両2銭6分7釐と算出している。乾隆年間には滇銅輸送の経路や技術に劇的な変化はなかったので、以上から、銅廠から京師までの脚銀は1觔につきほぼ銀6分台で推移していたとみなせる。後述の鋳造費用の計算では、仮に6分5釐とする。

　乾隆5年、浙江布政使張若震は制銭の私銷・銅器製造を防止するために、錫を加えた「青銭」の鋳造を提案し、採用された（黨武彦［1995：45-46頁］）。京師両局および各省の鋳銭局の合金比率は、原則として、銅50％：亜鉛41.5％：鉛6.5％：錫2％とされた[38]。亜鉛は、前述したように雍正12年以降は貴州省が全額を納入した。乾隆10年に価銀が1分3釐から1分5釐に、脚銀が3分から3分1釐に、それぞれ増額され、価・脚合計で銀4分6釐となった[39]。鉛も亜鉛と同様に貴州省が全額を納入することとなり、価銀は1分2釐と決定、まもなく亜鉛と同じ価銀1分5釐、脚銀3分1釐、価・脚合計4分6釐に改められた[40]。錫は、当初広東省の錫廠から徴収した税錫を京師両局の鋳銭に用いようとしたが不足し、結局広東省が錫廠から税錫以外の余錫を買い上げて京師両局に納入することとなった。その価銀は1銭3分5釐、脚銀は1分8釐7毫で、価・脚合計は銀1銭5分3錢7毫であった[41]。

　以上、康熙末年から乾隆初年における京師両局の辦銅・辦鉛・辦錫制度の変遷を追跡してきたが、制銭供給の成否を左右するという意味において抜きん出

て重要であったのはやはり辦銅であった。当該時期の京師両局の辦銅は，洋銅流入量の急落という事態に見舞われ，滇銅への切り換えにより辦銅の決定的な行き詰まりは辛うじて回避されたものの，洋銅の滞納額は膨大なものとなっており，雍正12年の制銭の重量軽減も鋳造規模拡大にはつながらなかった。そして，完全に滇銅調達へと移行した乾隆4年以降ようやく，辦銅額が大幅に増額されたのである。それでは清朝は，このように辦銅に多大な困難がともなった期間において，制銭の鋳造と搭放をどのように行っていたのであろうか。

第三節　京師両局の制銭鋳造の増大

　前述した辦銅および辦鉛・辦錫制度の推移を踏まえて，本節では京師両局の年間鋳造定額の推移をみていきたい（114頁所掲表3．2参照）。第三章で論じたように，康熙末年において宝泉・宝源両局の年間卯数は36であった。宝泉局の1卯あたりの用いる銅・亜鉛は計12万觔，宝源局の1卯あたりの用いる銅・亜鉛は計6万觔で，両局の年間鋳造総額は673,920串，そこから工食・物料を差し引いた戸工両部の年間収蔵額は546,652串800文であった。

　雍正元年に清朝は，制銭供給を拡大して京師の銭価を引き下げるため，宝泉局の卯数を40に加増した[42]。同年に実際に40卯の鋳造がなされたことが檔案史料によって確認できる[43]。さらに翌雍正2年には，兵餉への制銭搭放の増額が「兵丁に甚だ裨益有」ることを理由として，後述するように工部から戸部への制銭移送を実施するため，宝源局の卯数もまた宝泉局と同じく40に加増した[44]。続いて雍正4年には両局ともに卯数を41とした[45]。

　康熙末年には100觔あたり計1,969文だった工食・物料は，雍正元年に1,959文に削減されている[46]。よって，宝泉局の1卯あたりの鋳造額は12,480串（120,000×0.91×160÷1.4÷1,000），戸部への納入額は10,129串200文，宝源局の1卯あたりの鋳造額は6,240串（60,000×0.91×160÷1.4÷1,000），工部への納入額は5,064串600文となる。年間41卯ならば，両局の年間鋳造総額は767,520串，戸工両部の収蔵額は622,945串800文となる。

ここまでは，京師両局の鋳造定額を若干ながら段階的に加増することができていた。しかし，洋銅の減少が響き始めて，それ以上の大規模な鋳造規模拡大は不可能となった。雍正2年には，銅の不足を受けて民間からの銅器・廃銅の収買開始が決定しているが[47]，事態を好転させるには至らなかった。宝泉局における康熙61年から雍正元年への銅の繰越額は2,346,908斤であったが[48]，同3年から同4年への銅の繰越額はわずか191,485斤にまで落ち込んでいる[49]。

　そこで雍正5年から同末年には，官・民から収買した黄銅器皿を原材料とする額外の鋳造が行われた。第四章で既に論じたように，雍正帝は雍正4年に一部官員を除いて黄銅器皿の保有を禁じ，その収買に乗り出していた。その翌年から京師両局で始められた黄銅器皿を用いた制銭鋳造は，紅銅不足のためさらなる拡大は困難となっていた正規の制銭鋳造を補うものであった。その規模は，当初の年間の卯数は6であったが，漸増して最盛期には15～16卯に達した[50]。ただし，その場合の1卯あたりの鋳造額が前述した通常の鋳造と同じであったのかどうかは不明である。

　また，黄銅器皿を原材料とする額外の鋳造が始められたのと同じ雍正5年には，京師両局の正規の鋳造における銅・亜鉛の合金比率が6：4から5：5に変更された。『皇朝文献通考』巻15，銭幣3，雍正5年条とその按語に，次のようにある。

　　銅・鉛（亜鉛）各半を以て制銭を配鋳するを定む。
　　臣等謹んで按ずるに，是の年，宝泉・宝源二局は例に照らして配鋳す。其れ雲南各局及び嗣後開く所の貴州局・四川局は，銅質の高低が一ならず，之に兼ねて沙水宜しきを異にするを以て，仍お銅六・鉛四を以て配鋳す。乾隆五年に至りて改めて青銭を鋳するに，始めて京局に照らして一例に配鋳す。

　この記事にみえる京師両局および雲南・貴州・四川等省の鋳銭局は，紅銅を制銭鋳造に用いていたところであり，3省は主に滇銅を使用していた（貴州省は自省の黔銅も使用）。雍正後半から乾隆初頭には第四章で論じたようにその他の諸省も制銭鋳造を実施していたが，それは現地での黄銅器皿（甘粛省のみ私鋳銭

収買に基づくもので合金比率を指定していなかったため，この按語では言及されなかったものとみてよい。ともあれ，京師両局における銅と亜鉛の合金比率は6：4から5：5へ変更されたのであった。これは，慢性的に銅が不足するなかで正規の制銭鋳造の規模を維持するための措置であったと考えられる。しかし，雍正10年には宝源局の卯数が37に削減されており[51]，いよいよ銅の不足は差し迫った問題になろうとしていた。

そして雍正12年に至り，前述の如く制銭の重量が1銭2分に軽減されたのであった。前年の雍正11年に雍正帝が下した明発上諭には，以下のようにある[52]。

　　銭文を鼓鋳するは，専ら民が利用するに便ならしむるためなるも，銅重ければ則ち銷燬を滋し，本軽ければ則ち私鋳多し。原より宜しく随時更定し籌画し変通すべし。斯くして銭価を平じて諸弊を杜げば可なり。順治元年，文ごとに重の一銭なるを鋳す。〔同〕二年，改めて一銭二分なるを鋳す。〔同〕十四年，加えて一銭四分に至る。康熙二十三年，銷燬の弊多きに因り，仍りて改めて一銭なるを鋳す。嗣いで私鋳競起するに因り，〔同〕四十一年に仍りて一銭四分の制に復す。後に銅価が逐漸と加増するに迨び，以て工本が愈よ重くなるを致す。今，宝泉・宝源二局の額鋳の銭文は，歳に工本を虧折するを計れば，約そ銀三十万両。朕思うに，銭重く銅多ければ，徒に銷燬を滋し，且つ姦民は本を重くするを須めず，便ち随時鎔化すべし。跴緝するに殊に難し。若し順治二年の例に照らして文ごとに重の一銭二分なるを鋳せば，銷燬する者に在りては利無く，而して私鋳するも亦た難し。権衡して得中するに属するが似し。以て之を行うこと久遠なるべし。

前節において既に述べた雲南省広西府での制銭鋳造および辦鉛の官辦化と同時に雍正帝が検討を命じたのが，ここに記された制銭の重量軽減であり，順治2年（1645）の1銭2分に戻すことを命じている（順治8年には1銭2分5釐に変更されているのだが，ここでは触れていない。順治2年の1銭2分が戻るべき旧制であることを強調するため，あえて無視したのかもしれない）。そこにおいては，年間約30万両の鋳造差損の存在が指摘されている。

これに対する九卿らの議覆として,『皇朝文献通考』巻15,銭幣3,雍正12年条には次のように記されている。

> 議して言わく,「宝泉・宝源二局の見在の毎年の正額は銭六十万二千六百八十七串有奇を鋳す。串ごとに工本銀一両四銭三釐有余を需むれば,銭一串を以て銀一両に抵てて之を計るに,毎年約そ銀三十万両を虧折し,以て不肖の奸民が肆(ほしいまま)に銷毀を行うを致す。嗣後,応に改めて文ごとに重の一銭二分なるを鋳すべし。則ち銭本は稍軽く,毎年銅・鉛(亜鉛)約そ各五十一万觔を節省す。計れば共に銀十二万八千七百余両を節省すべし。而して銷毀し製器すると銅を買い私鋳するとは,均しく利の図るべき無し。……」と。之に従う。

ここでは,制銭の重量軽減によって年間に用いる銅・亜鉛は各51万觔減少し,その分の収買費用128,700余両を削減できることが強調されている。この時点で銅の収買価格は価銀・脚銀合計銀1銭7分5釐,亜鉛の収買価格は前節で述べたように,前年に価銀が1分5釐削減されて4分7釐5毫と改定され,価・脚合計7分7釐5毫となっているので,そうすると制銭の重量軽減によって減少する銅・亜鉛各51万觔の収買費用の合計は銀128,775両となり,「共に銀十二万八千七百余両を節省すべし」という記載と一致する。

即位以来,財政の緊縮を重視していた雍正帝は,京師両局の制銭鋳造によって生じていた年間約30万両もの鋳造差損を解消しようとしたのである。ただ,ここで重要なのは,そのように鋳造差損の解消にこだわった雍正帝でも,制銭鋳造自体を縮小しようとはしなかったことである。京師での積極的な制銭鋳造は,決して揺らぐことのない絶対的な方針であった。

制銭の重量軽減に応じて,宝泉局の1卯につき用いる銅・亜鉛は12万觔から102,857觔へと減少した。これに対して鋳造額は18串増加して12,498串,年間512,418串であった[53]。制銭に鋳出された銅・亜鉛の総額は1卯につき93,735觔であり,そこから逆算すれば耗銅は9,122觔で,用いる銅・亜鉛の約8.87%と計算される。従来の9%から非常にわずかながら削減されたことになり,それゆえ,原材料が制銭の重量軽減相応に減少したにもかかわらず鋳造額が18串増加した

のである。工食・物料は，前述したように雍正元年以降は銅・亜鉛100觔あたり計1,959文と定められており，1卯あたり計2,350串800文であった。そしてこの重量軽減の際に，1卯あたりの工食は旧額のまま据え置かれたが物料のみ147串600文削減されて，1卯につき計2,203串200文となった。年間41卯では工食・物料は合計90,331串200文となる。よって，戸部の年間収蔵総額は422,086串800文となる。宝源局の鋳造額，工食・物料，工部の収蔵額は，すべて宝泉局・戸部の半分である。

　制銭の重量軽減は，前述したように，辦銅の不調のために鋳造規模拡大にはつながらなかった。とはいえ，雍正13年には，同10年から暫定的に37に減らされていた宝源局の卯数が41に戻されており[54]，それは重量軽減のひとつの成果であったともいえる。制銭の重量軽減によってようやく，鋳造規模の現状維持が可能になったのである。

　このように，雍正4年頃から清朝は，銅不足のため京師両局の鋳造規模を拡大することはできなくなり，銅の配合比率切り下げや制銭の重量軽減などによって正規の鋳造の規模を維持し，また，収買した黄銅器皿を用いて額外の鋳造を行って正規の鋳造の停滞を補ったのであった。かかる状況は，乾隆4年以降に一変した。既に論及したように乾隆4年から雲南省が年間616万余觔の滇銅を納入することとなり，それが軌道に乗った後の乾隆7年に鋳造定額が大幅に加増されたのである。そこにおいて，雍正4年以降基本的に41で据え置かれていた両局の卯数が，乾隆7年に一挙に61に加増され[55]，鋳造規模がおよそ1.5倍に拡大した。それによって戸工両部の年間収蔵額は約34万串増加し，計1,036,164串300文にまで達した。乾隆9年から同10年にかけて官銭局を設置し制銭の兌換発売を行うために一時的に10卯加増された（詳細は後述する）のを除けば，乾隆7年に定められた61卯という定額はその後およそ10年にわたって維持された。

　京師両局の鋳造定額が大幅に加増された乾隆7年頃には，次章で述べるように，既に江蘇・浙江・福建・江西・湖北・湖南など多くの省が銭価の高騰を報告し，それぞれ制銭供給の開始を提議して裁可を得ていた。にもかかわらず清

朝中央は，滇銅の京師両局への輸送を緩めることなく，しかも両局の鋳造規模を一挙に拡大したのである。この時増加した戸工両部の年間収蔵額約34万串は，江蘇・浙江・福建3省の年間収蔵額の総計に匹敵する。明らかに清朝中央は，各省への銅の融通を軽視し，断然京師両局の鋳造拡大を優先させていた。

なお，乾隆5年に錫を加えた「青銭」への規格変更が決定したことにともない，同6年には1卯あたりの銅・亜鉛・鉛・錫の額などが定められている[56]。すなわち，宝泉局で1卯につき用いる銅は51,428觔9両1銭4分，亜鉛は42,685觔11両4銭2分，鉛は6,685觔11両4銭2分，錫は2,057觔2両2銭8分で，銅・亜鉛・鉛・錫の合計は102,857觔2両2銭6分であった。これに対し鋳出される制銭は12,498串で，逆算すれば耗銅は9,112觔2両2銭6分となる。それは用いる銅・亜鉛・鉛・錫の約8.87％であり，雍正12年に改定された比率をそのまま引き継いでいることがわかる。また，次節で言及するように，これまでは鋳造した制銭の一部を支払っていた工食・物料が乾隆4年に銀払いに変更され，同6年に工食のみ制銭支給に戻されていた。銀支給となった物料の額は974両4銭であり，工食は1,173串800文であった。宝源局の鋳造規模は宝泉局の半分である。

それでは，以上のように清朝が積極的に鋳造額の維持・拡大に努めた京師両局の制銭鋳造の採算は，どのような状況にあったのだろうか。雍正11年頃の鋳造差損が年間およそ30万両に達していたことは既に述べた通りであるが，以下ではその前後の時期を含めて康熙末年から乾隆初年までの採算状況の推移をみてみたい。

まず，銅と亜鉛の合金比率が6：4から5：5に改定された雍正5年頃の鋳造費用を計算する。宝泉局では，1卯につき用いる銅・亜鉛は計12万觔であった。合金比率が5：5なので，銅が6万觔，亜鉛も同じく6万觔となる。辦銅の官価は価銀・脚銀あわせて1觔につき銀1銭7分5釐であったから，銅6万觔の調達に要する費用は銀10,500両となる。また，辦鉛の官価は第三章で指摘したように康熙末年に価・脚合計銀1銭1分2釐5毫にまで膨らんだが，ほどなくして銀9分2釐5毫に減じていた[57]。よって，亜鉛6万觔の調達に要する

費用は銀5,550両となる。辦銅費用と辦鉛費用の合計は，銀16,050両である。これに対して，銅・亜鉛計12万觔から鋳出される制銭は，既に述べたように12,480串，そこから工食・物料を差し引いた戸部の収蔵額は10,129串200文であった。したがって，制銭1,000文あたりの鋳造費用はおよそ銀1両5銭8分5釐と計算される。年間の卯数は宝泉・宝源両局ともに41で，戸工両部の収蔵額は622,945串800文であったから，両局の制銭鋳造によって生じる鋳造差損は約364,423両となる。

　雍正10年に宝源局の卯数が37に減じると，戸工両部の年間収蔵額は計602,687串400文となった。よって，年間の鋳造差損は約352,572両と計算される。また，雍正11年には亜鉛の価銀が削減されて価・脚合計7分7釐5毫と改定された（雍正12年の辦鉛の官辦化に関する前掲史料を参照）。したがって，亜鉛6万觔の調達に要する費用は銀4,650両に減少し，制銭1,000文あたりの鋳造費用はおよそ銀1両4銭9分6釐となり，年間の鋳造差損は約298,933両と計算される。この値は，雍正12年に下された明発上諭のなかにみられる「歳に工本を虧折することを計れば，約そ銀三十万両」という記載にちょうど符合する。

　次に，制銭の重量が1銭4分から1銭2分に軽減され，さらに亜鉛の納入が官辦となった後の雍正13年頃における制銭1,000文あたりの鋳造費用を計算する。宝泉局では，1卯で用いる銅・亜鉛は計102,857觔に減じている。銅・亜鉛の合金比率は5：5であるから，用いる銅は51,428觔8両で，その調達費用はおよそ銀9,000両。用いる亜鉛は51,428觔8両で，官辦化により価銀と脚銀の合計は1觔につき銀4分3釐に減少したので，亜鉛の調達費用はおよそ銀2,211両4銭となり，辦銅・辦鉛費用の合計は銀11,211両4銭となる。これに対し，戸部の収蔵する制銭は10,294串800文であるから，制銭1,000文あたりの鋳造費用は銀1両8分9釐となる。雍正13年には宝泉・宝源両局ともに41卯となり，戸工両部の収蔵額は633,130串200文となっているので，年間の鋳造差損は合計56,348両余と計算される。約30万両にも及んでいた差損は，重量軽減と辦鉛の官辦化によって大幅に縮小したといえる[58]。

　最後に，亜鉛・鉛・錫の収買制度が一応の確立をみた，乾隆10年頃における

制銭1,000文あたりの鋳造費用を計算したい。既に述べたように，宝泉局で1卯につき用いる銅は51,428觔9両1銭4分，亜鉛は42,685觔11両4銭2分，鉛は6,685觔11両4銭2分，錫は2,057觔2両2銭8分である。その収買費用は，銅が銀8,074両3銭，亜鉛が銀1,963両5銭，鉛が銀307両5銭，錫が銀316両2銭，合計10,661両5銭となる。さらに，銀支給となった物料を加えると，銀の支出額は合計11,635両9銭である。これに対し，鋳造額から工食を差し引いた戸部の収蔵額は11,324串200文であるから，制銭1,000文あたりの鋳造費用は銀1両2分8釐となる[59]。戸工両部の年間の収蔵額は合計1,036,164串300文であるので，年間の鋳造差損は約29,013両と計算される。

　このように，雍正末年以降，制銭の鋳造費用は大幅に縮小し，年間の鋳造差損は3万両程度にまで減じていた。同時期の戸部銀庫の貯蔵額が3千万両を上回っていたこと（150頁所掲表4．1参照）から考えれば，年間3万両程度の差損は全く問題にならない小さな額であったといえる。だが，あくまでも採算割れは解消しておらず，制銭鋳造に財政的利点は全くない状態が続いていたことには注意を払う必要がある。清朝は，財政的利点が全くなかったにも関わらず，前述の如く，可能な限り制銭鋳造の規模を維持・拡大していた。京師両局の制銭鋳造に対する清朝の積極姿勢は，鋳造差損の多寡・増減によって左右されることのない絶対的な既定路線であった。その上で清朝は，至極当然のこととして，極力差損を減らそうと努めていたのである。

　そのように清朝は，財政的に利点が全くない京師両局の制銭鋳造を積極的に推進していたのであるが，前述のように辦銅の不振のために鋳造規模を拡大することはままならない状態が乾隆初頭に至るまで続いた。かかる状況のもと，八旗兵餉の制銭搭放がどのように実施されていたのかを，次節において明らかにしたい。

第四節　八旗兵餉への制銭搭放の拡充

　八旗兵餉へ制銭を集中させるための施策は，京師で銭貴が発生した康熙末年に既に始まっている。すなわち，『皇朝文献通考』巻14，銭幣2，康熙58年条に，

　　戸部は議して言わく，「毎年局銭は八旗兵餉及び各衙門公費・漢官俸銭に配給す。共に銭三十七万五千余串を需む。見に査すれば宝泉局の毎年の鋳する所の銭は，本局の工料（工食と物料）の各項に支用するを除く外，存する所は止だ三十三万四千二百余串のみ。之を合わせれば出だす所の銭数は尚お敷らざること四万一千余串なり。請うらくは，各衙門の応に支すべき公費と漢官の俸銭とを将て其の銭を給するを停め，銭一串ごとに銀一両を給さんことを」と。之に従う。

とあり，清朝は銭価が高騰し始めた康熙58年に至って漢人官員の俸禄や各衙門の公費等への制銭支出を停止し，宝泉局から戸部に納入される制銭はすべて八旗兵餉に搭放することとしたのである。そこで兵餉における制銭搭放割合を引き上げたのかどうかは明らかでないが，銭貴が俄然深刻化した同61年には，2・8月になされていた八旗兵餉への制銭搭放の割合を5割へと加増している[60]。

　ついで雍正年間に入ると，宝源局が鋳造して工部に納入した制銭の大部分をも工部から戸部に移送して兵餉への搭放に追加するようになった。『皇朝文献通考』巻15，銭幣3，雍正元年条によれば，同年にはまず2・8月に制銭を搭放するだけでは間隔があきすぎ，その間に銭価が高騰するので，隔月で兵餉の2割を制銭搭放とすることに改めた。つまり，2・4・6・8・10・12月の兵餉が2割搭放となったのである。それに要する制銭は401,000串余りであり，当時の戸部の年間収蔵額405,166串は引き続き全面的に八旗兵餉に搭放することとなった。さらに同条に，

　　尋いで戸部は又議准すらく，「毎年双月に銀八銭二にて搭放するより外，復た工部をして銭二十万串を〔戸部に〕移送せしめ，春秋二・八両月に再た餉銭各十万串を増搭す」と。

とあるように，2・8月の兵餉への制銭搭放を増額するため，毎年工部から20万串を戸部に移送することを決定した[61]。ただし，この時点では工部の年間収蔵額は182,325串600文に過ぎなかった（114頁所掲表3．2参照）。おそらくは，工部には相当量の制銭が支出されないまま退蔵されていて，それに目をつけて年間20万串の移送を決定したものと考えられる。しかし，そうだとしても新鋳の制銭の年間収蔵額を上回る移送額というのは極めて巨大なものといえる。そこで，前節で述べたように翌雍正2年には，兵餉への制銭搭放の増額が「兵丁に甚だ裨益有」ることを理由として，宝源局の年間卯数を36から40に加増した。それによって，工部の年間収蔵額は202,584串となった。もちろん，銅確保の見通しに裏付けられた卯数の加増であったと考えられる。しかし，宝源局の卯数を40としてもなお，戸部への年間20万串もの移送は困難だった。そこで，『皇朝文献通考』巻15，銭幣3，雍正5年条に，

> 〔雍正〕四年，工部の支用に敷らざるを以て，議して毎年止だ戸部には銭二万串を交すのみとして，戸部の二・八月に餉銭を増搭するの例を将て停止す。是（雍正5年）に至りて工部は復た議定すらく，「毎年十万串を存留して以て各工の取用に備え，其の余は皆な戸部に移交して放餉す。倘し大工に遇いて銭を需むること十万串に至り，用を足たすあたわずんば，另に奏請を行う」と。

とあるように，工部の制銭不足を理由として戸部への移送を年間2万串にまで削減することが一旦は決定した。だが結局は，宝源局が工部に納めた制銭は10万串を工部に留めおき，その残余をすべて戸部に移送することとなった。以上の経緯からは，清朝が雍正元年以来，工部から戸部への制銭移送をかなり強引に実施して，八旗兵餉への制銭搭放を是が非でも拡大しようとしていたことを看取できる。

　こうして新鋳の制銭を極力八旗兵餉へ搭放する体制が確立したのち，雍正10年以降は制銭の多寡に応じて毎月の制銭搭放割合を1～3割のあいだで調節することが定められた。『皇朝文献通考』巻15，銭幣3，雍正9年条には，以下のようにある。

是れよりも先，両月ごとに一次，銀八銭二にて兵餉に配給す。〔雍正〕八年に改めて毎月銀九銭一にて搭放すると為す。是（雍正9年）に至りて戸部は復た議定すらく，「本年の餉銭は単月は一成を以て搭放し，双月は二成を以て搭放す。嗣後は，毎月の餉銭は銭数の多寡を以て酌して一成，二成，或いは増して三成に至るを定め，季を按じて具奏し配給す」と。

隔月で2割搭放となったのは，前述の如く雍正元年のことである。ついで，この記事にあるように同8年に毎月1割と改められ，同9年は奇数月が1割，偶数月が2割とされた。そして，翌同10年以降は収蔵されている制銭の多寡に応じて毎月の搭放割合を1割から3割のあいだで調整することになったのであった。換言すれば，八旗兵餉への搭放額を一定として余剰の制銭を他の財政支出に搭放したり兌換発売に供したりすることが原則としてなかった，ということである。

八旗兵餉への制銭搭放を増額しようとする清朝の努力は，さらに続けられた。『大清高宗純皇帝実録』巻89，乾隆4年3月壬戌（16日）条には，次のようにある。

工部右侍郎韓光基は奏すらく，「宝泉・宝源両局の毎年の炉頭の応に領すべき工料（工食と物料）は，向例は即ち鋳する所の銭を以て給発す。請うらくは，卯を按じて改めて銀両を発さんことを。其の局鋳の銭文は，毎月放餉に加数せん」と。之に従う。

つまり，それまで新鋳の制銭を支給していた工食・物料を銀支給に改め，八旗兵餉への搭放に追加したのである。その後乾隆6年に至って，銀支給へ切り替えられた工食では不足であることを理由に炉匠らがストライキを起こして鋳造が停止され，首謀者が刑部に送致されるという事態が立て続けに発生した[62]。事態を深刻に受け止めた軍機大臣は上奏して，工食のみ再び新鋳の制銭を充てるよう改めることを提議し，裁可を得たのであった[63]。かかる紆余曲折も，清朝が多少の無理をおしてでも兵餉への制銭搭放の増額を強力に推進していたことの表れといえる。

乾隆年間に入ると，八旗兵餉の制銭搭放割合に関する檔案史料が比較的豊富

に残されている。まず，乾隆元年は，2・8・9・10・11月が2割，その他の月が1割であった(64)。ついで同2年は2・8・閏9・10月が2割，その他の月が1割であった(65)。乾隆元年の9～11月および同2年の閏9・10月が2割とされたのは，前述したように，俸餉の貸与による銭価高騰への対応として急遽搭放割合を1割加増したものであった。とすると，この頃は2・8月のみ2割搭放，その余は1割搭放というのが基本の額であったと考えられる。同3年は，2・7月が2割，8月が3割，その他の月は1割搭放であった(66)。これもやはり，2・8月が2割でその余が1割という基本の額があって，その上に7・8月が1割加増されたものと予想される。

　その後，搭放割合は徐々に拡大していった。同4年11月から同5年8月までは，10ヶ月連続で2割搭放となっている(67)。また，同8年のある時点において搭放が3割に達していることが確認される(68)。さらに，同9年3～12月をみると，3・6・7・11月は2割搭放，4・5・9・10・12月は3割搭放で，8月の搭放割合は実に4割となっている(69)。同10年7～12月は，9・12月が2割，7・8・10・11月が3割であった(70)。このように，乾隆4年頃から搭放割合が拡大し，同9年頃には時に4割にまで達するようになったのは，同4年から京師両局の辦銅が滇銅収買に一本化され，それが順調に進められて同7年に鋳造定額が大幅に加増された結果に他ならない。乾隆10年4月の協理陝西道事福建道監察御史范廷楷の奏摺には，

　　乾隆七年に卯を加えて鼓鋳してより以来，例は二・八月は四成を以て搭放し，余月は或いは三成或いは二成もて搭放す。

とあり(71)，乾隆7年の鋳造規模拡大が八旗兵餉への制銭搭放拡大に直結していたことを示している。裏を返せば，鋳造額が大幅に増大しても工部から戸部への制銭移送や物料の銀支給を停止することはなく，ひたすら八旗兵餉の制銭搭放の拡充が目指されたということである。

　このように清朝は，京師両局で鋳造した制銭を極力八旗兵餉への搭放へと集中させ，また，滇銅収買が軌道に乗ると両局の鋳造規模を大幅に拡大して，八旗兵餉の制銭搭放割合をより一層引き上げていったのである。

ただし、官銭局を設けて新鋳の制銭を兌換発売に供することもなかったわけではない。乾隆2年には、東西南北四城に各2、東華門・西華門外に各1、計10ヶ所に官銭局を臨時に設置し、工部の余銭2万串を兌換発売に供した[72]。ここでいう工部の余銭とは、毎年工部に留めおく宝源局鋳造の制銭10万串のうち傭工の賃金として用いられずに官庫に残存した制銭である。つまり、兌換発売された制銭はもとより八旗兵餉への搭放の対象外だったものであり、前述した八旗兵餉へ制銭を集中させる施策が後退したわけではない。

また、乾隆9年にも、官銭局を設置して制銭の兌換発売を実施することとした。ただしこれも定額以外に10卯の追加鋳造を実施して得た制銭を兌換発売するものであって、八旗兵餉に搭放すべき制銭が転用されたわけではなかった[73]。この時の官銭局における制銭の官価は銀5銭9分=500文、すなわち1,000文=銀1両1銭8分で、当時の制銭1,000文の鋳造費用は、前節で算出したようにおよそ銀約1両2分8釐だったから、官銭局の官価は鋳造差益さえ生じる価格であった。しかも、官銭局の制銭に対する需要は大きく、兌換発売を望む者の多くが制銭を得られない状況だった[74]。さらに、乾隆9年12月の吏部尚書協理戸部事務訥親(ネチン)等奏摺によれば、乾隆9年にはまず22万串を官銭局での兌換発売に供したとあり、ついで、

> 今、此の項の銭文を動用して上市し発売してより以来、銭価を平減するに甚だ裨益有り。但だ時は歳暮に届(いた)り、兵丁は餉銀を預支すれば、正に需む る銭の発売せらるる際に値(あ)う。臣等査得したるに、工部の現存せる本年の額鋳の銭の内、各項の応に用うべきを酌留するを除く外、尚お余銭は四万八千八百余串なり。又査得したるに、戸部の現存せる本年の額鋳の銭の内、兵餉に搭放するを除く外、尚お余銭は九千四百余串なり。二つ共に制銭は五万八千二百余串なり。臣等此の項の銭文を酌議するに、其の部庫に閑貯するよりは、亦た銭局に添給して発市し価を平ずるに若くは莫し。更に有益に属さん。

とあって、官銭局における制銭の兌換発売は銭貴の沈静化に効果が大きかったので、年末時点での戸工両部の余銭58,000余串をも官銭局に送ることを提議し、

裁可を得ている(75)。そのうち戸部の余銭9千余串は、通常ならば翌年に繰り越して八旗兵餉に搭放していたはずのものであり、これだけは八旗兵餉への制銭集中の鉄則を破って兌換発売に回された制銭である。とはいえ、この年清朝が兌換発売に供した27万8千余串の制銭の大半は、兌換発売のために追加鋳造されたもの、および工部の余銭であった。制銭の兌換発売は銭貴沈静化に非常に有効な施策であったが、従来からの八旗兵餉への制銭搭放を縮小させてまで制銭を兌換発売に供することはなかった。

しかも、この大規模な兌換発売もわずか一年ばかりで中止されてしまった。『皇朝文献通考』巻16、銭幣4、乾隆9年条によれば、

〔乾隆〕十年五月、銭価漸減すれば、奸民は毎に京に在りて賤買せる官銭を以て運びて近京の銭貴の地に至り、販を興こして利を射んとす。議して官局を将て停止し、其の〔宝泉・宝源〕両局の開鋳するは仍お原額に照らして六十一卯と為す。

とあり、「奸民」の銅銭転売に利用されることを忌避して(76)、それを防ぎながら兌換発売を続ける方法を探ろうとすることもなく、官銭局における制銭の兌換発売とそのための10卯の追加鋳造をあっさりと停止してしまったのである(77)。この後、清朝が京師において継続的に官銭局での兌換発売を実施した形跡はない(78)。だが決して銭貴が終息したわけではなく、銭貴沈静化を目的とする兵餉への制銭搭放は続けられた。結局、京師の主要な銅銭需要者は八旗兵丁である以上、制銭は八旗兵餉に搭放するのが最も合理的であり、官銭局での兌換発売は補助的手段の域を出ることがなかったのである。

以上みてきたように、京師で銭貴が深刻化した康熙末年から乾隆初年において清朝は、可能な限り兵餉への制銭搭放を拡大していった。具体的には、それまで種々の支出に振り分けていた宝泉局新鋳の制銭を専ら八旗兵餉への搭放に用いることとし、さらに搭放を増額するため、宝泉局の鋳造定額加増、工部から戸部への制銭移送と宝源局の鋳造定額加増、鋳造経費の制銭支給から銀支給への切り替え、さらには乾隆7年における京師両局の鋳造規模の大幅な拡大などを積極的に実施していった。それは、工部からの制銭移送や鋳造経費の銀支

給に行き過ぎと揺り戻しがみられることからもわかるように，極めて強力に推進された政策であった。

小　　結

　銅銭遣いが一般的であった京師において，銭価の上昇は，八旗兵丁に兵餉として支給された銀の購買力低下を意味した。そこで清朝中央は，八旗兵餉の制銭搭放割合を引き上げることによって巨大な銅銭需要の発生による銭価のさらなる高騰を回避し，兵餉の購買力低下に歯止めをかける必要に迫られた。それは，八旗兵丁の生計保護のみならず，かれらと漢人商人との利害対立の問題にも結びついていた。八旗は清朝の帝国統治の根本をなすものであったが，下層旗人の生計は窮乏化する一方であり，銭貴はかれらの困窮に拍車をかけるものであった。それゆえ，清朝中央は京師の銭貴を座視できなかったのである。

　しかしながら，康熙末年から乾隆初年にかけては，洋銅の流入が減少するとともに滇銅の産出は本格化したばかりであり，京師両局の辦銅に最も困難がともなった時代であった。雍正初頭までに，洋銅の滞納額は数百万觔にのぼっていた。そこで清朝は銅の配合比率を6割から5割に減じ，収買した黄銅器皿を用いて追加鋳造を実施した。さらに，鋳造差損の解消を企図して制銭の重量を1銭2分に軽減したが，それでも京師両局の鋳造規模は辛うじて現状維持できただけであった。乾隆4年に至り，滇銅の京師への大規模な輸送体制が整えられ，それを受けて同7年には京師両局の鋳造額は一挙に約1.5倍へと加増された。

　かかる状況のもと清朝は，宝泉局が戸部に納めた制銭はすべて八旗兵餉に搭放し，工部からも制銭を戸部に移送させて八旗兵餉への搭放に追加した。さらには宝泉・宝源両局の工食・物料を制銭支給から銀支給に切り替えて，鋳造した制銭を尽く戸工両部に納入させ，一部を工部に留める他は全て八旗兵餉に搭放することとした。工部から戸部への移送額は移送開始後ほどなくして工部の制銭不足のために減額され，銀支給とされた工食もすぐに炉匠たちの激しい反

発にあって制銭支給に戻されたが，それらの事実は八旗兵餉への制銭集中がいかに強引になされたものであったかを物語っている。そして乾隆7年に京師両局の鋳造規模が大幅に加増されると，それはそのまま搭放の拡充に向けられた。その結果，八旗兵餉の毎月の制銭搭放割合は2～4割で調整されるようになった。なお，臨時に官銭局を設置して工部の余銭や特別に追加鋳造した制銭を兌換発売することもあったが，京師における最大の銅銭需要者は八旗兵丁であったので，銭貴対策としては八旗兵餉の制銭搭放拡充が最も合理的であり，官銭局での兌換発売は補助的手段の域を出なかった。

註

（1） 同様の指摘は，Vogel, Hans Ulrich［1987：pp.15-16］でもなされている。
（2） 「軍機処漢文録副奏摺」第33リール1997-1998，乾隆元年8月（日不詳），監察御史斉軾奏摺。
（3） 「宮中檔硃批奏摺財政類」第60リール161-163，乾隆元年9月8日，順天府府尹陳守創奏摺。
（4） 『乾隆朝上諭檔』第1冊，215頁，乾隆2年9月15日。
（5） 「宮中檔硃批奏摺財政類」第60リール242-251，乾隆2年9月22日，大学士管戸部尚書事張廷玉等奏摺。
（6） 『乾隆朝上諭檔』第1冊，218頁，乾隆2年9月26日。
（7） 『宮中檔雍正朝奏摺』第1輯，448-450頁，雍正元年7月6日，雲南道監察御史戴芝奏摺。
（8） 『皇朝文献通考』巻15，銭幣3，雍正元年条には，「戸部の支放する兵餉は，毎月銀を需むること約そ三十四万両に及ぶ」とあり，そこから年額が約408万両であったことがわかる。また，『明清檔案』A132-39，乾隆9年7月9日，戸部尚書海望等奏摺には，「今，八旗兵餉に銭文を搭放するに，成ごとに約そ銭三万七千余串を需む」とあり，八旗兵餉の月額が約37万両，年額が約444万両であったことがわかる。
（9） ただしそれは，京師城外への制銭販運に適した条件を用意するから，銭貴の抜本的解消にはつながらない（第三章参照）。
（10） 「軍機処漢文録副奏摺」第33リール2081-2086，乾隆2年閏9月26日，鑲藍旗漢

第五章　京師の銭貴と制銭供給政策　201

軍副都統慶泰奏摺。
(11)　「議覆檔」第3リール乾隆二年七月至十二月檔冊243-245，乾隆2年閏9月27日奉旨，総理事務王大臣奏摺。
(12)　「宮中檔硃批奏摺財政類」第60リール675-677，乾隆10年4月25日，大学士張廷玉等奏摺に，「毎月の兵餉銀両，并びに搭放する銭文は，向来倶に初一，二等の日に一同に放給せり」とある。
(13)　「宮中檔硃批奏摺財政類」第60リール367-369，乾隆3年5月26日，鑲白旗漢軍参領金秉恭奏摺。
(14)　金秉恭奏摺には硃批が与えられておらず，軍機大臣による議覆も確認できないので，処理過程を確認することができない。だが，銀1両＝900文という換算率はその後も採用された形跡はなく，金秉恭の提議は退けられたものとみられる。
(15)　『皇朝文献通考』巻14，銭幣2，康熙58年条。
(16)　『皇朝文献通考』巻14，銭幣2，康熙60年条。
(17)　「戸科史書」第347冊，雍正2年3月14日，総理戸部事務和碩怡親王允祥等題本。
(18)　「戸科史書」第351冊，雍正2年6月14日，総理戸部事務和碩怡親王允祥等題本；同，357（一）冊，雍正2年12月21日，総理戸部事務和碩怡親王允祥等題本。
(19)　「戸科史書」第371冊，雍正4年正月19日，湖南巡撫布蘭泰題本；同，第375冊，雍正4年5月10日，浙江巡撫李衛題本；同，第377冊，雍正4年8月3日，総理戸部事務和碩怡親王允祥等題本。
(20)　『宮中檔雍正朝奏摺』第7輯，392-393頁，雍正5年正月28日，江蘇巡撫陳時夏奏摺。
(21)　『宮中檔雍正朝奏摺』第9輯，4-6頁，雍正5年9月19日，浙江巡撫李衛奏摺。
(22)　『宮中檔雍正朝奏摺』第8輯，177-178頁，雍正5年5月10日，雲貴広西総督鄂爾泰奏摺。
(23)　「戸科史書」第393冊，雍正5年6月25日，総理戸部事務和碩怡親王允祥等題本。
(24)　『皇朝文献通考』巻15，銭幣3，雍正8年条。
(25)　『大清世宗憲皇帝実録』巻137，雍正11年11月癸巳（16日）条。
(26)　「宮中檔硃批奏摺財政類」第60リール133-141，乾隆元年3月17日，大学士管吏部戸部尚書事張廷玉等奏摺。
(27)　「宮中檔硃批奏摺財政類」第60リール164-169，乾隆元年10月13日，大学士管理浙江総督事務嵇曾筠・江蘇巡撫邵基奏摺；同，第60リール181-183，乾隆2年5月

3日，大学士管理浙江総督事務嵆曾筠・江蘇巡撫邵基奏摺。
(28) 「宮中檔硃批奏摺財政類」第60リール187-190，乾隆2年5月27日，雲南巡撫尹継善奏摺。
(29) 「宮中檔硃批奏摺財政類」第60リール194-234，乾隆2年7月10日，和碩荘親王允祿等奏摺。
(30) 広西府における制銭鋳造と京師への輸送の困難については，王徳泰［2003］参照。
(31) 「宮中檔硃批奏摺財政類」第60リール275-280，乾隆3年2月12日，雲南巡撫張允随奏摺。
(32) 「宮中檔硃批奏摺財政類」第60リール289-292，乾隆3年2月16日，直隷総督李衛奏摺。
(33) 「宮中檔硃批奏摺財政類」第60リール293-319，乾隆3年2月25日，戸部尚書海望等奏摺。
(34) 「宮中檔硃批奏摺財政類」第60リール351-358，乾隆3年3月10日，大学士鄂爾泰等奏摺。
(35) 「宮中檔硃批奏摺財政類」第60リール370-379，乾隆3年5月30日，雲南巡撫張允随奏摺；同，第60リール451-470，乾隆3年7月9日，大学士鄂爾泰等奏摺。
(36) 滇銅の京師への輸送に関しては，Sun, E-tu Zen［1971］，川勝守［1989］［1993］，藍勇［2006］などの研究がある。
(37) 「戸科史書」第393冊，雍正5年6月25日，総理戸部事務和碩怡親王允祥等題本。
(38) 『皇朝文献通考』巻16，銭幣4，乾隆5年条。
(39) 『皇朝文献通考』巻16，銭幣4，乾隆10年条。
(40) 『皇朝文献通考』巻16，銭幣4，乾隆8年条・同10年条。
(41) 『皇朝文献通考』巻16，銭幣4，乾隆5年条・同年条按語・同10年条；乾隆『欽定大清会典則例』巻44，戸部，銭法，辦鉛錫，乾隆8年条・同10年条。
(42) 『皇朝文献通考』巻15，銭幣3，雍正元年条。
(43) 「戸科史書」第348冊，雍正2年3月29日，戸部右侍郎托時等題本。
(44) 『皇朝文献通考』巻15，銭幣3，雍正2年条。
(45) 『皇朝文献通考』巻15，銭幣3，雍正4年条。
(46) 『皇朝文献通考』巻15，銭幣3，雍正元年条。
(47) 「戸科史書」第350冊，雍正2年閏4月26日，総理戸部事務和碩怡親王允祥等題

(48) 前註 (43) 所掲, 托時等題本。
(49) 「戸科史書」第376冊, 雍正4年7月4日, 総理戸部事務和碩怡親王允祥等題本。
(50) 『皇朝文献通考』巻15, 銭幣3, 雍正5年条按語。
(51) 『皇朝文献通考』巻15, 銭幣3, 雍正5年条按語。
(52) 『大清世宗憲皇帝実録』巻137, 雍正11年11月癸巳 (16日) 条。
(53) 『皇朝文献通考』巻15, 銭幣3, 雍正12年条。
(54) 『皇朝文献通考』巻15, 銭幣3, 雍正5年条按語。
(55) 『皇朝文献通考』巻16, 銭幣4, 乾隆7年条。
(56) 『皇朝文献通考』巻16, 銭幣4, 乾隆6年条。
(57) 『皇朝文献通考』巻14, 銭幣2, 康熙61年条。
(58) 王徳泰 [2006：144-145頁] は, 乾隆2年時点における制銭の鋳造費用を計算するにあたり, 銅の輸送費用を100觔あたり銀3両として, 制銭1,000文の鋳造費用を銀8銭5分と算出しているが, 雍正5年以降になされた滇銅輸送における鎮江から京師までの脚銀を銅廠から京師までの輸送費用総額と誤解している。
(59) 彭沢益 [1982：41頁] は, 檔案史料に記された乾隆22年の宝泉局の鋳銭実績から, その頃の制銭1,000文の鋳造費用を銀9銭5分8釐と算出しているが, 銀支給に改められた物料を見落としている。物料を加算すれば, 1,000文の鋳造費用は銀1両2分7釐となり, やはり採算割れが解消していなかったことを確認できる。
(60) 『皇朝文献通考』巻14, 銭幣2, 康熙61年条。
(61) 『大清世宗憲皇帝実録』巻10, 雍正元年8月辛酉 (14日) 条にほぼ同じ内容の記事があるが, 工部から戸部に移送する制銭の額が明記されていない。
(62) 「議覆檔」第4リール乾隆六年正月至十二月檔冊349-351, 乾隆6年8月28日奉旨, 和碩履親王允祹奏摺;「軍機処漢文録副奏摺」第52リール288-292, 乾隆6年9月7日, 協理陝西道事貴州道監察御史孫灝奏摺;「議覆檔」第4リール乾隆六年正月至十二月檔冊361-363, 乾隆6年9月10日奉旨, 和碩履親王允祹奏摺。
(63) 「議覆檔」第4リール乾隆六年正月至十二月檔冊419-421, 乾隆6年10月25日奉旨, 軍機大臣奏摺。
(64) 『宮中檔雍正朝奏摺』第25輯, 471-472頁, 雍正13年12月2日, 大学士管吏部戸部尚書事張廷玉等奏摺 (硃批は満文側にある。第32輯, 304-309頁);前註 (3) 所掲, 陳守創奏摺。

(65) 前註（5）所掲，張廷玉等奏摺。
(66) 「議覆檔」第3リール乾隆三年正月至十二月檔冊409-413，乾隆3年9月14日奉旨，大学士鄂爾泰等奏摺。
(67) 『明清檔案』A92-44，乾隆5年2月14日，吏部尚書協理戸部事務訥親等奏摺。
(68) 「宮中檔硃批奏摺財政類」第60リール1199-1201，乾隆8年6月13日，河南道監察御史周祖栄奏摺。
(69) 前註（8）所掲，海望等奏摺。
(70) 『題本 銭法（19）一般（一）256』，乾隆10年9月6日，管戸部尚書事務劉於義等題本。
(71) 「軍機処漢文録副奏摺」第46リール2391-2393，乾隆10年4月24日，協理陝西道事福建道監察御史范廷楷奏摺。
(72) 『皇朝文献通考』巻16，銭幣4，乾隆2年条。
(73) 『皇朝文献通考』巻16，銭幣4，乾隆9年条。
(74) 「宮中檔硃批奏摺財政類」第60リール1557-1560，乾隆9年11月11日，山東道監察御史楊開鼎奏摺。
(75) 『題本 銭法（19）一般（一）256』，乾隆9年12月19日，吏部尚書協理戸部事務訥親等奏摺。
(76) 「宮中檔硃批奏摺財政類」第60リール1692-1708，乾隆10年5月7日，大学士張廷玉等奏摺のなかで，京師の銭価が漸減して奸民が京師から銅銭を転売していることが指摘されている（黨武彦［1995：74頁］）。
(77) 「宮中檔硃批奏摺財政類」第60リール853-855，乾隆5年閏6月8日，浙江巡撫盧焯奏摺によれば，乾隆5年に浙江省が省城において官銭局による制銭の兌換発売を実施した際，商人に買い占められることを防ぐため，あらかじめ「小戸」に官銭局で制銭を得るための許可証を発給したので，「小民は遍く賤売の恵に沾」ったという（第六章参照）。その実際の効果のほどは定かでないし，類似の政策を京師でもとりえたとは限らないわけだが，京師において何らかの対策を講じて官銭局での兌換発売を継続しようという議論さえみられなかったことは事実である。
(78) 第八章で述べるように，京師両局で追加鋳造を行い制銭を八旗米局での兌換発売に供することが乾隆16年に計画されたが，八旗米局は翌17年に廃止されたため兌換発売はほとんど実績を上げることがなかった。

第六章　各省の銭貴と制銭供給政策

　京師両局への滇銅輸送体制が整備されつつあった乾隆 (1736-1795) 初年，江南を初めとして地方においても銭貴が問題化し，各省督撫らは自省における制銭鋳造の実施を提議していった。そして結果的に，安徽・河南・山東・甘粛を除くすべての省が鋳造を開始し，一部諸省においては鋳造額が断続的に加増され，乾隆30年頃に清朝の制銭供給は最盛を迎えることとなる。
　清朝の制銭供給政策の特徴のひとつは，黒田明伸［1994］が指摘しているように，各地域の銅銭需要の季節変動に対応しない「非弾力性」である。それは，私鋳銭の柔軟な供給を不可避とさせ，乾隆末年までに制銭の安定的流通が瓦解する原因になったとされる。そのことに加えて注目すべきは，杜家驥［1999］が掲げた乾隆20年代末頃の各省鋳造額一覧から見て取れる，鋳造額の地域的な偏りである。すなわち，経済的後進地域であった雲南省の年間鋳造額が76万余串であったのに対し，経済的中心であった江南は，江蘇省が11万余串，浙江省が12万余串でしかなかった。1省の鋳造額としては，江浙両省ともに雲南省のわずか7分の1程度であった。
　もちろん，雲南省は自省において産出する滇銅の確保が容易であった，という事実は重要な要素に違いない。しかし，それだけでは滇銅が江蘇・浙江両省の制銭鋳造に多くは供されなかったことの理由にはならない。京師では，八旗兵餉により多くの制銭を搭放するという目的のもと，乾隆7年以降は年間100万串を超える制銭を鋳造していた。しかもそれは，数万両の鋳造差損をともなうものであった。乾隆年間において戸部銀庫の貯蔵額はほぼ3～8千万両のあいだで推移しており，正項財政は安泰であって鋳造差損を生じる制銭鋳造の実施は決して不可能ではなかった。それにもかかわらず，経済的最先進地域である江蘇・浙江両省の鋳造額が伸びなかったのはなぜなのだろうか。
　かかる問題を論じるにあたっては，清朝政府内に共有された統一的な意思の

存在をア=プリオリに想定してはならない。乾隆年間の制銭供給は，清初に戸部の主導により展開された悪貨濫造とは異なって，各省督撫の提議に端を発して個別的に開始されていったものである。そこにおいては，皇帝・戸部・各省督撫がそれぞれいかなる意図をもって，どのように政策形成に関与していったのかを詳細に検討する必要がある。前述したような鋳造額の地域的偏りは，中央発の画一的な方針よりも，制銭供給に対する省側の積極性の相違を予想させるものである。

そこで本章では，江蘇・浙江両省を中心に，乾隆初年に展開された各省の制銭供給政策を分析して，各省における銭貴に対して現地の地方官および清朝中央がそれぞれどのような点を重視し，結果としていかなる性格の政策が形成されたのかを明らかにしたい。なお，銅産地である雲南省は，次章で別途考察を加える。

第一節　江南の銭貴と都市労働者の生計

第四章で既に明らかにしたように，江南では各省のなかで最も早く乾隆初頭に激しい銭貴が発生した。そこで，乾隆5年に浙江省が，続いて翌乾隆6年に江蘇省が制銭供給を再開した。それでは，両省においては具体的にどのような人々が銭貴によって困窮していたのであろうか。

前章で取り上げた京師では，八旗兵丁が銭貴のために打撃を受けていた。同様に，各省においても少額の兵餉によって生計を立てる駐防八旗や緑営の兵丁が銭貴の影響を蒙っていたと考えられる。かれらの生計もやはり，日増しに逼迫しつつあった。緑営の兵丁の給与が不十分であることは，既に順治年間（1644-1661）には指摘されていた（楢木野宣［1952：358頁］）。しかも，そのわずかな兵餉もしばしば上官に横領され，それに対して兵丁たちが兵変を起こすことも珍しくなかった（佐々木寛［1973］）。一方，駐防八旗の兵丁の生計は当初それほど深刻ではなかったが，雍正以降，披甲死亡後の余丁の京師帰還が停止されると，人口の増大により生計問題が顕著化するに至った。乾隆年間には，禁

第六章　各省の銭貴と制銭供給政策　207

旅八旗と同様に，隷属的身分の旗人や漢軍旗人の「出旗為民」が実行されることとなる（定宜庄［2002：221-243頁］）。かかる状況の悪化と軌を一にして，雍正7年以降，駐防八旗と緑営を対象とした「生息銀両」の貸与が全国的に展開されていった（韋慶遠［1987］，張建輝［2004］）。それは，禁旅八旗のみならず駐防八旗ならびに緑営の生計問題もまた清朝政府に問題視されていたことを示している。

しかし，銭価の高騰を報告する江蘇・浙江両省の督撫の奏摺には，兵丁の生計への言及は見られない。そもそも，行政・軍事両面において帝国統治の根本をなした京師の禁旅八旗と，各省に配置され現地の有事に備えた駐防八旗・緑営とでは，帝国統治における重要性・意味合いが全く異なっていた。また，京師でみられたような，ひとつの都市で年間四百数十万両もの兵餉が支出されて民間の銭価に多大な影響を及ぼすなどという現象は，駐防八旗や緑営が散在するに過ぎない各省では起こりえなかった。さらには，帝国統治の全体を統括する清朝中央と，自省の掌握・管理を任務とする各省督撫とでは，おのずから重点の置き方が異なっていた。京師では兵丁の生計保護が最優先課題であったが，各省ではそれは自明のことではなかったのである。

むしろ江南の社会秩序維持を図る上で注意を要したのは，16世紀以降急成長した江南諸都市において人口のかなりの部分を占めた都市労働者たる傭工の存在であった。清初，かれらの賃金は銀建てだった。乾隆4年頃の賃金について江蘇巡撫張渠は，以下のように述べている[1]。

> 現在銀一両ごとに僅かに銭七百二，三十文に換うるのみなれば，小民は逐末するも，傭工の日々に得る銭文は幾ばくも無く，目今得る所の数たるや更に少なし。

この当時，傭工の賃金は銀支給と銅銭支給のいずれが主流であったのか，という点ははっきりしないが，銭貴のためもともと少ない銅銭収入が「更に少な」くなるということから，賃金はなお銀建てだったことが確認される[2]。すなわち，収入源が銀建てであれば，それを元手にして得られる銅銭は，銅銭に兌換されて支給されるにせよ，銀を支給されてみずから銅銭に兌換するにせよ減少

するのである。

　張渠の指摘は，巡撫衙門の所在地であり多数の傭工がいた蘇州の状況を念頭に置いたものであろう。当時の蘇州における傭工といえば，松江などの周辺都市で生産された綿布を集積してつや出し・しわ伸ばしを行う踹布業の踹工があげられる。かれらはもともと農村から都市に流入した貧民で，蘇州城内外で踹布業に従事する者は1～2万人にも達していた。踹工たちはしばしば布商に対して賃上げ争議を起こし，また種々の犯罪行為に走ることも珍しくなかったので，官が踹工の賃金を公定し，踹工を管理する包頭とともに踹工の監視にあたった（横山英［1952］［1961］［1962］，寺田隆信［1968］）。かれらの賃金が銀建てであったことは，既に確認されている（岸本美緒［1979：160頁］）。このほか，江南の都市には織工・染工・緞工・紗工など数多くの傭工が存在した（宮崎市定［1951］）。傭工は江南の商品生産には欠くことのできない労働力であったが，それと同時に社会秩序維持の観点からは非常に危うい存在でもあり，督撫以下の地方官はかれらの暴走を未然に防ぐことに苦慮していた[3]。であればこそ，最終的に官が公定したところの賃金を実質的に目減りさせた銭貴が，放置できない重大な問題として両省督撫らに受け止められたのである。

　それでは，京師において八旗兵餉への制銭搭放が何より重視されたように，江蘇省や浙江省において傭工など都市生活者の生計保護を第一として制銭供給政策がなされたのであろうか。あるいは，他の要素が当該政策を規定していったのであろうか。次節ではまず，江浙両省の鋳造再開が決定した際に最初に協議された辦銅の問題を検討したい。

第二節　「余銅」としての洋銅と滇銅

　乾隆2年11月，江蘇巡撫楊永斌は，雲南から京師に向けて輸送中の制銭34万余串から15万串を江蘇省に截留させるよう要請した[4]。同4年3月には閩浙総督郝玉麟・浙江巡撫盧焯が，かつて京師の宝泉・宝源両局への納入を命じられながら未だ納入していない洋銅117万余觔および滇銅50万觔を浙江省に截留し

て制銭鋳造に供することを提言した[5]。さらに同年6月には江蘇巡撫張渠が，同様に京師両局への納入を命じられたが未納となっている滇銅40万觔を江蘇省に截留して制銭鋳造に用いることを提言し，許可を求めた[6]。それらはともに，京師の制銭供給に供されるべき銅ないし制銭の融通を求めるものであった。

しかし，議覆を命じられた戸部はこれらの截留要請を尽く退け，両省には京師両局の辦銅から切り離された洋銅を収買させることを提案し，乾隆帝の裁可を得た[7]。第五章において論じたように，清朝中央は禁旅八旗の兵餉への制銭搭放を拡充することを何より重視していたので，京師に送り届けるべき銅や制銭の各省截留には極めて否定的にならざるを得なかった。それゆえ戸部は江浙両省に対し，京師両局の辦銅に影響を与えることのない洋銅の独自調達を要求したのである。

こうして江蘇・浙江両省は洋銅収買を指示されたのであるが，当時，洋銅の流入は不調であって，一方の滇銅は急速に産出量を伸ばしており，であればこそ京師両局の辦銅は洋銅採買から滇銅輸送に切り替えられていたのであった。そこで，乾隆4年12月に浙江巡撫盧焯は上奏して，委員を雲南に遣わして司庫銀10万両を支出して滇銅を買い付け，自省の制銭鋳造に用いたいと提議した[8]。かかる提議に対して乾隆5年正月，吏部尚書協理戸部事務訥親等は，

> 前項の銀両を核算するに，約(およ)そ買うべき銅は六十余万斤なり。数たるや尚お多く無きに属す。……但だ，前項の銅斤は，何(いず)れの分運を作(な)せば経由の道路は京に運ぶ銅・鉛と阻礙有りや無しや，需(もと)むる所の駄脚は何れの融通を作して辦理せば彼此に岐悞有るを致さざるやの処は，必ず須く詳籌し妥協して始めて議行すべし。臣部は以て懸議し難ければ，応に浙撫盧焯をして雲南総督慶復・巡撫張允隋と会同して作速に妥議し具題せしめ到るの日に再た議すれば可なり。

との議覆を行い，銀10万両で採買できる滇銅の少なさ（約60万觔）を理由に採買を認め，京師両局への銅・亜鉛輸送を妨げずに浙江省への輸送を行うための具体案を雲南・浙江両省督撫に作成させてあらためて中央で協議することを提案した。これに乾隆帝は，「議した通りに速やかに行わせよ（gisurehe songkoi uthai yabubu)」と硃批し、一旦は戸部の提議をそのまま裁可した⁽⁹⁾。

ところが乾隆帝はその後、浙江巡撫盧焯に寄信上諭を与えて、以下のように命じた。

> 但だ思うに浙省の銭価が昂貴したるは、必ずや銭文が缺少するに因りて民間の需用が孔急せん。是を以て〔浙江巡撫〕盧焯は滇に赴き銅を買うの請有り。若し事が行うべきに属さば、著して〔雲貴総督〕慶復・〔雲南巡撫〕張允随・盧焯等をして一面に即ちに辨理を行わしめ、一面に奏聞せしむ。早く鼓鋳に資して以て民用を利するを得しめん。具題して交議するを俟ち多く時日を稽むるを必せざるなり。

すなわち、浙江・雲南両省の督撫が協議した結果について中央の裁可を求めるには及ばない、と指示を下したのである⁽¹⁰⁾。実際、同年3月に浙江巡撫盧焯が滇銅輸送の協議内容を上奏すると、乾隆帝は「該部は知道せよ」とだけ硃批して戸部に議覆を要求せず⁽¹¹⁾、直後に雲貴総督慶復・雲南巡撫張允随が同様の内容を上奏し、上諭の内容をなぞって、浙江省の銅銭需要に早急に応えるために「一面に定議具題」し「一面に」輸送を開始することを強調すると、乾隆帝は「辨理は甚だ妥協に属す」と硃批してこれを称賛している⁽¹²⁾。

同じく乾隆5年3月、江蘇省もまた、委員を雲南省に派遣して司庫銀10万両を支出して、「余銅」すなわち京師に輸送する以外の余剰の銅を採買し、鋳造した制銭は兌換発売したいと提言した⁽¹³⁾。同年4月、江蘇省の提議に対して吏部尚書協理戸部事務訥親等は議覆して、浙江省の時と同様に、採買・輸送の具体的な内容を江蘇・雲南両省の督撫らに協議し上奏させ、あらためて議することを提案した（兌換発売の是非については言及なし）。これに対して乾隆帝は、「〔江南総督〕郝玉麟・〔雲貴総督〕慶復らが詳しく調べて定めた後、一面に辨理させ、一面に上奏せよ（hoo ioi lin. kingfu se kimcime toktobuha manggi. emu deri yabubume emu deri wesimbu)」と硃批して、やはり中央における再協議が不要であることを確認している⁽¹⁴⁾。同年6月には雲貴総督慶復・雲南巡撫張允随が上奏して、輸送が困難であるため江蘇省への滇銅売却を江蘇省が要求した50万觔から30万觔に減じたことを報告したが、これについても乾隆帝は戸部に

議覆を求めることなく,直接裁可を下している(15)。民間の銭貴にいち早く対応することを重視した乾隆帝の指示によって,江浙両省の辦銅額は両省および雲南省の督撫間における協議に委ねられたのであった。

また,滇銅を補うものとして,洋銅の採買についても調整が進められた。すなわち,乾隆5年3月,江蘇巡撫張渠は,司庫銀10万両による滇銅採買を提言したのと同じ日の奏摺において,洋銅の価格上昇を指摘し,従来は1觔あたり銀1銭4分5釐だった価銀に不要となった京師への脚銀3分を加え1銭7分5釐として洋銅を採買することを提議し,いかなる割合で浙江省と洋銅を分有するかについて指示を求めた(16)。

議覆を命じられた吏部尚書協理戸部事務訥親等は,同年4月に上奏し,将来再び京師両局において洋銅を用いるようになれば新しい官価の銀1銭7分5釐にさらに京師までの脚銀を加えることになり鋳造差損が増す,との理由から官価加増の提議は退けるよう求め,浙江省との分有割合は両省に協議させた上であらためて議論するよう答申した。しかし,それは乾隆帝の裁可するところとならず,大学士と九卿に「速やかに議し具奏」することが命じられた(17)。

戸部の議覆の8日後,大学士鄂爾泰等の議覆が上せられた。そこで鄂爾泰等は,価格の上昇した洋銅を着実に調達するためには官価の増額が必要であることを認め,1觔あたり銀1銭7分5釐とすることを支持し,また,洋銅の5割は商人が自由に販売することを許可し,あとの5割を江蘇・浙江両省のあいだで均分することを提案し,裁可を得た(18)。こうして江蘇・浙江両省は,制銭鋳造に滇銅と洋銅を兼用することになった。

以上から明らかなように,江蘇・浙江両省の辦銅は,京師両局の辦銅を妨げない範囲内において行うことが事実上の絶対条件であり,京師に輸送する以外の滇銅,および京師両局の辦銅から完全に切り離された洋銅(以下,それらを「余銅」と総称する)が両省の制銭鋳造に供された。また,乾隆帝は両省の滇銅採買に際し,中央の協議結果を求めずに雲南省と相談の上で輸送を開始するよう命じており,そこからは現地の銅銭需要にいち早く応えようとする乾隆帝の姿勢が見て取れる。とはいえ,それは同時に,限られた銅を中央が掌握し各鋳

銭局に配分するという体制を結果的に否定した、ということでもあった。

それでは、諸省が調達しうる余銅は、この当時どれほど存在したのであろうか。劉序楓 [1999] が明らかにした乾隆年間の滇銅産出量（図6.1参照）をもとに、乾隆元～10年の平均産出額を計算すると、約890万觔となる。それに対して、雲南省が京師に発送しなければならない銅の額は、第五章において述べたように、年間633万余觔であった。とすると、余銅は年平均250万觔にものぼったことになる。ただし、雍正年間に雲南・貴州・四川の3省が滇銅を用いた制銭鋳造を開始しており、3省の滇銅確保は既に通例化していた。その額は、雲南省が918,000觔、貴州省が428,400觔、四川省が300,000觔（乾隆5年時点の鋳造額・合金比率によって計算）、合計およそ165万觔であり、それを前述の余銅から差し引けば、雲南・貴州・四川以外の諸省が調達しうる滇銅は年平均100万觔を下回ってしまう。しかも、輸送に要する役畜・人夫の確保もまた京師辦銅が優先されたので、諸省の辦銅調達はその点においても困難をともなっていた。

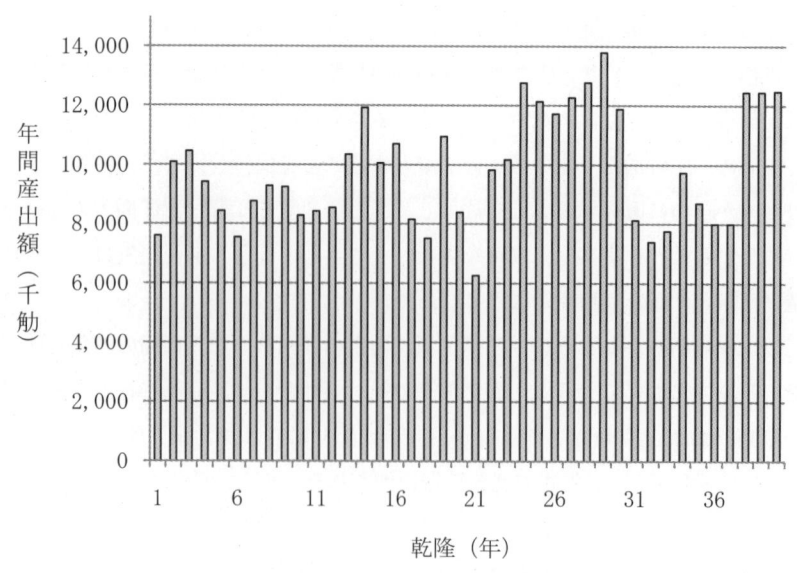

図6.1 乾隆元年～同40年における滇銅産出額の推移
典拠：劉序楓 [1999：105-106頁]。

一方の洋銅は，［日本］元文元年～宝暦4年＝乾隆元～19年における中国船の日本からの銅輸出額が不明であり，具体的な議論はできない。ただ，雍正末年に200万觔台半ばで推移した後，正徳新例では30艘だった船数制限が元文元年＝乾隆元年には25艘，同3年には20艘，［日本］寛保2年＝乾隆7年には10艘に減額されている（中村質［1988］）。また，乾隆元年の京師両局の辦銅は洋銅・滇銅各200万觔と定められていたが，ほどなくして全額滇銅に依存することになったのであり（第五章参照），年間200万觔の洋銅の確保は難しい状況であったと思われる。それらから乾隆初年の洋銅流入額は年間200万觔未満であったと考えられ，洋銅の一半は商人に自由販売が許されていたから，江蘇・浙江両省が前述の官価で採買できる洋銅は多く見積もっても年間100万觔弱であったと推定される。しかも，後に洋銅貿易には，直隷・陝西・江蘇・江西・湖北の5省への銅納入を命じられた内務府商人范毓馪や山西省から洋銅採買を請け負った商人らが参入し，従来の民間商人と競合することになる。范氏の銅の納入先には江蘇省が含まれているものの，范氏との競合のために民間商人による洋銅輸入が減じれば，定率によって決められている江浙両省のかれらからの採買額は当然減少することになる。

このように，江蘇・浙江両省は制銭供給を開始するにあたって，京師に運ばれるべき銅や制銭の截留を中央に求めたが拒否され，京師両局の辦銅を妨げない範囲内での銅調達を命じられたが，調達可能な余銅は決して豊富ではなかった。ただし，ここで注意すべきは余銅の少なさそれ自体ではない。余銅の不足は，やがて滇銅の増産によって解消されることとなる。より重要なのは，乾隆初年の時点において豊富ではなかった余銅の独自調達という選択肢しか両省に与えなかった清朝中央の姿勢である。それは，江浙両省のみならず他の諸省に対しても同様であった。清朝中央が意識していたのは，京師両局の制銭鋳造の維持・拡大であって，地方への制銭供給を的確に調節しようという政策意図を欠いていた。そのような中央のもとにおいて，各省の制銭供給政策は省側の意向を強く反映したものになっていくのである。引き続き，江蘇・浙江両省についてみていくことにしよう。

第三節　江蘇・浙江両省の制銭供給再開

　辦銅の次に問題になるのは，鋳造した制銭の市場への供給方法である。すなわち，制銭を通例に沿って兵餉に搭放するのか，あるいは兌換発売を実施するのか，また，その際の換算率をどうするのか，といった点を決定していくこととなる。

　浙江省（表6.1参照）が鋳造を開始する直前の乾隆5年3月，閩浙総督徳沛は，鋳造費用銀1両あたりの鋳造額が900文で，現在の杭州の銭価が銀1両＝770文であるので，制銭を供給するにあたっては，

　　工本を計りて民間に售換すれば，国帑に於いて原より自ずから虧くる無く，民用に於いて多く裨益有り。

と上奏している。銀1両の費用で鋳造した制銭900文を銀1両の価格で兌換発売すれば，鋳造差損が生じることはなく，購入する側もまた市場では銀1両か

表6.1　浙江省の鋳造開始直後における年間鋳造定額等の推移

年月	鋳造炉数	鋳造総額	鋳造額から工料を除いた額	対銀換算率（銀1両あたり）	典拠
乾隆5年5月	5座	未確定	未確定	900文	①
同年6月	8座	102,890串余	86,400串	〃	①
同年閏6月頃※	〃	〃	〃	850文	①
乾隆6年4月　※	10座	128,613串余	108,000串	〃	②
乾隆7年3月　※	〃	〃	〃	880文	③
乾隆9年正月	〃	〃	〃	1,000文	④

※は奏請が裁可された年月（実施年月は不詳）。
下線部は筆者が算出したもの。
典拠①：「宮中檔硃批奏摺財政類」第60リール853-855，乾隆5年閏6月8日，浙江巡撫盧焯奏摺。
　　②：「内閣漢文題本戸科貨幣類」第1リール1675-1685，乾隆6年10月29日，閩浙総督徳沛題本。
　　③：「内閣漢文題本戸科貨幣類」第1リール1776-1787，乾隆6年12月2日，閩浙総督徳沛題本。
　　④：『乾隆朝上諭檔』第1冊，885頁，乾隆8年11月6日。

ら770文しか購入できないのだから大いに利があるというわけである。乾隆帝はこれに対して「該部は知道せよ」と硃批して，戸部に議覆を求めることなく徳沛の提議を裁可している[19]。

ついで，浙江省が制銭供給を始めて2ヶ月あまり経った乾隆5年閏6月，浙江巡撫盧焯は，まず5月に鋳造炉5座を開設し，ついで6月に3座追加したことを報告した。そして，銀1両＝900文の価格で制銭の兌換発売を行った成果として，杭州の銭価が銀1両＝800文にまで下がったことを報告した。また，銭舗による買い占めを防止するため，発売価格を銀1両あたり900文から850文に値上げし，さらに制銭購入の許可証を発行したことによって，「小民」が遍く恩恵を受けていることを述べた。「小民」には前述した都市労働者たちも含まれていると考えられ，かれらを対象に官みずからが兌換発売を実施することは，市場の制銭供給量を増加させて銭貴を緩和するというだけでなく，民間の銭舗を値下げせざるを得ない状況に追い込む効果もあっただろう。八旗兵丁が最大の銅銭需要者である京師においては八旗兵餉への搭放が最も合理的な供給方法であったように，傭工などの「小民」が主たる銅銭需要者であった江南では，かれらを対象とする兌換発売こそが制銭の最適な供給方法だったのである。浙江省のみならず，江蘇省も開鋳提議の段階において兌換発売による供給を計画していたことは先述した通りである。

これに対して乾隆帝は「歓悦して之を覧る。辦ずる所は甚だ妥し。更に嘉すべきに属するなり」と硃批して，浙江省の施策を讃えている[20]。ここでも戸部が介入する余地は与えられなかった。なお，浙江巡撫盧焯は銭舗の買い占め防止の意図を強調しているが，換算率切り上げによって鋳造差益が獲得可能になることを見落としてはならない（その意味するところについては後述する）。

かくして浙江省は鋳造した制銭の兌換発売を開始したのだが，ほどなくして，戸部の反対によって突如として制銭の兌換発売が禁じられ，兵餉への搭放が命じられることとなった。上述のように，浙江巡撫盧焯は銀1両＝850文で制銭を兌換発売することを報告し，乾隆帝もそれを承知していた。ところが，盧焯が兌換発売の実施状況を報告する題本を上せ，それが題本処理の通例に則って

戸部の議に下されると[21]，乾隆5年9月，吏部尚書協理戸部事務訥親等は以下のように主張して制銭の兌換発売に反対したのである。

　　査すれば銭文を鼓鋳するは原より兵・民に利益する為に起見す。向来，各省が鋳出せる銭文は，俱(とも)に通省の兵餉に搭放するに係り，其れをして逐漸と流通し運転して民に便ならしむ。……応に該撫盧焯をして，鋳出せる銭文を将(もっ)て，毎月の応に給すべき兵餉銀の内に於いて，何れの酌配を作して兵餉に搭放すれば兵・民に均しく裨益有るかの処もて，另に妥議し具題し辦理を行わしむれば可なり。

つまり，制銭は兵餉に搭放し，それが次第に民間に流通することによって，兵丁と民間の双方に裨益するものでなければならない，との見解を示したのである。これに乾隆帝の裁可が与えられ，浙江省に対して制銭は兵餉に搭放するよう命じることとなった[22]。また，同様の指示が，制銭の兌換発売を予定していた江蘇省にも下されたことが確認できる[23]。戸部は，兵餉支給を統括する中央官庁として，制銭搭放による兵餉の購買力維持を政策課題として盛り込むよう，省側に要求したのである。ただし，「兵餉銀の内に於いて，何れの酌配を作して兵餉に搭放す」るかは，省側に検討させることになった。

これを受けて，浙江省は制銭の兌換発売を打ち切った。乾隆5年12月に閩浙総督徳沛は，兌換発売の価格と同じ銀1両＝850文の換算率を用いれば，省内の満漢各営（駐防八旗および緑営）の兵餉および漕運に従事する衛所の官俸・役食等の1割を制銭支給とするために年間99,565串余が必要となることを報告した。その上で，鋳造炉を2座増設して計10座とすれば，年間に108,000串が得られるので，鋳造した制銭は満漢各営の兵餉および衛所の官俸・役食の1割に搭放したいと提議し，戸部もこれを認めて，翌乾隆6年4月に裁可された[24]（年間の鋳造総額は128,613串余に達した[25]）。その結果，乾隆6年の1年間に得られた差益が約6,900両にのぼり，以後も鋳造費用はさほど上昇しないと見込まれた。そこで乾隆6年12月に徳沛は，換算率を銀1両＝850文から880文に切り下げることを提言し[26]，吏部尚書協理戸部事務訥親等の議覆を経て，乾隆7年3月に裁可された[27]。兵餉総額が変わらないとすれば，搭放に必要な制銭は換

算率の切り下げにより年間103,079串余に増加したと計算され、この時点での年間鋳造額内に収まっている。なお、乾隆7年の浙江省の鋳造差益は8,695両余を計上しており、換算率の切り下げは鋳造費用の縮小を見越して差益獲得を損なわない範囲でなされたものと思われる(28)。

江蘇省（表6.2参照）は乾隆6年正月に鋳造を開始した。同年5月に江蘇巡撫徐士林は、費用1両につき鋳造しうる制銭が896文であること、現在の年間鋳造額から工食・物料に支出するものを除くと71,503串余で、銀1両＝1,000文の換算率を採用しては省内の満漢各営の兵餉（年額867,600両余）の1割を制銭支給とするには足らないことを報告した。その上で、現在の銭価は甚だ高く換算率を多少切り上げても十分兵丁に利があるので、同年秋季より銀1両＝880文の換算率に従って兵餉の1割を制銭支給にしたいと提議し、16文分の鋳造差益について以下のように題請した。

見今の銭本に就きて計算すれば、餉銀一銭に易うるごとに尚お青銭一文六毫を余剰す。……如し将来成本漸く減じ、銭価已に平じたらば、此の余銭を将て放餉に添搭するを庸うる無し。即ち部に報じて留めて宝蘇局の公費に充てん。江寧・京口・漕河標の餉銭もて藩司より委員をして発解せしむるに需むるところの水陸の脚費に至りても、即ち前項の余剰銭の内におい

表6.2　江蘇省の鋳造開始直後における年間鋳造定額等の推移

年月	鋳造炉数	鋳造総額	鋳造額から工料を除いた額	対銀換算率（銀1両あたり）	典拠
乾隆6年正月	12座	83,865串余	71,503串余	――	①
同年9月　※	〃	〃	〃	880文	①
乾隆7年3月　※	16座	111,820串余	95,337串余	〃	②
乾隆9年正月	〃	〃	〃	1,000文	③

※は奏請が裁可された年月（実施年月は不詳）
下線部は筆者が算出したもの
典拠①：「内閣漢文題本戸科貨幣類」第1リール2457-2473、乾隆8年5月9日、江蘇巡撫陳大受題本。
　　②：「内閣漢文題本戸科貨幣類」第1リール1837-1849、乾隆7年3月21日、吏部尚書協理戸部事務訥親等題本。
　　③：『乾隆朝上諭檔』第1冊、885頁、乾隆8年11月6日。

て開銷せん。

　ここにおいて徐士林は，将来鋳造費用が減じるとともに民間の銭価が下がったならば，16文分の差益は鋳銭局の公費および各営で支給する制銭を宝蘇局から各営に輸送する費用に充当したい，と提議している。この時点では，鋳銭局の公費は「存公銀」すなわち地方行政経費の財源たる公項からひとまず支出されていたのだが，それを将来的には鋳造差益からの支出に切り替えようとしていたのである。徐士林の提議は，戸部の議覆を経て同年9月に裁可された[29]。搭放に要する制銭は年間76,348串余と計算される。ついで同年12月に江蘇巡撫陳大受は，なお現行の年間鋳造額では兵餉の1割を兵餉支給とするに足りないことと，銅・亜鉛の採買が順調であることを理由に，鋳造炉を現在の12座から16座に加増することを提言し，吏部尚書協理戸部事務訥親等の議覆を経て乾隆7年3月に裁可された。これにより，年間鋳造額は111,820串余，工食・物料を除いた額は95,337串余となり，搭放に要する額を大幅に上回ったのだが[30]，換算率の切り下げは行われていない。なお，乾隆6年の秋・冬2季には鋳造差益1,465両が計上され，そのうち約28両が宝蘇局から江寧・鎮江等の銀庫への制銭輸送費用に支出されている[31]。

　両省は兌換発売から搭放への切り替えと前後して鋳造額を加増しており，それは一見すると兵餉の1割搭放に合わせたもののようにみえる。しかしここで他省の例をみると，後述するように福建省は，省城福州の駐防八旗と緑営の兵丁に対し，隔月で442文を搭放しており，定率ではなく定額だった[32]。また，広東省は，省城広州の駐防八旗と緑営ならびに恵州・肇慶の緑営を制銭搭放の対象とし，搭放割合を5％としている[33]。さらに，次節および第八章で詳しく論じるように，湖北省では自省の兵餉の6.5％を制銭搭放としていた[34]。兵餉への搭放は，決して1割という数字に拘束されるものではなかった。

　つまり，江蘇・浙江両省は，1割という切りのいい数字を利用して鋳造額を加増して，より多額の鋳造差益を得ようとしたに過ぎないのである。それは，浙江省が搭放を命じられてもいない衛所の官俸・役食をわざわざ搭放対象に加えて，その1割という額を満たすためとして増鋳を行っていることに端的に表

第六章　各省の銭貴と制銭供給政策　219

れている。そのようにして両省が鋳造差益の獲得を目指したのは，江蘇省が鋳造差益を「宝蘇局の公費」ならびに宝蘇局から江寧・鎮江への制銭の輸送費用に充てようとしていたことからわかるように，鋳銭局の公費や制銭の輸送費用の財源とするためであった。そうすることによって，地方行政経費に充てるべき公項から鋳銭局の公費等の経費を支出することを回避しようとしていたのである。

　しかし，乾隆8年11月に次のような明発上諭が下され，兵餉への制銭搭放は公定換算率に則るよう命じられ，それによって生じる鋳造差損の処理ならびに鋳銭局の公費や制銭の輸送費用の財源についても指示が出された[35]。

　　兵餉に銭文を搭放するの例有り。江南省は乾隆六年に局を設けて鼓鋳するに，僅かに炉十二座を設くるのみにして，鋳出の銭は兵餉に搭放するに敷（た）らず，又成本を核計すれば銀一両ごとに銭八百九十六文を鋳出す。是を以て題明すらく，「銀一両ごとに止（た）だ餉銭八百八十文を折給し，余銭一十六文は充てて銭局の公費及び餉銭を運送するの水脚等の項と作さん」と。経（すで）に部は議覆すらく，「兵餉に搭放するは，暫く八八に照らして折発せしめん。将来，銅・鉛（亜鉛）減価し銭価漸平するを俟ち，再た銭数を酌増するを行い，或いは旧制に照らして銭一千文ごとに銀一両と作して搭放せん」と等の語。朕思うに，兵丁の得る所の月餉は僅かに以て食用に敷るを足（み）たすのみ。若し銭文を搭放するに又た除扣を行わば，則ち得る所は減少す。朕の心は軫念して，時に諭旨を頒す。江南省の餉銀に搭放するを将て，乾隆甲子年（乾隆9年）より始めと為し，仍（な）お定例に照らして銀一両ごとに銭一千文を給せ。其の銭局の公費・銭を運ぶ水脚は，公項を動じて報銷するを准（ゆる）す。成本に敷らざるは例に照らして其の銷算を准す。現在鼓鋳せる各省に至りては，如し折扣して搭放する者有らば，亦た一体に加恩して江南の例に照らして給発せよ。該部は即ちに諭に遵いて行え。

ここにおいて，兵餉がもともと日々の食費に足りるだけのものであるのを理由に，制銭搭放では銀1両＝1,000文の公定換算率に則ることが命じられたのであった。そして，それによって鋳造差損が生じたならば正項の財政支出として

処理することとなった。だがそれと同時に,その場合は鋳銭局の公費や制銭の輸送費用を既存の公項から支出するよう命じられたのである。

　兵丁の生計保護を重視する内容は,戸部の従来からの主張に沿ったものである。一方で江蘇・浙江両省にとってこの上諭は,制銭供給を,自省の公項からの支出を強いられる非常に厄介な政策へと転じさせるものであった[36]。結果として,両省の制銭鋳造に対する熱意は急速に薄れていった。事実,これ以降江浙両省は,滇銅・亜鉛の増産にも関わらず,決して鋳造額を加増しなかった。また浙江省は,換算率切り下げによって現行の鋳造額では1割搭放を継続できなくなったが,そこで鋳造額を加増するのではなく,工食・物料を銀支給に切り替え,さらには,かつて増鋳の理由付けのために自ら始めた衛所の官俸・役食への制銭搭放を停止している[37]。江浙両省には,自省の公項に負担をかける制銭供給を拡大させるという選択肢はなかったのである。前掲の明発上諭は兵丁の生計を保護するために公定換算率の採用を命じるものであったが,それは江浙両省が市場への制銭供給,兵丁の生計保護,既存の公項の温存という複数の政策課題を同時に達成することを不可能にさせ,兵餉への制銭搭放ならびに市場への制銭供給を固定化させる結果をもたらしたのであった。

　かかる経緯から明らかなように,両省の政策を強く規定したのは公項財政の存在であった。その意味合いについて,ここで説明していきたい。

　正規の地丁に対してその1〜2割程度の額を上乗せして徴収する「耗羨銀両」は,地方行政経費(「公用」)の財源として,また極端に低く設定された官俸の不足を補うものとして広く行われていた。ただ,順治・康熙年間においては,その収受・支出は実質的に各地方官の裁量に委ねられており,周知のこととはいえ非公式な存在であった。その曖昧かつ巨大な出納を各省督撫・布政使の公的な管理の下に置かせたのが,雍正帝であった。雍正帝は画一的な施策を全省に採用させることはなかったが,奏摺を通じた地方官との一対一のやり取りのなかで耗羨銀両の司庫への集積に取り組ませていった。その結果,雍正元年から同5年頃にかけての時期に,すべての耗羨銀両をいったん司庫に集積して省内の公用や養廉銀に支出するか,あるいは州県の公用・養廉銀をあらかじめ州

県に留めて、残余を司庫に集積して省レベルの公用・養廉銀に支出する形態が定着した。主として耗羨銀両を財源として、公用や養廉銀に充てるために司庫に集積されたものを、雍正5年頃から、次第に「公項」と呼ぶようになっていった（岩見宏［1957］、安部健夫［1958：629-695頁］、藤岡次郎［1962］、佐伯富［1970-1972］）。「公に充つ」「存して公用に備う」などといった表現は、実際には公項に繰り込むことを指している。

　その後、乾隆年間に入ると、新設地方官への養廉銀支給や被災地における耗羨免除などにより、各省において耗羨収入が慢性的に不足するようになった。そこで乾隆5年に上諭が下り、地方において耗羨銀両の管理が放漫に流れているとして、「耗羨章程」を制定し耗羨銀両の支出を戸部が厳正に管理するよう命じられた（鄭永昌［2003］）。省ごとに作成された「耗羨章程」は上諭から10年後の乾隆15年にようやく出揃ったが、各省の側が示した原案は戸部が「節次駁して削り減らしめ」たとあり(38)、公項財政の緊縮を図る中央に対して各省が種々の費目に対する認可を得ることが極めて困難であったことが窺える。

　乾隆中葉以降になると、そのように「耗羨章程」によって枠をはめられた公項ではもはや地方行政経費をまかないきれなくなり、下級の官員に強制的に費用負担を引き受けさせる「攤款」（「攤捐」ともいう）によって本来州県に割り当てられるべき公用銀・養廉銀が尽く省に吸い上げられる事態となった（岩井茂樹［1992：47-51頁］）。人口増加や物価上昇によって地方行政経費が増大し、硬直した公項から省内すべての公用・養廉銀を捻出することが不可能になったために、結果として公項の銀は省レベル（州県より上級の衙門・官員）の公用・養廉銀をまかなうのみとなったのである。結局、耗羨銀両以外のさらなる追加徴収が徐々に増大していくこととなった（岩井茂樹［1992：53-57頁］）。

　以上のことを踏まえて江浙両省の制銭供給政策をあらためて検討すると、ただ単に鋳銭局公費等が公項財政の新たな負担になるというだけで採算を割る制銭鋳造が忌避されたわけではないことがわかる。つまり、背景として公項財政の緊縮化をめぐる中央と省との緊張関係が存在しており、省側は従来からの支出に対して認可を得ることさえままならない状態であった。そこにおいて、鋳

銭局公費等の費目は、厳しく制限された公項財政の支出においてその一角を占め、その他の種々の費目の認可獲得を一層困難にさせたのである。それゆえに、年間数百両という決して大きくない金額でありながら、公項において鋳銭局公費等を工面しなければならなくなったことは、制銭供給に対する江浙両省の著しく消極的な態度につながったのであり、そこで敢えて鋳造を拡大し鋳銭局公費等を増大させて種々の費目との競合をより激しくさせるなどという選択肢は、省側としては当然なかったのである。

それでは、江浙両省の制銭供給政策から看取される公項財政への影響の重要性は、その他の諸省の施策にも共通するものなのであろうか。次節では、江蘇・浙江両省に続いて乾隆初年に制銭供給に着手した福建・江西・湖北・湖南等の省、および雍正後半から制銭供給を続けていた貴州・四川両省の施策を検討したい。

第四節　福建・江西・湖北・湖南・貴州・四川等省の制銭供給再開

江蘇・浙江両省に続いて制銭供給を開始したのは福建省であった。すなわち、乾隆5年2月に閩浙総督徳沛・署理福建巡撫王士任が鋳造開始を提議して戸部の議に下され[39]、戸部の賛同を得て裁可に至った[40]。徳沛は閩浙総督として浙江省の制銭供給にも関与しており、ここで浙江省が辦銅を開始する際に浙江巡撫盧焯が奉じた「一面に即ちに辦理を行わしめ、一面に奏聞せしむ」との寄信上諭を引用して、ただちに滇銅の収買を開始したいと提議した。それに対して乾隆帝は「該部は知道せよ」との硃批を与えて、戸部に議覆を命じることなく徳沛らの提議を裁可した[41]。

福建省宝福局は乾隆6年10月に鋳造を開始し、当初制銭の搭放は省城の兵丁1名につき隔月で442文とされ、ついで同7年7月より毎名毎月306文とされた[42]。搭放の際の対銀換算率は、「成本を核計して」銀1両＝850文と定められていた[43]。実際の鋳造費用は、1,000文あたりおよそ銀1両1銭5分、鋳造費用1両につき鋳出される制銭は約869文であり、福建省は銀1両＝850文の換算

率を用いることで若干の鋳造差益を獲得することができた[44]。具体的には,乾隆6年10月の鋳造開始から同8年閏4月までの制銭鋳造において銀1,602両余の鋳造差益を得ており,そこから「局費の薪水及び書役・工食等の項」に銀304両余を支出していた[45]。以上からは,辦銅は中央での協議を経ずに当該省と雲南省の督撫間で適宜行うこと,搭放割合の設定には取り立てて制約はないこと,若干の鋳造差益を得られる換算率を用いることが容認されており,得た鋳造差益から鋳銭局の公費を捻出していることなど,江浙両省が制銭供給を開始する前後に定まった方針が福建省においても尽く採用されていたことを確認できる。

次に制銭鋳造を開始したのは江西省であった。乾隆7年7月,江西巡撫陳弘謀は鋳造開始を提議し,京師両局へ輸送する滇銅の截留を求めた。そこで陳弘謀は,「如し或いは京局の銅が未だ寛余有らずんば,必ず須く額に照らし補運すべし」と上奏していた[46]。これに対して乾隆帝は同月に上諭を下して,必ず京師両局に滇銅を返済することを条件に截留を例外的に認め,その他の詳細については戸部に議覆を命じた[47]。前述したように,かつて江蘇・浙江両省が銅や制銭の截留を要請した際は戸部によって尽く退けられていたのであるが,ここにおいて江西省の截留要請は乾隆帝によって実施が許された上で戸部の議に下されたのであった。

同年8月に戸部は議覆して,「各省の鼓鋳せる銭文は倶に兵餉に搭放し流転して民に便ならしむるに係る。従りて価を定めて兌換するの例無し」と述べ,鋳造した制銭は兵餉に搭放するよう主張し,裁可を得た[48]。すると,同年12月に江西巡撫陳弘謀は上奏して,1,000文あたりの鋳造費用が銀1両1銭8分7釐(費用1両につき鋳出できる制銭は840文)であることを報告した。そして,「臣は一概に兵餉に搭放するの事を知らざるに非ず」と強調しながら,年間の鋳造額はわずか30,644串余であり省内の全緑営に制銭を搭放しては各地に供給される制銭が極めて微少な額になってしまうこと,もとより制銭が流通している贛州等府よりも制銭が流通せず私鋳銭が流通し且つ銭貴となっている南昌等府に集中的に制銭を供給すべきことなどを理由に挙げて,省城南昌で兵餉の1割を銀1両＝840文の換算率に従って制銭搭放とし,それ以外は「未だ大銭(制銭)

を行使せざるの地」において制銭を銀1両＝840文の価格で兌換発売したいと訴えた[49]。

これに対して，議覆を命じられた大学士と戸部は乾隆8年2月に上奏して，兌換発売が商人の制銭転売に利用される危険性などを挙げてあくまでも兵餉への搭放を主張した。その一方で鋳造費用に応じて対銀換算率を切り上げることは容認し，搭放割合などの詳細は江西省側に検討させることを提議して，裁可を得た[50]。そこで江西巡撫陳弘謀は，制銭鋳造が正式に開始された同年4月に上奏して，鋳造炉を6座から10座に増設することを提議し，制銭は「部議に遵照して」兵餉に搭放し，「其の有余を留めて急ぎ制銭を需むるの地に分発して兌換」したいと訴えた。これに乾隆帝は「著して請う所に照らして行わしむ」と硃批して，戸部に議覆させることなく，戸部が一貫して反対してきた兌換発売を限定的なものとはいえ裁可したのであった[51]。

なお，同奏摺で陳弘謀は，1,000文あたりの鋳造費用が銀1両弱に収まる見込みであり，銀1両＝840文の換算率を用いれば鋳造差益が得られることを述べている。ただ，その使途には言及していない。以上の経緯からは，戸部が頑なに制銭の兵餉への搭放を主張し兌換発売に反対していたこと，また，省側が鋳銭局の公費等に充当しうる鋳造差益の獲得を目指しており，戸部も換算率の切り上げを容認していたことが看取される。

湖北省は，乾隆5年12月に鋳造開始の提議を支持する戸部の議覆が裁可されて，滇銅を収買して制銭鋳造を開始することが決定した[52]。だが，雲南省から割り当てられた雲南省金釵廠の銅が低質であったため，良質な制銭を鋳造するための試鋳を繰り返していた。乾隆6年5月，署理湖広総督那蘇図(ナストゥ)は奏摺を上せて，銅55％：亜鉛40％：鉛3％：錫2％という合金比率を用いれば良質な制銭を鋳造できると報告し，1,000文あたりの鋳造費用を銀9銭5釐余と見込んでいることを述べた。そして，制銭は銀1両＝1,000文の公定換算率に従って兵餉に搭放し，得られた鋳造差益は「修理炉座・委員盤費・書役飯食等の項」に充て，さらに余剰があれば「公に充て」たいと上奏した。これに乾隆帝は，「奏する所は倶に悉くす」との硃批を与えている[53]。しかし，その後も金釵廠

銅の品質の劣悪さのため,合金比率の模索が続いた。乾隆8年7月には湖北巡撫晏斯盛が題本を上せて,銅50%：亜鉛48%：錫2%（鉛は加えない）とすれば良質な制銭を鋳造でき,1,000文あたりの鋳造費用は銀7銭6分6釐余となる見込みであることを報告している(54)。結局,正式な鋳造開始は,後述するように乾隆9年3月にずれ込んだ。

　湖南省は,乾隆6年12月に,滇銅を収買して制銭鋳造を開始することが決定した(55)。しかし湖南省も雲南省から金釵廠銅を割り当てられていたため,鋳造開始までに長い時間を要した。乾隆8年8月,署理湖南巡撫蔣溥は奏摺を上せて,1,000文あたりの鋳造費用は銀7銭余となる見込みであり,銀1両＝1,000文の公定換算率に従って制銭を兵餉に搭放すれば鋳造差益を得られる,と述べている(56)。湖南省の鋳造開始は,後述の如く,乾隆9年正月となる。

　湖北・湖南両省はともに,制銭1,000文の鋳造費用が銀1両を下回ると見込んでいた。そして,銀1両＝1,000文の公定換算率に従って制銭を兵餉に搭放し,鋳銭局公費に充当しうる鋳造差益を得ようとしていた。公定換算率をそのまま採用しても鋳造差益を得られるのならば,敢えて換算率を操作する必要はなかったのである。またそれは,江蘇・浙江・福建・江西等省の換算率切り上げがひとえに鋳造差益を得て鋳銭局の公費等に充当するための措置であったことを如実に示している。

　以上に述べたように,福建省は制銭1,000文あたりの鋳造費用が銀1両を超えており,江西省はほぼ銀1両であったが,兵餉に搭放する際の換算率を切り上げることによって若干の鋳造差益を得て,そこから鋳銭局の公費等を捻出していた。一方,湖北・湖南両省は未だ正式な鋳造開始には至っていなかったが,制銭1,000文の鋳造費用は銀1両を下回ると見込み,公定換算率に則って制銭を兵餉に搭放することを予定しており,鋳銭局の公費等に充当しうる鋳造差益を獲得しようとしていた。ところが,前節で論じたように,乾隆8年11月に下された上諭によって兵餉への制銭搭放は公定換算率に従うことが命じられ,鋳造によって鋳造差損が生じたならばそれを正項に計上することが認められたが,その場合は鋳銭局の公費や制銭の輸送費用を省の既存の公項から支出しなけれ

ばならなくなった。この上諭によって，上記4省の対応が大きく分かれることとなる。

　福建省は，公定換算率の採用によって制銭供給は採算割れに陥った。乾隆9年の鋳造差損は銀5,315両に上り，それは正項の支出として計上された。しかし，鋳銭局の公費である「官役の薪水・工食・紙箚等」に費やした銀232両，および台湾の兵丁に支給する制銭の輸送に要した銀52両余は，ともに自省の公項からの支出を強いられた[57]。この後，福建省が鋳造額を加増することは一切なかった。

　江西省は，江蘇・浙江・福建等の省のように恒常的ではなかったが，時に制銭1,000文の鋳造費用が銀1両を超えた。だが，正項における鋳造差損の計上と公項からの鋳銭局公費の支出は回避されていた。それは，鋳造した制銭の過半を兌換発売していたためであった。具体例として乾隆10年の制銭供給をみると，鋳造額から工食・物料を差し引いた司庫収蔵額59,586串240文に対して，銅・亜鉛・鉛・錫の価銀・脚銀は合計63,086両1分で，さらに鋳銭局の公費である「員役の薪水・飯食」に銀367両2銭を支出していた。制銭を全て兵餉に搭放したならば，3,499両7銭7分の鋳造差損が正項に計上され，鋳銭局の公費367両2銭は公項から工面しなければならなくなる。ただし江西省は，前述したように，乾隆8年に巡撫陳弘謀が制銭鋳造の拡大を提言すると同時に，制銭を「部議に遵照して」兵餉に搭放する他に「其の有余を留めて急ぎ制銭を需むるの地に分発して兌換」することを提議し，戸部の議覆を経ずに乾隆帝に直接裁可されていた。そこでは制銭の大半を兵餉に搭放するかのように記されていたが，実際には，上述した乾隆10年の司庫収蔵額59,586串240文のうち兵餉に搭放したのは26,383串700文に過ぎず，司庫収蔵額の半分以上の33,202串540文を銀1両＝860文（1,000文＝銀1両1銭6分2釐）の価格で兌換発売して，銀38,607両5銭8分1釐を得ていた。結果として，銀1,905両2銭5分が鋳造差益として計上され，そこから「員役の薪水・飯食」367両2銭を工面し，さらに銀1,538両6分が残存した。余剰の鋳造差益は，尽く正項に吸収されている[58]。以上のような施策がいかなる経緯によってなされたのかは注目されるが，この

時期の江西省の施策に関しては現存する檔案史料が限られており，乾隆帝が兌換発売の実施を裁可して以降，乾隆帝・戸部・江西省の間でどのようなやり取りが交わされたのかを詳細に復元することはできない。

そこで，江西省と同様に大規模な兌換発売を行って自省の制銭供給が採算割れに陥るのを回避していた湖北省の施策の分析を通して，両省の施策が意味するところを検討することにしたい。雲南省から金釵廠銅を割り当てられた湖北省は，その品質の低さを補うため漢口の商銅（漢銅）を加えることとし，乾隆9年3月に鋳造を開始した。兵餉の制銭搭放割合は，6.5％と設定された。ところが，金釵廠銅を使い終えて専ら漢銅を用いるようになると，「鼓鋳せんと欲すれば則ち虧折すること太だ重からんことを恐れ，炉を停めんと欲すれば又搭放するに出だす無きことを慮る」事態となった。そこで湖広総督鄂弥達（オミダ）・湖北巡撫開泰（カイタイ）は，制銭1文の重量を1銭2分から8分（約2.98グラム）に軽減することを提議し，試行が認められたのであった[59]。制銭鋳造が採算割れすることを回避するため，自省単独で制銭の重量を軽減したのである。

乾隆11年6月の開泰の奏摺によれば，年間に用いる銅は117,720觔で，その調達費用は銀24,344両余。用いる亜鉛は97,707觔余で，その調達費用は5,471両余。用いる鉛は15,303觔余で，その調達費用は826両余。用いる錫は4,708觔余で，その調達費用は894両余。用いる銅・亜鉛・鉛・錫は合計235,440觔であり，それに対して工食・物料は100觔につき計1,557文だったので，工食・物料の合計は3,665串800文となる。用いる銅・亜鉛・鉛・錫から耗銅を除いた，鋳出される制銭の総重量は計216,000觔であった。開泰奏摺に記された以上の数値を基にして計算すると，制銭1文の重量が8分ならば，制銭43,200串が鋳出されることになる（216,000×160÷0.8÷1,000）。そこから上述の工食・物料を差し引けば，司庫の収蔵額は39,534串200文と算出される。一方，銅・亜鉛・鉛・錫の調達費用の合計は銀31,539両1銭8分7釐である。よって，銀7,995両余の鋳造差益が得られることになる。これに対して，もし制銭1文の重量が1銭2分のままであったならば，鋳出される制銭は28,800串（216,000×160÷1.2÷1,000），司庫収蔵額は25,134串200文となり，銀6,404両余の鋳造差損が生じることとな

る。そうなれば，差損が正項に計上されるのはともかくとして，鋳銭局の公費等を自省の公項から捻出せざるを得なくなってしまう。湖北省が採算割れを避け鋳造差益を得ることを意図して制銭の重量軽減の提議を行ったことは，以上の計算結果からも明らかである。

　しかしながら，極端に軽量な制銭の供給は私鋳と旧来の制銭の私銷というふたつの弊害をもたらしたため，重量8分の制銭の鋳造はわずか1年ほどで中止され，制銭の重量は1銭2分に戻された。そこで，採算割れを回避する別の方策がとられた。それが，大量の兌換発売を行って鋳造差益を得るという方法である。乾隆12年2月に制銭の重量を1銭2分に戻すことを提議した湖広総督塞楞額(セレンゲ)・湖北巡撫陳弘謀は，あわせて鋳造炉を15座から20座に加増したいと上奏した。そして，江西省が兵餉に搭放する以外の制銭の兌換発売を許されていること（それを提言し乾隆帝から直接裁可を得たのは，当時江西巡撫であった陳弘謀自身に他ならない）に言及した上で，兵餉の制銭搭放割合を従来の6.5％のまま据え置き，鋳造額の過半を占める50,715串を江夏・漢陽両県で兌換発売に供することを提案した。ここにおいて塞楞額・陳弘謀は，制銭1,000文の鋳造費用は銀1両1銭5分であり，兵餉への搭放においては鋳造差損が生じるが，兌換発売の価格を1,000文＝銀1両2銭（銀1両＝約833文）として鋳造差益を獲得し，さらにはこれまでに得た鋳造差益6,900余両をもってして鋳造差損を相殺したい，とした[60]。

　議覆を命じられた戸部は，江西省で現に兌換発売を行っていることを理由として塞楞額・陳弘謀の提議を支持し，裁可されるに至った[61]。戸部も，湖北省の兌換発売を容認していたのである。それは，兌換発売が従来からの兵餉への制銭搭放を縮小させることなく実施されたためと考えられる。また，正項に生じた鋳造差損の相殺も，戸部にとっては歓迎すべきものであった。ここで，制銭の重量を復した後の乾隆12年5月9日から同13年5月8日になされた湖北省の制銭供給をみてみると，司庫収蔵額86,921串100文に対して，銅・亜鉛・鉛・錫の調達費用は合計85,036両4銭1分余であり，制銭1,000文の鋳造費用は銀1両をわずかに下回った。塞楞額・陳弘謀奏摺での試算よりも鋳造費用が少なく

済んでいるのは,用いた銅40万觔のうち,1觔あたりの調達費用が1銭7分5釐～2銭1分に及ぶ割高な漢銅[62]は156,540觔に過ぎず,その余は1觔あたりの調達費用が1銭4分余[63]の滇銅,および1觔あたりの価格が1銭3分[64]である内務府商人范氏の洋銅を用いていたためである。よって,制銭をすべて兵餉に搭放したとしても2,000両近い鋳造差益が得られたのであるが,予定通りに50,715串を江夏・漢陽両県において兌換発売し(ただし発売価格は1,000文＝銀1両1銭6分8釐余すなわち銀1両＝約855文に抑えられた),10,430両1銭6分の鋳造差益を得て,そこから鋳銭局の公費である「薪水・飯食・縄簍・水脚」計145両5銭2分を支出したのであった[65]。ともあれ,湖北省の制銭供給は省の公項を損なわずに実施することが可能になったのである。おそらくは,塞楞額・陳弘謀は前掲奏摺において滇銅・洋銅の存在を敢えて無視し,割高な漢銅を用いると仮定して制銭1,000文あたり銀1両1銭5分という鋳造費用を導き出し,鋳造差損を補填することを掲げて兌換発売の実施を正当化したのであろう。そして実際には滇銅・洋銅を用いて制銭を鋳造し,十分な鋳造差益を得て,決して鋳銭局の公費等によって既存の公項が損なわれることのないようにしたのである。なお,余剰の鋳造差益は,江西省と同様に正項に繰り込まれている[66]。

　江西・湖北両省の兌換発売は,巡撫として赴任した陳弘謀が提議したものであること,鋳造規模を拡大するのと同時に兌換発売を開始しており兵餉への制銭搭放を縮小していないこと,名目上は兵餉への搭放で生じる鋳造差損を相殺するための施策であること,鋳造差益から鋳銭局の公費を捻出し余剰分は正項に吸収されていることなど,あらゆる点で共通している。それは,自省の公項の費目に鋳銭局の公費を追加したくない省側と,兵餉の購買力維持を目指すとともに正項の鋳造差損の相殺もまたできるものならば達成したい戸部側,その両者の思惑が一致する落とし所を陳弘謀が巧みに見出したものとみることができる。とはいえ,両省の制銭鋳造拡大が兵餉における制銭搭放の拡大につながらなかったことから,江蘇・浙江・福建等の省の制銭搭放・供給が全く拡大していかなかったのと同じく,搭放における公定換算率の採用が却って兵餉への制銭搭放の拡充を頭打ちにした事実を看取することができる。

これに対して湖南省では、制銭1,000文の鋳造費用が銀1両を大きく下回っており、銀1両＝1,000文の公定換算率に従って兵餉に制銭を搭放しても十分な鋳造差益を得ることができた。同省は、金釵廠銅の品質の低さを、自省の桂陽・郴州で産出した自省の銅（南銅）を加えることによって補い、乾隆9年正月に鋳造を開始した。同年の司庫収蔵額は20,508串830文で、それに対して銅・亜鉛・錫（鉛は加えていない）の調達費用は銀15,487両8銭余であり、司庫に収蔵した制銭を公定換算率に従って銀に換算した値との差額5,021両余が鋳造差益として計上された。そしてそこから、宝南局から司庫への制銭輸送費用として銀6両1銭5分が支出された[67]。鋳銭局の公費に関する記載はないが、鋳造差益から捻出されたと考えられる。兵餉への制銭搭放割合は5％とされ、その他の制銭は、2～3年でようやく3,000～4,000串ほどになる程度の額ではあったが、1,000文＝銀1両2銭の価格で兌換発売に供することが許された。しかも、兌換発売で得た鋳造差益は「公に充つ」すなわち公項に繰り込むことが認められた[68]。制銭1,000文の鋳造費用はおよそ銀7銭5分5釐だから、兌換発売で得られる鋳造差益は1,000文につきおよそ銀4銭4分5釐であり、年間2,000串を兌換発売したとすれば鋳造差益の総額は銀890両ほどになる。確かにこれは大きな財政収入とはいえない。だが、江西・湖北両省における余剰の鋳造差益とは異なって鋳造差益を公項に繰り込めたというのは、重大な相違である。江西・湖北両省の兌換発売はあくまでも、そこで得た鋳造差益を正項に注ぎ込むことによって兵餉への制銭搭放で正項に生じた鋳造差損を相殺するという名目のもと実施されたものであり、それゆえ鋳銭局の公費をまかなう分を除いては、鋳造差益は余剰分も含め全面的に正項に吸収された。であればこそ、兵餉への搭放総額を超える額の制銭を兌換発売に供することが許されたのであった。一方、湖南省の兌換発売は、鋳造額の大半を兵餉に搭放し、そこでは鋳造差損は生じないことを前提とするものであったと考えられる。それゆえに、湖南省の兌換発売は極めて小規模なものにとどまった反面、鋳造差益を公項に繰り込むことができたのであろう。こののち湖南省は、第八章で論じるように、乾隆17年に鋳造額を倍増させ、兵餉における制銭搭放割合を5％から1割に引き上

げている。一貫して制銭1,000文の鋳造費用が銀１両を大きく下回っていた湖南省においては，制銭搭放における公定換算率の採用を命じる上諭は同省の制銭供給政策に否定的な作用を一切及ぼさず，制銭鋳造は拡大され，それは兵餉への制銭搭放の拡充に直結した。しかも，極めて小規模ながら，余銭の兌換発売で得た鋳造差益を公項に繰り込むことができたのであった。

貴州・四川両省もまた，湖南省と同様に兵餉への制銭搭放によっても正項に鋳造差損を生じることなく，多額の鋳造差益を計上していた。貴州省は，雍正８年に自省の銅（黔銅）を用いて制銭鋳造を開始し，乾隆４年・同９年には滇銅を収買することで鋳造規模を拡大させ，搭放を加増していた[69]。乾隆６年の同省の制銭供給をみると，鋳造差益分の制銭＝息銭から「省城・安順〔道庫〕に銭文を押運する書役の工食・盤費」120串，および「炉役の食米及び官役の養廉・工食等の項」1,689串739文を支出し，残余の息銭は正項に繰り込まれている[70]。

また，四川省は雍正帝の即位直後に雲南省とともに鋳造開始が一度は決定したが，亜鉛調達の困難を理由として，「軍務事竣の日」まで鋳造を見送っていた[71]。雍正10年から滇銅を用いて制銭鋳造を開始し，乾隆３年には鋳造額を倍以上に加増，同10年に至って，省城の駐防八旗・緑営の搭放割合を１割，その他の緑営の搭放割合を８％とした（ただし，省城から遠い一部の営は搭放の対象から外された）[72]。さらに翌11年には鋳造額を倍増させ，増加分の制銭の一半を陝西省に移送する他は兵餉搭放に追加して，搭放割合を一律２割に引き上げた[73]。四川省が乾隆５年７月２日から同６年７月１日までに行った制銭供給をみると，鋳造差益を得て，「官役の食費・紙張等の項」513串600文，および「銭局の炉房を補修するに用いし工料銭」221串931文を支出し，残りの鋳造差益は正項に繰り込まれている[74]。

なお，両省は兵餉だけでなく官員の養廉銀にも制銭を搭放している。養廉銀が制銭搭放の対象に入った経緯は明らかでないが，銭価上昇後もそれは停止されることなく，貴州省は乾隆９年の鋳造拡大の際に兵餉のみならず養廉銀への制銭搭放も増額している[75]。両省の制銭供給は，両省の官員の生計にもいくら

か資するものであった。ただ，両省は余銭を翌年に繰り越しており，余銭の兌換発売は行っておらず，公項への鋳造差益の繰り込みはなかった。とはいえ，貴州・四川両省はともに鋳造差益の一部を鋳銭局の公費等に充てることによって既存の公項からの支出を免れており，それゆえ制銭供給を拡大していくことができた。そしてそれは，兵餉の制銭搭放の拡充に直結していたのである。

　以上に論じてきたように，前項でみた江蘇・浙江両省に限らず，その他の省でも，公項に支出を強いられるか否か，あるいは逆に公項に裨益するか否かが，制銭供給政策の展開に多大な影響を及ぼしていた。乾隆8年の明発上諭によって兵餉への制銭搭放では銀1両＝1,000文の公定換算率に従うことが命じられる以前は，制銭1,000文の鋳造費用が銀1両を上回る省では換算率を切り上げ，鋳造差益を得て鋳銭局の公費等を捻出していた（あるいは，捻出しようとしていた）。そこにおいては，市場への制銭供給，兵丁の生計保護，既存の公項の温存という複数の政策課題がいずれも達成されていた。しかしながら，兵丁の生計保護を掲げた乾隆8年の明発上諭はかかる状況を一変させた。江蘇・浙江・福建等の省は，制銭1,000文の鋳造費用が一貫して銀1両を上回っており，鋳銭局の公費等を公項の費目として計上せざるを得なくなったために制銭供給への積極性を失い，以後鋳造額を加増することはなく，兵餉への制銭搭放は頭打ちとなった。江西・湖北両省は，時に制銭1,000文の鋳造費用が銀1両前後に達していたが，鋳造を拡大して増加分の制銭を兌換発売に供し，鋳造差益を得て鋳銭局の公費を工面していた。両省では制銭鋳造額は増加したものの，それは兵餉への制銭搭放の拡充には結びつかなかった。湖南・貴州・四川等の省は，制銭1,000文の鋳造費用が一貫して銀1両を大きく下回っており，兵餉への制銭搭放によっても十分な鋳造差益を得て鋳銭局の公費に充当することができた。それらの諸省は断続的に鋳造額を加増しており，それは兵餉への制銭搭放の拡充に直結していた。

　なお，なぜ江蘇・浙江・福建等の省が江西・湖北両省と同様の施策をとらなかったのかというと，それら3省は江西・湖北両省よりも鋳造費用が大きく，相当量の追加鋳造と兌換発売を行っても，兵餉への制銭搭放によって正項に生

じる鋳造差損を完全に相殺した上で鋳銭局の公費等を工面できるだけの鋳造差益を安定的に得られる見込みがなかったためと考えられる。この点については，第八章において詳しく論じたい。

小　結

　乾隆初年に江南において銭貴が発生し，それは都市労働者たる傭工などの生計に打撃を与えた。そこで江浙両省の督撫は，京師に納入されるべき銅・制銭の截留を求めたが，八旗兵餉への制銭搭放に供されるべきそれらの銅・制銭の截留は，戸部によって尽く退けられる結果となり，両省は戸部から，京師両局の辦銅から完全に切り離されていた洋銅を採買して制銭を鋳造するよう命じられた。両省は洋銅の輸入が低調であるので滇銅を調達して鋳造を開始することを提議し，それに対して戸部は京師両局の辦銅を妨げない範囲において滇銅を調達するよう要求した。また，乾隆帝は，銭貴への早急な対応を重視して，両省は雲南省と協議の上で中央の協議を求めることなく滇銅の輸送を始めるよう指示を与えた。その結果，中央が滇銅を諸省に適宜配分するという体制の可能性は否定され，江浙両省をはじめとして諸省はみずからの要望と滇銅・洋銅の状況にもとづき，京師両局の制銭鋳造を阻害しない範囲で銅を調達し制銭供給を実施することになった。

　制銭鋳造を開始した直後，江蘇・浙江・福建等の省では制銭1,000文の鋳造費用が銀1両を上回っていたが，当初は兵餉への制銭搭放において換算率を切り上げることにより鋳造差益を得て，そこから鋳銭局の公費や制銭の輸送費用などの諸経費を捻出していた（または，捻出しようとしていた）。しかし，乾隆8年に上諭が下って搭放は公定換算率に則るよう命じられると，鋳銭局の公費等を自省の既存の公項から支出しなければならなくなった。結局，それら3省は乾隆8年の上諭以降，滇銅の増産にも関わらず鋳造規模を一切拡大せず，兵餉への制銭搭放は固定化された。江西・湖北両省は，時に制銭1,000文の鋳造費用が銀1両を超え，兵餉への制銭搭放において正項に鋳造差損を生じうる状況であっ

たが，鋳造規模を拡大して増加分の制銭を兌換発売に供し，鋳造差益を得て上記の差損を相殺するとともに鋳銭局の公費を工面し，既存の公項からの支出を回避した。結果として両省の制銭鋳造額は増加したものの，それは兵餉への制銭搭放の拡充には結びつかなかった。それに対して湖南・貴州・四川等の省は，制銭1,000文の鋳造費用が銀1両を下回っており，公定換算率にしたがって制銭を兵餉に搭放しても十分な鋳造差益を得て鋳銭局の公費等を工面することができた。ゆえに，それら3省は自省の公項を損なうことなく制銭鋳造を拡大することが可能であり，それは兵餉への制銭搭放の拡充に直結したのであった。なお，湖南省は，年間1,000串弱ではあったが余剰の制銭が生じており，それを兌換発売して獲得した鋳造差益を公項の収入として繰り込むことが許されていた。

　清朝中央は，兵丁の生計保護を重視して公定換算率の採用を各省に命じたのだが，それが制銭供給の採算性を低下させたことにより，却って江蘇・浙江・福建・江西・湖北等の省の制銭搭放を固定化させる結果をもたらしたのであった。換算率という一点において兵丁の生計保護の方針を各省に強いるのみでは，中央が京師で推進していたような徹底した兵丁保護策が各省で行われるべくもなかったのである。それは，ちょうど同じ時期に中央が推し進めていた公項財政の統制強化がもたらした結果であった。各省の側は，公項財政の支出が厳しく制限されるなか，従来からの費目に対する中央からの認可獲得の困難を少しでも緩和する必要があったので，新たな費目たる鋳銭局公費等の計上を嫌い，採算を割る制銭鋳造に著しく消極的となったのである。

註
（1）　「宮中檔硃批奏摺財政類」第60リール556-558，乾隆4年6月9日，江蘇巡撫張渠奏摺。
（2）　銅銭遣いが普及した乾隆後半には，銀1両と記して実際には銅銭700文を指す「七折銭」など，賃金は実際の銭価の変動に関わりなく固定換算率に基づいて銅銭を支給する形態がみられた（岸本美緒［1987：342-343頁］）。それは銅銭の銀両表示であり，事実上の銅銭建てである。

(3) 近年，太田出氏は犯罪取締りの観点からこの問題を再検討し，清朝政府が「疑似保甲」の編成と緑営配置の稠密化の両面から踹工に対する監視・抑制体制を築き上げたことを論じた（太田出［2004：345-351頁］）。
(4) 「宮中檔硃批奏摺財政類」第60リール261-262，乾隆2年11月22日，江蘇巡撫楊永斌奏摺。
(5) 「宮中檔硃批奏摺財政類」第60リール543-548，乾隆4年3月18日，閩浙総督郝玉麟・浙江巡撫盧焯奏摺。
(6) 前註（1）所掲，張渠奏摺。
(7) 「宮中檔硃批奏摺財政類」第60リール580-584，乾隆4年8月12日，閩浙総督郝玉麟・福建巡撫王士任奏摺；同，第60リール666-668，乾隆4年12月13日，浙江巡撫盧焯奏摺；同，第60リール774-776，乾隆5年3月21日，江南総督郝玉麟・江蘇巡撫張渠奏摺。なお，制銭15万串の截留の不許可を明示する史料は見あたらないが，同，第60リール496-498，乾隆3年11月18日，雲貴総督慶復奏摺によって，34万余串の全額が当初の計画通りに京師に送られていたことを確認できる。
(8) 前註（7）所掲，盧焯奏摺。
(9) 「宮中檔硃批奏摺財政類」第60リール704-727，乾隆5年正月12日，吏部尚書協理戸部事務訥親等奏摺。
(10) 「宮中檔硃批奏摺財政類」第60リール777-779，乾隆5年3月22日，浙江巡撫盧焯奏摺。
(11) 前註（10）所掲，盧焯奏摺。
(12) 「宮中檔硃批奏摺財政類」第60リール780-783，乾隆5年3月25日，雲貴総督慶福・雲南巡撫張允随奏摺。
(13) 前註（7）所掲，郝玉麟・張渠奏摺。
(14) 「宮中檔硃批奏摺財政類」第60リール787-802，乾隆5年4月12日，吏部尚書協理戸部事務訥親等奏摺。
(15) 「宮中檔硃批奏摺財政類」第60リール847-849，乾隆5年6月11日，雲貴総督慶福・雲南巡撫張允随奏摺。
(16) 「宮中檔硃批奏摺財政類」第60リール771-771，乾隆5年3月21日，江蘇巡撫張渠奏摺。
(17) 「宮中檔硃批奏摺財政類」第60リール806-811，乾隆5年4月16日，協理戸部事務訥親等奏摺。

(18) 「宮中檔硃批奏摺財政類」第60リール815-843，乾隆5年4月24日，大学士鄂爾泰等奏摺。

(19) 「宮中檔硃批奏摺財政類」第60リール784-786，乾隆5年3月29日，閩浙総督徳沛奏摺。

(20) 「宮中檔硃批奏摺財政類」第60リール853-855，乾隆5年閏6月8日，浙江巡撫盧焯奏摺。

(21) 「内閣漢文題本戸科貨幣類」第1リール1247-1294，乾隆5年閏6月9日，浙江巡撫盧焯題本。

(22) 「内閣漢文題本戸科貨幣類」第1リール1347-1403，乾隆5年9月12日，吏部尚書協理戸部事務訥親等題本。

(23) 「軍機処漢文録副奏摺」第52リール214-217，乾隆6年2月9日，両江総督楊超曾奏摺。

(24) 「内閣漢文題本戸科貨幣類」第1リール1532-1547，乾隆5年12月22日，閩浙総督徳沛題本。裁可の経緯については，同，第1リール1675-1685，乾隆6年10月29日，閩浙総督徳沛題本。

(25) 『皇朝文献通考』巻16，銭幣4，乾隆5年条（乾隆4年に浙江省側から鋳造開始が提議されてから年間鋳造額が固定するまでの経緯がまとめて記されている）。ただ，後註（30）に記したように，同条にある江蘇省の鋳造定額は檔案史料から確認される値と若干ずれており，浙江省についても同様のずれが生じている可能性は否定できない。

(26) 「内閣漢文題本戸科貨幣類」第1リール1776-1787，乾隆6年12月2日，閩浙総督徳沛題本。

(27) 「内閣漢文題本戸科貨幣類」第1リール1822-1836，乾隆7年3月9日，吏部尚書協理戸部事務訥親等題本。

(28) 「内閣漢文題本戸科貨幣類」第2リール440-457，乾隆10年2月18日，浙江巡撫常安(チャンガン)題本。

(29) 「内閣漢文題本戸科貨幣類」第1リール2457-2473，乾隆8年5月9日，江蘇巡撫陳大受題本。

(30) 「内閣漢文題本戸科貨幣類」第1リール1837-1849，乾隆7年3月21日，吏部尚書協理戸部事務訥親等題本。なお，『皇朝文献通考』巻16，銭幣4，乾隆5年条に記載された年間鋳造額は111,699串余であり，100串余のずれがある。

第六章　各省の銭貴と制銭供給政策　237

(31)　「内閣漢文題本戸科貨幣類」第1リール2740-2765，乾隆8年7月11日，礼部尚書兼管戸部尚書事務徐本等題本。

(32)　「宮中檔硃批奏摺財政類」第60リール1129-1131，乾隆7年8月21日，閩浙総督那蘇図奏摺。

(33)　「宮中檔硃批奏摺財政類」第60リール1900-1901，乾隆11年4月25日，広東巡撫準泰奏摺。
　　　　　　ジュンタイ

(34)　「宮中檔硃批奏摺財政類」第60リール1992-1998，乾隆12年2月20日，湖広総督塞楞額・湖北巡撫陳弘謀奏摺；同，第60リール2009-2044，乾隆12年3月21日，協辦大学士吏部尚書兼管戸部尚書事務劉於義等奏摺。

(35)　『乾隆朝上諭檔』第1冊，885頁，乾隆8年11月6日。

(36)　『明清檔案』A192-131，乾隆21年6月4日，大学士兼管吏部戸部事務傅恒等題本などにより，江蘇省では「〔宝蘇〕局内の員役の応に需むべき薪水・工食・心紅・紙張等の項」が公項から支出されていたことを確認できる（乾隆19年正月16日から同20年正月15日までの閏月を含む13ヶ月間に銀391両余を支出している）。その他にも，宝蘇局から各営への制銭輸送費用が公項から捻出されていたはずである。

(37)　「内閣漢文題本戸科貨幣類」第2リール1362-1385，乾隆11年12月4日，浙江巡撫常安題本。

(38)　嘉慶『欽定大清会典』巻13，戸部，湖広清吏司条。

(39)　「宮中檔硃批奏摺財政類」第60リール731-733，乾隆5年2月13日，閩浙総督徳沛・署理福建巡撫王士任奏摺。

(40)　『皇朝文献通考』巻16，銭幣4，乾隆5年条。

(41)　「宮中檔硃批奏摺財政類」第60リール812-814，乾隆5年4月23日，閩浙総督徳沛・署理福建巡撫王士任奏摺。

(42)　前註（32）所掲，那蘇図奏摺。

(43)　「宮中檔硃批奏摺財政類」第60リール1389-1392，乾隆9年4月24日，閩浙総督那蘇図奏摺。

(44)　「内閣漢文題本戸科貨幣類」第1リール2984-3037，乾隆9年2月3日，閩浙総督那蘇図題本。

(45)　「内閣漢文題本戸科貨幣類」第2リール1168-1183，乾隆11年5月11日，協辦大学士兼管戸部尚書事務劉於義等題本。

238　後編　最盛期の制銭供給とその行方

(46)　「宮中檔硃批奏摺財政類」第60リール1092-1097, 乾隆7年7月1日, 江西巡撫陳弘謀奏摺。
(47)　『乾隆朝上諭檔』第1冊, 789頁, 乾隆7年7月19日。
(48)　「宮中檔硃批奏摺財政類」第60リール1098-1128, 乾隆7年8月6日, 礼部尚書兼管戸部尚書事務徐本等奏摺。
(49)　「宮中檔硃批奏摺財政類」第60リール1139-1143, 乾隆7年12月24日, 江西巡撫陳弘謀奏摺。
(50)　「宮中檔硃批奏摺財政類」第60リール1147-1155, 乾隆8年2月10日, 大学士鄂爾泰等奏摺。
(51)　「宮中檔硃批奏摺財政類」第60リール1180-1182, 乾隆8年4月27日, 江西巡撫陳弘謀奏摺。
(52)　『明清檔案』A97-117, 乾隆5年12月5日, 吏部尚書協理戸部事務訥親等奏摺。
(53)　「宮中檔硃批奏摺財政類」第60リール966-968, 乾隆6年5月16日, 署理湖広総督那蘇図奏摺。
(54)　「内閣漢文題本戸科貨幣類」第1リール2766-2790, 乾隆8年7月17日, 湖北巡撫晏斯盛題本。
(55)　『大清高宗純皇帝実録』巻156, 乾隆6年12月癸巳（2日）条。
(56)　「宮中檔硃批奏摺財政類」第60リール1204-1206, 乾隆8年8月4日, 署理湖南巡撫蒋溥奏摺。
(57)　「内閣漢文題本戸科貨幣類」第2リール2200-2214, 乾隆12年9月19日, 閩浙総督喀爾吉善題本。
(58)　「内閣漢文題本戸科貨幣類」第2リール1640-1653, 乾隆12年3月5日, 江西巡撫開泰題本。
(59)　「宮中檔硃批奏摺財政類」第60リール1999-2001, 乾隆12年3月10日, 湖広総督塞楞額奏摺。
(60)　「宮中檔硃批奏摺財政類」第60リール1992-1998, 乾隆12年2月20日, 湖広総督塞楞額・湖北巡撫陳弘謀奏摺。
(61)　「宮中檔硃批奏摺財政類」第60リール2009-2044, 乾隆12年3月21日, 協辦大学士兼管戸部尚書事務劉於義等奏摺。
(62)　「宮中檔硃批奏摺財政類」第60リール1999-2001, 乾隆12年2月20日, 湖広総督塞楞額奏摺；『宮中檔乾隆朝奏摺』第4輯, 210-211頁, 乾隆17年11月2日, 湖北

第六章　各省の銭貴と制銭供給政策　239

巡撫恒文奏摺。
(63)　「宮中檔硃批奏摺財政類」第60リール2483-2485，乾隆14年9月28日，湖北巡撫唐綏祖奏摺。
(64)　「宮中檔硃批奏摺財政類」第60リール1294-1310，乾隆9年正月29日，吏部尚書協理戸部事務訥親等奏摺。
(65)　「内閣漢文題本戸科貨幣類」第2リール3582-3601，乾隆15年2月19日，湖北巡撫唐綏祖題本。
(66)　「内閣漢文題本戸科貨幣類」第3リール56-81，乾隆15年4月27日，大学士兼管吏部戸部事務傅恒等題本に，「存する所の余息銀五千七百二十五両八銭七分四釐零は，応に該撫唐綏祖をして数に照らして司庫に収貯し，季冊に造入して部に報じ撥用すれば可なり」とあり，鋳銭局の公費等に充てられた以外の鋳造差益が正項に組み込まれたことを確認できる。
(67)　「内閣漢文題本戸科貨幣類」第2リール853-870，乾隆10年9月12日，湖南巡撫楊錫紱題本。
(68)　『宮中檔乾隆朝奏摺』第15輯，43-44頁，乾隆21年7月25日，湖南巡撫陳弘謀奏摺。
(69)　『皇朝文献通考』巻15，銭幣3，雍正8年条；同，巻16，銭幣4，乾隆4年条・同9年条。
(70)　「内閣漢文題本戸科貨幣類」第1リール2566-2666，乾隆8年6月24日，大学士吏部尚書兼管戸部尚書事務徐本等題本。
(71)　「戸科史書」第346冊，雍正元年12月20日，川陝総督年羹堯題本；同，第345冊，雍正2年2月23日，総理戸部事務和碩怡親王允祥等題本。
(72)　『皇朝文献通考』巻15，銭幣3，雍正10年条；同，巻16，銭幣4，乾隆3年条。
(73)　『皇朝文献通考』巻17，銭幣5，乾隆11年条。
(74)　「内閣漢文題本戸科貨幣類」第1リール2474-2498，乾隆8年6月2日，大学士吏部尚書兼管戸部尚書事務徐本等題本。
(75)　『皇朝文献通考』巻16，銭幣4，乾隆9年条。

第七章　雲南省の制銭供給政策

　雍正元年（1723），雲南省において制銭の鋳造が再開された。その後，鋳造額が断続的に加増されて，乾隆20年代（1755-1764）末には年間76万余串に達した（杜家驥［1999］）。その額は京師両局に次いで大きく，各省のなかでは抜きん出ていた。その背景として，滇銅の増産があることは間違いない。雲南省は，自省産出の滇銅を安価で大量に確保することができた。ただし，既に繰り返し述べてきたように，雍正から乾隆にかけては正項財政は極めて充実しており，鋳造差益を得て租税収入を補う必要性はほとんどなかったといってよい。また，経済的後進地域である雲南省においては，制銭供給は銭価の下落を引き起こしやすく，さらに，銭価が下落すれば制銭搭放は兵餉の購買力を低下させる。それでもなお雲南省が制銭供給を活発に行ったのは，何らかの具体的な動機づけがあったためと考えられ，その一方で同省は少なからず困難な事態に対処することも余儀なくされていたと予想される。銅の調達困難だけでは江浙両省などが制銭供給に消極的だった理由にならない（第六章参照）のと同様に，銅の調達が容易だったというだけでは雲南省において大々的に制銭供給が行われたことを理解することはできないのである。

　そこで本章においては，雍正元年から乾隆初年にかけての雲南省の制銭供給政策を詳しく分析し，それがいかなる政策意図に基づき，どのように実施されていたのかを明らかにしたい。

第一節　「放本収銅」制度の導入と雍正元年の制銭鋳造再開

　銅産省たる雲南省の制銭鋳造は，自省産出の滇銅に依拠していた。その滇銅産出が著しく増大したのは，康熙44年に雲南省が所謂「放本収銅」制度を導入して銅廠管理に積極的に乗り出して以降のことである。当該制度の導入が雲南

省の銅廠管理において画期をなすことは，常玲［1988］，邱澎生［2001：61,70,83-84頁］など，多数の先行研究において指摘されている。しかし，それによる滇銅の増産と雍正元年における雲南省の制銭鋳造再開との関係については未だに検討されていないようである。

第二章において既に述べたように，清朝は康熙14年に銅廠などの鉱山開発を認める決定を下した。それは，民間がみずから資金を用意して開発を願い出た時に，審査の上で開発を認め，産出した鉱物の一定額に課税し，その他は自由販売を許すものであり，官側の態度としては受動的なものであった（邱澎生［2001：66-68頁］）。それに対して，康熙44年に雲南省の銅廠管理に導入された「放本収銅」制度とは，官側が資金を貸与して銅廠の開発を行わせ，産出した銅を資金の回収に代えて受け取る，というものであった。『皇朝文献通考』巻14，銭幣2，康熙44年条には次のように記されている。

〔雲貴〕総督貝和諾は題して定むらく，「廠を按じて税銅を抽納して毎年変価し，課せる息銀を将て部に報じん。復た請うらくは，額において例に抽納するの外，預め工本を発して余銅を収買せん。各銅廠の觔ごとの価銀は三，四分より以て五，六分に至ること不等として，省城に発運し，官銅店を設立して官商に売給し，以て各省の京局額銅の用を承辦するに供さん。百觔ごとに価は九両二銭と定め，銅本及び廠より省に運ぶ脚費等の項を除くの外，獲る所の余息は数を悉くして公用に帰充せん」と。之に従う。

さらに，雍正元年に諭旨に従って雲南省の銅務の状況を調査して雲貴総督高其倬と雲南巡撫楊名時とが連名で上せた奏摺には，以下のように記されている[1]。

康熙四十四年より以前は，通省の銀・銅各廠は俱に督撫各官が私開するに係り，原より未だ奏報せず，亦た抽収の款項は案冊の稽すべき無し。事久しくして顕露するに因り，経に前督臣貝和諾は摺もて奏して，始めて委員をして分管せしむるに広西・元江・曲靖・永北の四府に交して抽課し餉に充つ。煉銅百斤ごとに二十斤を抽課するの外，……硐民は即ち得る所の銅を将て官本を抵還す。各廠の銅色は高低斉わざれば価も亦た一ならず，三両八，九銭より四両一，二銭に至ること不等。名は「山より出づる毛銅」

なり，其の課の名は「銅息」なり。

『皇朝文献通考』の記事とこの高其倬・楊名時奏摺を照らし合わせれば，以下のことが明らかになる。康熙44年以前，雲南省の銅廠管理は未だ整備されたものではなかった。康熙44年の雲貴総督貝和諾の上奏により，雲南省は広西・元江・曲靖・永北の４府に委員を派遣して，各銅廠において紅銅100觔につき20觔を税銅として徴収し，それを売却して得た銀（息銀）を戸部に報告した上で兵餉に充てることとなった。息銀は正項の収入とされたのである。それと同時に，廠民に採掘資金を事前に貸与し，その回収として税銅以外の銅を100觔につき銀３両８銭〜４両２銭の価格に換算して受け取り，省城の官銅店に運んで京師両局への銅納入を請け負う官商に銀９両２銭の価格で売却し，受領した代価から銅の収買費用および銅廠から官銅店までの輸送費用を差し引いた売却益を「銅息」として省の「公用」に充てることが決定したのであった。この時点では公項は未だ成立していないから，「公用」に充てるとは読んで字の如く，種々の地方行政経費に支出することを意味している。

こうして康熙44年以降，雲南省による銅廠の管理が強化され，息銀が正項財政の収入として組み込まれた他，銅息が省の公用に供されることとなったのであった。これに関して常玲［1988］は，息銀と銅息の合計を年間９万両弱と見積もった上で，当時の清朝財政の堅調さと限りある息銀・銅息の額から考えて財政政策として必要性・有効性があったとは思えないと主張し，当該政策は息銀や銅息の確保を企図したものではなく，産出した滇銅をすべて官が収蔵することで市場への滇銅流出を断ち切り銅銭の私鋳を根絶することを目指した施策だったのであろう，と論じている。確かに，滇銅が私鋳銭の原材料にされることを防ぐという狙いがあった可能性は否定できない。しかし，同時期に正項財政がいかに堅調であったとしても，公用に供する銅息の重要性が低かったことにはならない。この頃の雲南省は，年間の地丁・雑税の徴収額がわずか銀二十余万両であり[2]，地丁に上乗せして徴収する耗羨銀両の額もおのずと限られた。そのような状況にあって，銅息は，雲南省の公費の財源として極めて重要な位置を占めたと考えてよい。康熙44年の雲貴総督貝和諾の提議は，銅廠管理を強

化し税銅を徴収して得た息銀を正項財政に組み入れること，および滇銅の売却を省城の官銅店に一元化して京師両局の辦銅に便宜を供することによって戸部の支持を取りつけつつ，廠民から買い上げた銅を官銅店で売却して得た銅息を自省の公用の財源にしようと企図したものであったと考えられる。市場への滇銅流出を断って私鋳防止に役立てることも狙いにあったかもしれないが，少なくとも提議した貝和諾（雲南省側）にとっては，私鋳防止より銅息の確保の方が格段に重要だったはずである。

ただし，以上のような「放本収銅」制度による銅廠の管理と銅息の獲得は，採掘資金の貸与額に応じて銅が確実に納入され，さらにはそれが順調に売却されることによって初めて成り立つものである。実際には，貸与した採掘資金に焦げ付きが生じた上に，納入された滇銅もさばききれずに滞積するという大変厳しい状況となっていった。

前掲高其倬・楊名時奏摺によれば，原任布政使金世揚が赴任した康熙56年頃は，「江浙の洋船が票を争い洋銅は虧少し」たため，辦銅を命じられた8省の官商が雲南に到来して滇銅を買い求め，1觔あたり銀1銭1分〜1銭3分の値で売れたという。「洋船が票を争」ったとは，［日本］正徳5年＝康熙54年の正徳新例によって，中国船には30艘に限定して貿易許可証としての「信牌」が発給されることとなり，その確保をめぐって商船が競合したことを指している[3]。実際，康熙54〜55年には洋銅の流入額が激減しており（110頁所掲図3．1参照），そこで京師両局の辦銅を担う官商たちによる滇銅の採買が増加したのである。一方，雲南省では廠民に貸与した採掘資金の焦げ付きが累積し，新たに布政使毛文銓が康熙59年2月に着任した時には54,985両となっていた。省としては，何よりもまず確保された銅を売りさばき，累積した財政損失を補填しなければ，銅息を公用の財源として獲得するわけにはいかない。銅の売却を進めることは，最大の急務となりつつあった。この頃，康熙59年5月から同60年3月までの11ヶ月間には809,260觔，同60年4月から雍正元年2月までの24ヶ月間には1,618,539觔の滇銅を産出しており，年間産出額は平均して80万觔前後に達していた。しかし，康熙56年以降，洋銅の輸入がいくぶん回復したため，官商による滇銅採

買は減少していた。そこで布政使毛文銓は，自省において「鼓鋳を開き以て積銅を銷す」ることを提議したが，戸部によって退けられた。それを受けて雲南省は，京師両局に年間銅100万觔を納入することを提議した。それは，「銅斤を疏通し課本を清完する為に起見」したものに他ならなかった。ところがここにおいて「皇上」は，京師への銅納入ではなく，前回提議された制銭鋳造の開始を命じたのであった。

このような鋳造決定に至る経緯について，『皇朝文献通考』巻15，銭幣3，雍正元年条には次のように記されている。

　　雲南省は康熙四十四年に奏して青龍・金釵等の銅廠を開き，嗣いで以て銅産は日々に旺んなり。〔雲南〕巡撫楊名時は奏して毎年京局に銅一百万觔を解り以て鼓鋳に供さんことを請う。経に〔総理事務〕王・大臣は戸部と会同して議して言わく，「滇省の採銅は漸次効有り。其の京に解り多く脚費を需むるよりは，即ち滇に留めて開鋳するに如かず……」と。康熙六十一年十二月に旨を得たるに，「議に依れ……」と。

ここには，雲南省側が当初自省での制銭鋳造を提議したことは記されておらず，それが退けられた後に雲南省側が示した京師両局への毎年100万觔の滇銅納入のみが記載されている。そして，それに対して総理事務王大臣（和碩廉親王允禩・和碩怡親王允祥・大学士馬斉(マチ)・吏部尚書隆科多(ロンコド)）と戸部は，雲南から京師までの輸送費用がかさむことを懸念し，雲南省において制銭鋳造を行うことを提議して，即位直後の雍正帝によって裁可されたことが記されている。『大清世宗憲皇帝実録』によれば，総理事務王大臣と戸部による議覆が裁可されたのは，康熙61年12月27日のことであった[4]。

雍正帝が即位したのは，康熙61年11月20日のことである。雲南省からの題本が皇帝の決裁を受けるには大抵1ヶ月強を要し，しかも議覆にも日数を必要とするので，年間100万觔の銅納入を提議した楊名時題本はほぼ間違いなく康熙帝の生前に作成されたものである。よって，それに先んじて上せられ却下された開鋳提議は，康熙帝によって退けられたものと判明する。私鋳犯の取り締まりが十分でない各省に制銭鋳造を行わせないことは，第三章において論じたよ

うに, 康熙41年に大制銭の供給を開始して以降の康熙帝の確固たる方針であった。それゆえ, 雲南省が最初に示した開鋳提議も却下されたものと思われる。そこで雲南省は京師両局への銅納入という新たな提言をまとめたのであるが, その間に皇帝の代替わりが生じ, 雍正帝の任じた総理事務王大臣によって制銭鋳造を行わせるべきとの見解が示され, 雍正帝の裁可を得たのであった。

以上の経緯から明らかなように, 雍正元年以降の雲南省による制銭鋳造は, 銅息の確保を企図した「放本収銅」制度が行き詰まった結果,「積銅」を財政的に処理するための手段として開始されたに過ぎなかったのである。

第二節　制銭供給開始後の銭価下落と制銭移送

先に引用した, 雲南省の開鋳決定に関する『皇朝文献通考』巻15, 銭幣3, 雍正元年条の記事には続けて, 雲南省側から題本を上せて決定に至った内容として, 以下のことが記されている。

> 復た題して定むらくは, 省城局は炉二十一座, 臨安府局は炉六座, 大理府局は炉五座, 霑益州局は炉十五座とす。銅六鉛（亜鉛）四〔の合金比率〕に遵照し, 銅価は百觔ごとに銀九両二銭, 鉛価は百觔ごとに銀四両五銭とす。銅・鉛百觔を鋳するごとに九觔を耗(つい)やし, 工食銭一千二百文・料価（物料）六百二十文を給するを准(ゆる)す。銅・鉛の本及び工料（工食と物料）を除くの外, 息銭一千二百六十文を得る。毎年開鋳すること三十六卯とし, 閏に遇えば三卯を加う。毎炉一卯に銅・鉛千觔を用う。……鋳出したる銭文は兵餉に搭放して銀に易うるを俟(ま)ち, 以て次年の更鋳の工本と為す。

ここには, 銅価が100觔につき銀9両2銭, とある。銅を廠民から100觔につき銀4両前後で買い上げていた雲南省自身が制銭鋳造を行う場合も, 銅の採買費用として100觔につき銀9両2銭を計上することが許されたのである。つまり, 銅を官銅店で売却しても, 自省の制銭鋳造に用いても, 同じように銅息は得られる仕組みとなったのであった。また, 鉛価が100觔につき銀4両5銭となっているが, 実際の収買費用はそれを下回っており, 銅息と同様の差益（以下で

は「鉛息」と仮称する）を獲得し，公用に充当していた[5]。

　さらにその上，銅・亜鉛計100觔あたり1,260文の鋳造差益を得ることができた。その仕組みを説明すると，銅・亜鉛計100觔のうち，9觔が鋳こぼれとして失われ，残りの91觔が制銭に鋳出されることとなり，1文の重量は1銭4分なので，計10,400文が鋳出される（91×160÷1.4）。そこから銅60觔の価銀5両5銭2分（＝5,520文），亜鉛40觔の価銀1両8銭（＝1,800文），工食1,200文，物料620文を差し引くと，1,260文が差益として残る計算である。鋳造した制銭は，銀1両＝1,000文の公定換算率に則って兵餉に搭放された。

　こうして，産出量が増大した滇銅は雲南省の制銭鋳造によって消費されることとなり，一応は銅の収買費用・輸送費用の回収と銅息の確保が進むこととなった。のみならず，鉛息と鋳造差益が新たな財政収入として加わった。しかし，鋳造した制銭を兵餉に搭放して市場に供給するとなると，新たな課題として，兵餉の購買力を維持し，なおかつ，市場の貨幣流通に混乱をもたらさないように努めなければならなくなる。だが，ただでさえ経済的後進地であった雲南省において，民間の銅銭需要に応えたのではなく専ら財政的事情によって制銭供給を突如開始したわけであるから，銅銭流通量が過多となり銭価が下落するのは必至であった。

　鋳造開始からわずか1年後の雍正2年には，早くも銭価低落が深刻な問題となっていた。雍正2年11月，雲貴総督高其倬は奏摺を上せて，雲南省の山がちで閉塞的な地理的条件ゆえに，制銭の主たる供給地である省城から制銭が拡散せず，省城の銭価が次第に下落しつつあることを報告している[6]。さらに同奏摺には，

　　臣は撫臣楊名時・布政使李衛と法を設け〔省城の銅銭を〕買運して各次近き府州県に発し行消したれば，目下銭価は已に漸く平ずと雖も，但だ雲銅（滇銅）は鼓鋳するに非ざれば法の消すべきは無く，源源と鼓鋳すれば将来〔制銭は省城に〕日々に積もり日々に多し。若し早く調剤を思わずんば，恐らくは価賤く帑を病み兵を病むを致さん。

とあって，省城における銅銭の壅滞を目前の解決すべき問題としてとらえると

ともに，銅を制銭鋳造に用いて消費していかねばならないことを根本的な問題とみなしていたことがみてとれる。なお，同奏摺には具体的な銭価が記されていないが，こののち高其倬らの奏摺によって，雍正3年5月には銀1両＝1,150～1,160文[7]，同年11月には銀1両＝約1,220文[8]，雍正4年3月には銀1両＝約1,350文[9]と，銭価が下落し続けていることが雍正帝のもとに報告された。

民間の銭価が大幅に下落すると，公定換算率に従った制銭搭放は兵餉の購買力を目減りさせることになる。前掲の雍正2年11月の高其倬奏摺でも，銭価が低迷するなかでの制銭搭放によって「兵を病む」ことを不安視している。また，雍正4年3月の雲南布政使常徳寿奏摺も，鋳銭局周辺において兵餉の2割を制銭搭放としているが銭価低落のために「兵丁は苦累」していることを述べており[10]，同年6月の雲南巡撫鄂爾泰奏摺にも，制銭1,000文が民間で銀1両に値しないために兵が「虧を受く」とある[11]。銭価低迷を無視して制銭を鋳造して兵餉に搭放し続けることは，何としても避けなければならなかった。康熙20年代の制銭供給を中止に追い込んだのが制銭の受領を拒む兵丁の兵変であったことは，第二章で述べた通りである。

こうして積銅消費の必要と銭価下落の間で板挟みとなった雲南省は，自省への制銭供給規模を縮小するため，鋳造した制銭の一部を他省に売却して該省から代価として銀を受け取るという対策を打ち出した。すなわち，雍正2年11月に省城における銭価の下落を訴えた雲貴総督高其倬は，自省の鉛息から輸送費用を捻出して湖広に制銭を移送することを提言した。それは，既に行われていた省城から周辺府州県への制銭移送の延長線上に発案されたものであった[12]。雍正帝は「議論は甚だ是なり」と硃批して提議の妥当性を認め，移送を許可する明発上諭を下し，それは戸部を通して雲南省側に通達され，雍正3年に雲南省は湖広に制銭1万串を移送した[13]。また，同年には貴州省にも制銭を移送したことが確認される[14]。

ただし，それ以降一貫して制銭の移送が推進されたわけではなく，雲南省は鋳造額の縮小を模索していた。高其倬は雍正3年11月に上せた奏摺で，

　　惟だ局中の炉座を将て少しく酌減を行う有るのみ。一に則ち炉座稍減ずれ

ば，局銭は積多くして以て価賤きを致すを患わず，再た則ち鋳務停まざれば，積銅は偽りて借して消すべければ壅滞する無かるべし。

と述べ，鋳造炉を削減して制銭鋳造を「積銅」消費のための最低限の規模に抑えることを提言したのだが，この奏摺には硃批が与えられていない[15]。

　高其倬の奏摺に硃批が与えられなかったのは，既に高其倬の閩浙総督への転任が決まっており，硃批を与えても高其倬がそれに基づいて当該案件について題本を上せることはなかったためと思われる。高其倬の後任には，いったんは刑部左侍郎伊都立の赴任が決定していたが，ほどなくして伊都立は総督管理山西巡撫事に変更され（そして第四章で述べたように自省で私鋳銭の収買を強行し銭価を騰貴させ雍正帝を激怒させることとなる），雲南巡撫の楊名時が雲貴総督に昇格するとともに後任巡撫鄂爾泰の到着まで巡撫事務を管理することとなった。

　そこで楊名時は，同年12月に題本を上せて，

経に貴州・湖広に運びて国宝を疏通するを議したりと雖も，但だ運脚は多運すること維難なれば，則ち脚価出づる無くして楚省に銭文を運赴すれば水脚盤費は虧する所較多し。……敢えて停むるを議せずんば，惟だ量りて炉座を減ずるのみ。省局は原より炉二十一座を設くるに，七座を減去せん。霑益局は原より炉十五座を設くるに，五座を減去せん。臨安局は原より炉六座を設く。減ずるを議するを容るる母かれ。大理局は原より〔炉〕五座を設く。搭放に敷らざれば，応に一座を増すべし。

と述べ，制銭の移送に要する輸送費用の財源が十分でないことを理由に，制銭移送を積極展開することは難しいとの見解を示し，省城等4局の鋳造炉数を調節して47座から36座に削減することを提議した。この題本は戸部の議に下された[16]。前任雲貴総督高其倬と新任雲貴総督楊名時はともに，他省への制銭移送にはさほど前向きではなく，制銭鋳造自体を縮小することこそが必要と考えていた。その背景には，輸送費用の捻出困難に対する懸念があった。

　その後，雲南に到着した鄂爾泰は雍正4年3月に題本を上せ，銭価が銀1両＝1,400文にまで下落していることを訴えて鋳造の暫時停止を求め，戸部に議覆が命じられた[17]。そこで戸部は同年6月19日に上奏して鄂爾泰の要請を認め，

「自(まさ)に其の請う所の如く暫く鼓鋳を停むべし」としながらも，京師両局の銅需要が大きいことに触れた上で，楊名時がかつて京師両局に年間100万觔の銅を納入したいと提議し（前述した康熙61年の上奏を指している），また湖広・江西への制銭移送を提議していたことを述べ（それに該当する楊名時の上奏は現存史料中からは見出せない），停鋳させて銅を京師に納めさせるか，あるいは鋳造を続けさせ湖広等に全額移送させるのがよい，との見解を示した。この議覆は2日後の6月21日に雍正帝の裁可を得て，鄂爾泰に対し銅納入と制銭移送のいずれを実施すべきか検討し上奏させることになった[18]。

ところが，実は，先述の雲貴総督楊名時の鋳造炉削減提議が既に戸部の議覆を経て裁可されており，そのことが戸部からの咨文によって鄂爾泰に通達された。そこで鄂爾泰は，自身の停鋳提議に関する戸部の議覆の結果を待たず，同年6月20日付けで奏摺を上せて，

> 撫事を管する督臣楊名時は具題して銭文を将て其の搭放を免れんことを請い，並びに原設の四十七炉の内，炉十一座を減じんことを請い，茲に炉を減ずるの一本は業(すで)に部の〔雲南省に〕咨するに准れば旨を奉じたるに「議に依れ」と，案に在り。……今，臣は事を受け，已にして五月に総理銭局元展成は努力して清剔し，嫌怨を避けず，各項の弊竇は業に備細を知りたれば，停鋳せず減炉して另に流通の法を商すべし。

と述べ，楊名時の方針を引き継いで鋳造炉11座を削減した上で鋳造を継続する考えを示した。ただし，楊名時は4局すべてを残しつつ計36座に縮小する考えであり，制銭移送には消極的であった（であればこその減鋳計画であった）が，同奏摺において鄂爾泰は，

> 鼓鋳の法，減炉は減局に如かず，流通の法，本省は外省に如かず。……臣愚見するに，大理一局は省より去(はな)るること甚だ遠く，兵餉に搭放するを除く外，別に以て流通すべきの処無し。霑益一局は迤東に在れば，黔楚に発運するは近便に属するが似しと雖も，而るに駝脚は必ず省より僱(やと)いて往返すれば，反りて多費を致す。此(しか)の二局は応に減ずるを議すべきが似し。省城一局は本地に流通すること頗る易く，而して黔より楚に達し漸く江南に

饔ぶに皆な発運すべし。旧炉二十一座を設く。今，炉四座を加え共に二十五座とすと擬す。臨安一局は粤西に附近すれば，広南府の剝隘より船を下して以て両広に至るに更に便易たり。旧炉六座を設く。今，炉五座を加え共に十一座とすと擬す。

と述べ，省内4局を一概に減鋳するのではなく制銭移送に適した体制への移行を企図して，他省への移送が比較的容易である省城・臨安の2局は現設の27座に加えて9座を増設し，他省への移送が困難な大理・霑益の2局は廃止して，省城・臨安の2局で計36座とすることを主張した。あわせて，年間計4万串を湖広・両粤・両江に移送する案を示し，輸送に要する費用を1万両弱と見積もり，それには鉛息5,184両余に加えて，1炉・1卯ごとに銅・亜鉛計100觔（正額＝「正鋳」の1割）を供して追加鋳造として「帯鋳」を行い鋳造差益3,706串を得て，合わせて銀8,890両余を確保して輸送費用に充てたいとした[19]。換言すれば，上述の4万串という数字は，鉛息と鋳造差益から輸送費用を工面できる最大限の移送額としてはじき出されたものであった。鄂爾泰は，制銭移送の代替案として楊名時が示した減鋳政策を継承すると同時に，そこにおいて鋳造される制銭をできる限り他省に移送しようと図ったのである。

存続させた鋳造炉36座における1割の追加鋳造＝「帯鋳」は，鋳造差益を得て制銭移送に要する経費に充てるためのものであった。1座・1卯の「帯鋳」に用いる銅・亜鉛は「正鋳」の1割の100觔で，銅・亜鉛100觔につき鋳出される制銭は前述したように10,400文であるから，帯鋳では年間13,478串400文が鋳造されることとなる（10,400×36座×36卯）。それによって4万串の移送が可能になるわけだから，自省への制銭供給は差し引き26,521串600文減少することになる。また，帯鋳は単なる追加鋳造ではなく，工食を与えないことになっており，100觔につき鋳出される制銭10,400文のうち2,460文が息銭となった。つまり，正鋳よりも多くの鋳造差益を得ることができたのである。この奏摺に対して雍正帝は，

　　具題し来るに，「他省に一体に行銷す」の句も亦た奏に入れよ。

と硃批して，題本で上奏する際には「制銭を諸省に一様に行き渡らせる」とい

う文言を加えるよう指示した。

　その後，鄂爾泰の最初の上奏を受けて，京師へ銅を納入するか鋳造した制銭をすべて諸省に移送するかを諮る戸部の咨文が鄂爾泰のもとに届けられた。そこで鄂爾泰は同年9月に題本を上せて，それらの措置を「多く節省有るあたわず」として否定し，前掲奏摺に記したのと同じく諸省に年間4万串を移送する旨の提議を行い，さらに雍正帝の指示に従って「楚省川粤両江の督撫諸臣に頒諭して一体に行銷せしめんことを懇む」と述べて上奏を締めくくった[20]。議覆を命じられた戸部は鄂爾泰の提議に賛同し，雍正帝の裁可を得た[21]。これによって，雲南省の制銭鋳造は，鋳造額を減じるとともに他省への制銭移送に重点を置いた体制に移行して継続されることとなった。そこで雲南省はただちに広西省に2万串を移送し，同5年には広東・広西両省に各2万串を移送した[22]。また，同7年に広東省が2万串を収めていることも確認される[23]。

　鄂爾泰は，雲南に到着した当初は鋳造の停止を求めていた。だが，その提議に関する戸部の議覆の結果を待つことなく，鋳造継続と年間4万串の移送実施の方針を固めて，雍正帝に奏摺を上せて，題本で提議した際に裁可する確約を取りつけたのであった。鄂爾泰は雍正4年2月に雲南省城に至り，すぐさま翌3月に銭価低迷を理由に停鋳を提議したのだが，その時点ではまだ積銅問題を十分に理解していなかったのかもしれない。だが，同じ3月に鄂爾泰は四川省管轄下にあった東川府の雲南省への「改隷」を求め，翌4月に兵部の議覆を経て裁可され，その後，当該地方において銅廠の開発に乗り出している（神戸輝夫［1993：3-4頁］）。ここで開発された銅廠のひとつが，後に雲南省最大の銅廠となる湯丹廠である。その過程において，制銭鋳造を継続して積銅を処理すると同時に鉛息・鋳造差益を確保し，それを財源に制銭移送を実施するのが得策である，との結論に至ったものと考えられる。

　もっとも，鄂爾泰の最初の上奏をめぐる議覆において戸部が提示した，京師への銅納入や鋳造した制銭の全額移送も，積銅の処理に資する点では変わりはない。しかし，雲南省側にとって肝心なのは，積銅の処理それ自体ではなく銅息の確保である。ところが，銅輸送に切り換えた場合は鉛息および鋳造差益は

得られず，制銭鋳造を続けたとしても全額移送するとなると輸送費用は鉛息と鋳造差益ではまかないきれない。となれば，輸送費用の財源問題が浮上するのは必至であり，そこにおいて銅息を引き続き省の公用に供するものとして保持できる確証はない。よって，制銭鋳造を継続しつつ，鉛息と鋳造差益によって輸送費用を捻出できる範囲において制銭移送を実施するのが最も合理的だったのである。

　翌雍正5年，移送の対象となっていなかった江西省の巡撫布蘭泰が奏摺を上せ，自省において制銭の流通を図るため，雲南省の移送する制銭4万串のうち1万串を受け入れたいと申し出てきた。第四章で論じたように，この頃雍正帝は私鋳銭を排除するために各省において制銭を供給することを目指していた。よって，雲南省から制銭を買い取って省内に供給することは雍正帝の意に沿うものであり，雍正帝は「此の料理を論ずるは甚だ是なり。已に旨有りて部に諭す」と硃批して，布蘭泰の提議を讃え，明発上諭を下して移送の実施を戸部に命じている(24)。また，かかる提議は，各省に命じられていた制銭鋳造に供するための黄銅器皿の収買が遅々として進まないことに対する雍正帝の追及を巧みにかわすものでもあった。しかも，雲南省が自省の鋳造差益から運送費用を捻出して移送する制銭の一部を受け入れるのだから，輸送費用を自省で工面する必要もなかった。

　雍正帝が下した明発上諭は，戸部を通して雲南省側に通達された。その内容は，他省に移送する制銭のうち1万串を江西省に振り分けるよう命じるものであった。雲貴広西総督鄂爾泰はそれまで各省の私鋳銭問題に言及したことなどなかったが，上諭を受けて雍正6年2月に上せた奏摺のなかでは布蘭泰の論理に便乗して，

　　伏して念（おも）うに，銭法は流通を貴べば，銭文は宜しく多運すべし。若し四万
　　貫の内より江西に一万を運発せば，則ち他省に銭を運ぶこと僅（わず）か三万貫の
　　みにして，仍（な）お流通に敷らざらん。

と述べ，その上で，自省の鋳造差益によって輸送費用を工面できるので通例の4万串に上乗せして別途1万串を江西省に移送することを雍正帝に提言した。

加えて，翌雍正7年から湖北・湖南・四川・広東・広西・江蘇・江西等の華中・華南諸省に年間計10万串を移送する案を示し，その輸送費用を約2万5千両と見積もった。その輸送費用は，市価で市場の銅銭を買い上げて公定換算率に則って兵餉に搭放することにより得た差益を充当する，としている。雍正帝も「好し。極めて欣悦して之を覧る。……題して到りて部覆せば旨有り」と硃批して，鄂爾泰の提案に大いに満足し，題本で正式に提言すれば戸部の議覆を経た後に裁可することを保証している[25]。

当時の雲南省の銭価は銀1両＝1,200～1,300文程度であったから，上述のような方法で輸送費用約2万5千両を調達するには，庫銀10万両によって市場の銅銭12～13万串を買い上げ，そのうちの10万串を兵餉に搭放し，差益として得られる2～3万串を輸送費用に充当する，ということになる。銭価が低迷し兵餉に制銭を搭放できないから10万串を他省に移送しようというのに，その手段として10万串の搭放を行ったのでは，一見すると何の意味もないように思われる。しかし，鋳造した制銭をそのまま搭放すれば制銭の追加供給となり市場の銭価をますます押し下げることになるが，この場合は市場から買い上げた銅銭の搭放なのでそうはならないのである。市場への制銭の新規供給は年間6万串の純減であり，市場から引き上げて輸送費用に充てる銅銭2～3万串も少なからず雲南省外で放出されることになる。

しかしながら，年間10万串の移送計画が実際に題本によって提議されて裁可に至ることはなかった。同奏摺は雍正6年2月に上せられたものであったが，その直後の同年8月に広西左江鎮総兵斉元輔が，制銭が非常に不足しているが黄銅器皿収買の成果があがらないことを理由として，雲南省からの制銭移送を拡充して年間2～6万串の制銭を受け入れたいと願い出た[26]。斉元輔奏摺には硃批が与えられていないが，戸部の議に下されたようで，翌雍正7年正月に戸部が斉元輔の上奏について議覆して，雲南省から広西省への制銭移送を増額させることとし，鄂爾泰に具体案の作成を命じることを提議して，裁可されている[27]。ついで，鄂爾泰は上奏して，湖北・湖南両省で制銭鋳造の目途が立って雲南省から制銭を移送する必要がなくなったことなどを理由に挙げて，制銭の

移送先を広西一省にしぼり，広西省側からの要求額を上回る年間62,000串の制銭を移送して前例の通りに代価を受領することを提議し，裁可されたのであった[28]。

こうして，諸省への年間10万串の移送計画は実施に移されることなく，広西一省に毎年62,000串を移送することとなったのである。その背景として，そもそも雲南省が自省における制銭の供給量を縮小するために輸送費用を自省の鉛息や鋳造差益から捻出して行った制銭移送であるから，遠方の省よりも隣接する広西一省を移送先とした方が，自省の負担となる運送費用を比較的小さく抑え込めるので好都合だったことが考えられる。実際，広西省への年間62,000串の移送に要した輸送費用は銀10,283両であり，それは鉛息と鋳造差益によってまかなうことができた[29]。

以上の制銭移送は，すべて雲南省からの提議に端を発したもの（布蘭泰や斉元輔の要請も，あくまでも雲南省が推し進めていた制銭移送の受け入れを申し出たもの）であったが，次に述べる雲南省から陝西省への制銭移送は，雲南省の提議とは全く別個に移送が立案・決定された唯一の例である。

陝西・甘粛方面では，雍正9年にジューン＝ガルとの争いが勃発したことにより多数の兵馬が当該地方に結集したため，軍費として大量の銀がもたらされて銭価が高騰した[30]。そこで陞任西安布政使楊秘は上奏して，制銭供給の必要を訴えた（上奏年月日ならびに題本と奏摺のどちらで上奏したのかは不明）。雍正帝は上諭を下して，雲南省で制銭10万串を鋳造して陝西省に移送する案を示し，協議を命じた[31]。上諭を受けて雲南巡撫張允随は司・道に具体案の作成を指示し，雲南布政使陳弘謀らがとりまとめた計画について雍正11年12月に題本にて上奏した。その内容は，雲南省東川府に新たに鋳銭局を設置して制銭10万串を鋳造し陝西省に移送するというもので，制銭1串あたりの鋳造費用と輸送費用の合計を銀1両1銭1分6釐余と見積もっていた。また，陝西巡撫史貽直は，鋳造費用を正項から支払うほか，輸送費用については自省の耗羨銀両＝公項から捻出したいと上奏していた。雍正12年2月には，張允随題本について九卿に議覆を命じる論旨が下り，同年3月に九卿は題本を上せて張允随の提議を支持

し，同月に裁可された。東川局での制銭鋳造は，同年9月に開始された[32]。最終的に陝西省が負担する費用は1串あたり銀1両1銭9分余（銀1両＝約840文）となったが，陝西省は制銭を民間に兌換発売する際に価格を1串あたり銀1両2銭1分（銀1両＝約826文）として公項に損失が生じるのを回避した。

しかし，雍正13年閏4月に前任陝西巡撫史貽直・陝西巡撫碩色（ショセ）は，雲南省からの輸送が困難を極めることと，「西夷は向化」して「大兵は指日に凱旋」する運びとなり（雍正12年にジューン＝ガルとの和議が成立した），銭価が銀1両＝840～850文にまで安定したことを理由に，移送予定の10万串のうち未だ移送していない66,666串の移送は見送りたいと奏摺によって上奏した[33]。「該部は議奏せよ」との硃批に従い議覆した戸部は，史貽直らの要請を認め，雲南省から陝西省への制銭移送は停止されることとなった[34]。翌乾隆元年3月には，東川局の制銭鋳造も停止された[35]。

この雲南省から陝西省への制銭移送で注目すべきは，前述の雲南省側が推し進めた移送とは異なって，移送先の陝西省が輸送費用を負担している点である。つまり，制銭の移送に要する輸送費用は，移送の実施を要請した側が（移送元であれ，移送先であれ）負担しなければならなかったということである。確かに，移送を要請した省が移送を引き受けた別の省に運送費用の負担を要求することはできなかっただろう。かといって，この場合の陝西省のように公定換算率を上回る価格で制銭を兌換発売して損失を免れるという方法も，省内の銭価がある程度高騰していなければ行えない。そのために，各省督撫が雲南省からの制銭買い取りを積極的に行おうとはせず，わずかに江西・広西二省が雲南省によって提議された制銭移送の振り分けを求めるにとどまったものと考えられる。銀1両＝約840文の価格で雲南省から制銭を買い入れていた——つまり，損失を免れるには銀1両＝840文より高い価格で制銭を兌換発売しなければならなかった陝西省が，自省の銭価が銀1両＝840～850文に下がった時に移送停止を求めた最大の理由は，差損が生じない価格で制銭を兌換発売することができなくなったからとみて間違いない（公定換算率との比較でいえば，銭価は未だに高騰している）。

以上述べたように，銅息を得て自省の公用に充当するために滇銅産出に力を

注いだ雲南省は，雍正元年以降，滞積する滇銅を制銭鋳造に供することで消費することになり，民間における銭価低迷と，制銭搭放による兵餉の購買力低下に直面し，鉛息や鋳造差益から輸送費用を捻出して制銭の他省への移送を推し進めたのであった。雍正年間には，銅息獲得と銭賎克服のため，「積銅」消費の促進と自省への制銭供給の抑制が目指されたのである。

第三節　乾隆元年における対銀換算率の切り下げとその後の供給拡大

　乾隆元年，雲南省の制銭鋳造政策の展開を大きく左右する重大な決定が下された。雲南省のみの特例として，兵餉に制銭を搭放する際の換算率が，銀1両＝1,000文から銀1両＝1,200文に切り下げられたのである。まず前年の雍正13年12月，雲南巡撫張允随は次のように上奏し，制銭搭放による兵餉の購買力低下の状況を訴えている[36]。

> 臣査すれば節年の民間の銭価は銀一両ごとに銭一千一百五，六十文不等に換う。銭価の長落は常ならずと雖も，総じて銭一千文を以て銀一両の数に易うるは無し。滇省の兵丁は，銭局より距たること少しく遠き者は倶に全銀を領支するを得たり。独り省城の督撫城守八営・臨元一鎮・武定一営のみ省・臨の銭局に附近したれば毎年餉銭三万六千余串を搭放す。兵丁は毎に銭一千文を領するに，銀一両の実用に敷らず。……若し鋳局の毎銭一千文は工本銀七銭六分九釐零を費やすに照らして計算して搭放せば，之を銀一両ごとに銭一千一百五，六十文に換うるの市価と較ぶるに又過多なりと覚ゆ。……銭文を将て兵餉に搭放するの処は，市価に照依して銭文を散給するを俯准せんことを。其の敷らざる銭は即ち息銭の内において開銷せんことを請う。

つまり，民間の銭価は銀1両＝1,150～1,160文前後で，公定換算率に基づく制銭搭放は兵餉の購買力を低下させていることを指摘し，制銭の鋳造費用は1,000文あたり銀7銭6分9釐余（銀1両につき鋳造される制銭は約1,300文）であるが，それに準じて換算率を切り下げるのは過剰であるので，市価に従って搭放する

こととし，換算率切り下げにともなう制銭支給額の増加分には鋳造差益を用いたい，と提議したのである。乾隆帝は「另に諭旨有り」と硃批し，総理事務王大臣（和碩荘親王允祿・和碩果親王允礼・大学士鄂爾泰・大学士張廷玉）に向けて以下のような明発上諭を下した[37]。

> 朕聞くならく，雲南の兵餉は銭文を搭放するの処有りて，制銭一千文ごとに餉銀一両と算するも，而るに兵丁は銭千文を領すれども実に銀一両の数に敷らざれば，未だ用度拮据するを免れずと。其の応に如何に変通し辦理して以て滇省の弁兵を恵養すべきかは，著して雲南の督撫をして会議し具奏せしめよ。

この上諭に従う形で雲貴総督尹継善・雲南巡撫張允随が協議し上奏して，換算率を銀1両＝1,200文に切り下げることを提議し，裁可されたのであった[38]。市価に合わせたいとしていた当初の提議よりも切り下げ幅は大きくなったが，鋳造費用銀1両につき制銭1,300文を得られたのであるから，鋳造差益は消滅していない。嗣後の制銭供給によって銭価が下落する可能性を見据えて，鋳造差益によってまかなえる範囲で換算率を市価より若干低い値に設定したものと考えられる。

乾隆5年には，第五章において既述したように，錫を加えた「青銭」を鋳造することとなり，合金比率は銅50％：亜鉛41.5％：鉛6.5％：錫2％に改定された。だが，雲南省に関しては，銅50％：亜鉛43.5％：鉛3.5％：錫3％だった。鉛の価格は100觔につき銀2両2銭，錫は3両1銭3分から3両6銭5分までの幅があった。銅の比率が下がり，亜鉛が増して鉛・錫が加えられたことにより，鋳造費用1両につき得られる制銭はおよそ1,500文に増大した[39]。つまり，兵餉搭放における対銀換算率を銀1両＝1,200文に切り下げてもなお，一貫して鋳造差益は十分にもたらされていたのである。

このように，雲南省は鋳造差益を用いて対銀換算率を切り下げることによって，制銭搭放による兵餉の購買力低下を食い止めたのであった。これ以後，雲南省は堰を切ったように自省での制銭の鋳造と搭放を拡大していった。以下では，乾隆初年に雲南省でなされた鋳銭局の復設・新設および鋳造額加増につい

てみていく。

　まず, 乾隆 5 年閏 6 月に雲南総督慶復が, 雲南省内で銅銭遣いが拡がり, 省城の銭価は銀 1 両＝1,140～1,150文となり, 省城から離れるほど銭価は高く, 次第に「価昂(たか)きを覚」えているが, 省城・臨安 2 局が年間に鋳造する140,500余串のうち62,000串は広西省に移送するので自省に供給できる制銭は少ない, と訴えて, 省城の鋳銭局で炉10座, 臨安局で炉 5 座を増設し, 毎年 6 万余串を加増して, 兵餉への制銭搭放を 2 割から 3 割に増額したい, と提議した[40]。それは, 戸部の賛同を得て裁可された[41]。銅銭遣いがひろまり銭価が下げ止まった(と記されている)ことは非常に興味深い事実だが, むしろここで注目したいのは, それでも銭価は公定換算率である銀 1 両＝1,000文を下回っており, 雍正13年12月の張允随奏摺で銭価が低落しているとして報告された値とほぼ同じであるにも関わらず, 慶復はそれを高騰していると記述していることである。慶復奏摺がなかば強引に鋳造額加増を実現しようとしていたことが見て取れよう。

　以後の省城・臨安 2 局の制銭鋳造に関して, 乾隆10年に省城・臨安 2 局でなされた制銭鋳造の会計報告について戸部が議覆した題本をみると, 鋳造差益分の制銭＝息銭の一部が鋳銭局の公費や広西省への制銭輸送費用に支出されているほかは, 制銭は「各標鎮協営」(雍正13年12月の張允随奏摺に記されていた, 省城の督標・撫標・城守営および臨元鎮標・武定営を指すとみてよい) の兵餉や駅站の経費などに搭放されていた。つまり, 鋳造差益はまず換算率切り下げにともなう搭放額の増加分に用いられ, また, 鋳銭局公費や制銭輸送費用に充当され, その残余は正項に繰り込まれたのである。なお, その頃には制銭約20万串を翌年に繰り越しており, 省城・臨安 2 局で鋳造した制銭は少なからず官庫に退蔵されていた[42]。それを解消するため, 省城・臨元・武定等の兵餉の制銭搭放割合はしばしば 5 割に引き上げられた[43]。

　雲南総督慶復は乾隆 5 年11月にも, 金沙江の航道開鑿工事に従事する人夫に賃金として支給する制銭が必要であるとして, かつて陝西省へ移送する制銭を鋳造した東川で制銭鋳造を再開して年間 7 万余串を鋳造することを提言し, そ

の費用は銀4万余両に過ぎないので工費の節減になると主張した。乾隆帝はこれに「知道了」と硃批している(44)。東川局の制銭鋳造は河工の賃金支払いのために始めたものであったが、乾隆8年に工事が終了した後も継続して鋳造を行い、兵餉銀を節減できるとして昭通鎮標・東川営・鎮雄営・尋霑営の兵餉の3割を制銭搭放とし、換算率は銀1両＝1,200文とし、さらに同11年には搭放割合を5割に拡大している(45)。

ついで、乾隆8年11月には、雲南総督兼管巡撫事務張允随が大理での鋳造再開を提議している。そのなかで張允随は、大理では雍正5年に鋳造を停止して十数年が経過し、銅銭が少なく兵・民が不便を強いられていると述べ、大理に炉15座を設置して年間6万余串を鋳造し、提標・大理城守営・鶴麗鎮標・剣川協等の兵餉の3割を制銭搭放とし、銀1両＝1,200文の換算率を採用すれば、兵餉銀を1万余両節減できる、と提言した(46)。議覆を命じられた戸部もこれに賛同し、乾隆帝の裁可を得た(47)。

なお、雲南省は乾隆13年に至って広西省への制銭移送の停止を提議し、翌年には広西省の賛同を得て、戸部の議覆を経て裁可されている(48)。兵餉への制銭搭放における対銀換算率を切り下げて兵餉の購買力低下を食い止めたことにより、省内での制銭搭放・供給を抑制する必要はなくなっていた。その一方で、乾隆4年から京師の戸工両部に年間633万余觔の滇銅を送り届けることとなり、自省の責任において輸送に必要な人夫・役畜を確保しなければならなくなった。広西省は乾隆7年に制銭鋳造を開始しており、雲南省としては従前の制銭移送を広西省自身による辦銅と鋳造拡大に切り換えさせることが望ましかったのである。広西省への制銭移送停止後、省城・臨安2局の鋳造額は同5年の増鋳前とほぼ同じ水準に戻されたが、それをはるかに上回る増鋳が他の雲南省内の諸鋳銭局においてなされていくことになる（第八章参照）(49)。

以上のように、雲南省では乾隆元年以降、鋳造差益の一部を利用することによって制銭搭放の換算率を銀1両＝1,200文に切り下げ、兵餉の購買力低下に歯止めをかけ、その後に制銭供給を急速に拡大していったのであった。かかる施策の根底にあったのは、銅息を得て省の公項に繰り込もうとする財政的動機

であった。ほぼ同時期に京師および江南・福建・湖広等で深刻な銭貴が発生していたが，雲南省における制銭供給の拡大はそれらの地方の銭貴に呼応して行われたものではなかった。清朝中央や銭価の高騰した諸省が雲南省の制銭供給拡大を求めた形跡も認められない。雲南省は積銅を処理して銅息を得るために，ひたすら主体的に鋳造額加増を提議し裁可を取り付けていったのである。雲南省の制銭供給は，市場の要請に応えたものではなく，専ら銅息の確保という財政的な動機付けによって進められたものであった。

小　　結

　銅廠管理に「放本収銅」制度を導入した雲南省は，銅廠から買い上げた銅を制銭鋳造によって消費し，銅息を得て公用の財源に繰り込むことを重視した。雍正元年の鋳造開始直後から銭価は低迷したが，雍正年間には鉛息や鋳造差益から輸送費用を捻出して他省への制銭売却を推し進め，積銅の消費と自省への制銭供給の抑制を両立させた。しかし，銭価の低落は解消されず，公定換算率に従って制銭を兵餉に搭放することは兵餉の購買力を低下させた。そこで乾隆年間に入ると雲南省は，鋳造差益を用いて兵餉への制銭搭放の際の換算率を銀１両＝1,200文に切り下げ，制銭搭放による兵餉の購買力低下に歯止めをかけた。それ以後，雲南省は鋳銭局の復設・新設や鋳造額の加増を推進し，鋳造規模を急速に拡大していった。

　以上，三章にわたって，京師において銭貴が発生した康熙末年から，江蘇・浙江・福建等省に銭貴が拡がった乾隆初年までについて，京師，雲南省を除く各省，雲南省の三者それぞれの制銭供給政策を分析した。その考察結果を踏まえて次章では，清朝の制銭供給の全盛期にあたる乾隆中葉において当該政策がどのように推移したのかを追跡し，そこに現れた制銭供給体制の特質と乾隆末年以降の貨幣史に与えた影響を論じることにしたい。

註
（ 1 ）　『宮中檔雍正朝奏摺』第 2 輯，185-190頁，雍正元年12月20日，雲貴総督高其倬・雲南巡撫楊名時奏摺。
（ 2 ）　康熙『雲南通志』巻10，田賦，によれば，康熙26年の田賦・人丁・雑税の徴収額は合計214,419両余だった。
（ 3 ）　所謂「信牌紛争」に関しては，佐伯富［1958］，松浦章［1988］，劉序楓［1988］，岩井茂樹［2007］などの研究がある。
（ 4 ）　『大清世宗憲皇帝実録』巻 2 ，康熙61年12月戊寅（27日）条には，
　　　　　戸部は雲南鋳銭事宜を奏す。旨を得たるに，「議に依れ」と。
とあり，裁可が下った日を特定できるが，楊名時の提議や総理事務王大臣・戸部の主張は全く記載されていない。
（ 5 ）　『宮中檔雍正朝奏摺』第11輯，585-586頁，雍正 6 年10月20日，雲貴広西総督鄂爾泰奏摺によれば，雲南省が自省の亜鉛を収買して漢口まで輸送した場合の費用の合計が100觔につき銀 3 両 5 銭とある。自省の制銭鋳造に供した場合の代価と輸送経費の合計は，当然それを下回ったはずである。また，同奏摺には鉛息が公用に充てられていたことが明記されている。なお，雲南省は自省産出の亜鉛が制銭鋳造に足りず貴州省から購入することがあったが，「宮中檔硃批奏摺財政類」第60リール83-84，雍正 7 年11月 7 日，雲貴広西総督鄂爾泰奏摺には，貴州から亜鉛を採買した場合，100觔につき銀 1 両の差益があり，公用に充当している，とある。
（ 6 ）　『宮中檔雍正朝奏摺』第 3 輯，502-504頁，雍正 2 年11月21日，雲貴総督高其倬奏摺。
（ 7 ）　『宮中檔雍正朝奏摺』第 4 輯，423-424頁，雍正 3 年 5 月26日，雲貴総督高其倬奏摺。
（ 8 ）　『宮中檔雍正朝奏摺』第 5 輯，354-355頁，雍正 3 年11月12日，雲貴総督高其倬奏摺。
（ 9 ）　『宮中檔雍正朝奏摺』第 5 輯，677-679頁，雍正 4 年 3 月 8 日，雲南布政使常徳寿奏摺。
（10）　前註（ 9 ）所掲，常徳寿奏摺。
（11）　『宮中檔雍正朝奏摺』第 6 輯，182-184頁，雍正 4 年 6 月20日，雲南巡撫管雲貴総督事鄂爾泰奏摺。

第七章　雲南省の制銭供給政策　263

(12)　前註（6）所掲，高其倬奏摺。
(13)　前註（7）所掲，高其倬奏摺。
(14)　前註（8）所掲，高其倬奏摺。
(15)　前註（8）所掲，高其倬奏摺。
(16)　「戸科史書」第371冊，雍正3年12月21日，雲貴総督仍管雲南巡撫事楊名時題本。
(17)　「戸科史書」第374冊，雍正4年3月27日，雲南巡撫管雲貴総督事鄂爾泰題本。
(18)　「戸科史書」第375冊，雍正4年6月19日，総理戸部事務和碩怡親王允祥等題本。
(19)　前註（11）所掲，鄂爾泰奏摺。そこには諸省に移送する制銭の額が「四十万串」と記されているが，運送費用が1串につき銀2銭2分～2銭5分で，その合計が「一万両に近」いとあるから，「四十万串」は明らかに「四万串」の誤り。
(20)　「戸科史書」第380冊，雍正4年9月18日，雲南巡撫管雲貴総督事鄂爾泰題本。前註（11）所掲鄂爾泰奏摺で「四十万串」と誤記されていた年間移送額は「四万串」となっている。
(21)　「戸科史書」第380冊，雍正4年11月17日，総理戸部事務和碩怡親王允祥等題本。
(22)　前註（9）所掲，常徳寿奏摺；『宮中檔雍正朝奏摺』第9輯，143-144頁，雍正5年10月18日，江西巡撫布蘭泰奏摺；「宮中檔硃批奏摺財政類」第60リール69-72，雍正6年8月24日，広西左江鎮総兵斉元輔奏摺。
(23)　「戸科史書」第460冊，雍正7年9月8日，署理広東巡撫傅泰(フタイ)題本。
(24)　前註（22）所掲，布蘭泰奏摺。
(25)　『宮中檔雍正朝奏摺』第9輯，790-792頁，雍正6年2月10日，雲貴広西総督鄂爾泰奏摺。
(26)　前註（22）所掲，斉元輔奏摺。
(27)　「戸科史書」第426冊，雍正7年正月27日，総理戸部事務和碩怡親王允祥等題本。
(28)　『皇朝文献通考』巻15，銭幣3，雍正7年条。
(29)　「宮中檔硃批奏摺財政類」第60リール101-103，雍正13年9月12日，雲南按察使徐嘉賓奏摺。
(30)　「宮中檔硃批奏摺財政類」第60リール95-97，雍正11年4月1日，甘粛按察使李世倬奏摺。
(31)　『宮中檔雍正朝奏摺』第24輯，551-552頁，雍正13年閏4月18日，前任陝西巡撫史貽直・陝西巡撫碩色奏摺にその経緯が記されている。
(32)　以上の経緯については，「内閣漢文題本戸科貨幣類」第1リール150-180，乾隆

元年6月28日，雲南巡撫張允随題本を参照。
(33)　前註（31）所掲，史貽直・碩色奏摺。
(34)　『皇朝文献通考』巻15，銭幣3，雍正13年条。
(35)　前註（32）所掲，張允随題本。
(36)　「宮中檔硃批奏摺財政類」第46リール710-712，雍正13年12月20日，雲南巡撫張允随奏摺。
(37)　『乾隆朝上諭檔』第1冊，7頁，乾隆元年正月23日。
(38)　『皇朝文献通考』巻16，銭幣4，乾隆元年条。
(39)　「内閣漢文題本戸科貨幣類」第2リール1430-1474，乾隆12年2月6日，吏部尚書兼管戸部尚書事務劉於義等題本。
(40)　「宮中檔硃批奏摺財政類」第60リール869-871，乾隆5年閏6月19日，雲南総督慶復奏摺。
(41)　『大清高宗純皇帝実録』巻124，乾隆5年8月丁未（9日）条。
(42)　前註（39）所掲，劉於義等題本。
(43)　「宮中檔硃批奏摺財政類」第60リール2784-2786，乾隆15年8月2日，雲貴総督碩色奏摺；「宮中檔乾隆朝奏摺」第11輯，159-160頁，乾隆20年4月10日，雲貴総督碩色奏摺；同，第23輯，183-184頁，乾隆29年11月12日，雲貴総督劉藻奏摺。
(44)　「宮中檔硃批奏摺財政類」第60リール908-909，乾隆5年11月10日，雲南総督慶復奏摺。
(45)　「宮中檔硃批奏摺財政類」第60リール1144-1146，乾隆8年2月10日，署理雲南総督印務雲南巡撫張允随奏摺；同，第60リール1932-1934，乾隆11年6月29日，雲南総督兼管巡撫事務張允随奏摺；『皇朝文献通考』巻16，銭法4，乾隆6年条。
(46)　「宮中檔硃批奏摺財政類」第60リール1218-1220，乾隆8年11月16日，雲南総督兼管巡撫事務張允随奏摺。
(47)　「宮中檔硃批奏摺財政類」第60リール1266-1288，乾隆8年12月22日，大学士管理戸部尚書事務徐本等奏摺。
(48)　「宮中檔硃批奏摺財政類」第60リール2085-2088，乾隆13年2月28日，雲貴総督張允随奏摺；同，第60リール2315-2321，乾隆14年7月7日，広西巡撫舒輅奏摺；同，第60リール2400-2427，乾隆14年8月19日，大学士暫行兼管吏部戸部事務来保等奏摺。
(49)　『皇朝文献通考』巻17，銭法5，乾隆14年条。

第八章　乾隆中葉の制銭供給体制とその後

　第五・六・七章の三章にわたって，康熙 (1662-1722) 末年から乾隆 (1736-1795) 初年における各地の制銭供給の政策意図およびその結果としてもたらされた当該政策の内容の相違を論じた。銭貴が問題化した康熙末年以降の京師の制銭供給は，八旗兵餉の制銭搭放を拡充して八旗兵丁の生計を保護しようと図ったものであり，清朝は鋳造差損をかかえながらも京師両局の鋳造を精力的に拡大し，制銭を八旗兵餉に集中的に搭放していた。同じく銭貴への対応として乾隆初年に開始された諸省の制銭供給は，鋳造した制銭を公定換算率にしたがって兵餉に搭放するよう中央から命じられて以後，鋳造差益を得られる省と鋳造差損をかかえる省とで対応が分かれた。前者は差益のなかから鋳造に要する諸経費を捻出できたので制銭供給を拡大できたが，既存の公項からかかる諸経費をまかなわなければならなくなった後者の諸省は制銭供給に消極的になっていった。また，雍正元年 (1723) に制銭鋳造を再開した雲南省は，銅廠に採掘資金を前貸しして産出させた滇銅を消費し銅息を得て公項の財源に繰り込んでいた。ただ，省内に多額の制銭を供給すると銭価が容易に下落するので，雍正年間には鉛息や鋳造差益から輸送費用を工面して制銭を他省に移送し，乾隆に入ってからは鋳造差益を利用して搭放の際の換算率を切り下げ，制銭搭放による兵餉の購買力低下に歯止めをかけ，そして制銭鋳造を急速に拡大して省内の兵餉に搭放していった。

　以上により，各地の制銭供給政策の方向性は明らかとなった。本章では，如上の考察結果を踏まえて乾隆10年代から同40年頃にかけての各地の制銭供給政策を跡付け，当該時期における制銭供給量の著しい地域差について考察を加えるとともに，乾隆末年以降の貨幣史への展望を示す。なお，乾隆元年から同40年における各年次・各鋳銭局の年間鋳造定額は表8．1を参照されたい。

266　後編　最盛期の制銭供給とその行方

表8.1　乾隆元年～同40年における各年次・各鋳銭局の鋳造定額一覧

	宝泉局	宝源局	雲南省城	臨安	東川旧局	大理	広西	東川新局
1	512418	256209	112217.13	49375.53	0	0	0	0
2	512418	256209	112217.13	49375.53	0	0	0	0
3	512418	256209	112217.13	49375.53	0	0	0	0
4	512418	256209	112217.13	49375.53	0	0	0	0
5	512418	256209	157103.98	71818.96	0	0	0	0
6	512418	256209	157103.98	71818.96	89773.7	0	0	0
7	762378	381189	157103.98	71818.96	89773.7	0	0	0
8	762378	381189	157103.98	71818.96	89773.7	0	0	0
9	887538	443679	157103.98	71818.96	89773.7	67330.27	0	0
10	762378	381189	157103.98	71818.96	89773.7	67330.27	0	0
11	762378	381189	157103.98	71818.96	89773.7	67330.27	0	0
12	762378	381189	157103.98	71818.96	89773.7	67330.27	0	0
13	762378	381189	157103.98	71818.96	89773.7	67330.27	0	0
14	762378	381189	112217.13	35909.48	89773.7	67330.27	0	0
15	762378	381189	112217.13	35909.48	89773.7	67330.27	0	0
16	887358	443679	112217.13	35909.48	89773.7	67330.27	67330.27	0
17	887358	443679	112217.13	35909.48	89773.7	67330.27	67330.27	0
18	887358	443679	112217.13	35909.48	89773.7	67330.27	67330.27	224434.26
19	887358	443679	112217.13	35909.48	89773.7	67330.27	67330.27	224434.26
20	887358	443679	112217.13	35909.48	89773.7	67330.27	67330.27	224434.26
21	887358	506169	112217.13	35909.48	89773.7	67330.27	67330.27	336651.39
22	887358	506169	112217.13	35909.48	89773.7	67330.27	67330.27	336651.39
23	887358	506169	112217.13	35909.48	89773.7	67330.27	67330.27	336651.39
24	887358	506169	112217.13	35909.48	89773.7	67330.27	67330.27	336651.39
25	949848	506169	112217.13	35909.48	89773.7	67330.27	67330.27	336651.39
26	949848	506169	112217.13	35909.48	89773.7	67330.27	67330.27	336651.39
27	949848	443679	112217.13	35909.48	89773.7	67330.27	67330.27	224434.26
28	949848	443679	112217.13	35909.48	89773.7	67330.27	67330.27	224434.26
29	949848	443679	112217.13	35909.48	89773.7	67330.27	67330.27	224434.26
30	949848	443679	112217.13	35909.48	89773.7	67330.27	67330.27	224434.26
31	949848	443679	112217.13	35909.48	89773.7	67330.27	67330.27	224434.26
32	949848	443679	112217.13	35909.48	89773.7	67330.27	67330.27	224434.26
33	949848	443679	112217.13	35909.48	89773.7	67330.27	67330.27	224434.26
34	949848	443679	112217.13	35909.48	89773.7	67330.27	67330.27	224434.26
35	949848	443679	112217.13	0	89773.7	0	0	0
36	949848	443679	112217.13	0	89773.7	0	0	0
37	949848	443679	112217.13	0	89773.7	0	0	0
38	937350	437430	112217.13	0	112217.13	0	0	0
39	937350	437430	112217.13	0	112217.13	0	0	0
40	937350	437430	112217.13	0	112217.13	0	0	0
計	33207366	16478613	4892666.85	1597971.84	3209409.79	1750587.02	1279275.13	4488685.2
	49685979				17469962.19			

各省は省ごとに開鋳順に配列した。雲南省の複数の鋳銭局も開鋳順である。
典拠：「内閣漢文題本戸科貨幣類」所収題本；『欽定戸部鼓鋳則例』巻7～10。
　　浙江省の乾隆32年から同39年までは，定額らしいものがなく，鋳造額が毎年異なっているため，鋳造実績を記した。ただし，乾隆34年は鋳造実績が不明であるため，前後の年の実績を勘案し，仮に7万串とした。

第八章　乾隆中葉の制錢供給体制とその後　267

順寧	貴州	四川	浙江	江蘇	福建	江西	広西
0	51979.15	33280	0	0	0	0	0
0	51979.15	33280	0	0	0	0	0
0	51979.15	72800	0	0	0	0	0
0	103958.3	72800	0	0	0	0	0
0	103958.3	72800	129600	0	0	0	0
0	103958.3	72800	129600	111982.08	48533.3	0	0
0	103958.3	72800	129600	111982.08	48533.3	41932.8	28800
0	128895.3	72800	129600	111982.08	48533.3	41932.8	28800
0	128895.3	72800	129600	111982.08	48533.3	69988.6	28800
0	128895.3	72800	129600	55991.04	48533.3	69988.6	28800
0	128895.3	145600	129600	55991.04	48533.3	69988.6	34560
0	128895.3	145600	129600	55991.04	48533.3	69988.6	34560
0	128895.3	145600	129600	55991.04	48533.3	69988.6	34560
0	128895.3	145600	129600	111982.08	43200	69988.6	96000
0	128895.3	145600	129600	111982.08	43200	42038.01	96000
0	128895.3	111626.666	129600	111982.08	43200	42038.01	96000
0	128895.3	111626.666	129600	111982.08	43200	42038.01	96000
0	128895.3	111626.666	129600	111982.08	43200	70063.36	96000
0	128895.3	145600	129600	111982.08	43200	70063.36	96000
0	128895.3	291200	129600	111982.08	43200	70063.36	96000
0	128895.3	339733.33	129600	111982.08	43200	70063.36	96000
0	128895.3	339733.33	129600	111982.08	43200	70063.36	96000
0	128895.3	339733.33	129600	111982.08	43200	70063.36	96000
0	172065.3	339733.33	129600	111982.08	43200	70063.36	96000
0	172065.3	339733.33	129600	111982.08	43200	70063.36	96000
0	172065.3	339733.33	129600	111982.08	43200	70063.36	96000
0	172065.3	339733.33	129600	111982.08	43200	70063.36	96000
53864.22	172065.3	339733.33	129600	111982.08	43200	70063.36	96000
53864.22	172065.3	339733.33	129600	111982.08	43200	70063.36	96000
35909.48	172065.3	339733.33	129600	111982.08	43200	70063.36	96000
35909.48	172065.3	339733.33	81000	111982.08	43200	70063.36	96000
35909.48	172065.3	339733.33	70200	111982.08	43200	70063.36	96000
35909.48	98541.528	339733.33	70000	111982.08	43200	70063.36	96000
0	98541.528	339733.33	49400	34049.28	43200	70063.36	62400
0	98541.528	339733.33	79200	34049.28	43200	70063.36	62400
0	98541.528	339733.33	75200	34049.28	43200	42038.01	62400
0	98541.528	339733.33	117000	34049.28	43200	42038.01	62400
0	98541.528	339733.33	124200	34049.28	43200	42038.01	76800
0	98541.528	339733.33	129400	34049.28	43200	42038.01	76800
251366.36	5044539.146	8943306.598	4295000	3227811.84	1554666.4	2129267.11	2638080
	5044539.146	8943306.598	4295000	3227811.84	1554666.4	2129267.11	2638080

268　後編　最盛期の制銭供給とその行方

湖北	湖南	広東	直隷	山西	陝西	年次合計
0	0	0	0	0	0	1015478.81
0	0	0	0	0	0	1015478.81
0	0	0	0	0	0	1054998.81
0	0	0	0	0	0	1106977.96
0	0	0	0	0	0	1303908.24
0	0	0	0	0	0	1554197.32
0	0	0	0	0	0	1999870.12
0	0	0	0	0	0	2024807.12
72800	24027	0	0	0	0	2404670.19
72800	24027	17280	72689.48	0	0	2250998.63
98348.62	24027	17280	72689.48	0	0	2355107.25
98348.62	24027	17280	72689.48	0	0	2355107.25
98348.62	24027	17280	72689.48	42324	0	2397431.25
98348.62	24027	34560	72689.48	42324	45056.13	2491068.79
98348.62	24027	34560	48533.3	42324	46566.612	2440472.502
98348.62	24027	34560	48533.3	42324	45056.13	2659788.956
98348.62	48054	34560	48533.3	0	93133.04	2689568.866
196697.24	48054	34560	48533.3	26208	93133.04	3066585.096
196697.24	48054	34560	48533.3	26208	93133.04	3100558.43
196697.24	48054	34560	48533.3	26208	93133.04	3246158.43
196697.24	96108	34560	48533.3	48048	93133.04	3539292.89
196697.24	96108	34560	48533.3	48048	93133.04	3539292.89
196697.24	96108	34560	48533.3	48048	93133.04	3539292.89
196697.24	192216	34560	48533.3	48048	93133.04	3678570.89
196697.24	192216	34560	48533.3	48048	93133.04	3741060.89
196697.24	192216	34560	48533.3	48048	93133.04	3741060.89
196697.24	96108	34560	48533.3	48048	93133.04	3470245.76
196697.24	96108	34560	48533.3	48048	93133.04	3470245.76
196697.24	96108	34560	48533.3	48048	93133.04	3524109.98
196697.24	96108	34560	48533.3	48048	93133.04	3524109.98
196697.24	96108	34560	60756.83	48048	69468.793	3494714.523
196697.24	96108	34560	60756.83	48048	69468.793	3446114.523
196697.24	96108	34560	60756.83	48048	69468.793	3435314.523
98348.62	96108	34560	60756.83	48048	69468.793	3263242.131
98348.62	96108	34560	60756.83	48048	69468.793	2700195.571
98348.62	96108	34560	60756.83	48048	69468.793	2729995.571
98348.62	96108	34560	60756.83	26208	69468.793	2676130.221
98348.62	96108	34560	60756.83	26208	69468.793	2721626.651
98348.62	96108	34560	60756.83	26208	69468.793	2743226.651
98348.62	96108	34560	60756.83	26208	69468.793	2748626.651
4669636.52	2594916	1002240	1747548.5	1121520	2135229.362	108259702.7
4669636.52	2594916	1002240	1747548.5	1121520	2135229.362	108259702.7

第一節　京師の制銭供給政策

　京師両局の鋳造額は，乾隆10年に兌換発売のための10卯の追加鋳造が中止されて年間61卯に復した後，次に鋳造額が改定されたのは乾隆16年のことであった。『皇朝文献通考』巻17，銭幣5，乾隆16年条には，以下のように記されている。

　　戸工二部は議して定むらく，「宝泉・宝源両局は歳に銅・鉛（亜鉛と鉛）・錫を収むること，額鋳を除くの外，尚お余剰有り。応に十卯を加鋳して七十一卯と為すべし。毎年二局を合計すれば，原額と比べて銭十六万九千八百余串を添うべし。如し銭価昂貴するに遇わば，即ち八旗米局に発して市価に照らして酌減し出易す」と。

年間に雲南省から京師両局に納められる滇銅の定額は，第五章で述べた如く合計6,160,320觔であった。それに対して，両局の年間61卯の鋳造に要する銅は，計4,705,714觔余に過ぎなかった（(51,428觔9両1銭4分＋25,714觔4両5銭7分)×61卯）。亜鉛・鉛・錫もまた，鋳造に要する額よりも余裕をもたせて収蔵しており，両局には多くの銅・亜鉛・鉛・錫が退蔵されることとなった。そこで両局で10卯の追加鋳造を行い，八旗米局での兌換発売の実施に備えることにしたのである。1卯あたりの戸工両部の収蔵額は計16,986串300文（11,324串200文＋11,324串200文÷2）であるから，10卯の追加鋳造による戸工両部の収蔵額は計169,863串と計算され，「原額と比べて銭十六万九千八百余串を添うべし」との記述と一致する。

　なお八旗米局とは，兵丁が漢人商人に兵餉米を売却する際にしばしば不利益を蒙っていたことを受け，八旗兵丁に支給した兵餉米の買い入れを行うため雍正年間に設置された機関である。しかし，乾隆年間に入ってからは一般の漢人をも対象にした糶米機関へと変質していた（細谷良夫［1974：196-198頁］）。よって，八旗米局での制銭の兌換発売は，特段八旗兵丁の生計保護を期した施策というわけではなく，第五章において論じた臨時の官銭局における兌換発売と同様のものであったとみるべきである。すなわち，あくまでも追加鋳造の制銭を

供することにより，八旗兵餉への制銭搭放を一切犠牲にすることなく，補助的手段として兌換発売を実施しようとしたのである。ところが，追加鋳造分の制銭の兌換発売を予定していた八旗米局は，翌乾隆17年に廃止されてしまった（細谷良夫［1974：200-201頁］）。だが，京師両局の卯数は71のまま以後も維持された。

その後，乾隆21年には，やはり銅・亜鉛・鉛・錫の余剰を理由として，宝源局の鋳造をさらに10卯追加して計81卯とした[1]。ついで，同25年には，宝泉局の鋳造を5卯追加して計76卯とした[2]。ほどなくして同27年に，宝源局の銅の余剰がなくなったために卯数が71に戻された[3]。京師両局の制銭鋳造の規模が最大となった同25年における宝泉局76卯・宝源局81卯の年間鋳造額は1,456,017串，戸工両部の年間収蔵額は1,319,269串300文であった。また，同27年からは，宝泉局76卯・宝源局71卯の年間鋳造額は合計1,393,527串，戸工両部の年間収蔵額は合計1,262,648串300文となった。同38年には，両局ともに1卯減じて宝泉局75卯・宝源局70卯となり，また，宝泉局の工食は制銭支給から銀支給に，物料は銀支給から制銭支給に改められ，宝源局の工食も銀支給に改められた[4]。それにより，両局の年間鋳造額は合計1,374,780串，戸工両部の年間収蔵額は1,309,008串となった。

制銭の鋳造費用は，辦銅・辦鉛・辦錫制度に大きな変更がなかったので，ほとんど変動していない。ただ，亜鉛と鉛の調達費用がわずかながら増額され，その結果，制銭の鋳造費用も若干増加した。まず，亜鉛は，乾隆25年に脚銀が1觔につき3分1釐から4分5釐余に増額され，価銀1分5釐と合わせて計6分余となった[5]。また，鉛は，乾隆9年には湖南省にも納入が命じられ，乾隆14年に1觔につき価銀3分6釐，脚銀1分と決定，乾隆16年には脚銀が1分1釐7毫余に増額された[6]。一方，貴州省の鉛は乾隆25年に亜鉛と同じく，1觔につき価銀1分5釐・脚銀4分5釐余，合計6分余となった[7]。乾隆29年には，貴州省が350,000觔，湖南省が350,285觔を納入するよう命じられた[8]。

以上を踏まえて京師両局の制銭鋳造が最盛を迎えた乾隆25年頃の鋳造費用を求めると，宝泉局で1卯につき要する原材料の調達費用は，銅が8,074両3銭

第八章　乾隆中葉の制銭供給体制とその後　271

(51,428觔9両1銭4分×(0.092両+0.065両))、亜鉛が2,563両6銭余 (42,685觔11両4銭2分×(0.015両+0.045両))、鉛は湖南・貴州両省が半額ずつ納入したとして360両余 (6,685觔11両4銭2分÷2×(0.015両+0.045両)+6,685觔11両4銭2分÷2×(0.036両+0.0117両))、錫が316両2銭 (2,057觔2両2銭8分×(0.135両+0.0187両))、計11,314両1銭となり、銀払いの物料974両4銭を加えると計12,228両5銭になる。それに対して、鋳造額12,498串から制銭払いの工食1,173串800文を差し引いた戸部の収蔵額は11,324串200文であるから、制銭1,000文の鋳造費用は1両7分9釐と算出される。京師両局の制銭鋳造が最盛を迎えた乾隆25年の時点で戸工両部の年間収蔵額は1,319,269串300文であったので、年間の鋳造差損は計104,222両余と算出される。宝源局の卯数が81から71に復した乾隆27年以降の戸工両部の年間収蔵額は計1,262,648串300文であるから、年間の鋳造差損は99,749両余となる。

　また、乾隆38年には両局の卯数がともに1卯減じるとともに、宝泉局は工食が制銭払いから銀払いに、物料が銀払いから制銭払いに改められた（それぞれ年額102,345両3銭、65,772串）。一方、宝源局は工食が宝泉局と同様に制銭払いから銀払い（年額48,762両）に改められたが、物料は銀払いのままだったようである[9]。宝泉局において1卯につき要する原材料の調達費用は、前述の通り計11,314両1銭であり、それに工食1,364両6銭 (年額102,345両3銭÷75)を加えると合計12,678両7銭となる。それに対して、鋳造額から物料879串960文 (年額65,772串÷75)を差し引いた戸部の収蔵額は11,618串40文となり、1串あたりの鋳造費用は1両9分1釐と算出される。戸部の年間収蔵額は871,578串であるので、年間の鋳造差損は計79,313両余となる。一方、宝源局の1卯あたりの鋳造規模は宝泉局の半分なので、原材料の調達費用は5,657両5分。それに、銀払いに改められた工食696両6銭 (年額48,762両÷70)、および従来から銀払いの物料487両2銭（従来の宝泉局の物料974両4分の半分）を加算すると、支出する銀の増額は6,840両8銭5分となる。それに対して工部は鋳造額6,249串をすべて収蔵するから、1串あたりの鋳造費用は1両9分5釐、年間の鋳造差損は計41,555両余となる。京師両局の制銭鋳造による年間の鋳造差損は、合計120,868両余で

ある。京師両局の制銭鋳造は、結局、採算割れから抜け出すことはなかった。だが、両局の鋳造規模は前述の如く断続的に拡大されていったのである。

そうして鋳造された制銭は、引き続き八旗兵餉に集中的に搭放されていた。乾隆14年12月の大学士兼管吏部戸部事務傅恒(フヘン)等の奏摺によれば、同年10月～12月の搭放割合は、10月・12月が2割、11月が1割であった。また、乾隆14年末からの繰り越しの制銭、および同15年正月～3月に戸部が宝泉局と工部から受け取る予定の制銭は合計263,350余串であり、それに対して毎月の八旗兵餉の1割を制銭搭放とするのに約37,000串を要したので、正月・3月を2割搭放、2月を3割搭放とし、残りの4千余串を4月以降に繰り越して「兵餉に続放するの用と為」した[10]。ここからわかるように、宝泉局が戸部に納入した制銭および工部が戸部に移送した制銭は、引き続いて全て八旗兵餉に搭放されていた。

さらに、乾隆19年には、工部からの制銭移送が月額3万串、年間36万串に固定された[11]。この時点において、宝源局から工部が収める制銭は年間402,009串100文であり、従来の規定通りに工部に年間10万串を留めてその他の制銭を戸部に移送すると、その額は年間30万余串となる。したがって、年間36万串という新しい規定は、実質的には戸部への制銭移送を強化するものといえる。

戸部が収蔵した制銭が全面的に八旗兵餉に搭放されていたことを示す史料は、乾隆10年代を通して確認することができる[12]。乾隆20年末時点での翌21年への繰り越しも、21,842串に過ぎなかった[13]。ところが、乾隆21年に至って突如「庫銭」約60万串の存在が史料上に現れる。『皇朝文献通考』巻17、銭幣5、乾隆21年条には、次のように記されている。

> 戸部は奏して言わく、「宝泉局の歳に鋳する銭文は、額用の外に余銭八万余串有り。年を逐いて逓積し、現に庫銭約そ(およ)六十万串を存す。査すれば、在京各衙門の毎月の応に支すべき公費は、工部の各官が業(すで)に経に該部より奏明して宝源局の銭を給発する外、其の余は倶(とも)に戸部より銀両を支領す。毎月銀九千四百余両不等を需(もと)む。而して各衙門は銀を領せるの後、又市に赴き銭に易え応用するを需む。請うらくは、嗣後一体に改めて制銭を給さんことを。則ち庫項は壅滞するに至らず、而して銭価は又漸く平ずべし」と。

第八章　乾隆中葉の制銭供給体制とその後　273

之に従う。

　これによれば，宝泉局が定例通り鋳造した制銭のうち8万余串が「余銭」として用いられず，この乾隆21年の上奏時点で退蔵額が約60万串に達していたという。そこで戸部は在京各衙門の公費（第五章で述べたように，康煕58年に戸部からの制銭の支出を停止していた）を銀支給から制銭支給に改めて「庫項」の「壅滞」を回避することを提言し，裁可を得たのであった。それでは，この突如として史料上に現れた戸部の「庫銭」約60万串とは，年間71卯の宝泉局の制銭鋳造とどのような関係にあったのだろうか。

　ここで思い起こされるのが，制銭を八旗米局で兌換発売することを目的に乾隆16年に開始され，翌年の八旗米局廃止後も続けられていた10卯の追加鋳造である。この頃戸部は，宝泉局の制銭鋳造に関して，雍正元年以来の40卯を「額鋳」，同4年に追加された1卯を「捐鋳」，乾隆7年に追加された20卯を「加鋳」，そして同16年に追加された10卯を「添鋳」と呼び，明確に区別していた[14]。そのことを踏まえて，乾隆18年から同20年までに上せられた八旗兵餉の制銭搭放割合の調節に関する戸部の奏摺をみると，宝泉局から受け取り八旗兵餉に搭放する予定の新鋳の制銭としてあがっているのは，前述の鋳造のうち「額鋳」「捐鋳」「加鋳」において鋳造された制銭であって，「添鋳」の制銭は決して現れないのである[15]。そこで，「添鋳」の制銭が八旗兵餉に搭放されずに別途貯蔵されていたならば乾隆21年までにどれほどの額に達したかを計算してみると，まず，「添鋳」10卯あたりの戸部の年間収蔵額は既に述べたように113,242串であり，乾隆16年から同21年までの6年間の収蔵額を合計すれば679,452串となる。そのうち八旗米局へは，乾隆16年に40,500串が送られただけであった[16]。それを上記の収蔵額から差し引くと，退蔵総額は計638,952串となる。ただしそこには，乾隆21年末までの「添鋳」の制銭が全て含まれている。前掲史料にある戸部の上奏が乾隆21年のよほど遅い時期になされたものでない限り，上奏の時点における「添鋳」の制銭の戸部収蔵額は先に提示した638,952串をやや下回るはずである。ここで注目すべきは，戸部の上奏に「余銭八万余串」とあることである。「添鋳」の年間収蔵額は113,242串であるから，「八万余串」と

は「添鋳」の制銭の一部分を指しているはずで，それは乾隆21年初頭から戸部が上奏した時点までにおける「添鋳」の制銭の戸部収蔵額を指すと考えられる(17)。とすれば，同年の「添鋳」の制銭は上奏時点において約3万串が未だ戸部に納められていなかったことになり，それを上述の638,952串から差し引けば，退蔵総額はまさに「約そ六十万串」となる。以上のことから，八旗米局での兌換発売のために開始された「添鋳」の制銭が八旗米局廃止後は退蔵され続けて乾隆21年のある段階で「約そ六十万串」に達した，と結論できる。

さらに注目すべきは，この「添鋳」による戸部の年間収蔵額113,242串に対して，各衙門公費は月額約9,400両であり，制銭の支給にあたっては銀1両＝900文という換算率が採用されたので(18)，必要となる制銭は月額およそ8,460串，年間では101,520串であり，各衙門公費に要する制銭の額が「添鋳」の額113,242串の内にちょうど収まる，ということである。つまり，「添鋳」の制銭の退蔵をやめれば，従来からの八旗兵餉への制銭搭放を全く縮小させることなく，各衙門公費への制銭支給が可能になったのである。前掲した『皇朝文献通考』巻19，銭幣5，乾隆21年条の記載からは明確に読み取れないものの，乾隆21年に戸部は，「添鋳」で鋳造された制銭を退蔵することをやめ，以後そこから各衙門公費に支給する制銭を工面することとし，「庫項は壅滞するに至ら」ないようにした，とみてよい。

このように，乾隆21年以降，「添鋳」分とほぼ同額の在京各衙門公費への制銭支出が新たな制銭の使途として加わったのであった。康熙58年に制銭の支出が停止された在京各衙門公費もまた，銭貴が続くなかで制銭の支出が常に望まれていたはずである。それにもかかわらず，乾隆21年に至るまで各衙門公費への制銭支給を再開しなかったことの意味は大きい。各衙門公費の月額はわずか月額9,400両ほどであった。当時，1ヶ月の八旗兵餉を1割制銭搭放とするのに要した制銭の額は3万7〜8千串であったから，1ヶ月の八旗兵餉の制銭搭放を1割削減するだけで4ヶ月分の公費を銀支給から制銭支給に切り替えることができた。しかし清朝は，そのように小規模なものであっても八旗兵餉以外の財政支出に制銭を用いることを頑なに拒み続けた。そして，乾隆7年以来の

61卯分（「額鋳」「捐鋳」「加鋳」）および工部から移送された制銭を八旗兵餉に搭放することは完全に維持したまま，銅の余剰により可能になった10卯の追加鋳造（「添鋳」）分を用いることにより，ようやく乾隆21年に至って各衙門公費への制銭支出を再開したのである。

その後，乾隆22〜23年頃に，わずかながら八旗兵餉の制銭搭放がさらに拡充された。すなわち，乾隆10年代から同22年の半ば頃までは，毎月の搭放割合は概ね6ヶ月中2ヶ月が3割搭放，その余の4ヶ月が2割搭放ということが多く，3割搭放の月が6ヶ月中1ヶ月にとどまることも珍しくなかった[19]。それが乾隆22年末以降になると，概ね6ヶ月中2ヶ月が3割搭放となり，6ヶ月中3ヶ月が3割搭放という例が現れるようになるのである[20]。そして乾隆25年に至り，宝泉局の鋳造定額が増額されることとなった。『皇朝文献通考』巻17，銭幣5，乾隆25年条には，次のようにある。

　　戸部は奏して言わく，「宝泉局は〔年間に〕鼓鋳すること七十一卯，浄銭（鋳造額から工食を除いたもの）は，八十万五千三百余串なり。毎年の搭餉及び給発する公費は，銭八十三万余串を需む。向に庫貯に余有るに因りて酌量し添用せり。今，前項の貯銭五十余万串は已に各工程の処をして陸続と支領せしめり。自応に預籌して増鋳すべし。請うらくは，再た五卯を加え七十六卯と為さんことを。歳に銭五万六千六百余串を添うべし……」と。之に従う。

これによれば，戸部で年間に約24,000串の制銭不足が生じ，この時点までは「庫貯」の制銭によって補っていたのであった。ここにみえる「庫貯」とは，前述の「庫銭」約60万串であると考えられる。この乾隆25年の時点で「五十余万串」に減じているのは，戸部の制銭不足を補ってきたからに他ならない。そして，その「五十余万串」はここにきて「各工程の処をして陸続と支領せしめ」たため，戸部の制銭不足を補填することができなくなった。そこで，宝泉局の制銭鋳造を5卯追加することが決定したのである。

だが，そもそもなぜ年間約24,000串の制銭不足が生じることとなったのであろうか。そこで，以後の制銭搭放に関する戸部の奏摺に記載された在京各衙門

公費への制銭支出額をみると、一貫して月額9千余串のままであり一切増額されていない（提言された時点の額、約8,460串よりは多いが、いずれにせよ「添鋳」の鋳造額内に収まっている）。つまり、戸部の制銭の必要量が増えたのは、八旗兵餉への制銭搭放を拡大したためだったのである。前述したように乾隆22～23年頃から搭放割合が拡大していたのだが、そのために戸部に制銭不足が生じ、まずは「庫銭」60万串から不足分を補い、乾隆25年に至って宝泉局の鋳造額を加増したのである。とはいえ、実際には制銭調達のあてもなく搭放を拡大して制銭不足をきたし、そこで初めて「庫銭」の存在に着目した、などということは考えられない。事実はむしろ逆であって、「庫銭」約60万串を念頭に置いて八旗兵餉の制銭搭放割合を設定し、宝泉局からの納入分と工部からの移送分の合計を超過した分の制銭を「庫銭」から補っていたものと考えられる。

　その後、乾隆27年に宝源局の追加鋳造が終了したが、戸部への年間移送額として乾隆19年以来固定されていた36万串という数字に変更はなかった[21]。つまり、宝源局の追加鋳造終了によって京師両局の鋳造定額は減少したが、それは八旗兵餉の制銭搭放には影響を及ぼさなかったのである。

　京師の制銭供給に変化がみられるようになるのは、銭貴が沈静化した乾隆30年代後半以降のことである。まず乾隆38年には、既述したように京師両局の鋳造がともに1卯減額された。それはわずかな減額ではあるが、京師両局の鋳造規模が減額されたのは、臨時の追加鋳造の終了を除けば、銅不足にさいなまれていた雍正10年に宝源局の卯数が41から37に減らされて以来のことである。しかも、その時は3年後の雍正13年に41卯に戻しているが、乾隆38年に減らされた卯数は、同59年に銭価暴落のために京師両局の卯数が一挙に30卯に減額される[22]まで変わらなかった。

　乾隆45年末には、翌年春季の八旗兵餉の制銭搭放を正月・2月は3割、3月は2割と決定しているが、その時に145,600串もの制銭を夏季に繰り越している[23]。この時、1ヶ月の搭放を1割追加するには約38,000串が必要であったから、145,600串もの制銭が存在するのであれば3ヶ月の搭放割合をすべて1割ずつ加増することが可能であった。それにもかかわらずその多額の制銭を繰り

越していることは，八旗兵餉への制銭搭放を最大限拡充しようとは意図していなかったことを示している。

さらに同48年夏季の制銭搭放に関する奏摺をみると，「奏准せる定例に遵照して」各月の制銭搭放割合を決定し，工部から移送された制銭以外に必要となる分の制銭を宝泉局鋳造の制銭から「提取」している(24)。それまでは戸部の制銭収蔵額に基づいて搭放割合を決定していたのであるから，まず搭放割合の定例ありき，という決定方法の導入は大きな変化といえる。そうなれば繰り越しの制銭は徐々に増加していくと思われるが，繰り越し額もこれを境に記載されなくなっており，繰り越しの制銭を「兵餉に続放するの用と為す」との定型句も姿を消している。

以上に論じたように，京師の銭貴が続いている間は，八旗兵餉への制銭搭放は一貫して維持・拡大されていた。それは，清朝中央が明確な方針をもって八旗兵餉への制銭搭放を強力に推し進めていたことを表している。そのような清朝の姿勢に変化がみられるようになるのは乾隆30年代後半以降のことであり，八旗兵餉の制銭搭放はただ慣例に従ってなされるものとなっていった。しかし，それは銭貴の終息と軌を一にしており，八旗生計の保護が放棄されたことを意味してはいない。銭貴が沈静化したことにより，八旗兵餉に極力多額の制銭を搭放する必要性・緊急性がそもそも薄れたのである。

第二節　雲南省の銅息と制銭供給政策

本節では，各省のなかで唯一銅息を得て公項に繰り込んでおり，制銭供給の開始当初から制銭供給政策が自省の公項に裨益していた雲南省の施策を分析したい。

乾隆15年4月，雲南巡撫図爾炳阿（トゥルビンガ）は，広西府に炉15座を設置して年間6万余串を鋳造し，曲尋鎮標・開化鎮標・広羅協・広南営の兵餉の3割を制銭搭放とし，銀1両＝1,200文の換算率を採用すれば，兵餉銀を1万余両節減できる，と提言した。乾隆帝は「該部は議奏せよ。大学士張允随も亦た著して議に入ら

しめよ」と硃批し，この年の正月に大学士として朝議に与った張允随と戸部が協議して上奏するよう命じた[25]。張允随は雍正8年8月から乾隆15年正月まで約20年にわたって雲南巡撫・雲南総督・雲貴総督を歴任しており，制銭供給政策に精通していたはずであるから，それゆえ特別に協議に加わるよう命じられたのであろう。そこで張允隋と戸部は議覆して図爾炳阿の提議を支持し，裁可を得ている[26]。

　乾隆17年4月には，雲南巡撫愛必達（アイビダ）が，雲南省は年間の兵餉約90万両のうち20〜30万両を他省からの協餉に頼っていることを述べ，また，滇銅の産出は年間1千万觔を突破し，積銅は1千8百万觔を超えていることを報告した上で，東川に新たに炉50座を設けて年間22万余串を鋳造し，銀1両＝1,200文の換算率によって銅・亜鉛の収買費用・輸送費用の支払いに用い，それによって節減された銀約43,000両を司庫に貯蔵して兵餉支給に備えることを提言した。これに対して乾隆帝は，軍機大臣が戸部とともに協議し上奏するよう命じた[27]。軍機大臣に協議への参加が命じられたのは，正項財政の運用に密接に関わる重要案件とみなされたからであろう。軍機大臣と戸部は議覆して，愛必達の提議を支持し，乾隆帝の裁可を得た[28]。

　以上2件の提議は，鋳造差益による正項財政の支出節減をもちかけることによって戸部からの支持を取りつけ，制銭鋳造を拡大し，それによって積銅を消費し銅息を得ようとするものといえる。それは，乾隆8年の大理局開鋳，および金沙江航道開鑿工事の工費捻出のために始められた東川旧局の鋳造継続（第七章参照）と同様の施策である。

　乾隆21年4月には，署理雲貴総督愛必達・署理雲南巡撫郭一裕が東川新局の鋳造額加増を要請した。愛必達・郭一裕奏摺によれば，最も産出額の大きい湯丹・大碌の両銅廠では採掘地がだんだんと奥地の鉱脈へ移動したために採掘の経費が増大していった。両銅廠において銅を買い上げる際の官価は，かつては100觔あたり銀5両1銭5分であったが，乾隆19年に東川新局の鋳造差益を転用することにより銀5両5銭7分に増額した。しかし，それでもなお不足しているので，東川新局の鋳造額を1.5倍にして新たに3万数千両の鋳造差益を

確保し，それを財源として銅の買い上げ価格を100觔あたり銀6両に引き上げることを提言したのであった。これに対して，乾隆帝は戸部に議覆を命じた[29]。戸部は，制銭供給量が過多となって現地の銭価が下落することを危惧して，新任の雲貴総督恒文と雲南巡撫郭一裕にあらためて慎重に検討させるよう主張し，乾隆帝の裁可を得た。そこで恒文と郭一裕は上奏して，増鋳によって加増される11万串は決して多いとはいえず，しかもそれは工食・物料や亜鉛・鉛の輸送費用などといった雑多な経費に支出するので拡散しやすいこと，現地において銅銭需要は大きいこと，「四川・貴州・湖広・江西の人」が到来して銅銭を持ち去っていくので制銭が滞留する心配はないこと，などを挙げて鋳造拡大への許可をあらためて求めた[30]。それを受けて戸部は議覆して鋳造額加増を認め，裁可されるに至った[31]。なお，この鋳造差益の価銀への上乗せは，戸部から雲南省に支払われる価銀（100觔につき銀9両2銭）に対してではなく，雲南省が銅廠に支払う価銀に対してなされるものである。つまり，鋳造差益を用いることによって，銅息が縮小することを回避しているのであって，戸部が支出する銅本銀は増えても減ってもいない。

　乾隆29年には，順寧局の設置が決定されている。その前年の6月に雲貴総督呉達善・雲南巡撫劉藻は，大興・大銅の両銅廠は湯丹・大碌に次ぐ銅産の拠点だが，毎年秋季以降は排水のために多額の費用が必要になると述べ，そこで順寧に鋳銭局を新設して毎年5万余串を鋳造し，銀1両＝1,200文の換算率に従って永順鎮標の兵餉等の財政支出に搭放し，鋳造差益8,800余両を大興・大銅両銅廠の毎年の排水費用に充てたいと上奏した[32]。戸部は議覆で提議を支持し，裁可されている[33]。

　以上2件の提議は，鋳造差益によって銅務の円滑な遂行を図るとともに積銅を消費して銅息を確保しようとするものといえる。それは，正項財政に利点があるわけではないが，辦銅を完全に雲南省に依存する清朝中央にとって，銅務の安定を掲げるそれらの提言は十分に説得的なものであったといえよう。

　いずれにせよ，雲南省にとって最も重要なものは銅息に他ならなかった。そのことは，奏摺の文面にもはっきりと表れている。東川新局の増鋳と鋳造差益

を財源とする銅収買価格引き上げを提議した乾隆21年4月の愛必達・郭一裕奏摺には、その冒頭に、

> 毎年銅を辦ずることは八、九百万より一千万觔に至る。以て京に供するの外は〔自省で制銭を〕鼓鋳し、銅息銀を獲ることは二十五、六万より三十余万両に至る。以て一切の公用に資すれば、関係は甚だ重にして、滇省の第一の要務を為す。

とあり、銅息の重要性を強調している(34)。そのように銅息の確保が重要視されたのは、銅息が雲南省の公項財政において最大の財源だったからである。乾隆23年5月の雲南巡撫劉藻奏摺によれば、乾隆22年の公項の収入は計285,329両余、支出は241,540両余(35)、乾隆27年5月の同じく雲南巡撫劉藻奏摺によれば、乾隆26年の公項の収入は計287,732両余、支出は241,022両余だった(36)。収入額には諸経費に充当するために「帰公」(公項の財政収入として繰り込むこと)された銅息しか含まれておらず、その余の銅息は「帰公」されるまで官庫に収蔵されていた。愛必達・郭一裕奏摺に従えば、銅息は年間25～30万両に達していたのであり、銅息だけで雲南省の公項財政を支えることも十分可能であった。

結果として雲南省には、巨額の銅息銀が「帰公」されないまま収蔵されることとなった。乾隆20年9月の署理雲貴総督愛必達奏摺によれば、同年8月末時点で司庫には1,049,096両もの銅息銀が貯蔵されており、愛必達は「此の項目の銀両は原より留めて本省の公事の用に充てるに係るも、現在公事は多く無し」として、銀70万両を正項財政の費目である兵餉に転用することを提言している(37)。銅息を「帰公」して公項の財政支出に使い続けて、それでもなお未だ「帰公」されていない銀100万両以上もの銅息が司庫に残存していたのである。この愛必達の提議について議覆した戸部は、正項財政を統括する立場から提議を裁可するよう求めた。しかし乾隆帝は、「滇省は地処辺徼たれば、公に備うる銀両は務めて宜しく寛裕なるべし」との理由で、兵餉に支出するのは50万両に留め、その余は公項に充てるよう命じた(38)。ともあれ、銅息が存在したために、雲南省の公項は他省に類を見ないほど充実していたのである。

かかる雲南省の制銭鋳造は、乾隆35年に一挙に縮小する。乾隆30年代に入っ

第八章　乾隆中葉の制銭供給体制とその後　281

てから滇銅が減産し（212頁所掲図6.1参照），京師両局の辦銅，各省の辦銅，自省の制銭鋳造のすべてを維持することは困難になっていた。そこで署理雲南巡撫明徳は奏摺を上せて，諸省の滇銅採買を暫時停止するよう要請した。しかし，議覆を命じられた戸部は，雲南の銭価は銀1両＝1,100～1,200文と低迷しているにもかかわらず制銭が供給過多になっていると指摘し，東川新局・大理・広西・臨安・順寧の5鋳銭局を停止し，あわせて陝西・広西・貴州・湖北の4省の滇銅採買を減額させることを提言し，乾隆帝の裁可を得た[39]。その結果，雲南省の鋳銭局は省城・東川旧局の2ヶ所が稼働し続けるのみとなった。

　銅息に注目すれば，滇銅を自省の制銭鋳造に用いても，諸省の採買に提供しても，それを確保することはできた。ただ，上述の如く，この頃には鋳造差益の一部を銅廠からの銅買い上げ費用や銅廠の排水費用に充当しており，積銅は自省の制銭鋳造によって消費して銅息と鋳造差益との両方を確保することが最も望ましい形であった。それゆえ雲南省は，自省の制銭鋳造は継続しつつ諸省の滇銅採買を暫時停止させようとしたのである。しかし，諸省への銅供給を露骨に軽視したその提議は戸部の賛同を取りつけられず，自省の制銭鋳造が大幅に削減される結果を招いたのであった。この後，滇銅の産出量が盛り返したため，乾隆41年に雲南省は順寧以外の鋳銭局の鋳造を再開させた上に保山・曲靖の2鋳銭局を新しく開くが，同45年には再び銅不足のために省城・東川旧局のみの鋳造に戻された[40]。結局，雲南省の制銭鋳造が乾隆30年代前半の水準を回復することはなかった。

　以上に論じたように，乾隆前半において雲南省は次々と自省での制銭鋳造を拡大していった。それは当初，鋳造差益を兵餉の財源に繰り込むことを口実に提議され，戸部の支持を得ることに成功していた。やがて，鋳造差益を銅廠からの銅買い上げ費用や銅廠の排水費用に充てることを企図した鋳造拡大がなされるようになった。制銭鋳造は自省の公項の財源となる銅息の確保のみならず，鋳造差益を銅務の経費に充当するという点においても重要性を帯びつつあった。しかし，乾隆30年代後半から滇銅が減産し始め，雲南省側は諸省の採買停止を目論んだが，自省の制銭鋳造の大幅縮小を中央から命じられるに至ったのであ

る。

第三節　その他の諸省の鋳造差益と制銭供給政策

　本節では，雲南省の他に鋳造差益を得ていた諸省の政策を分析することとし，まず，湖北・湖南・貴州・四川等の省の制銭供給政策を取り上げる。これら4省の制銭供給政策の特色は，乾隆18年以降，全額兌換発売と鋳造差益の公項への繰り込みを目的とした大規模な追加鋳造を実施していった点にある。

　第六章で論じたように，乾隆12年以降の制銭供給において湖北省は，鋳造額の過半を余銭として兌換発売に供して鋳造差益を確保し，鋳銭局の公費等を捻出していた[41]。その後，乾隆18年に至って，湖北省は漢銅を用いて鋳造規模を倍にし，追加鋳造分の制銭は全額兌換発売に供し鋳造差益を得て公項に繰り込みたい，と提議し，戸部の議覆を経て裁可された[42]。全額兌換発売と鋳造差益の公項への繰り込みを目的とした追加鋳造は，これが全国で最初の事例である。

　ここで注目されるのは，乾隆12年以来の鋳造＝「正鋳」では安価な滇銅・范氏の洋銅と割高な漢銅を1：1：1の比率で配合し，同18年から新たに始められた「加鋳」では専ら割高な漢銅を用いているということである[43]。一見すると，全額兌換発売して鋳造差益を公項に繰り込むことができた加鋳において鋳造費用を低く抑えようとしないのは不可解な施策にみえる。だが正鋳では，鋳造額の半分近くを銀1両＝1,000文の公定換算率に則って兵餉に搭放しなければならない。もし正鋳の鋳造費用が増加して兵餉への制銭搭放において鋳造差損が生じ，正鋳の余銭を兌換発売して得た鋳造差益をもってしても鋳造差損の補填や鋳銭局公費等の工面ができなくなったならば，加鋳の制銭の兌換発売で得た鋳造差益をそれに回さなければならなくなる。その一方，加鋳は鋳造した制銭を兌換発売するので，銭貴でさえあれば公定換算率よりも高い換算率を採用することが可能であるから，多少鋳造費用が膨らんでも鋳造差益を得ることができる。それゆえ湖北省は，正鋳における鋳造差損の回避，鋳銭局の公費等をまかないうる最低限の鋳造差益の確保を第一に考え，そうすることによって

加鋳の鋳造差益を確実に公項に繰り込んでいったのである。例えば乾隆19年の加鋳においては，司庫収蔵額86,921串100文に対して，鋳造費用と鋳銭局の公費の合計は銀85,007両であり，制銭1,000文あたりの鋳造費用（鋳銭局の公費を含む）はおよそ銀9銭7分8釐に達したが，それを銀1両＝900文，つまり1,000文＝銀1両1銭1分1釐の価格で兌換発売したので，結果として合計11,605両余の鋳造差益を得た(44)。ただし，正鋳の採算性を過剰に高めても正鋳の鋳造差益は正項に吸い上げられるので，省にとっての利点はない。ゆえに湖北省は，滇銅・南銅（南銅の調達費用は1觔あたり銀1銭4分～1銭5分(45)）・川銅（1觔あたり銀1銭1分余(46)）など安価な銅が大量に確保できた時は，正鋳の漢銅を減じるのではなく加鋳の漢銅を減額して加鋳の採算性を向上させていった(47)。

　しかし，兌換発売は銭貴の終息とともに実施が困難になる。乾隆30年代初め，湖北省は1,000文＝銀1両3分5釐（銀1両＝約966文）の価格によって兌換発売を行っていたが，同34年に至って銅不足を理由に挙げて加鋳を停止した。その頃，市場の銭価は銀1両＝1,000文であった(48)。前節において述べたように，乾隆35年には鋳造継続を望んでいた雲南省が銅不足のために鋳造縮小に追い込まれており，湖北省においても銅不足は実際に起きていたのであろう。だが，そこで正鋳を全額存続させて加鋳を完全に停止したのは，前者が本来の正規の鋳造であるからというよりも，銭貴の沈静化によって兌換発売が不可能になったことが決定的であったと考えられる。

　湖南省は，もとより制銭1,000文の鋳造費用が銀1両を大きく下回っており，兵餉への搭放によっても十分な鋳造差益を得て鋳銭局の公費をまかなうことができた。しかも，若干ながらも余銭を兌換発売して，鋳造差益を公項に繰り込んでいた。同省は，鋳造差益の公項への繰り込みを着実に拡大させていった。まず乾隆17年には，自省の銅産出の増大を受けて，滇銅の使用を停止して完全に南銅による制銭鋳造に移行し，鋳造費用を低く抑え込むとともに，鋳造炉を5座から10座に増やした。その際，兵餉の制銭搭放割合を5％から1割に加増し，従来と同様に余銭は兌換発売に供することが許された(49)。乾隆21年7月には湖南巡撫陳弘謀が，湖南省では制銭鋳造を開始して以来余銭を兌換発売して

「余息は公に充」ててきたことを述べた上で、余銭33,400余串を通例の通りに1,000文＝銀1両2銭の価格で兌換発売することを提議し、裁可を得ている[50]。さらに陳弘謀は同年10月に上奏して、銅に余剰があるので鋳造炉を10座から20座に増設し、自省の緑営で兵餉米を折銀支給しているものを折銭支給に改め、余銭は兌換発売に供したい、と提議した[51]。この提議は戸部の議覆を経て裁可された[52]。なお、その直後になされた余銭の兌換発売に関する上奏をみると、新設の10座による制銭鋳造では、乾隆22年秋季から同23年秋季までの5季で兵餉米の折銭支給に費やした以外の余銭が16,464串余に達していた[53]。年間（4季）では約13,000串となり、それは年間4万串弱であった新設10座分の司庫収蔵額の約3分の1に相当する。つまり、兵餉米の折銭支給のためには、鋳造炉の新設は7座で十分だったのである。乾隆21年の鋳造炉10座の追加は、兵餉米の折銀から折銭への切り替えという目的からすれば明らかに過剰な鋳造拡大であり、そのうち少なくとも3座は全額兌換発売のための追加鋳造に準ずるものといってよい。

　同じ頃、ジュンガリア・カシュガリアへの大規模な軍事行動の影響により甘粛省において銭価高騰が問題化し[54]、乾隆24年9月に署理湖広総督湖北巡撫周琬に対して庫銭を甘粛に送るよう命じる寄信上諭が下ると、直後に湖南巡撫馮鈐は上奏して湖北省の庫銭の少なさを指摘し、自省から庫銭2万串を甘粛省に送ることを申し出るとともに、追加鋳造を行って甘粛省に制銭を継続的に送りたいと提議して、裁可を得た[55]。馮鈐は続いて同年11月に上奏して、自省の銅を用いて新たに年間84,370余串を追加鋳造して8万串を甘粛省に移送することを提議し、裁可された[56]。そして乾隆26年に至って甘粛の銭貴が収束し制銭移送が停止されると、湖広総督蘇昌は上奏して、湖南省の追加鋳造を継続し、その分の制銭を全額兌換発売して鋳造差益3万余両を確保して、湖南省内の城工の費用に充てたいと提議し[57]、戸部の議覆を経て裁可された[58]。それは、乾隆27年に南銅の確保が困難になったために停止されたが[59]、従来からの余銭の兌換発売は続けられていった。

　しかし、湖南省においても乾隆30年代後半に入ると銭貴が沈静化し、同39年

第八章　乾隆中葉の制銭供給体制とその後　285

には「銭文積もること十七万四千四百余串に至る。皆な官価が市価より貴ければ人の局銭を承買する無きに因りて壅滞す。余息は帰する無し」という事態となった(60)。そして翌40年には，多額の退蔵を解消するため，時価の1,000文＝銀1両5分（銀1両＝約952文）によって兌換発売を実施した(61)。その後，乾隆44年には鋳造炉5座を削減している(62)。前述したように，湖南省は余銭を兌換発売に供すべく鋳造額を必要以上に増額していたのであり，この時の5座削減はその余銭を今後発生させないための措置と考えられる。

なお，鋳造費用が小さかった湖南省は，公定換算率より低い価格によって兌換発売を行ったとしても，鋳造差益を得ることは計算上可能であった。しかし，王朝として掲げる公式換算率よりも低い値に市場の銭価を押し下げるような制銭の兌換発売を行うことは形式上できなかったと考えられる。

貴州省は，第六章で述べた乾隆9年の鋳造規模を乾隆20年代初頭まで維持していた。また，四川省は，第六章で既述したように乾隆3年に鋳造規模を拡大した後，同11年には川銅を用いて鋳造額を倍増させ，増加分の一半を陝西省に売却した。同17年には陝西への制銭売却が銅売却に切り替えられたためその分の制銭鋳造を停止したが，同19年には銅の余剰を理由に鋳造額を削減前と同じ額に戻した(63)。両省はともに鋳造費用が1,000文あたり銀1両を大きく下回っており，鋳銭局の公費は鋳造差益から支出していた(64)。乾隆20年に至り四川省は，なおも銅に余剰があるとして鋳造規模をさらに倍増させて，増加分の制銭12万4千余串は全て兌換発売に供し，鋳造差益を「存して公用に充」てた(65)。四川省の兌換発売の価格は銀1両＝950文（1,000文＝銀1両5分2釐余）であった(66)。兌換発売は，できる限り多くの鋳造差益を獲得するためにも，転売を目的とした商人による買い占めを回避するためにも，民間の銭価より極端に低い価格設定は避けるのが普通であった。四川省の兌換発売の価格は，民間ではほとんど銭価は高騰していないが鋳造費用が小さかったために低めの価格で制銭を兌換発売しても鋳造差益を得られたということを示している。貴州省も同24年に至り，黔銅を用いて鋳造規模を拡大し司庫収蔵額を57,355串増加させた（この時，あわせて宝黔局を畢節県から省城貴陽に移設）(67)。当初，貴州省は増加分

の制銭は兵餉への制銭搭放に充て，余銭を兌換発売に供して鋳造差益を「公項に添補」したいとしており[68]，提議は裁可されたのだが，実際には追加鋳造の総額をも上回る6～7万串を兌換発売に供した[69]。貴州省もまた，民間の銭価はさほど高騰していなかったが，鋳造費用が小さかったため制銭を高値で発売しなくとも十分に鋳造差益を得て公項に繰り込むことができたため，初めは1,000文＝銀1両4分すなわち銀1両＝約962文という価格を設定し，ついで市場の銭価が銀1両＝990余文にまで下がったので銀1両＝1,000文という公定換算率と同じ価格で兌換発売を行った[70]。

貴州・四川両省においても，乾隆30年代以降は銭価が低落し，従来通り兌換発売を継続することは困難になっていった。貴州省では乾隆35年に退蔵された制銭が7万余串に達し[71]，同36年に「銭賤」を理由に兵餉の制銭搭放が大幅に縮小され，翌37年には鋳造額も減額されるに至った[72]。その頃には既に，市場の銭価は公定換算率を下回り始めていた[73]。また四川省でも，具体的な銭価や制銭退蔵額はわからないが，乾隆46年に兌換発売のための追加鋳造を停止している[74]。

以上に述べたように，湖北・湖南・貴州・四川等の省は，従来から行われていた兵餉への制銭搭放において鋳造差損を生じておらず，鋳造差益を確保して鋳銭局公費等を工面しており，乾隆18年以降，全額兌換発売と鋳造差益の公項繰り込みを目的とした追加鋳造を実施した。結果として，これらの諸省の鋳造額は，銅息を公項に繰り込んでいた雲南省に続いて大きいものとなった。しかし，乾隆30年代後半から銭貴が沈静化したことにより，諸省は大規模な追加鋳造から手を引くことを余儀なくされていったのである。

次に，江西・広東・広西・陝西・山西等の省の制銭供給政策を分析する。これらの諸省は，兵餉への制銭搭放において鋳造差損が生じるのを回避できていたという点では，上述の湖北・湖南・貴州・四川等の省と変わりなかった。ただ，湖北・湖南・貴州・四川等の省のような全額兌換発売と鋳造差益の公項繰り込みを目的とする追加鋳造を行えない事情がそれぞれに存在した。

江西省は，もとより鋳造額の過半を兌換発売に供していたという点では，湖

第八章　乾隆中葉の制銭供給体制とその後　287

北省と同じであった。かかる両省の措置はいずれも巡撫として赴任した陳弘謀によって立案されたものであり，内容が類似していたのも当然であった。しかし，湖北省が各省の先陣を切って乾隆18年から全額兌換発売のための追加鋳造を実施したのに対して，江西省は乾隆9年以降の鋳造額を基本的に維持したまま鋳造規模を拡大せず，そればかりか同15年から同17年には一時的にではあるが鋳造規模を縮小させている(75)。出発点は近似していた湖北省との分岐は，果たして何処にあったのだろうか。

　そこで注目されるのが，乾隆15年に江西巡撫阿思哈(アスハ)が鋳造縮小を提議した際，司庫に6万余串もの制銭が退蔵されていると報告していることである(76)。乾隆24年9月に湖北省が甘粛省への庫銭の移送を命じられた時，湖北省の司庫には制銭が6千余串しか収蔵されていなかった(77)。つまり，湖北省では正鋳の余銭の兌換発売に加えて加鋳の制銭を全額兌換発売に供してもなお制銭が滞留することはなかったのに対し，江西省では正鋳の兌換発売さえ早々に滞っていたのである。

　江西省では，湖北省と同様に制銭1,000文あたりの鋳造費用は銀1両近くに達しており，湖南・貴州・四川などの諸省とは異なってある程度高い価格で兌換発売を行わなければ鋳造差益は得られなかった。例えば，乾隆13年には収蔵額64,598串余に対して，鋳造費用が64,417両余であり，1,000文あたりの鋳造費用は銀9銭9分7釐であった(78)。したがって，兵餉への制銭搭放によって鋳造差損を生じることはないものの，それなりに高い価格を設定しなければ，制銭を兌換発売しても鋳造差益を得て鋳銭局公費等に充当することはできない。『欽定戸部鼓鋳則例』巻8，江西省，搭放兵餉条には，兌換発売に関して，

　　其の余（兵餉に搭放した以外）の銭文は，銀一両ごとに銭八百六十文と作(な)して制銭を急需するの地に分発し兌換して以て市価を平ず。銭賤ければ酌増するも，総じるに以て増して九百文に至れば止む。

とあり，市場の銭価が下がっても銀1両＝900文より低い価格では兌換発売を実施しなかったことがわかる。

　ところが江西省の銭価は，鋳造開始時でも1,000文＝銀1両1銭8分9釐，

つまり銀1両＝841文程度であり，それゆえ兌換発売の価格も当初予定されていた銀1両＝840文から860文に切り下げられたのであった[79]。一方，ほぼ同時期の湖北省の銭価は1,000文＝銀1両2銭5分，つまり銀1両＝800文であった[80]。江西・湖北両省の銭価にはおよそ40文の開きがあったのであり，かかる需給逼迫の程度差が兌換発売の好不調の違いに結果したと考えられる。上述の乾隆13年には，鋳造額の過半を占める兌換発売によって鋳造差益を得て鋳銭局の公費をまかなっていたが，やがて兌換発売の不振によってそれも困難となり，乾隆30年までには年間367両2銭の鋳銭局公費を公項から支出することが定例化してしまう[81]。追加鋳造を行って全額兌換発売するどころか，正鋳の余銭の兌換発売すら十分に進展しなかったのである。乾隆34年には銭価が銀1両＝約930文となり，定例を改めて銀1両＝940文の価格で兌換発売を実施した[82]。ついで同36年には，「価賤く官銭は銷售するあたわず」として，翌37年から鋳造炉10座のうち4座を停止したいと上奏し，戸部の議覆を経て裁可されている[83]。同37年には，兌換発売できずに滞留した制銭が14万余串にも達し，銀1両＝990文の価格によって兌換発売が行われた[84]。しかし，制銭1,000文の鋳造費用が銀1両前後に及ぶ江西省においては，かかる価格で兌換発売を行ってもまとまった額の鋳造差益を得ることはできないのであり，それはひとえに制銭の死蔵を避けるためになされたものといえる。

　広東省は，乾隆9年に滇銅を収買して制銭鋳造を開始したいと提議して裁可され[85]，翌10年に鋳造を開始した。鋳造開始の時点において広州の銭価は銀1両＝870〜900文であり[86]，それほど高騰してはいなかった。また，同省の制銭鋳造において制銭1,000文あたりの鋳造費用は銀1両をわずかに下回る程度であったが，兵餉への制銭搭放によっても鋳造差益を得ることができた[87]。鋳銭局の公費も，その鋳造差益から工面することができた[88]。広東省は前述の江西省と同様に，民間の銭価が比較的安定しており，鋳造費用もそれほど小さくはなかった。したがって，鋳造差益を得られる価格によって兌換発売を大々的に実施することは不可能であり，それゆえ兌換発売を目的とする追加鋳造を行うことはなかった。ただ，江西省との違いは，公定換算率に基づく兵餉への制銭

搭放においても最低限の鋳造差益を得て鋳銭局公費をまかなえていた点であり，余銭の兌換発売による鋳造差益に依存するようなことはなく，後々まで公項から鋳銭局公費を支出せずに済んだのであった。

　乾隆7年ないし同8年に制銭鋳造を開始した広西省は，同11年に滇銅の収買を開始することによって鋳造規模を加増し，さらに同14年には雲南省からの制銭受け入れを停止して滇銅収買に切り替え，制銭鋳造を拡大した[89]。雲南省の提議に賛同して制銭の移送停止を求め，代わって滇銅を収買し鋳造規模を拡大したいと上奏した広西巡撫舒輅（シュル）は，制銭を兵餉に搭放する以外に毎年20,318串生じる余銭を「湖北に照依して」銭価が騰貴した時に兌換発売したい，と提議した[90]。舒輅の上奏について議覆を命じられた戸部も，湖北省で兌換発売が許されていることを挙げて広西省の提議を認めるよう上奏し，裁可された[91]。湖北省の加鋳はまだ始まっていないから，ここにある湖北省の兌換発売とは正鋳の余銭の兌換発売を指しており，鋳造差益は正項に吸収されたと考えられる。ただし，同省における制銭鋳造費用は小さく，公定換算率に基づく兵餉への制銭搭放によっても十分に鋳造差益を得ており，鋳銭局の公費は鋳造差益から支出されていた[92]。なお，広西省は兌換発売を目的とする追加鋳造を行うことはなかった。関係史料が乏しいのではっきりしたことはわからないが，銭価があまり高騰していなかったためではないかと思われる。乾隆35年に至り，広西省では銭価が銀1両＝960〜970文にまで下がり，制銭の退蔵額が6万余串に達したため，俸工への搭放と兌換発売に充てる分の鋳造を停止した[93]。同39年には俸工への制銭搭放を再開するため鋳造額を若干加増したが，兌換発売のための鋳造は再開されていない[94]。

　陝西省は，乾隆13年12月より制銭鋳造を開始した[95]。その後，乾隆16年には鋳造額の加増が決定している[96]。これらの政策は，既に言及した四川省からの制銭移送と密接に結びついていた。まず乾隆11年12月，川陝総督慶復・四川巡撫紀山（ギシャン）は上奏して，四川省の銅産出量が増加しているので鋳造額を加増し，追加分の一半を陝西省に移送したいと提議し，戸部の議覆を経て裁可された[97]。この四川から陝西への制銭移送は陝西省側が輸送費用を負担することになって

おり(提議の際の筆頭上奏者が四川・陝西両省を管轄する川陝総督であったから,移送を求めた側が輸送費用を負担するという通例に反するものとはいえない),実施前においては陝西省は四川省側に支払う鋳造費用とみずから負担する輸送費用の合計を1,000文あたり銀9銭9分4釐余と見積もっていた[98]。ところが実際には,陝西省の支出する費用は1,000文あたり銀1両を超え,四川省から移送した制銭は銀1両=1,000文の公定換算率に従って陝西省の兵餉に搭放したので,乾隆13年秋季から同15年春季までの7季で計1,328両余の差損が生じた[99]。一方,主に范氏の洋銅を用いて乾隆13年12月から翌14年までに鋳造し司庫に収蔵した制銭は38,357串131文で,その鋳造費用(鋳銭局の公費を含む)は銀38,847両余にのぼった。范氏の洋銅は価格が低く抑えられていたが,亜鉛等の輸送費用がかさむので,1,000文の鋳造費用が銀1両を超えたのである。しかし,その制銭は10,756串916文を兵餉に搭放した以外は銀1両=700〜850文という高い換算率で兌換発売したので,最終的に4,127両余の鋳造差益が得られた[100]。ただ,江西省および湖北省の正鋳の兌換発売と同様に,搭放によって正項に生じた差損の補塡を目的とした余銭の兌換発売であったので,差損を補塡し鋳銭局の公費をまかなった余剰の鋳造差益も正項に吸収された[101]。

　乾隆16年に至り,陝甘総督行川陝総督尹継善は上奏して,差損を生じている四川からの制銭移送を停止して川銅収買に切り替えれば年間数千両の鋳造差益を確保できると述べた[102]。議覆を命じられた戸部は,制銭移送を川銅収買に改めれば「余息を多獲すべきにして,又兵餉に多充すべし」との理由から提議を支持し,裁可を得た[103]。この鋳造拡大は,あくまでも兵餉に搭放していた四川からの制銭移送を制銭鋳造に切り替えるものであって,追加鋳造ではなく,制銭を全額兌換発売できた乾隆18年以降の湖北省,同20年以降の四川省,同24年以降の貴州省,同26年以降の湖南省における追加鋳造とは意味合いが全く異なる。安価な川銅を用いた制銭鋳造は鋳造差益をもたらしたが,余剰の鋳造差益は正項に吸収されたのであった[104]。

　川銅を用いた陝西省の制銭鋳造は鋳造費用も小さく,加えて,市場の銭価も高騰していた。兌換発売のための追加鋳造を実施するための条件は,整ってい

第八章　乾隆中葉の制銭供給体制とその後　291

るようにみえる。にもかかわらず，こののち陝西省が追加鋳造を提議しなかったのはなぜなのだろうか。そこで考えるべきは，安価な銅をさらに買い増す余地があったのかということである。地理的な問題から，調達費用があまりかさまないのは川銅のみである。だが，輸入低調のため范氏の洋銅が徐々に減額されていき，陝西省は洋銅の代わりに乾隆19年から川銅の収買額を年間10万觔追加した[105]。また，川銅は湖北省も同年から不定期ながら収買を行い，さらには山西省も後述の如く乾隆21年から収買を始めており，四川省は乾隆20年を最後に自省の鋳造規模を拡大させていない。川銅はそれ以上の銅需要に応えられなかったのである。ゆえに，陝西省が追加鋳造のために川銅を買い増す余地はなかったのであった。その後，陝西省は乾隆31年に鋳造を縮小している[106]。

　山西省は，山西商人に洋銅・漢銅を採買させて，乾隆14年3月に鋳造を開始した[107]。その後，乾隆17年に銅を使い切ったことを理由に鋳造を停止したが，翌年には乾隆帝に鋳造再開を命じられ，再び山西商人に洋銅・漢銅を収買させ，鋳造炉を10座から6座に削減しつつ鋳造を再開した（正鋳）。そして，同21年には山西商人を動員した洋銅・漢銅収買に加えて川銅収買を開始して鋳造炉を5座増設した（加鋳）[108]。山西商人の辦銅に依拠した正鋳では，制銭1,000文の鋳造費用は銀1両前後であり，乾隆16年に護理山西巡撫広東布政使朱一蜚は1,000文の鋳造費用が約1両3分であることを報告した上で，省城の駐防八旗および緑営の兵餉の3割を制銭搭放とする以外の余銭を兌換発売に供したいと提議して，裁可されている[109]。江西省や湖北省正鋳，および鋳造開始直後の陝西省における余銭の兌換発売と同様に，兵餉の制銭搭放で生じた正項の鋳造差損を補填するために始めたものであり，余剰の鋳造差益も正項に吸い上げられた[110]。一方，乾隆21年に開始された川銅を用いた加鋳による制銭は，すべて兌換発売に供された。加鋳の制銭を全額兌換発売に供するのは，前項で述べた湖北・湖南・貴州・四川等の省による追加鋳造と同じであり，山西省でも当初は，兌換発売で得た鋳造差益は正項に吸収されることなく「另に貯す」ことになっていた。兌換発売の価格は銀1両＝830文（1,000文＝銀約1両2銭5釐）であり，それでも兌換発売が成立したのであるから，それ以上に銭価が高騰し

ていたのである。鋳造費用は必ずしも小さくなかったが，銭価の騰貴により兌換発売が可能になっていた点は，湖北省と同じである。

ところが乾隆24年に上諭が下って，山西省の鋳造差益を用いて隰州等営の兵餉米の折銀支給額を増額することになったのだが，正鋳で計上された余剰の鋳造差益では不足したため，加鋳における鋳造差益をもつぎ込むこととなった[111]。しかも，前述したように，この時点ではさらなる川銅収買は不可能になっており，地理的にみて川銅以外の銅を収買して追加鋳造を行い安定的に鋳造差益を得るのも難しかった。それゆえ，山西省が鋳造額をさらに拡大することはなかったのである。その後，乾隆30年代中頃には銭貴が終息して兌換発売の継続が困難となり，同36年に「数年以来，銭価は日に平賤に趣き，民間は必ずしも官銭を以て利と為さず」として，加鋳の停止を提言して裁可を得た[112]。同38年に山西省は正鋳の余銭1万串を兌換発売しているが，その際の価格は銀1両=995文であった[113]。鋳造費用の小さくない山西省の正鋳の制銭をそのような価格で兌換発売したとしても鋳造差益はほとんどあがらないのであり，ただ制銭の死蔵を避けて銀に換えているだけに等しい。

第四節　その他の諸省の鋳造差損と制銭供給政策

本節では，江蘇・浙江・福建・直隷等の省の制銭供給政策を分析する。江蘇・浙江・福建等の省は，兵餉への制銭搭放によって多額の鋳造差損を生じていた。また，直隷は内務府商人范氏がもたらす安価な洋銅を用いていたものの，亜鉛等の輸送費用がかさむために往々にして鋳造差損が生じていた。これらの4省では，鋳造差損こそ正項の支出として認められていたが[114]，鋳銭局の公費等は公項から工面することを強いられていた[115]。

制銭供給が採算割れしていた江蘇・浙江・福建等の省でも，銭貴が継続するなかで高い換算率により余銭の兌換発売を行い鋳造差益を得ることがあった。しかしながら，兌換発売による鋳造差益獲得が制銭供給拡大の動機付けになることはなかった。なぜならば，兵餉への制銭搭放によって正項に多額の鋳造差

第八章　乾隆中葉の制銭供給体制とその後　293

損が生じている以上は，兌換発売によって獲得した鋳造差益を何よりもまず正項の鋳造差損の補填に充当せざるを得なかったからである。例えば，乾隆10年9月から鋳造額を半減させ搭放割合も1割から5％に削減していた浙江省の巡撫方観承は，鋳造額を復旧させるにあたって，搭放割合を5％に留めて復旧分の制銭を兌換発売に供すれば，「帑項は但だ虧くる無きのみならず，兼ねて兵餉の敷らざるの工本を将て融通補苴すべし」と述べている(116)。福建省でも，兵餉に搭放した以外の余銭が数千串に達して兌換発売を提議した際，代価として得た銀はすべて「銭本項内に帰入」するとしていた(117)。それは，鋳造差益を次の制銭鋳造の鋳造費用に充てることにより，制銭鋳造による正項の鋳造差損を減少させることを意味している。さらに，乾隆24年に余銭の兌換発売を提議した江蘇巡撫陳弘謀は，制銭1,000文＝銀1両1銭数分の価格で兌換発売を行えば鋳造差益が生じ，「以て餉銭を搭放するに千〔文〕ごとに銀一両と作すの不足を補うべし」と述べている(118)。また，兌換発売とは異なるが，乾隆19年に浙江巡撫周人驥は，制銭1,000文の鋳造費用が銀1両7分3釐9毫に上り年間7千余両の鋳造差損をもたらしていることを報告した上で，余銭を各官の養廉銀の一部に銀1両＝800文の換算率に則って搭放し，鋳造差益を得て鋳造差損を補填することを提言している(119)。差損の補填を目的としたこれらの提議は，いずれも裁可された(120)。それに対して，鋳造差益の鋳銭局公費への充当や公項への繰り込みは，実施例はおろか，提議さえ管見の限りでは全くもって存在しない。督撫らとしては，兌換発売等によって鋳造差益を獲得したとしても，正項に生じた鋳造差損を無視して鋳造差益を鋳銭局公費に充てたり公項に繰り込んだりするわけにはいかない。もし仮に追加鋳造を行って全額兌換発売したとしても，得た鋳造差益はまずもって兵餉への制銭搭放で正項に生じた多額の鋳造差損の補填に充てざるを得ず，しかもこれらの諸省では鋳造差損は年間数千両に達していたから，鋳造差益は差損の補填で使い切ってしまう可能性が高い。ただし，そのように正項の鋳造差損の補填を優先させざるを得なかったとはいっても，再三述べてきたようにこの頃の正項財政は極めて充実しており，正項の鋳造差損の補填は決して喫緊の課題ではなかった。督撫らは，立場

上の問題として正項に生じた鋳造差損を無視できなかったのであり，財政上の問題として差損の補填を中央から要求されていたわけではない。それゆえ江蘇・浙江・福建等の省は，上述の如く現状の制銭鋳造によって生じた余銭の兌換発売等によって正項の鋳造差損を補填するという最低限の財政的努力を行うことはあっても，多額の追加鋳造と兌換発売を実施して鋳造差益の完全な相殺を目指すようなことはなかったのである（省側からみれば，それは公項から捻出する鋳銭局公費を増加させるものでしかなかった）。乾隆15年に鋳造額を復旧させる際に搭放を増額せず兌換発売を行った浙江省も，ほどなくして再び全額を兵餉へ搭放することとなり，搭放割合を5％から1割に戻している[121]。

　直隷保定の宝直局の制銭鋳造は，乾隆12年9月に開始された[122]。だが，乾隆15年には范氏の洋銅が当初の計画通りに納入されないことを理由に，鋳造炉を6座から4座に削減している[123]。それでは，なぜみずから銅を補充して鋳造規模を維持しなかったのかというと，それは，採算割れが確実視されたためとみられる。宝直局に納められた范氏の洋銅は，価銀と脚銀の合計が1觔あたり1銭4分に抑えられていた[124]。しかしながら，かように安価な范氏の洋銅を用いても，亜鉛等の調達費用がかさむため直隷の制銭供給は往々にして採算を割り，鋳銭局の公費を公項から捻出せざるをえない状況になった。もし仮に范氏の洋銅の不足を滇銅で補うとすると，京師両局が滇銅を調達する費用は1觔あたり価銀・脚銀合計1銭5分7釐ほどであり（第五章参照），范氏の洋銅の価格を上回っていた。独自に滇銅収買を行えば，制銭供給の採算性は一層低下したはずである。また，江蘇・浙江両省が洋銅を収買する時の官価は1銭7分5釐であり（第六章参照），湖北省が漢銅を買い付ける際の官価は前述の如く1銭7分5釐から2銭1分ほどに達していた。直隷が洋銅や漢銅を制銭鋳造に用いようとすれば，これらの収買価格に江南ないし漢口から保定までの輸送費用が上乗せされるので，滇銅を用いるよりもさらに鋳造費用は膨らむことになる。直隷が范氏の洋銅以外にみずから銅を収買して制銭鋳造に用いれば，制銭供給が大きく採算を割ることは必至であった。そうなれば，鋳銭局の公費を既存の公項から支出しなければならない。ゆえに，直隷は范氏の洋銅納入が減少する

第八章　乾隆中葉の制銭供給体制とその後　295

がままに鋳造規模を縮小させるほかなかったのである。その後，直隷の制銭供給は時に鋳造差益を生み，それによって鋳銭局の公費をまかなえたこともあったけれども[125]，みずから辦銅を実施して鋳造規模を拡大するという選択肢は直隷にはなかった。乾隆31年には鋳造額が増額されているが，それも范氏の洋銅納入量が回復したのに応じたまでのことである[126]。もし追加鋳造を実施して，その分の制銭を全額兌換発売できたとしても，独自に銅を調達して制銭を鋳造すれば鋳造費用は大きく膨らむので，兌換発売によっても安定的にまとまった額の鋳造差益を得るのは困難であったと考えられる。

　以上のように，江蘇・浙江・福建・直隷等の省では，仮に追加鋳造を行って全額兌換発売に供し鋳造差益を得たとしても，最終的にそれが公項に資する見込みはなかった。それゆえ，制銭供給を拡大していくことは基本的になかったのである。

　なお，安徽・河南・山東・甘粛の4省では銭貴発生以後，一切制銭供給がなされなかったのだが，その理由は以上の考察から推測することが可能である。それらの省が制銭鋳造を行い制銭を兵餉に搭放すれば，採算割れに陥って鋳銭局の公費等を公項から支出しなければならなくなることは目に見えている。さらに，追加鋳造を行ってその分の制銭を全額兌換発売し鋳造差益を得たとしても，正項に生じた鋳造差損を相殺して鋳銭局の公費を捻出し，その上で余剰の鋳造差益を安定的に確保して公項に繰り込める可能性は極めて低い。ちなみに河南・山東両省は，京師両局の銅の截留を求めて退けられたことがある[127]。提議のなかで両省は銭貴を報告しており，特に山東省は銀1両＝700文台という極めて騰貴した銭価を記している。しかしながら，両省の提議は認められず，山東巡撫阿里袞に対しては「運京の銅に至りては，断じて外省に截留するの理無し」との寄信上諭が下った[128]。京師両局の辦銅制度に依存した制銭供給を各省が行うことは，決して許されなかったのである。結局，安徽・河南・山東・甘粛の4省は，制銭供給に着手しないままとなった。

　前節および本節の考察から，雲南省を除く諸省が兌換発売と鋳造差益の公項への繰り込みを目的とする追加鋳造を行うためには，以下のような条件を満た

していなければならなかったことがわかる。すなわち，①従前の鋳造（正鋳）において鋳造差損を生じておらず，鋳銭局公費等も鋳造差益によってまかなえていること。②市場の銭価が公定換算率よりも高く，且つ，鋳造費用と比して十分に高いこと。③鋳造した制銭を兌換発売に供して鋳造差益を獲得しうる価格水準の銅を大量に買い増せること——以上3点である。乾隆中葉にそれらの条件を満たしていたのが湖北・湖南・貴州・四川の4省であり，それらの諸省の鋳造額は開始当初に比べて大きく伸びたのであった。そして，かかる追加鋳造は②の条件ゆえに，銭貴が終息した乾隆30年代後半から同40年代半ばにかけて次々と縮小へと転じていったのである。

第五節　制銭供給量の地域的偏りとその影響

　以上，乾隆10年代から同40年頃にかけての京師および各省の制銭供給政策の展開を追跡してきた。京師では，銭貴が続いている間，一貫して八旗兵餉の制銭搭放の拡充を最重要視していた。兌換発売に供するために開始された追加鋳造の制銭が各衙門公費に支出されることもあったが，それとて八旗兵餉の制銭搭放を縮小させるものではなく，むしろ工部から戸部への制銭移送額を増額・固定し，また，宝泉局において追加鋳造を実施して，八旗兵餉の制銭搭放をさらに拡充していった。そのような施策の背後には，八旗生計の保護という切実な政策課題が存在した。八旗は清朝の帝国統治を行政・軍事両面において支える存在であり，清朝は何としてでも八旗を維持しなければならなかったが，現実には俸餉への依存・物価高騰・旗人人口の増加による兵丁採用機会の稀少化などによって旗人の困窮は深まり，遂には一部の旗人を民籍に移す「出旗為民」政策を断行するなど，八旗はその基層部分において綻びを見せ始めていた。銭貴は，かかる八旗生計を一層揺るがしたのであり，さらには，漢人商人との利害対立を先鋭化させる危険性をも孕むものであった。それゆえにこそ清朝は，京師両局において大量の制銭を鋳造し，それを八旗兵餉に集中的に搭放していったのである。かかる施策は，銭貴が続いていた乾隆30年代中頃までは明確な方

針をもって推進されており、銭貴が終わりを告げた乾隆40年代に入ってからはだんだんと惰性に流れていった。

　一方、各省の制銭供給政策には、京師とは全く異なるひとつの原則が例外なく貫徹していた。それは、自省の公項に負担となるものであれば制銭供給には消極的となり、自省の公項に資するものであれば督撫らは制銭供給を積極的に推進する、というものである。鋳造差益を公項に繰り込めるのであれば、貴州・四川両省のように民間の銭価がほとんど高騰していなくても制銭の大量鋳造・兌換発売が行われた。その反対に、既存の公項から諸経費を捻出せざるを得ないとなると、江蘇・浙江・福建等の省のように制銭供給を一切拡大しなかったり、あるいは安徽・河南・山東・甘粛等の省のように全く制銭供給を行わない省が現れることとなった。自省の公項への影響如何、それこそが、各省の制銭供給の展開を決定づけたのである。

　もちろん、そのような各省の施策は省側の意向だけに基づくものではなく、清朝中央の容認あるいは明確な放任のもとで進められたものであった。まず、清朝中央は銅の配分の調整には非常に消極的であり、各省の銅調達については、京師両局の辦銅を阻害させないという鉄則のもと、銅産省と銅の買い入れを希望する省との督撫間における協議に委ねていた。となれば実質的には、銅産出の状況を把握している銅産省側の対応に委ねられることとなる。しかし、そもそも銅産省の督撫は各省に対する銅の売却量を任意に調節できる立場にない。例えば、乾隆6年に雲南省は、新たに産出した金釵廠銅122万余觔を、江蘇・浙江・福建・湖北の4省に均分している[129]。雲南省としては、滇銅の売却を求めてきた諸省に対して余銅を偏りなく提供するほかなかったのである。となれば、おのずと滇銅は重ねて買い入れを希望した省に偏在し、買い入れを申し出ない省にはもたらされないということになる。結局、清朝中央は各省の辦銅額の調整に乗り出さないので鋳造額を統制することもできず、さらには兵餉の制銭搭放割合を統制することもできない。それゆえ、省内の駐防八旗・緑営においてどこまでを制銭搭放の対象とし、どのような方法で搭放するか（搭放は定率か定額か、その値はどうするか、毎月か特定の月か、等々）については基本的に

省側の個別的な判断に委ねることとなった。制銭供給の実施に意欲的な省だけが供給規模を伸ばしていくための素地は，既に乾隆初年に一部の諸省が制銭供給に着手した時から用意されていたといえる。

　さらに，兵餉への制銭搭放に関する清朝中央の態度の不徹底さが，各省の制銭供給への取り組みをより一層不揃いなものとした。当初は，兵餉支給を統括する戸部が兵餉の購買力維持を重視する立場から制銭の兵餉への搭放を頑なに主張し，さらには乾隆8年の明発上諭によって搭放では銀1両=1,000文の公定換算率を採用することが各省に命じられた。この段階では，雲南省が銅息を公項に繰り込んでいた以外は，極めて小規模な湖南省の余銭の兌換発売を除いて，制銭供給が省の公項に裨益することはなかった。ところが，乾隆18年以降，全額兌換発売と鋳造差益の公項への繰り込みを目的とした追加鋳造が，湖北省（同年），四川省（同20年），山西省（同21年），貴州省（同24年），湖南省（同26年）に対して次々と許可された（ただし山西省が得た追加鋳造の鋳造差益は後に正項に吸収された）。そこで注目されるのが，乾隆18年に各省督撫が一斉に「銭価は平減」したと報告していることである。すなわち，黨武彦氏が既に論じているように，乾隆18年3月，直隷で実施されて銭価引き下げに効果があった銅銭囤積対策と同様の施策をとる必要性を各省督撫に諮る寄信上諭が下り，それに対して各省督撫は同年5〜8月に上奏して，自省では直隷ほど高額取引での銅銭遣いが盛んでないことを理由に同様の施策は不要であると回答した（黨武彦［1990：42-47頁］）。そこにおいて督撫らは，以前に比べて自省の銭価が下がっていることを異口同音に強調しているのである[130]。だが，銭価が下がったとはいっても，そこで報告されている銭価は概ね銀1両=800文台前半であり，銭貴が沈静化していたとはいえない。直隷でなされた銅銭囤積対策とは，富戸に対して蓄蔵していた銅銭を強制的に放出させるものであり，そのように厄介な任務を負うことを督撫らは嫌ったのである。とはいえ，一様に銭価の安定を強調する上奏がなされたことの影響は大きかったと思われる。すなわち，銭価が騰貴する状況下では制銭搭放は兵餉の購買力を維持するための施策であったが，銭価安定の報告が相次いだことによって，少なくとも政策決定の次元においては，

第八章　乾隆中葉の制銭供給体制とその後　299

生計保護策としての意味が薄れたのである。それによって督撫側は兌換発売の提議が容易になり，また兵餉の購買力維持にこだわっていた戸部も追加鋳造分の兌換発売には敢えて反対しなくなったものと考えられる。以上のやりとりは寄信上諭と奏摺によって朝廷と各省督撫の間で交わされたものであり，奏摺に与えられた硃批をみても「知道了」とあるのみで戸部への通知を命じる内容は含まれていないが，この時の軍機大臣の顔ぶれをみると，大学士傅恒が戸部事務を兼管しており，さらには来保（ライボー）が戸部左侍郎，劉綸が銭法管理の責任者である戸部右侍郎の職についていた。よって，上述の寄信上諭と奏摺によるやりとりが戸部の施策に影響を与えた可能性は十分に考えられる。

　かくして全額兌換発売して鋳造差益を公項に繰り込むための追加鋳造が次々と認められたのであるが，その後も従来からの制銭搭放が兌換発売に切り替えられることはなく，また搭放における公定換算率の採用も撤回されず，各省は兵餉への搭放部分における採算性の低さを抱え込んだままであった。ゆえに，多額の鋳造差損をかかえる江蘇・浙江・福建等の省は，鋳造差益を得ても正項の鋳造差損の穴埋めにしかならない兌換発売には消極的で，民間では銭貴が続いており制銭の兌換発売は可能であったが，追加鋳造を実施するには至らなかった。結果として，兵餉への制銭搭放によっても正項に鋳造差損が生じておらず，市場の銭価が兌換発売を継続的に行える水準にあり，なおかつ安価な銅を大量に買い増せる諸省のみが，公項への鋳造差益の繰り込みを目的として制銭の追加鋳造を実施していくこととなったのである。それは，銭貴が沈静化する乾隆40年前後まで続けられた。

　各年次の全国の鋳造総額の推移を定額に従って算出したのが図8．1である。そこから，乾隆20年代から同30年代前半までが清朝の制銭供給の最盛期であったことを確認することができる。乾隆30年代の半ばにおける鋳造額の急落は，同35年に雲南省の省城・東川旧局以外の鋳造がすべて停止されたことによる。また，図8．2は，乾隆元年から同40年までにおける京師および各省の制銭鋳造総額を各年次の定額に従って算出しその比率を示したものである。図8．2を一見して看取されるのは，京師の圧倒的な比率であり，それは全体の46％に

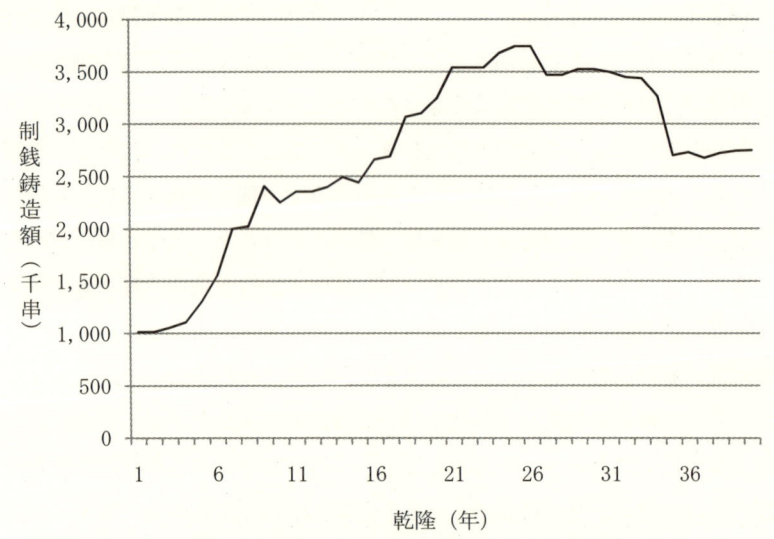

図8.1　乾隆元年～同40年における各年次制銭鋳造総額の推移

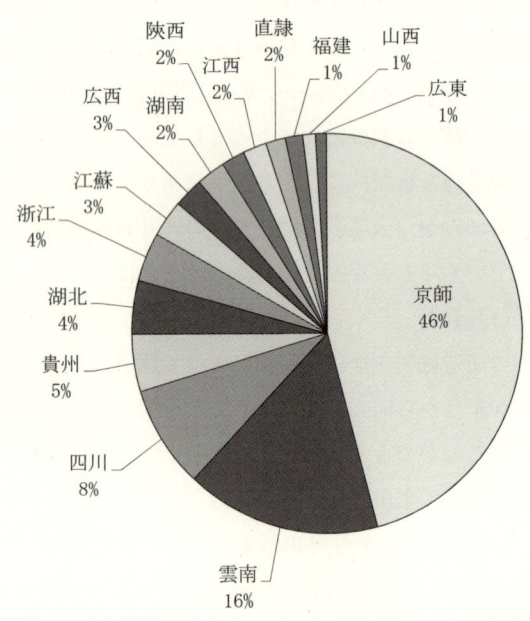

図8.2　乾隆元年～同40年の制銭鋳造総額に占める京師・各省の比率

も及んでいる。乾隆20年代末の年間鋳造定額をみれば，京師の割合は4割弱であったが（杜家驥［1999］），乾隆元年から40年間の通算額では46％に達するのである。各省の制銭鋳造は乾隆後半には減少しつつあったのに対し，京師両局の制銭鋳造は惰性的に続いていったから，下限を乾隆60年まで延ばしてデータをとれば，京師の割合は5割前後に達するであろう。そのなかには傭工の給与や各衙門公費に支出された制銭も含まれているとはいえ，「乾隆通宝の2枚に1枚は禁旅八旗のためにつくられたもの」といっても決して過言ではない。その裏返しとして，個々の省の比率は極めて小さい。そのなかで唯一2桁に乗っているのが雲南省（16％）である。なお，前節までにおいて制銭供給への消極性を強調してきた江蘇・浙江両省の鋳造額が，制銭供給に積極的であった貴州省や湖北省などと大差なく，湖南省を上回っているが，これは，公定換算率に従って搭放するよう命じる上諭が下された乾隆8年より以前に江浙両省が年間10万串前後という定額を採用していたことによる。その後，両省は決して定額を加増せず，暫定的な減鋳も行い，一方で当初の定額は小さかった四川・貴州・湖北・湖南の4省が鋳造額の加増を繰り返した結果，江浙両省の鋳造総額はそれらの諸省と同程度かそれ以下にとどまったのである。

　このように，鋳造額でいえば京師が突出しており，それに比べれば各省の鋳造額はおしなべて小さかったといえるのだが，ここで如上のデータに人口を加味して考察を加えてみたい。京師の人口は，韓光輝［1988］によれば，乾隆末年時点において内城・外城合計約69万人であったという。一方，各省の人口については，『皇朝文献通考』巻19，戸口1，乾隆41年条に記載された数値を用いることにする。それらに依拠して，各省の乾隆元年から同40年までの制銭鋳造総額を人口で割ったものが表8．2である（省の規模で比較するために，京師は直隷に含めた）。その計算結果をみると，雲南省が5,630文と群を抜いており，直隷（京師を含む）2,419文，四川省1,148文，貴州省1,008文と続く。それ以外の諸省は，数十から三，四百文程度である。単純に鋳造額をそのまま比較すれば，雲南省は京師両局の3分の1程度に過ぎないが，鋳造額を人口によって均して且つ省単位でみると，直隷（京師を含む）の約2.3倍となるのである。また，

表8.2 乾隆元年〜同40年の各省の制銭鋳造総額と対人口比

	制銭鋳造総額（串）	人口（口）	1丁あたりの制銭鋳造額（文）
雲南	17,469,962	3,102,948	5,630
直隷	51,433,527	21,257,175	2,419
四川	8,943,306	7,789,791	1,148
貴州	5,044,539	5,003,177	1,008
広西	2,638,080	5,381,984	490
湖北	4,669,636	14,815,128	315
陝西	2,135,229	8,193,059	260
浙江	4,295,000	19,364,620	221
湖南	2,594,916	14,989,777	173
福建	1,554,666	11,219,887	138
江西	2,129,267	16,848,905	126
江蘇	3,227,811	28,807,628	112
山西	1,121,520	12,503,415	89
広東	1,002,240	14,820,732	67
甘粛	0	15,068,473	0
河南	0	19,858,053	0
山東	0	21,497,430	0
安徽	0	27,566,929	0
合計	108,259,702	268,089,111	403

鋳造額は串未満切り捨て。京師は直隷に含める。
典拠：京師の人口…韓光輝［1988］
　　　各省の人口…『皇朝文献通考』巻19, 戸口1, 乾隆41年条。

　経済的最先進地域である江蘇省と比較すると，鋳造額でも約5.4倍であるが，1口あたりの鋳造額は実に約50倍となり，鋳造規模の実質的な巨大さが鮮明に浮かび上がってくる。
　さらにここに，鋳造を行わなかった安徽・河南・山東・甘粛の4省を含め，「華北東部3省（直隷・山東・河南）」「華北西部3省（山西・陝西・甘粛）」「雲貴」「四川」「長江中流3省（湖北・湖南・江西）」「長江下流3省（江蘇・浙江・安徽）」「両広」「福建」の8地域にまとめて1口あたりの制銭鋳造額を計算すると表8.3の通りとなる。図8.3はそれをグラフ化したものである。ここにおいては，雲貴が1口あたり2,777文で最多となり，京師を含む華北東部の821文の約3.4

第八章　乾隆中葉の制銭供給体制とその後　303

表8.3　乾隆元年〜同40年の各地域の制銭鋳造総額と対人口比

	制銭鋳造総額 （串）	人口（口）	1口あたりの 制銭鋳造額（文）
雲貴2省（雲南・貴州）	22,514,501	8,106,125	2,777
四川	8,943,306	7,789,791	1,148
華北東部3省（直隷・山東・河南）	51,433,527	62,612,658	821
長江中流3省（湖北・湖南・江西）	9,393,819	46,653,810	201
両広2省（広東・広西）	3,640,320	20,202,716	180
福建	1,554,666	11,219,887	138
長江下流3省（江蘇・浙江・安徽）	7,522,811	75,739,177	99
華北西部3省（山西・陝西・甘粛）	3,256,749	35,764,947	91
合計	108,259,702	268,089,111	403

鋳造額は串未満切り捨て。京師は直隷に含める。
典拠：京師の人口…韓光輝［1988］
　　　各省の人口…『皇朝文献通考』巻19，戸口1，乾隆41年条。

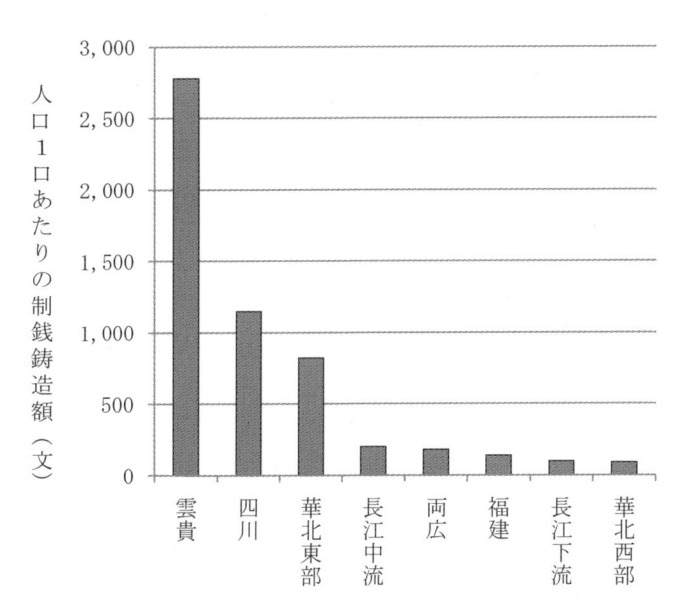

図8.3　乾隆元年〜同40年の各地域の制銭鋳造総額対人口比

倍となる。雲貴に続くのは四川の1,148文である。人口を加味した場合，雲南・貴州・四川の西南諸省の供給量が全地域のなかで群を抜いていたのである。また，長江流域に注目すると，雲貴2,777文，四川1,148文，中流3省201文，下流3省99文と，上流から下流に向かって階段状に1口あたりの鋳造額が小さくなっていることがわかる。そして，そのなかでは特に雲貴・四川と中下流域との間の落差が大きいといえる。

　以上は，鋳造実績ではなく鋳造定額による計算結果であるし，人口史料の信憑性や「地域」の設定方法[131]，さらには各地域の市場実態の相違といった問題などもあり，あくまでもひとつの目安を提供するものに過ぎない。とはいえ，それでも，制銭供給量の著しい地域差を看取するには十分であろう。

　京師における制銭の大量供給は，直隷あるいは華北東部の人口で均せばさほど極端に多いものではなかったことに加えて，清朝政府の多額の銀支出によって発生する銅銭需要と対になったものであった。また，もともと巨大な消費都市である京師からは物資の流入と表裏をなして貨幣が流出する常態的な入超構造にあり，京師の突出した制銭供給は全体としてはそれなりに安定的なものであったと思われる。事実，京師の銭価が孤立的に暴落するようなことはなかった。

　一方，西南諸省における制銭供給は，現地の銅銭需要に見合わない巨大なものであったといえる。雲南省の銭価は常に銀1両＝1,100〜1,300文程度で推移していたし[132]，貴州省でも既述したように乾隆30年代後半には銭価が公定換算率を下回っていた。江南の銭価は乾隆50年代初頭に至ってもなお銀1両＝900文台にあったのに対して[133]，ほぼ同時期の雲南省の銭価は銀1両＝約2,400文にまで暴落していた[134]。制銭供給の多寡に応じて銅銭使用範囲が決まるならば，供給量の地域差は銭価の地域差を生まないと理論上は考えられるが，西南諸省における過剰な制銭供給は，銅銭使用範囲の拡大のなかに解消される限度をはるかに超えていたとみられる。かかる状況下において，銭価が低落した雲南・貴州・四川等の西南諸省における私鋳と当該諸省から長江中下流域に向けた私鋳銭の販運が盛行することとなった。乾隆56年の雲南巡撫譚尚忠奏摺[135]

には,
　　今,江蘇は訪獲して小銭を収蔵するに,訊えば湖北より得来す。験するに
　　宝雲等の字様に係る。
と記されており,江蘇省において確認された私鋳銭には背面に宝雲の字（それは漢文ではなく満文の boo yūn）が鋳込まれていたことから,雲南省鋳造の制銭を改鋳したものと判明した。それらが,湖広を経て江南へと販運されていたのである。また,乾隆60年に下された上諭(136)にも,
　　昨に〔江西巡撫〕陳淮が小銭（私鋳銭）を拏獲するの一案を奏するに拠る
　　に,訊えば湖北漢口より販して江西に至るに係る。是れ漢口は竟に小銭聚
　　集するの所と為る。……雲貴四川に至りては,尤も私鋳の藪たり。
とあって,雲南・貴州・四川等省において鋳造された私鋳銭が長江水運を通して中下流域に販運されていたことが見て取れる。それは,西南諸省において制銭が安価で大量に手に入ったために他ならない。乾隆末年の私鋳銭問題は従来から注目を集めてきたが（王光越［1988］,山本進［1989：84-89頁］,鄭永昌［1997］,黨武彦［2003］),その背景には,本章で明らかにした西南への制銭供給量の偏りがあったのである。さらに,嘉慶（1796-1820）後半から道光年間（1821-1850）には,私鋳銭の充裕とアヘン貿易による銀の国外流出が重なって深刻な「銀貴銭賤」が発生した。

　銭価の低落は,スペインドルを主とする西洋の銀貨＝「洋銭」や,民間の金融業者が発行した「銭票」「銀票」が高額の支払いにおいて広く用いられるようになったこと（百瀬弘［1936］,張国輝［1987］,宮田道昭［2002］）とも関係していると考えられる。洋銭の普及について鄭光祖は,
　　康熙二十四年,台匪既に平らげ海疆に禁無し。……外洋各国は閩広に来た
　　りて通商するに,其の時は祗だ銀を用うるを知るのみ。乾隆の初め,始め
　　て洋銭有りて通用するを聞く。〔同〕四十年の後に至り,洋銭は用いるこ
　　と蘇・杭に至る。……〔同〕五十年の後,但だ仏頭（スペインドルのなかの
　　カルロスドル）一種を用う。後に携帯するに便易なるを以て,故に相率ね
　　通用し,価も亦た漸く増し,蘇城の一切の貨物は漸く洋銭を以て価を定む

るなり。

と記し、乾隆40年頃より江南に洋銭が普及し、同50年頃から蘇州では洋銭としては専らカルロスドルが用いられ、物価も洋銭建てになっていったことを伝えている(137)。そのような洋銭の拡がりは、銅銭遣いの普及による計数貨幣使用の定着を背景のひとつとするものであろうが、同時にそれは、いったんはかなりの高額取引をも担った銅銭の使用範囲を狭めるものであった。銭泳は、「近歳は洋銭盛行したれば、則ち銀・銭は倶に賤し」と述べており、銀と銅銭がいずれも洋銭に対して比価を下げていたことを記録しているが(138)、銅銭の価値下落の方がより大きかったために銅銭の対銀レートたる銭価が低落したのである(139)。

　鄭光祖は、銭票に関しても次のように記している(140)。

　　我が邑の常昭城は、市中の銭舗は票を用う。〈乾隆・嘉慶の間、此の風大いに行わる。〉十千（十串）・百千（百串）と祇だ片紙を以て数を書くのみにして、即ち通用すべし。輾転として相受け、窮年本舗に向かいて点取せず。

銭票は手形として発行されたものであったが、ほとんど紙幣のように流通していた。言うまでもなく、銅銭建ての銭票の拡がりは銅銭遣いの普及を前提とするものであるが、それは洋銭と同様に、高額取引から現物の銅銭を排除するものであり、結果として銭価を押し下げたと考えられる。

　また、洋銭や銭票があまり普及しなかった雲南・貴州両省では、銅銭遣いから銀遣いへの転換もみられた。乾隆59年11月8日の雲貴総督福康安奏摺には、貴州省の畢節・威寧等の地における貨幣使用状況として、

　　民間は銭文を零用するに、大半は倶に官局の制銭に係るも、内に私銭の攙和する有りて、其の形質は皆な粗糙にして脆薄なるに係る。民間も亦た此の種の小銭は行使するに堪えざるを知る。彼此の貿易が竟に銀両を純用する者有るの所以なり。

と記しており(141)、さらに同月27日の福康安奏摺には雲南省についても、

　　稍貲本有るの家に至りては、毎に銭文の大小挟雑するに因り、惟だ査禁を干すこと有るを恐る。甚だしきは、大銭も亦た概ね収蔵せず、往来の貿易

は銀両を専用するに至る。

とあって[142]，民間において私鋳銭の混入が原因となって銅銭遣いが忌避され，銀遣いへの転換が拡がりつつあったことを見て取れる。そこから，両省では私鋳銭の充溢それ自体が銭価を押し下げたのみならず，私鋳銭の忌避に由来する銅銭遣いから銀遣いへの転換がまた銭賤に拍車をかけていたものと考えられる。なお，かかる雲南・貴州両省での銀遣いの拡大は，多くの地域において明末清初に小額取引においても銀遣いが拡がり，乾隆年間には逆に高額取引にまで銅銭遣いが普及し，やがて高額取引が洋銭・銭票遣いに移行していったのと同様に，その時点，その地域において，諸貨幣のなかで相対的に最も流通の安定性が確保されていた貨幣が主軸貨幣として柔軟に選択されていくという至極自然な貨幣慣行を示すものである。

　嘉慶年間に入ると，本章でみたような制銭供給体制はゆっくりと崩れていった。嘉慶初年，京師で一時的に銭価が上昇したのだが，そこで清朝中央は乾隆前半のように制銭を八旗兵餉に集中させることなく，時に官員の俸禄への搭放を実施して兵餉への搭放を縮小しているのである[143]。乾隆中葉以前は極めて強固なものであった八旗兵丁の生計保護策としての方針は，既に曖昧なものとなっていたのであった。一方，各省は，銅産出量の減少と銭価の低迷のため，嘉慶後半から道光にかけて次々と鋳造を停止し，道光21年にはわずかに雲南・四川・広東の3省が鋳造を続けるのみとなっていた[144]。また，財政的にも，嘉慶白蓮教の乱の鎮圧に巨額の軍費を費やしたため，一時は8千万両を超えた戸部銀庫の貯蔵額は2千万両台に急落しており（岸本美緒［1995a：489-492頁］），採算を割る諸省をも含めて全国的に良貨供給を積極展開することは難しくなっていた。そして咸豊年間（1851-1861）に至って太平天国の乱が勃発すると，正項財政が激しく窮乏し，清朝は鋳造差益を得て正項財政の収入不足を補うため，制銭1文の重量を順治元年（1644）と同じ1銭に軽減するとともに，重量6銭（22.38グラム）の「当十銭」，重量1両8銭（67.14グラム）の「当五十銭」などの高額面銅銭＝咸豊重宝の鋳造に踏み切った[145]。それは，第一・二章で論じた中国進出直後および三藩の乱終結直後の制銭供給以上に鋳造差益の獲得に特化

した施策であり，ここにおいて八旗兵丁の生計保護は完全に切り捨てられたといってよい。かくして清朝の制銭供給は，咸豊年間に入って大きく変質することとなったのである。

小　結

　本章では，乾隆10年代から同40年頃にかけての京師・各省の制銭供給政策の展開を追跡し，最盛を迎えた乾隆中葉における制銭供給体制の全体構造を明らかにし，そこから導き出される乾隆末年以降の貨幣史への展望を論じた。
　京師の制銭供給は，清朝中央が禁旅八旗の兵丁の生計保護を重視して強力に推し進めたものであった。一方，各省の制銭供給は，制銭供給の実施が自省の公項に裨益した一部の諸省において積極的に拡大されていった。その結果，京師の制銭供給量は全体の半分近くを占めることとなり，各省においては雲南・貴州・四川の西南諸省に大きく偏った供給となった。京師における多額の供給量は，直隷あるいは華北東部の人口で均せばそれほど極端に大きなものではなく，加えて，清朝政府による多額の銀支出が銅銭需要をつくり続けていたし，一大消費都市として常態的な入超構造にあったため，大量供給された制銭は順調に流出していったと考えられる。それに対して西南諸省は経済的後進地域であり人口も少なかったために，実質では他地域に比べて圧倒的に巨額の制銭供給となって銭価が下落した。安価で豊富な制銭の存在は，私鋳の恰好の原材料となった。かくして乾隆後半には西南諸省から長江中下流域に向けて多額の私鋳銭が販運され，アヘン貿易による銀流出や洋銭・銭票の普及などと相俟って，銭価は下落の一途をたどったのであった。

　註
　（1）『皇朝文献通考』巻17，銭幣5，乾隆21年条。
　（2）『皇朝文献通考』巻17，銭幣5，乾隆25年条。
　（3）『皇朝文献通考』巻17，銭幣5，乾隆21年条に，「嗣後〔乾隆〕二十七年に至る

第八章　乾隆中葉の制銭供給体制とその後　309

まで旧銅を以て将次に用い完わり、仍りて原額に照らして七十一卯と為す」とある。

(4)　嘉慶『欽定大清会典事例』巻173，戸部，銭法，京局鼓鋳，乾隆38年条；同，巻648，工部，鼓鋳，鼓鋳局銭，乾隆38年条。

(5)　嘉慶『欽定大清会典事例』巻174，戸部，銭法，辦鉛錫，乾隆25年条。

(6)　『皇朝文献通考』巻16，銭幣 4 ，乾隆 9 年条；同，巻17，銭幣 5 ，乾隆14年条；嘉慶『欽定大清会典事例』巻174，戸部，銭法，辦鉛錫，乾隆16年条。

(7)　嘉慶『欽定大清会典事例』巻174，戸部，銭法，辦鉛錫，乾隆25年条。

(8)　『皇朝文献通考』巻17，銭幣 5 ，乾隆29年条。

(9)　嘉慶『欽定大清会典事例』巻173，戸部，銭法，京局鼓鋳，乾隆38年条；同，巻648，工部，鼓鋳，鼓鋳局銭，乾隆38年条。

(10)　『題本 銭法（19）一般（一）256』，乾隆14年12月 7 日，大学士兼管吏部戸部事務傅恒等奏摺。この奏摺で裁可を得た通りに実際に乾隆15年正月・ 3 月が 2 割搭放，同年 2 月が 3 割搭放であったことは，『明清檔案』A162-120，乾隆15年 3 月10日，大学士兼管吏部戸部事務傅恒等奏摺によって確認できる。

(11)　嘉慶『欽定大清会典事例』巻648，工部，鼓鋳，出銭，乾隆19年条。

(12)　『明清檔案』A154-99，乾隆13年 8 月 9 日，大学士兼管吏部戸部事務傅恒等奏摺；同，A158-44，乾隆14年 2 月29日，協辦大学士暫行兼管戸部事務陳大受等奏摺；同，A186-39，乾隆18年 3 月 7 日，大学士兼管吏部戸部事務傅恒等奏摺；同，A186-166，乾隆18年 9 月 4 日，大学士兼管吏部戸部事務傅恒等奏摺；同，A188-22，乾隆19年 8 月28日，戸部尚書海望等奏摺。

(13)　『明清檔案』A190-149，乾隆20年 9 月 3 日，協辦大学士戸部尚書蔣溥等奏摺。

(14)　「内閣漢文題本戸科貨幣類」第 3 リール1759-1788，乾隆17年 7 月15日，大学士兼管吏部戸部事務傅恒等題本；同，第 3 リール2261-2291，乾隆18年 8 月10日，大学士兼管吏部戸部事務傅恒等題本などを参照。

(15)　前註(12)所掲，乾隆18年 3 月傅恒等奏摺，同年 9 月傅恒等奏摺，海望等奏摺；前註(13)所掲，蔣溥等奏摺。

(16)　前註(14)所掲，乾隆17年傅恒等題本。乾隆17年には，宝泉局から八旗米局に制銭が送られることはなかった（前註(14)所掲，乾隆18年傅恒等題本）。

(17)　『皇朝文献通考』の記載は，退蔵されてきた制銭の毎年の鋳造定額が「八万余串」であったように読める。しかし，同史料が戸部の奏摺を忠実に採録している確証はない。ここではむしろ，それ以前の制銭搭放に関する奏摺に「添鋳」の制

310　後編　最盛期の制銭供給とその行方

銭が一度も現れていないことなどを重視すべきであると考える。
(18)　『欽定戸部鼓鋳則例』巻7，京城，搭放兵餉条。
(19)　前註 (10) (12) (13) 所掲の奏摺，および『明清檔案』A192-133，乾隆21年6月5日，大学士兼管吏部戸部事務傅恒等奏摺；同，A194-80，乾隆22年5月28日，大学士兼管吏部戸部事務傅恒等奏摺；同，A195-69，乾隆22年9月1日，大学士兼管吏部戸部事務傅恒等奏摺。前註 (12) 所掲，海望等奏摺によれば，乾隆19年7月から同年12月までの6ヶ月のうち，3割搭放は8月のみ。前註 (13) 所掲，蔣溥等奏摺によれば，乾隆20年7月から同年12月までの6ヶ月のうち，3割搭放は12月のみ。前掲乾隆21年傅恒等奏摺によれば，乾隆21年4月から同年9月までの7ヶ月 (閏7月を含む) のうち，3割搭放は7月のみ。前掲乾隆22年5月傅恒等奏摺によれば，乾隆22年4月から同年9月までの6ヶ月のうち，3割搭放は8月のみ。
(20)　『明清檔案』A196-57，乾隆22年12月4日，大学士兼管吏部戸部事務傅恒等奏摺；同，A200-59，乾隆24年9月2日，戸部尚書李元亮等奏摺；同，A203-121，乾隆27年9月6日，戸部尚書李侍堯等奏摺；同，A204-96，乾隆28年12月9日，大学士兼管吏部戸部事務傅恒等奏摺。乾隆22年傅恒等奏摺によれば，同年10月から翌23年3月までの6ヶ月うち，22年12月・23年正月・同年2月の3ヶ月が3割搭放。また，乾隆28年傅恒等奏摺によれば，同年10月から翌29年3月までの6ヶ月うち，28年12月・29年正月・同年2月の3ヶ月が3割搭放。
(21)　前註 (20) 所掲，乾隆28年傅恒等奏摺；『明清檔案』A206-22，乾隆32年3月7日，戸部左侍郎英廉等奏摺；同，A206-73，乾隆32年6月8日，大学士兼管戸部事務傅恒等奏摺；同，A207-89，乾隆33年9月2日，協辦大学士吏部尚書署理戸部尚書事務劉綸等奏摺；同，A207-143，乾隆33年12月4日，大学士兼管戸部事務傅恒等奏摺；同，A208-134，乾隆34年9月3日，暫管戸部尚書事務官保等奏摺。
(22)　嘉慶『欽定大清会典事例』巻173，戸部，銭法，京局鼓鋳，乾隆59年条；同，巻648，工部，鼓鋳，鼓鋳局銭，乾隆59年条。
(23)　『明清檔案』A235-22，乾隆45年12月6日，戸部尚書和坤(ヘシェン)等奏摺。
(24)　『明清檔案』A237-129，乾隆48年6月3日，大学士暫管戸部事務阿桂(アグイ)等奏摺。
(25)　「宮中檔硃批奏摺財政類」第60リール2677-2680，乾隆15年4月28日，雲南巡撫今調安徽巡撫図爾炳阿奏摺。
(26)　『明清檔案』A165-19，乾隆15年6月26日，大学士兼管吏部戸部事務傅恒・大学士張允随等奏摺。

第八章　乾隆中葉の制銭供給体制とその後　311

(27)　『宮中檔乾隆朝奏摺』第2輯，588-589頁，乾隆17年4月3日，雲南巡撫愛必達奏摺。

(28)　『宮中檔乾隆朝奏摺』第2輯，891-894頁，乾隆17年5月4日，大学士兼管吏部戸部事務傅恒等奏摺。硃批は満文部分（第75輯，59-71頁）にある。

(29)　『宮中檔乾隆朝奏摺』第14輯，229-231頁，乾隆21年4月20日，署理雲貴総督愛必達・署理雲南巡撫郭一裕奏摺。

(30)　『宮中檔乾隆朝奏摺』第15輯，253-254頁，乾隆21年8月26日，雲貴総督恒文・雲南巡撫郭一裕奏摺。

(31)　『皇朝文献通考』巻17，銭法5，乾隆21年条。

(32)　『宮中檔乾隆朝奏摺』第18輯，287-289頁，乾隆28年6月25日，雲貴総督呉達善・雲南巡撫劉藻奏摺。

(33)　『皇朝文献通考』巻17，銭法5，乾隆29年条。

(34)　前註(29)所掲，愛必達・郭一裕奏摺。

(35)　「宮中檔硃批奏摺財政類」第46リール2774-2777，乾隆23年5月28日，雲南巡撫劉藻奏摺。

(36)　「宮中檔硃批奏摺財政類」第46リール3374-3376，乾隆27年5月20日，雲南巡撫劉藻奏摺。

(37)　『宮中檔乾隆朝奏摺』第12輯，470-471頁，乾隆20年9月11日，署理雲貴総督愛必達奏摺。

(38)　『明清檔案』A191-95，乾隆20年11月4日，大学士兼管吏部戸部事務傅恒等奏摺。

(39)　『皇朝文献通考』巻18，銭幣6，乾隆35年条。

(40)　『皇朝文献通考』巻18，銭幣6，乾隆41年条・同44年条。

(41)　鋳銭局公費を鋳造差益によってまかなうことは定例化し，『欽定戸部鼓鋳則例』巻8，湖北省，員役局費条には，「鼓鋳銭文余息銀」より支出する，と記載されている。また，鋳銭局から各営への制銭輸送費についても，同，搭放兵餉条に，「鼓鋳銭文余息銀」から支出する，とある。

(42)　『皇朝文献通考』巻17，銭幣5，乾隆18年条。

(43)　『宮中檔乾隆朝奏摺』第9輯，827-829頁，乾隆19年10月20日，湖北巡撫張若震奏摺。

(44)　「内閣漢文題本戸科貨幣類」第3リール3493-3522，乾隆20年5月28日，湖北巡撫張若震題本。

(45)　『宮中檔乾隆朝奏摺』第8輯，118頁，乾隆19年4月26日，湖北巡撫張若震奏摺。

312　後編　最盛期の制銭供給とその行方

(46) 『宮中檔乾隆朝奏摺』第9輯，827-829頁，乾隆19年10月20日，湖北巡撫張若震奏摺。

(47) 『宮中檔乾隆朝奏摺』第12輯，207-208頁，乾隆20年7月26日，湖北巡撫張若震奏摺；同，第12輯，688-689頁，乾隆20年10月15日，湖北巡撫張若震奏摺。

(48) 「宮中檔硃批奏摺財政類」第61リール2867-2870，乾隆37年正月15日，湖北巡撫陳輝祖奏摺。

(49) 『皇朝文献通考』巻17，銭幣5，乾隆17年条。

(50) 『宮中檔乾隆朝奏摺』第15輯，43-44頁，乾隆21年7月25日，湖南巡撫陳弘謀奏摺。

(51) 『宮中檔乾隆朝奏摺』第15輯，799-801頁，乾隆21年10月20日，湖南巡撫陳弘謀奏摺。

(52) 『皇朝文献通考』巻17，銭幣5，乾隆21年条。

(53) 「宮中檔硃批奏摺財政類」第61リール72-74，乾隆23年10月25日，湖南巡撫馮鈐奏摺。

(54) 『宮中檔乾隆朝奏摺』第13輯，492-493頁，乾隆21年正月18日，大学士管陝甘総督事黄廷桂奏摺。

(55) 「宮中檔硃批奏摺財政類」第61リール336-338，乾隆24年9月24日，湖南巡撫馮鈐奏摺。

(56) 「宮中檔硃批奏摺財政類」第61リール392-394，乾隆24年11月29日，湖南巡撫馮鈐奏摺。

(57) 「宮中檔硃批奏摺財政類」第61リール739-742，乾隆26年5月9日，湖広総督蘇昌奏摺。

(58) 『皇朝文献通考』巻17，銭幣5，乾隆24年条。

(59) 「宮中檔硃批奏摺財政類」第61リール1089-1092，乾隆27年6月27日，湖南巡撫馮鈐奏摺。

(60) 『皇朝文献通考』巻18，銭幣6，乾隆39年条。

(61) 「宮中檔硃批奏摺財政類」第62リール714-716，乾隆40年（月日不明），護理湖南巡撫敦福奏摺。

(62) 「内閣漢文題本戸科貨幣類」第8リール222-230，乾隆44年6月9日，湖南巡撫李湖題本。

(63) 『皇朝文献通考』巻17，銭幣5，乾隆11年・同17年・同19年条。

(64) 『欽定戸部鼓鋳則例』巻8，四川省，員役局費条；同，巻9，貴州省，員役局

　　　　　　　　　　　　　　第八章　乾隆中葉の制銭供給体制とその後　313

　　費条。
(65)　『皇朝文献通考』巻17，銭幣5，乾隆20年条。また，『欽定戸部鼓鋳則例』巻8，
　　四川省，加卯鼓鋳銭文条には，「余息銀両は司庫に存貯して以て四川の城垣を修
　　理するの用と為す」とある。
(66)　「内閣漢文題本戸科貨幣類」第5リール849-865, 乾隆28年11月19日，四川総督
　　阿爾泰題本。
　　　ア　ル　タ　イ
(67)　『皇朝文献通考』巻17，銭幣5，乾隆24年条。
(68)　「宮中檔硃批奏摺財政類」第61リール209-212, 乾隆24年5月19日，貴州巡撫周
　　人驥奏摺。また，『欽定戸部鼓鋳則例』巻8，貴州省，帯鋳銭文条には，鋳造差
　　益について「留めて開河修城の用と為す」と記されている。
(69)　『皇朝文献通考』巻17，銭幣5，乾隆24年条。
(70)　「宮中檔硃批奏摺財政類」第61リール891-893, 乾隆26年11月17日，貴州巡撫周
　　人驥奏摺；『皇朝文献通考』巻17，銭幣5，乾隆24年条。
(71)　「宮中檔硃批奏摺財政類」第61リール2220-2222, 乾隆35年5月13日，貴州巡撫
　　宮兆鱗奏摺。
(72)　『皇朝文献通考』巻18，銭幣6，乾隆36年・同37年条。
(73)　「宮中檔硃批奏摺財政類」第61リール2587-2590, 乾隆36年4月14日，貴州巡撫
　　李湖奏摺によれば，貴州省の銭価は，乾隆35年に銀1両＝約1,070文，翌36年には
　　銀1両＝約1,130文と，公定換算率以下に下落しつつあった。
(74)　「宮中檔硃批奏摺財政類」第62リール2073-2078, 乾隆46年5月8日，四川総督
　　文綬奏摺。
(75)　『皇朝文献通考』巻18，銭幣6，乾隆36年条。
(76)　「宮中檔硃批奏摺財政類」第60リール2884-2885, 乾隆15年11月3日，江西巡撫
　　阿思哈奏摺。
(77)　前註（55）所掲，馮鈐奏摺。
(78)　「内閣漢文題本戸科貨幣類」第3リール284-316, 乾隆15年9月19日，江西巡撫
　　阿思哈題本。
(79)　「宮中檔硃批奏摺財政類」第60リール1221-1223, 乾隆8年11月17日，江西巡撫
　　陳弘謀奏摺。
(80)　「宮中檔硃批奏摺財政類」第60リール1992-1998, 乾隆12年2月20日，湖広総督
　　塞楞額・湖北巡撫陳弘謀奏摺。
(81)　『欽定戸部鼓鋳則例』巻8，江西省，員役局費条。

314　後編　最盛期の制銭供給とその行方

(82)　「宮中檔硃批奏摺財政類」第61リール2075-2078，乾隆34年2月18日，江西巡撫海明(ハイミン)奏摺。
(83)　『皇朝文献通考』巻18，銭幣6，乾隆36年条。
(84)　「宮中檔硃批奏摺財政類」第61リール，乾隆37年4月24日，江西巡撫海明奏摺。
(85)　「宮中檔硃批奏摺財政類」第60リール1403-1405，乾隆9年5月25日，広東按察使張嗣昌奏摺；同，第60リール1426-1449，乾隆9年7月7日，大学士鄂爾泰等奏摺。
(86)　「宮中檔硃批奏摺財政類」第60リール1780-1781，乾隆10年9月28日，両広総督策楞(ツェレン)奏摺。
(87)　「内閣漢文題本戸科貨幣類」第3リール1111-1140，乾隆16年8月18日，戸部尚書海望等題本。
(88)　『欽定戸部鼓鋳則例』巻8，広東省，員役局費条。
(89)　『皇朝文献通考』巻17，銭幣5，乾隆14年条。
(90)　「宮中檔硃批奏摺財政類」第60リール2315-2321，乾隆14年7月7日，広西巡撫舒輅奏摺。
(91)　「宮中檔硃批奏摺財政類」第60リール2400-2447，乾隆14年8月19日，大学士暫行兼管吏部戸部事務来保等奏摺。また，『欽定戸部鼓鋳則例』巻8，広西省，搭放俸餉条には，「存局の余銭二万三百一十八串零は，〈湖北省の銭文を発換するの例に照らして〉宜しきに随い酌辦し，省城の官舗（官銭局）に発給し，出易して以て市価を平ず」と記載されている。
(92)　『欽定戸部鼓鋳則例』巻8，広西省，員役局費条。
(93)　「宮中檔硃批奏摺財政類」第61リール1945-1947，乾隆34年10月22日，護理広西巡撫淑宝奏摺。
(94)　『宮中檔乾隆朝奏摺』第43輯，401-402頁，乾隆43年11月6日，広西巡撫呉虎炳奏摺。
(95)　「内閣漢文題本戸科貨幣類」第3リール821-873，乾隆16年4月12日，戸部尚書蔣溥等題本。
(96)　『皇朝文献通考』巻17，銭幣5，乾隆16年条。
(97)　「宮中檔硃批奏摺財政類」第60リール1957-1959，乾隆11年12月2日，川陝総督慶復・四川巡撫紀山奏摺；『皇朝文献通考』巻17，銭幣5，乾隆11年条。
(98)　「内閣漢文題本戸科貨幣類」第2リール1757-1782，乾隆12年5月6日，陝西巡撫徐杞題本。

第八章　乾隆中葉の制銭供給体制とその後　315

(99)　「内閣漢文題本戸科貨幣類」第3リール666-675，乾隆16年2月15日，陝甘総督尹継善題本。
(100)　「内閣漢文題本戸科貨幣類」第3リール821-873，乾隆16年4月12日，戸部尚書蔣溥等題本。
(101)　『欽定戸部鼓鋳則例』巻7，陝西省，搭放兵餉条には，兌換発売に関して，「局存の銭文は，銭価昂貴するの時に〈江西・湖広の例に照らして〉市価に照依して酌減し出売し以て市価を平ず」と記されている。
(102)　「宮中檔硃批奏摺財政類」第60リール3009-3012，乾隆16年5月3日，陝甘総督行川陝総督事尹継善奏摺。
(103)　「宮中檔硃批奏摺財政類」第60リール3043-3069，乾隆16年5月26日，大学士兼管吏部戸部事務傅恒等奏摺。
(104)　『欽定戸部鼓鋳則例』巻7，陝西省，搭放兵餉条には，鋳造差益について「報部酌撥」と記載されており，正項に組み込まれていたことを確認できる。
(105)　「宮中檔乾隆朝奏摺」第9輯，648-650頁，乾隆19年9月28日，陝西巡撫陳弘謀奏摺；『皇朝文献通考』巻17，銭幣5，乾隆16年条按語。
(106)　「宮中檔硃批奏摺財政類」第61リール1545-1546，乾隆32年2月8日，陝西巡撫明山(ミンシャン)奏摺；「内閣漢文題本戸科貨幣類」第6リール2365-2398，乾隆37年4月22日，理藩院尚書兼署戸部尚書事務素爾訥等題本。
(107)　「宮中檔乾隆朝奏摺」第4輯，392-393頁，乾隆17年11月23日，山西巡撫胡宝瑔奏摺。
(108)　『皇朝文献通考』巻17，銭幣5，乾隆17年・同18年・同21年条。
(109)　「宮中檔硃批奏摺財政類」第60リール2936-2938，乾隆16年正月17日，護理山西巡撫広東布政使朱一蜚奏摺。
(110)　「内閣漢文題本戸科貨幣類」第4リール1700-1721，乾隆24年6月17日，山西巡撫塔永寧題本。『欽定戸部鼓鋳則例』巻7，山西省，搭放兵餉条には，正鋳の鋳造差益について「報部酌撥」とあり，正項に組み込まれていたことを確認できる。
(111)　「内閣漢文題本戸科貨幣類」第4リール2357-2383，乾隆25年8月24日，戸部尚書蔣溥等題本。なお，正鋳に関する前註（110）所掲，塔永寧題本には鋳造差益から兵餉米折銀の増加分を捻出するよう命じる上諭が引用されているが，同日付けで上せられた加鋳に関する「内閣漢文題本戸科貨幣類」第3リール1678-1699，乾隆24年6月17日，山西巡撫塔永寧題本には引用されておらず，山西省側が当初は加鋳の鋳造差益の拠出を考えていなかったことを看取できる。なお，『欽定戸

部鼓鋳則例』巻7，山西省，発市平売条には，加鋳制銭の兌換発売による鋳造差益について「収貯司庫報部充餉」とあり，兵餉米の折銀支給に充てられていたという事実と符合する。

(112) 『皇朝文献通考』巻18，銭幣6，乾隆36年条。

(113) 「内閣漢文題本戸科貨幣類」第7リール522-542，乾隆39年5月30日，署理山西巡撫巴延三(バヤンサン)題本。

(114) 『欽定戸部鼓鋳則例』巻7，蘇州省，搭放兵餉条には，「其の成本に敷らざる銀両は，地丁銀内に在りて動支し，鼓鋳の成本に帰補す」とある。浙江省・福建省も同様の記載がある（直隷省にはかかる記載はない）。

(115) 『欽定戸部鼓鋳則例』巻7，蘇州省，員役局費条には，鋳銭局公費について「司庫存公銀」から支出するとあり，鋳銭局から各営への制銭輸送費についても，同，搭放俸餉条に「司庫公項銀」から支出することが記されている。鋳銭局公費に関しては，浙江省・福建省・直隷省のすべてに同様の記載があり，制銭輸送費については浙江省にも同様の記載がある（福建省・直隷省にはない）。

(116) 「宮中檔硃批奏摺財政類」第60リール2131-2134，乾隆13年10月17日，浙江巡撫方観承奏摺。

(117) 「宮中檔硃批奏摺財政類」第60リール3102-3105，乾隆16年6月3日，閩浙総督喀爾吉善・福建巡撫潘思榘奏摺。

(118) 「宮中檔硃批奏摺財政類」第61リール351-354，乾隆24年10月6日，江蘇巡撫陳弘謀奏摺。

(119) 『宮中檔乾隆朝奏摺』第9輯，158-159頁，乾隆19年7月16日，浙江巡撫周人驥奏摺。

(120) 浙江巡撫方観承の提議は「議覆檔」第7リール乾隆十三年六月至十二月檔冊363-370，乾隆13年11月13日奉旨，大学士張廷玉等奏摺を経て裁可。閩浙総督喀爾吉善等・江蘇巡撫陳弘謀・浙江巡撫周人驥の提議は議覆を経ずに直接裁可された。

(121) 前註(119)所掲，周人驥奏摺。

(122) 「宮中檔硃批奏摺財政類」第60リール2079-2080，乾隆12年12月7日，直隷総督那蘇図奏摺。

(123) 『皇朝文献通考』巻16，銭幣4，乾隆10年条。

(124) 「宮中檔硃批奏摺財政類」第60リール1294-1310，乾隆9年正月29日，吏部尚書協理戸部事務訥親等奏摺。

(125) 「内閣漢文題本戸科貨幣類」第3リール2247-2260，乾隆18年7月27日，直隷総

督方観承題本によれば，乾隆17年の制銭鋳造によって銀2,352両余の鋳造差益が計
　　　上されている。
(126)　『宮中檔乾隆朝奏摺』第27輯，620-624頁，乾隆32年閏7月22日，直隷総督方観
　　　承奏摺。
(127)　「宮中檔硃批奏摺財政類」第60リール1536-1539，乾隆9年8月5日，河南巡撫
　　　碩色(ショセ)奏摺；同，第60リール2110-2113，乾隆13年閏7月12日，山東按察使李渭奏摺。
(128)　「宮中檔硃批奏摺財政類」第60リール2114-2118，乾隆13年閏7月27日，都察院
　　　左都御史劉統勲・山東巡撫阿里袞奏摺に引用されている。
(129)　「宮中檔硃批奏摺財政類」第60リール1048-1049，乾隆6年11月21日，署理閩浙
　　　総督策楞・福建巡撫王恕奏摺。
(130)　例えば，『宮中檔乾隆朝奏摺』第5輯，469-471頁，乾隆18年5月26日，署理湖
　　　南巡撫范時綬奏摺；同，512-513頁，乾隆18年5月29日，暫署湖広総督湖北巡撫恒
　　　文奏摺など。
(131)　ここで挙げた8地域は，スキナー，G.W.〔1989：3-13頁〕の挙げる8地域，
　　　および山本進〔2002〕が華中・華南に見出した「四つの地域経済圏」を参考にし
　　　つつ設定した。両氏の議論における「地域」は必ずしも省の区域と完全に重なる
　　　ものではないが，地方の制銭供給政策は省の単位で行われており，また，各都市
　　　における搭放や兌換発売の額を把握するのは極めて困難なので，ここにおいては
　　　省ごとに地域を設定した。
(132)　『宮中檔乾隆朝奏摺』第33輯，768-771頁，乾隆38年12月13日，署雲貴総督
　　　彰宝(ジャンボー)・雲南巡撫李湖奏摺。
(133)　鄭光祖『一斑録』雑述6には，「〔乾隆〕五十年の後，銀一両は銭九百文に兌
　　　す」とある。また，「宮中檔硃批奏摺財政類」第62リール2629-2930，乾隆50年8
　　　月1日，浙江巡撫福崧(フスン)奏摺によれば，浙江省城の銭価は1,000文＝銀1両6分（銀
　　　1両＝約943文）であった。
(134)　「宮中檔硃批奏摺財政類」第62リール3508-3511，乾隆56年2月6日，雲南巡撫
　　　譚尚忠奏摺に，乾隆53年冬季の銭価として銀1両＝2,400文とある。
(135)　「宮中檔硃批奏摺財政類」第62リール3538-3541，乾隆56年2月25日，雲南巡撫
　　　譚尚忠奏摺。
(136)　『乾隆朝上諭檔』第18冊，乾隆60年10月30日。
(137)　鄭光祖『一斑録』雑述6，洋銭。
(138)　銭泳『履園叢話』銀価条。

318　後編　最盛期の制銭供給とその行方

(139)　臼井佐知子［1981：49-55頁］は，乾隆末年において銀よりも洋銭の方が著しく対銭比価を騰げていたことを述べている。

(140)　鄭光祖『一斑録』巻2，人事。

(141)　「宮中檔硃批奏摺財政類」第63リール714-716，乾隆59年11月8日，雲貴総督福康安奏摺。

(142)　「宮中檔硃批奏摺財政類」第63リール222-230，乾隆59年11月27日，雲貴総督福康安奏摺。

(143)　嘉慶『欽定大清会典事例』巻173，戸部，銭法，搭放京餉，嘉慶5年条・同6年条。

(144)　『皇朝続文献通考』巻19，銭幣1，道光21年条。

(145)　光緒『欽定大清会典事例』巻214，戸部，銭法，督理銭法，咸豊3年条。

結　論

　本書本論では，全八章にわたって，順治元年（1644）から乾隆40年（1775）頃までに実施された制銭供給の政策過程を詳細に分析し，複数の政策課題に包括的に取り組んでいた清朝政府の政策意図に即して当該政策を整合的に理解し，制銭供給政策と市場との相互影響のもとに推移していた清代前期の貨幣史を歴史的に跡付けた。その内容をまとめると，以下の通りである。
　明代中葉，納税手段となった銀に対する国内の需要と絹布・生糸などの中国産品に対する日本・西洋の需要とを背景として，中国内地に巨額の日本銀・新大陸銀が流入した。かたや明朝は制銭供給には消極的で，既存の銅銭は貶質が進行して市場の信任を失い，銅銭遣いから銀遣いへの転換が進んだ。さらに，明末に至って財政危機に直面した明朝は鋳造差益の獲得を目的とする悪貨濫造に走り，結果的に市場の銭価を押し下げた。明朝に代わって中国内地の支配王朝となった清朝も当初，財政収入の不足を補うために差益目的の悪貨濫造を全国的に実施したため，銀遣いの優勢と銭価の低迷は続いた。中央財政と地方財政が分離していない正項財政において，その中心に位置する戸部銀庫の充実を図るには，中央での支出節減に加えて地方の財政支出を節減して中央への送金を増額させる必要があり，その手段のひとつとして全国的な悪貨濫造が推進されたのであった（第一章）。
　やがて，南明政権の掃討が進むとともに順治帝が中国的な政治文化へと傾斜するなかで，清朝の制銭供給は低迷する銭価を引き上げるための良貨供給へと転じた。それは財政的窮乏が未だ解消されない状況下での政策転換であったために，しばらくは銅材収買の官価を低く抑え込むことにより差益獲得も並行して追求されていたが，それは銅材収買の官価の不足を兵丁や民間に転嫁するものであり，正項財政が一応の安定を迎えると京師のみの良貨供給に落ち着くこととなった。しかし，康熙12年（1673）に至って，雲南の呉三桂を中心として

三藩の乱が勃発し，台湾の鄭氏勢力もそれに呼応する動きをみせた。三藩は，一時は長江以南の一帯を制圧し，清朝は軍費の増大と税収の激減によって再び財政危機に陥った。ただ，乱の最中においては，滇銅の産地たる雲南は呉三桂の支配下にあり，洋銅をもたらす日本貿易は鄭氏勢力の影響下に置かれていたため，銅を大量に確保することができなかった。それゆえ，制銭鋳造が財源捻出策として取り上げられることはなかった。康熙20年代初頭に三藩・鄭氏を鎮圧した後，同23年に康熙帝から制銭鋳造の経費削減を命じられた吏部右侍郎陳廷敬らが制銭の重量の大幅軽減を提議し，戸部からの度重なる要請もあってその提議は裁可された。そうして京師および一部諸省において開始された低品位の「小制銭」の供給は，私鋳の盛行と銭価の低迷をもたらし兵餉の購買力を低下させた。康熙30年代半ばに対ジューン＝ガル戦が終了し，戸部銀庫の貯蔵額も4千万両を突破して緊縮財政が終わりを告げると，諸省の小制銭鋳造は次々と停止されていった（第二章）。

　康熙41年，制銭は同23年以前と同じ良貨に戻された。その後，康熙帝は私鋳銭の排除と銭価の引き上げを目指したが，地方ではまだ私鋳犯の捜査が不十分であって制銭を供給しても私鋳の恰好の材料にされると考えたため，京師両局に限定して良質な制銭の鋳造拡大を目指していった。当該時期には，正項財政の充実に加えて洋銅の流入が最盛を迎えたことにより鋳造の拡大が可能となり，康熙末年までに1千万串前後の制銭が京師に供給されることとなった。すると，京師から制銭が流れ込んだ周辺地域において，秤量貨幣ゆえの困難がつきまとう銀遣いから新たに供給された良質な制銭を主体とする銅銭遣いへの急激な転換が発生し，京師からの一層の制銭流出を引き起こし，京師と周辺地域一帯において深刻な銭貴が発生した（第三章）。

　ほどなくして即位した雍正帝は，京師の銭貴と各省の私鋳銭問題をいずれも制銭の不足に起因するものとみなして，雍正4年（1726）以降，全国で黄銅器皿の使用を禁じて強制的に収買し，それらを京師両局の追加鋳造と各省の鋳造に用いさせた。各省では，長年の洋銅の流入地であり経済的最先進地域でもあった江南において多くの黄銅器皿が収買され，その結果として江蘇・浙江両省の

制錢鋳造は他省と比べて抜きん出たものとなった。するとここでも，銀遣いから銅銭遣いへの転換が進んで銭貴となった。同様の現象は，京師・雲南等の制銭がもたらされたとみられる福建・広東や，滇銅を用いた制銭鋳造を開始していた貴州・四川などにおいても発生した。そこに常平倉における備蓄強化が重なり，旧穀の継続的な売却が銅銭需要を増大させて銭貴に拍車をかけたとみられる。また，湖北・湖南・江西等の省は制銭が流通していた形跡はないが，穀倉地帯であるために諸省がこぞって米穀を採買し，そこにおいて多額の銅銭が必要となって銭価を押し上げたと考えられる。かくして銭貴が京師および華中・華南諸省に拡がると，乾隆帝は直隷・山西・陝西にも制銭供給を行わせることとし，ここに銭貴対策を標榜する制銭供給が全国的に展開されるに至ったのである（第四章）。

　京師の銭貴をめぐって清朝中央が最も懸念したのは，銭貴が禁旅八旗に支給される兵餉銀の購買力を低下させ，さらには旗人と漢人商人との利害対立を先鋭化させる危険性を孕んでいたことであった。禁旅八旗は「満洲王朝」清朝の帝国統治を根底から支える存在であり，その生計を保護することは清朝にとって必須の課題であった。対策としては，八旗兵餉における制銭搭放割合をできる限り拡充し，生計の零細な八旗兵丁が銅銭との兌換を求めて兵餉銀を市場に持ち込み巨大な兌換需要を生じさせるのを防ぐことが求められた。しかし，ちょうどこの時期に洋銅の流入量が減少し，京師両局の辦銅に困難をきたすようになっていた。そこで清朝中央は，宝泉局から戸部に納められた制銭を全面的に八旗兵餉に搭放することとし，ついで工部から戸部への制銭移送を開始して八旗兵餉への搭放に加算し，さらには制銭払いであった工食・物料を銀払いに改めて京師両局の鋳造した制銭を全額戸工両部に納入させるという措置を講じた。工部からの制銭移送はほどなくして減額され，工食は制銭払いに戻されているが，そのような揺り戻しが起きたのは，それだけ清朝中央が八旗兵餉における制銭搭放の拡充を性急に推し進めていたためといえる。やがて乾隆4年に滇銅の京師両局への輸送体制が整えられると，同7年には京師両局の鋳造規模を一挙に約1.5倍に拡大した。各省において銭貴が問題化するなかでの鋳造拡大

は，清朝が八旗兵餉への制銭搭放を何より重視していた証左である。京師両局の制銭鋳造は常に採算割れしており，雍正帝は鋳造差損の縮小に努めたが，かかる採算の問題が制銭鋳造の縮小に結びつくことは決してなかった（第五章）。

一方，各省のなかで最も早くに銭貴が発生した江蘇・浙江両省は，制銭供給の必要を訴えて，京師に向けて輸送中の銅や制銭の截留を求めた。しかしその要請は戸部によって尽く退けられ，京師両局の辦銅を妨げない範囲において滇銅・洋銅を調達して制銭を鋳造することとなった。さらに，早急に銭貴に対応させることを企図した乾隆帝の上諭により，各省の銅調達は関係督撫間において協議し中央での審議を待たずに開始するよう命じられた。制銭供給を始めるにあたって両省は，鋳造した制銭を市価に近い価格によって兌換発売することを計画しており，それは戸部の反対に遭って兵餉への搭放に改められたが，市価に近い換算率を採用することは認められた。制銭1,000文の鋳造費用が銀1両を超えていた両省は，換算率を切り上げることによって鋳造差益を確保し，鋳銭局の公費や鋳銭局から各営への制銭輸送費用などの諸経費に充当しようとしていたのである。ところが，乾隆8年に上諭が下り，制銭搭放は一律に公定換算率にしたがうこととし，鋳造差損が生ずれば正項の財政支出に計上し，その場合は鋳銭局公費等は各省の公項によって工面するよう命じられた。それにより，江浙両省や福建省においては制銭鋳造が自省の公項からの支出を強いられる厄介な政策へと転じ，以後は制銭供給の実施に極めて消極的となって，滇銅の増産にもかかわらず決して鋳造額を加増しなかった。公定換算率を採用した場合に十分な鋳造差益を得られない可能性があった江西・湖北両省では，巡撫として両省に赴任した陳弘謀の立案により，追加鋳造した制銭を市価に近い価格で兌換発売し，それによって鋳造差益を確保して諸経費に充てることとした。公定換算率にしたがって制銭を搭放しても鋳造差益を得て鋳銭局公費等に充当できた湖南・貴州・四川等の省は，鋳造と搭放を拡大していくことができた。耗羨章程の制定によって各省公項財政の緊縮が図られるなか，かかる公項財政と制銭鋳造の採算との関係を督撫らは到底軽視できなかったのである（第六章）。

各省のなかで最も制銭鋳造に意欲的であったのは，銭貴に直面していた諸省ではなく，むしろ銭価が低迷していた雲南省であった。一大銅産地を管下に有する雲南省は，康熙44年以降，採掘費用を廠民に貸し付けて銅廠を開発させ，資金の回収に代えて産出した銅を受け取り，その売却益＝銅息を自省の公用の財源に充当しようと図った。しかしながら，貸与した採掘資金が焦げ付くとともに収めた銅も売りさばけずに滞積したため，雍正元年に自省において制銭鋳造を開始し積銅を消費することとした。だが，自省の銭価はたちどころに低落し，制銭搭放が兵餉の購買力を損なう事態となったので，雲南巡撫鄂爾泰は輸送費用を捻出できる限りにおいて他省への制銭移送を最大限実施しようと努めた。ついで乾隆元年に至り，雲南省のみの特例として銀１両＝1,200文の換算率に則り制銭を兵餉に搭放することが認められ，兵餉の購買力低下に歯止めがかけられると，その後，雲南省の歴代督撫らは省内の制銭鋳造を断続的に拡大していった（第七章）。

かくして，京師においては八旗兵丁の生計保護を意図して制銭供給が推進され，一方の各省の制銭供給は自省の公項財政との関係によって決定づけられることとなった。八旗兵餉への制銭搭放の拡充を最重要視する京師の施策は，銭貴が沈静化する乾隆40年前後まで一貫して変わらなかった。一方の各省では，雲南省の制銭鋳造が拡大していったことに加えて，乾隆18年以降，湖北・湖南・貴州・四川等の省において，全額兌換発売と鋳造差益の公項への繰り込みを目的とする多額の追加鋳造が次々に開始され，銭貴が終息する乾隆40年前後まで行われた。その結果，全盛期を迎えた乾隆中葉の制銭供給は，京師の供給量が突出して全体の半分近くを占め，その他は西南諸省に偏った供給となった。ただし，京師では，清朝政府の多額の銀支出が銅銭需要を生むとともに常態的な入超構造にあり，周辺地域の人口も大きかったので，制銭の大量供給はさしたる問題をもたらさなかった。それに対し，西南諸省の制銭供給量は人口１口あたりでみると他地域に比して群を抜いて大きく，そのために乾隆末年にかけて当該諸省の銭価は続落していった。同50年代初めには，江南の銭価は依然として銀１両＝900文台にあったのに対し，雲南省の銭価は銀１両＝2,400文程度に

まで暴落していた。そのような状況のもと，西南諸省における私鋳と長江中下流域に向けての私鋳銭販運が盛行し，高額取引における洋銭・銭票の普及も影響して，全国的に銭価が低落していった。そうして中国内地の貨幣は，次第に「雑種幣制」の時代へと移り変わっていったのである（第八章）。

如上の分析結果からは，これまでの研究においてほとんど閑却されてきた制銭の規格・供給地・供給量といった要素が清代貨幣史の展開に多大な影響を及ぼしていたことを見て取ることができる。従来の研究においては，銭価の騰落をもって民間の経済状況の判断材料とする議論がしばしば見受けられた。乾隆初年の銭貴を経済発展ないし景気好転の影響とする理解は，その端的な例である。いわば銭価は，やや極端な言い方になるが，市場の好不況を判定するための客観・中立の試金石の如くに論じられていたのであった。しかし，清代前期における銭価の騰落は，いかなる制銭がどこにどれだけ供給されたのか（あるいは供給されなかったのか）という供給サイドの問題に起因するところが大きかった。主として，悪貨の大量供給が当該地域における銭価低落の，良貨の大量供給が当該地域における銭価上昇の主要因になっていたのである。そこにおいて各時代・各地域の経済状況は，制銭供給によってもたらされた銭価の騰貴ないし下落をより一層促進したこともあっただろうが，逆に一定の抑止力となっていた可能性もまた否定できない。すなわち，劣悪な品質の制銭が大量供給されたために銭賤となっていたが市場は活況を呈し強力な銅銭需要が生じていたために銭価の暴落が抑制されていたり（銭賤と好況との並存），あるいは良質な制銭が供給され銭価は上昇していたが市場が不活発であったために小幅な上昇にとどまっていた可能性（銭貴と不況との並存）などを考慮しなければならない。結局のところ，制銭供給の内容如何に大きく左右されていた銭価動向から各時代・各地域の経済状況を直接に窺い知るのは不可能と言わざるを得ないのである。

また，従来の研究には，銭価動向をもって経済全般の状態を論じるのではなく，「銅銭セクター」を「地域経済」あるいは「農村経済」に結びつけて，「地域経済」「農村経済」の状態を反映したものとして銭価の騰落を捉える見方も

存在している。しかし，既述したように銭価動向からは市場の好不況を直接には読み取れないことに加えて，銅銭使用範囲が市場のいかなる部分に対応するかは全くもって流動的であった。銅銭遣いが極めて限定的であって分・釐という小額に至るまで銀が銅銭とともに併用されているような状況下での銭価と，数十両から百両単位の不動産取引においてまで銅銭が取り交わされる状況下での銭価とを比べても，「地域経済」なり「農村経済」なりの状態を論じる材料にはなりにくいであろう。ここで重要になるのは，銅銭使用範囲を変動させる主たる動因になったのもまた制銭供給政策だったという点である。悪貨の大量供給は銅銭に対する市場の信任喪失をもたらし，銀遣いを優勢にさせたのに対し，良貨の大量供給は銅銭遣いの急速な拡がりを引き起こした。制銭供給政策は，制銭の規格・供給地・供給量がただ単に銭価に反映されていたのではなく，銅銭使用範囲の顕著な変動を惹起し，それが銭価の騰貴や下落をより激しいものにしていたのである。

そして，かように清代前期の銭価や銅銭使用範囲を左右していた制銭供給政策は，様々な政策課題を抱えていた清朝支配の全体性を反映したものに他ならなかった。すなわち，繰り返し述べてきたように，清朝は制銭供給をめぐって，市場，統治理念，軍政，財政といった多方面において異なる政策課題を有し，それらに包括的に取り組むなかで制銭供給政策を形成していたのであった。清初の財政危機の時代には，中央財政と地方財政が分離していない正項財政のもと，差益獲得を期して全国的な悪貨濫造を推し進め，銀遣いの優勢と銭価低迷という明末以来の状況を継続させた。かかる悪貨の供給は兵丁の生計を害するものであったため，財政的安定が得られると同時に取りやめとなり，かわって康熙帝・雍正帝が伝統的な統治理念に基づいて私鋳銭の排除を目指し良質な制銭を供給すると，それは期せずして銅銭遣いの拡大と銭貴をもたらした。そこで清朝中央は，帝国統治の要である禁旅八旗の兵丁の生計保護を最優先して八旗兵餉の制銭搭放を拡充した。一方，各省は地方行政経費の財源である公項財政との関係を重視し，制銭鋳造が自省の公項に資する諸省のみが制銭供給を活発に行うこととなった。そのような制銭供給は，結局，私鋳銭の充溢と銭価の

低落を引き起こした。このように，伝統中国の貨幣思想や重層的財政構造，さらには「満洲王朝」清朝を支える禁旅八旗の存在など，清朝の統治システムの諸要素が制銭供給政策を多面的に規定し，そしてその制銭供給政策が清代貨幣史の行方を左右していたのである。

　ただし，それは，清朝政府がその統治能力の範囲内において市場の貨幣動向を任意に一方的に統制していたことを意味しない。明末清初における銀遣いの優勢，ついで康熙末年から乾隆年間にかけての銅銭遣い拡大，そしてその後の洋銭・銭票等を含めた「雑種幣制」の成立という流れは，制銭を国幣とする清朝の盛衰と軌を一にしているともいえる。しかし，清朝は銀遣いの優勢を問題視して意図的に銀銭併用という幣制を生み出したのではなく，銀銭併用を維持しようとしたのに統治能力の減退ゆえにかなわなかったのでもない。清朝はその都度，清朝支配を取り巻く状況を踏まえて，清朝支配の維持のために必要とされる施策を選択していた。市場は，市場の論理に従ってそれを受け止めた。その結果であるところの如上の貨幣史的展開は，清朝政府にとっても，また民間にとっても，偶発的な出来事の連続であったといってよい。以上の点において，市場に対する制銭供給政策の規定性は，任意の市場操作を意味しない。さらに，清朝政府と市場の貨幣状況は相互規定的な関係にあり，制銭供給政策から多大な影響を受けた市場の貨幣状況からのフィードバックが，清朝支配を取り巻く状況を変容せしめて新たな政策形成の契機となった。貨幣史の展開は，政府と市場とが常に相互に影響を及ぼし合う動態的なものであった。この点において，市場に対する制銭供給政策の規定性は，一方向的な市場操作を意味しないのである。ともあれ，かかる偶発的かつ動態的な清代前期の貨幣史において，制銭供給政策の内容如何がその鍵を握っており，そして当該政策に清朝支配の全体性が投影されていたことに違いはない。

　社会経済に直接的にはたらきかける政策でありながら，社会経済の安定のみを政策目的とするのではなく，それを含めた支配体制維持のための種々の課題を，既存の統治システムという条件のもとで総合的に勘案して政策形成を行い，その結果，社会経済に思わぬ展開をもたらすと同時に，王朝政府自身もそこに

否応なく巻き込まれていく——。そのような政策と民間との相互関係は，貨幣の領域に限らず，国家‐社会関係全般に通底していたはずである。当然のことであるが，社会経済の安定という果実のみによって存続のためのすべての要件が自ずと満たされるようには，清朝支配は構成されていなかった。「専制」や「実践主義」に注目する従来の清朝国家論においてはやや後景に退けられていたが，現実の統治システムのありようこそが諸々の社会政策・経済政策に対して強い規定性を有していたのである。支配が脆弱であった時代は言うに及ばず，どれほど盛世と謳われた時代であろうとも，統治理念の様式や国家機構の構造的特質が諸政策の形成過程とその後の国家‐社会関係を方向づけていたのであり，そこにこそ，抽象的な一般論には回収され得ない，清朝支配の固有性＝歴史性を見て取ることができるといえよう。したがって，清朝のもとでの国家‐社会関係を実態面から解き明かしていくためには，天朝として掲げた抽象的国家像と多様かつ可変的な現実の社会経済への対処という両極のあいだに清朝国家の位置を見定めようとする研究姿勢に加えて，現実の国家機構の規定性を意識的に議論に取り込むことが求められよう。

補　論

　本論では，多数の檔案史料を利用して制銭供給政策の検討を行ったが，それらの檔案史料に関して研究者の間で十分な共通理解が得られているとは必ずしもいえない。とりわけ中国第一歴史檔案館所蔵の内閣檔案「戸科史書」および同館所蔵の軍機処檔案「議覆檔」は，本書において多用した檔案史料であるが，国内外を問わず歴史学の材料としての利用は進んでいない。そこで以下では，両史料の概要と史料的価値を論じることにしたい。

　なお以下では，ただ議覆檔と記した場合は，清代に軍機処で作成され現在は中国第一歴史檔案館と台湾故宮博物院とに分かれて所蔵されている議覆檔それ自体を総称し，括弧付きで「議覆檔」と記した場合は，かかる議覆檔の中国第一歴史檔案館所蔵分（満文議覆檔を除く）を収録したマイクロフィルムを指すこととする。

Ⅰ　中国第一歴史檔案館所蔵「戸科史書」について

（ⅰ）清初の題本と史書

　本節で取り上げる内閣檔案の史書とは，題本の写しである。そこでまず，清初における題本制度と史書制度の沿革を整理しておく[1]。

　清朝は順治元年（1644）に中国内地に進出すると，中国内地の政務処理に使用する公式の上奏文として，明朝の題本制度を継承した。同15年には内閣が設置され，在京各衙門や地方官から上せられた題本は通政使司を経由して皇帝の御覧に供せられ，皇帝はそれを内閣に下して票擬（決裁案の作成）を命じ，票擬を踏まえて最終決定を下すこととなった。同18年に順治帝が没して幼年の康熙帝が即位すると内閣は一時廃止されたが，康熙8年（1669）に康熙帝が親政を開始すると翌9年に内閣を復設し，内閣の票擬を再開させた。ここに，内閣

の票擬と皇帝の最終決裁という題本の処理形式が定まることとなった（在京各衙門の題本は，後に通政使司を介さずに直接上せられるようになった）[2]。

　皇帝による決裁を経た題本は，その冒頭に諭旨が官員の手により硃筆で記され，内閣に戻された。諭旨が書き込まれた題本を紅本といった。吏科・戸科・礼科・兵科・刑科・工科の六科は，毎日それぞれ給事中1名を内閣に派遣して管轄する分野の紅本を預かり，ただちに複写を作成して関係衙門に送付し，決裁の結果を通達した。紅本は六科が年末に取りまとめて内閣に送り戻し，内閣がこれを保管した。

　六科は関係衙門に送付するものとは別に，2部の複写を作成し，1部は六科で保管して編纂の用に備えた。それは録書といった。もう1部は史官の記録に供するため，内閣に送り届けた。これが史書であり，戸科が作成した史書が「戸科史書」である。史書は，上奏文と諭旨を複写しているだけでなく，諭旨を奉じた日付をも記しており，諭旨を奉じた日付順に，月ごとに1冊，あるいは2，3冊にまとめられた。皇帝の決裁が下り諭旨が記入された後に六科が紅本を受け取って複写するという性格上，上奏日ではなく諭旨を奉じた日付の順にファイルされたのは当然のことである[3]。なお，上奏文の複写に関しては，史書成立当初の順治年間こそ全文を写し取っていたが，次第に内容を省略するようになり，乾隆年間 (1736-1795) には簡単に要旨を記すのみとなった。

　言語についていえば，題本は原則として満漢合璧であった。中国内地の行政に関する題本は基本的に漢文によって作成されたが，内閣が票擬の前に満文に翻訳したものを付して合璧檔案としたのである。皇帝の諭旨も，満文部分には満文で，漢文部分には漢文で記入された。題本の複写である史書も満漢合璧である。

　内閣で保管された題本が今日に伝わっているならば，その複写であり誤記や省略の可能性もある史書を政治史研究・政策史研究において敢えて利用する必要はほとんどない。その場合，史書の史料的価値は，皇帝の諭旨が下った年月日が記されているという一点の他には認められないだろう。しかし，順治・康熙・雍正 (1723-1735) の三朝は現存する題本が少なく，史書が研究上重要な位置

を占めるのである。とりわけ康熙朝は,前後の時代と比べて,今日に伝わる題本が極端に少ない。中央研究院歴史語言研究所所蔵の内閣檔案を影印出版した『明清檔案』は,順治朝18年間の檔案が計37冊,雍正朝13年間の檔案が計27冊を占めるのに対し,61年続いた康熙朝のものはわずか2冊にとどまる。『明清檔案』には同研究所所蔵題本がすべて収録されているわけではないが,未収録分をも含めている同研究所ホームページ[4]の検索システムで調査しても,康熙朝の未収録題本は乏しい。また,中国第一歴史檔案館が所蔵する順治・康熙・雍正の題本を収めたマイクロフィルム「内閣漢文題本(北大移交部分)」[5]も,筆者が銭法関連題本を調査したところでは,順治朝は計42件の題本が見出されたが[6],康熙朝はわずかに初年のものが4件あるのみで,しかも破損が激しく,全文を通覧できるものは1件もない。「内閣漢文題本(北大移交部分)」は雍正朝の題本も乏しく,銭法関係題本は2件しか含んでいない。かかる傾向は銭法関係題本に限らず,「内閣漢文題本(北大移交部分)」の全編にわたってみられるものである。このように,現存する康熙朝の題本は非常に限られており,当該時期の政治史研究・政策史研究における史書の重要性が特に高く,雍正朝がそれに次ぐといえる。

　ちなみに,康熙中葉には,次第に文書行政の中核を担っていくこととなる奏摺が既に用いられ始めていた。奏摺は内閣による翻訳や票擬を経ずに皇帝のもとに直接届けられたので,題本と比べて機敏性・機密性に富むものであった[7]。しかし,政策決定が全面的に奏摺によってなされるようになるのは乾隆帝即位以後のことであり,それ以前の奏摺はあくまでも官僚から皇帝への私信ともいうべきもので,題本によって進められる政策決定の裏側で皇帝と官僚たちを非公式に結びつけていたのであった。通常の政策決定の過程とその詳しい内容を知るには題本を分析する必要があり,その題本が失われているからには,誤記や省略の可能性に留意しつつ史書を用いていくことが求められるのである。このことについては,本節(iii)において具体例を挙げて再論することとしたい。

(ii) 史書の現存状況と康熙・雍正の「戸科史書」概要
　現在中国第一歴史檔案館に所蔵されている順治・康熙・雍正・乾隆の四朝の

六科史書の冊数を,同館の目録に従い科ごとに示せば,表10.1の通りである(乾隆朝は題本原件が大量に現存しており,しかも政策決定過程における重要性は題本から奏摺に移っているので,題本の複写たる史書を利用する必要性はほとんどないが,比較の材料として参考までに現存冊数を示した)。

ここから明らかなように,同じ康熙朝でも,吏科・礼科・工科はそれぞれ10冊前後しか現存していない。原則として史書は月に少なくとも1冊は作成されていたのだから,これほど極端な現存冊数の少なさは,処理した題本が少なかったということではなく,作成された史書の大半が失われてしまったことを意味している。これに対して戸科は214冊が現存しており,刑科の355冊に次いで多い。康熙朝61年の間に戸科では,月1冊としても,700冊以上の史書が作成されたはずである。さらに,康熙20年代には既にほぼ毎月2冊作成されていたことが確認され,それ以後に戸科の処理する題本が減少することも考えにくいので,おそらくは61年の間に最低でも合計1,000冊以上が作成されたとみられる。となると現存する214冊とは大きく見積もっても全体の2割程度ということになる。さらに,その214冊も康熙の前半に偏在しており,康熙30年代は計8冊,同40年代は計4冊,同50年代は同52年の1冊のみで,同53年から同61年までは全く残っていない(表10.2参照)。

雍正朝の史書は,康熙朝と比べると現存冊数が格段に多い。礼科・工科がやはり少ないものの,康熙朝ほど極端ではない。戸科は305冊が現存しており,その数は刑科の601冊に次ぐ。61年に及ぶ康熙朝の約1.5倍もの「戸科史書」が存在するのは,まず,現在までに失われたものが少ないためであり,上述の

表10.1 中国第一歴史檔案館所蔵六科史書の現存冊数(順治〜乾隆)

	順治朝	康熙朝	雍正朝	乾隆朝
吏科	131冊	11冊	276冊	1,178冊
戸科	115冊	214冊	305冊	2,192冊
礼科	88冊	8冊	146冊	828冊
兵科	177冊	184冊	224冊	1,410冊
刑科	178冊	355冊	601冊	3,065冊
工科	83冊	7冊	154冊	920冊

表10.2　康熙朝の各年次における「戸科史書」の現存冊数

康熙元年	3冊	康熙19年	16冊	康熙37年	1冊
同 2 年	──	同20年	17冊	同38年	──
同 3 年	3冊	同21年	3冊	同39年	──
同 4 年	1冊	同22年	──	同40年	2冊
同 5 年	3冊	同23年	5冊	同41年	──
同 6 年	7冊	同24年	17冊	同42年	──
同 7 年	5冊	同25年	11冊	同43年	──
同 8 年	4冊	同26年	7冊	同44年	1冊
同 9 年	──	同27年	24冊	同45年	──
同10年	──	同28年	24冊	同46年	──
同11年	──	同29年	7冊	同47年	──
同12年	6冊	同30年	4冊	同48年	──
同13年	3冊	同31年	──	同49年	1冊
同14年	11冊	同32年	──	同50年	──
同15年	1冊	同33年	1冊	同51年	──
同16年	9冊	同34年	1冊	同52年	1冊
同17年	10冊	同35年	1冊	同53年以降	──
同18年	4冊	同36年	──	合計	214冊

如く康熙末年の「戸科史書」は同53年以降1冊も残っていないのだが，雍正元年2月からはほぼ毎月の「戸科史書」が現存している。そのことに加えて，雍正7年頃から毎月の冊数が極端に増えており，最も多い月は雍正12年9月で計6冊にも達している。それゆえ，各年次の冊数も雍正7年から急激に増えている（表10.3参照）。

なお，台湾故宮博物院にも史書は所蔵されており，同院ホームページ[8]の図書文献処資料庫の検索システムを利用すると235冊が確認されるが，いずれも題本原件が豊富に残されている乾隆以降のものである。

筆者はこれまで，2004年9月，2005年8～9月，2007年8～9月，同年11月の計4度の調査において，中国第一歴史檔案館に所蔵される康熙7年から雍正13年までの「戸科史書」519冊のうち，150冊の閲覧を申請し，康熙7年から雍正7年までの計102冊を調査することができた。残りの48冊は「破損がある」という理由で閲覧に供されなかったか，または閲覧に供されたものの状態が悪

表10.3　雍正朝の各年次における「戸科史書」の現存冊数

雍正元年	14冊
同 2 年	14冊
同 3 年	12冊
同 4 年	12冊
同 5 年	22冊
同 6 年	22冊
同 7 年	44冊
同 8 年	37冊
同 9 年	28冊
同10年	25冊
同11年	21冊
同12年	37冊
同13年	17冊
合計	305冊

く調査できなかったものである。

　康熙・雍正の「戸科史書」をみる限り，史書は左から右へと行を書き進める満文にあわせて左綴じとなっている。表紙を開くとまず最初の題本の満文があり，続けて当該題本の漢文があり，そのあとに次の題本の満文，漢文，と続く。したがって，漢文を基準に右綴じとして檔冊をめくると，諭旨を奉じた日付の新しいものから現れることになるので，注意が必要である。また，満文題本には漢文訳は付されないので，所収題本の件数は漢文の件数を若干上回る。「戸科史書」には各檔冊に数件の満文題本が収められており，本論第四章において引用した「戸科史書」第367冊，雍正3年10月23日，江西道監察御史勒因特題本もそのひとつである。だが，満文題本のほとんどはマンチュリアのトクソ（荘園）や貂皮貢納などに関するものであり，勒因特題本のような中国内地に関するものは稀である。

　「戸科史書」中には，各省督撫の題請・題報のみならず，戸部尚書（あるいは雍正朝であれば総理戸部事務和碩怡親王允祥）を筆頭上奏者とする戸部の議覆（地方官や科道官の提議について審議し答申するもの）も多数存在する。字体は概ね，明瞭な楷書体である。形式としては，まず題本の本文を抄写するが，既述した

ようにいくらか省略されている。また，抄写しているは上奏日の記載までであり，そのあとに記されていたであろう上奏者一覧は省かれている。六部の議覆は満洲尚書を筆頭とする各堂官ならびに当該案件に関係する一部の司官らが連名で上せるものであるが，末尾の上奏者一覧が省かれているため，本文冒頭に記載された筆頭上奏者しか知り得ない。上奏日のあとには，「本月初八日旨を奉じたるに「議に依れ」と」などと諭旨およびそれを奉じた日付が記されている。漢文には諭旨のあとに「此れを謹めり」の語はないが，満文には「と言った（sehe）」の語が付されている。

　史書の利用にあたっては，漢文のみならず満文にも注意を払うことが望ましい。既に述べたように題本は基本的に満漢合璧であり，それを抄写した史書も満漢合璧であるが，史書には満文と漢文との間に時折，記載内容の不一致がみられ，満文側のみに研究上重要な，あるいは調査を進める際に有用な情報が記載されていることがある。

　例えば，「戸科史書」第292冊，康熙28年閏3月18日，戸部尚書鄂爾多等題本に与えられた諭旨として，漢文は「議に依れ」と諭旨そのものが記されているだけであるが，満文にはそれに続けて，「謹み遵い，同月30日に抄出して部に届いている（gingguleme dahafi. ineku biyai gūsin de doolame tucibufi. jurgan de isinjihabi）」と，諭旨を奉じた後の処理結果が記されている。また，非常に稀な例であるが，「戸科史書」第375冊，雍正4年6月19日，総理戸部事務和碩怡親王允祥等題本の漢文側には，諭旨として「議に依れ」と記されているのに対して，満文側には「旨「議した通りにせよ」と言った。「議したことは甚だ是である」と言った（hese gisurehe songkoi obu sehe.. gisurehe umesi sain sehe）」と，漢文にはない，提議を賞賛する言葉が加えられており，提議された内容が特に皇帝の意に沿うものであったことを看取できる（なぜそのような違いが生じたのか，原件題本においても諭旨に相違があったのか否かは明らかでない）。

　この他，六部の議覆において，漢文側には審議対象の題請の日付が省略されているものの満文側には記されているケースが多々あり，題請を行った題本の検索に資する。一例として，「戸科史書」第355冊，雍正2年10月11日，総理戸

部事務和碩怡親王允祥等題本の本文冒頭をみると，漢文には，

> 該臣等査得するに，江寧巡撫の事務を署理する鎮海将軍何天培の疏称すらく……

と記すのみであり，議覆の対象となった何天培題本の上奏日や諭旨を奉じた日は窺い知れない。ところが，満文の該当箇所には，

> 戸科が抄出したこと。江寧巡撫の事務を署理する将軍何天培の奏したこと。雍正2年7月初3日に奏した。同月24日に旨「該部は議奏せよ」と言ったことに謹み遵い臣我らが査すれば，江寧巡撫の事務を署理する鎮海将軍何天培の奏した書に……

とあり[9]，何天培題本が雍正2年7月3日付けで上せられ，同月24日に諭旨を奉じたことがわかる。史書は，前述したように諭旨を奉じた日に基づいてファイルされているので，何天培題本を探し出すには雍正2年7月後半の史書を検索すればよい（何天培題本は第352冊に収録されている）。以上のことは非常に広範に見受けられるので，題請の上奏日や諭旨を奉じた日を漢文では省き満文では記載することは通例化していたようである。その理由は定かでないが，戸科において満文と漢文では抄写の担当者が違ったはずであり，題本を簡略化して抄写する際の基準が満漢文で違ったとしても決して不思議ではない。

以下では，中国第一歴史檔案館所蔵「戸科史書」に収められた康熙・雍正の銭法関係題本を素材として，当該史料の史料的価値を論じていきたい。

(iii)「戸科史書」に収められた康熙・雍正の銭法関係題本

「戸科史書」所収題本は，現物の題本の内容を一部省略している可能性があるとはいえ，それでも編纂史料からは決して得ることのできない情報を豊富に含んでいる。そのなかには，編纂史料では全く窺い知れない政策の実態を看取できるものや，編纂史料の理解をめぐる重大な疑問を浮かび上がらせるものがある。

例えば，康熙26年3月25日から同27年3月25日までの1年間における宝泉局の制銭鋳造について記した，康熙27年3月26日の管理京省銭法吏部左侍郎張鵬

題本(「戸科史書」第266冊)によれば，1年間に宝泉局では498,691串746文の制銭を鋳造していた。『大清聖祖仁皇帝実録』には各年次の末尾に年間の制銭鋳造総額が記されているのだが，それによれば康熙26年の鋳造額は289,936串700文，同27年の鋳造額は289,869串80文である。ところがこの頃には，宝泉局だけで年間約50万串もの制銭を鋳造していたのである。さらに，「戸科史書」に収録されたその他の題本をみると，若干時期はずれるが，康熙26年には雲南省の4鋳銭局では合計255,744串[10]，湖北省城では54,835串200文[11]，湖南省城では26,598串319文[12]を鋳造しており，また，康熙26年5月から同27年4月までの1年間に広東省の肇慶では189,068串400文を鋳造していたことがわかる[13]。同時期には，他に京師の宝源局ならびに広東省城・福建省城でも制銭を鋳造していたのであり，全鋳銭局を合わせれば制銭鋳造総額は年間100万串前後に達していたとみられる。『実録』に記載された年間30万串弱という数字は明らかに，宝泉局の年間鋳造総額でも，国内の全鋳銭局の年間鋳造総額でもない。では，それは一体何を意味しているのだろうか。そもそも，『実録』編纂時に檔案にまで遡って調べ上げた意味のある数字なのか，それともただの虚構に過ぎないのか。検討を要する問題である[14]。

また，特に雍正年間に関しては，題本と奏摺を併用して政策を決定していた実態が史書を利用することによって鮮明に浮かび上がる。例として，本論でも言及した事例であるが，雲南省から他省への制銭移送について鄂爾泰は，まず奏摺によって雍正帝に自身の立案した計画を示し，雍正帝から「具題し来るに，「他省に一体に行銷す」の句も亦た奏に入れよ」と，題本を上せるにあたっての指示を受け[15]，それを反映させた題本を上せ[16]，題本による戸部の議覆を経て裁可を得ている[17]（第七章参照）。また，督撫の上せた奏摺がそのまま戸部の議に下されて，戸部が題本によって議覆を行っている例も複数確認される。例えば，雍正4年の甘粛省の開鋳提議は，同年9月に甘粛巡撫石文焯から奏摺によって上せられ，それに対して雍正帝は「該部は議奏せよ」と硃批して，戸部に議覆を命じている[18]。そこで戸部は，当該奏摺に関して題本によって議覆を行い，裁可を得たのであった[19]（第四章参照）。さらには，以上のような「督撫

338 補　論

奏請→督撫題請→該部題覆」，「督撫奏請→該部題覆」という形式の他に，「督撫奏請→明発上諭」というパターンもある[20]。

　雍正朝の硃批奏摺に関しては，北京・台湾の諸機関に所蔵される原件・録副の調査が可能になる以前から『雍正硃批諭旨』によってある程度分析を加えることができたため，かねてより研究者の関心を集めてきた。しかし，雍正年間についていえば，奏摺は依然として地方官から皇帝への「私信」的性格から脱しておらず，その分析だけでは実際の政策決定過程に迫ることはできない。雍正年間の政策過程を総体的に把握するためには，題本の検討が不可欠であり，題本がほとんど現存していない以上は史書を利用することが求められる。特に，六部が議覆を奏摺によって行うようになるのは乾隆帝即位後であるため（次節参照），雍正朝の硃批奏摺を用いた従来の文書行政研究では六部の議覆はほとんど視野に入っていなかった。その点を，今後，史書を利用することによって補っていく必要があるだろう。また，十分に分析されてきたかのようにみえる地方官の奏摺についても，地方官が別途上せていた題本，六部が議覆として上せた題本，および上諭などによって構成される政策過程全体のなかに位置づけ直すことを通して，雍正朝の文書行政上における奏摺の意義を再検討することができると考える。

　以上，筆者が調査した康熙・雍正の銭法関係題本を事例として，「戸科史書」の特に注目すべき点について述べた。題本の複写である当該史料は，題本が政策過程において中心的役割を果たしていたものの現在までに多くが失われてしまった康熙・雍正両朝の研究に大いに資するものである。今後，政策過程研究をはじめとして様々な分野において活用されていくことが期待される。

　なお，2008年6月頃より，中国第一歴史檔案館では檔案現物の閲覧が停止され，筆者がこれまで行ってきたような「戸科史書」原件の調査はかなわぬものとなった。しかし，同年9月付けで，広西師範大学出版社より『雍正朝内閣六科史書・戸科』（全105冊）が影印出版され，雍正朝のものについては当該影印本に基づく調査が可能になった。順治・康熙朝については依然として調査不可

能な状況にあるが，中国第一歴史檔案館において仮に檔案現物の閲覧が再開されずとも，雍正朝同様に影印出版される可能性はあるし，あるいは着々と進められているデジタル化の対象となれば，館内閲覧室のパソコンにて画像を閲覧することができることとなる。刻一刻と変わる史料状況に，注意が必要である。

II 中国第一歴史檔案館所蔵「議覆檔」について

(i) 軍機処・奏摺・議覆

本節では，中国第一歴史檔案館所蔵の軍機処檔案議覆檔（満文議覆檔を除く）について論じる。まず最初に，軍機処，奏摺，および乾隆帝即位後の奏摺による議覆に関して，若干の解説を行っておきたい[21]。

周知のように，軍機処は雍正年間に成立し，乾隆初年に清朝の事実上の最高国政審議機関として確立した。前述したように，内閣は順治帝が順治15年に設置し，同18年にいったん廃されたものの，康熙帝が康熙9年に復設した。しかし，大学士の行う票擬は皇帝の裁量を実質的に制約するものでもあったし，加えて，満漢翻訳にともなう煩瑣な手続きと多数の人員の関与は情報の漏洩や案件処理の遅延につながった。また，八旗や外藩の案件に関しては，宗室王公・満洲権門勢力らが名を連ねる議政王大臣会議が大きな影響力を有しており，それもまた皇帝権力を掣肘するものであった。そこで雍正帝は，官僚から私信として皇帝に直達される奏摺を積極的に利用して，官僚を直接的・個別的に掌握することを目指した。また，対ジューン＝ガル戦を円滑に遂行するため，若干名の腹心を軍機大臣に任じ，かれらの下で文書処理に従事させるため内閣中書科から官員を軍機 章 京(ジャンギン)として派遣し，対ジューン＝ガル戦の重要案件の処理にあたらせた。雍正10年には，その機関の名称を「辦理軍機処」と定めた。ついで乾隆帝は，公的な政策決定の次元において全面的に奏摺を用い始めるとともに，八旗・中国内地・外藩を問わず政務処理を軍機処に一元化して奏摺の処理を担わせた。奏摺は大学士が票擬を行うこともなく，漢文で上せられたものをわざわざ満漢合璧とすることもなかった。なお，軍機大臣は専任ではなく，

大学士や六部・理藩院の尚書・侍郎などの官職を有する者が兼任した。原則として宗室王公は軍機大臣に任用されなかった。以後，題本は中国内地における日常的な政策の実施状況を報告するために用いられ，引き続き内閣がそれを処理した。一方，議政王大臣会議は全く形骸化し，乾隆57年に正式に廃止されるに至った。このような過程を経て，政策決定を担う奏摺を軍機処が中心となって処理する体制が整えられたのである。

　乾隆年間に確立した奏摺の基本的な処理過程を示せば，以下の通りである。まず，中央・地方の官僚が上せた奏摺は，奏事処から奏事太監を介して皇帝のもとに届けられる。皇帝は奏摺に硃批を与えて，奏事処を通して軍機処に下す。軍機処では，満洲軍機章京が満文奏摺を扱い，漢軍機章京が漢文奏摺を扱う。奏摺を受け取るとそれを抄写して録副奏摺を作成する。明発上諭・寄信上諭を下す場合は，軍機大臣がそれを撰擬する（後に軍機章京の職務となった）。六部等に処理結果を通達する必要がある場合は，軍機処から内閣に録副奏摺を送付する。内閣は六部等が派遣した官僚に抄録一件を持ち帰らせ，録副奏摺を軍機処に返却する。奏摺は，軍機処から奏事処を通して上奏者に返却される。上奏者は硃批を確認したのちに奏摺を皇帝に送り返し，それは宮中の懋勤殿等に保存された。ただし，奏摺に付された清単や硃批を与えられていない奏摺は上奏者に返却されず，録副奏摺とともに軍機処に留め置かれた（裴燕生他［2003：181頁］，黨武彦［2003：152-153頁］）。また，六部の奏摺は例外で，皇帝が硃批を加えた後に奏事処から直接六部に渡され，各部は返却された奏摺をそのまま自ら保管し，複写として奏副（副摺ともいう）を作成して内閣に送り届けた（裴燕生他［2003：189-190頁］）。台湾中央研究院歴史語言研究所所蔵の内閣檔案（その一部は『明清檔案』に収録されている）には，六部の奏副が多数収められている。なお，中国第一歴史檔案館所蔵の財政関係の奏摺を収録したマイクロフィルム「宮中檔硃批奏摺財政類」には乾隆初年の戸部の奏摺が多数収められていることから，六部も乾隆初年の頃は返却された奏摺を宮中に戻していたものと考えられる。

　議覆とは，前節でも言及したように，地方官や科道官の提議について皇帝から指名された大臣ないし機関が審議し答申することをいう。以下では，奏摺に

補　論　341

よって行われるようになった乾隆帝即位以後の議覆について述べる。中国内地の統治における一般的な政策決定過程は，各省督撫ないし京師の科道官の奏請に対して「該部は議奏せよ」「該部は密議して具奏せよ」などの硃批が与えられ，それに従って該部が議覆し，「議に依れ」「議に依りて速やかに行え」などの硃批を得て裁可に至る，というものであった。中国内地の統治をめぐって科道官や督撫が上せる奏摺は漢文であり，それに対して皇帝は硃批を漢文で記入し，軍機処において漢軍機章京が漢文録副奏摺を作成して内閣に送付し，処理結果を該部に通達させた。それが議覆を命じるものであった場合，該部は議覆を満漢合璧奏摺によって上せ，それに対して皇帝は正本たる満文側の末尾に満文硃批を与えた。よって，漢文の編纂史料では漢文で引用されている硃批も，実際には「gisurehe songkoi obu（議した通りにせよ）」，「gisurehe songkoi uthai yabubu（議した通りにただちに行わせよ）」等の満文で記されているのである。多くの硃批は議覆の内容を裁可するものであるが，具体的な指示が下されているものも決して珍しくない。硃批を奉じた奏摺は軍機処を介することなく該部が直接受け取って自ら保管し，奏副を作成して内閣に送り届けた。

　ただし，軍機処檔案である議覆檔は，当然ながら，軍機処が関与しない六部等の議覆を収録したものではない。議覆檔は，上述した議覆の通例とは異なって，特に重大な案件について軍機大臣が行った議覆を収めたものである。光緒『欽定大清会典』巻3，辦理軍機処，軍機大臣条の，

　　大政を議し，大獄を讞(はか)るに，旨を得れば則ち与(あづか)る。〈……特に軍機大臣に
　　交して議奏せしむる者の如きは，即ち本処より査議す。〉

というケースに該当する軍機大臣の議覆が，議覆檔には抄録されているのである。したがって，あらゆる政策の最終決定段階を記録したものではないが，その反面，時の皇帝が国家の根幹に関わる「大政」「大獄」であると判断した案件について軍機大臣がいかなる意見を提出し，どのように処理されたのかを記した，極めて重要な一次史料といえる。さらに軍機大臣の職務には，文武官員の任用に際しての名単（候補者名簿）の提出や，西北両路駐防官・外藩使節への賞賜の品を擬定した清単の提出などがあった。それらの文書もまた，議覆檔

には抄録されている。そして，かかる議覆檔のうちの中国第一歴史檔案館所蔵分（満文議覆檔を除く）を収めたのが，マイクロフィルム「議覆檔」なのである。

（ii）マイクロフィルム「議覆檔」概要

「議覆檔」は，35mmマイクロフィルムで全28リールからなる。ただし，第26リールの一部と第28リールには光緒（1875-1908）末年の会議檔および議覆上陳檔という議覆檔とは別の檔冊が収録されている。ここでは，会議檔・議覆上陳檔は分析対象から外した。

「議覆檔」所収の各檔冊は，表紙に「雍正十一年春季」などと表題が記されており，半葉ごとにノンブルが打たれている。ただし，マイクロフィルムにコマ番号はない。檔冊中の文字は，概ね明瞭な楷書体で記されている。記載された個々の議覆は，基本的には六部の議覆と同様の形式であり，議覆の対象となった奏摺の内容を簡潔に記し，それに対して与えられた軍機大臣に議覆を命じる硃批を引用し，その後に軍機大臣の協議結果を記述し，「此れの為に謹んで奏す。旨を請う」などの定型句で締めくくっている。そして続けて，「雍正十一年正月初五日旨を奉じたるに，「議に依れ」と，此れを欽めり」というように，硃批を奉じた年月日と硃批が記されている。なかには，さらに「戸部に交して即ちに行文せしめり。史貽直の原奏摺もて并発せり」などと，その後の文書処理について註記しているものもある。ただし，基本的に上奏日は記録されていない。軍機大臣の上奏であれば，ほとんどの場合において上奏日と奉旨日が一致するために，上奏日を記録しなかったのであろう。また，原件には末尾に上奏者一覧が記されていたと思われるが，それは省略されている。

以上のことを踏まえると，「議覆檔」の引用・参照に際して個々の議覆を特定するためには，"「議覆檔」第1リール「雍正十一年春季」檔冊，1-3頁，雍正11年正月5日奉旨，大学士鄂爾泰等奏摺"といったように，リール番号・檔冊表題・頁数（半葉ごとのノンブル）・奉旨日・筆頭上奏者名を記すのが適当と考える（ただし，筆頭上奏者名さえ明記していない議覆がかなり存在する）。

それでは，「議覆檔」全28リールの内容を以下で大まかに説明したい（表10.4

表10.4　「議覆檔」全28リールの収録檔冊一覧

リール	檔冊表題
1	雍正十一年春季
	表紙なし【雍正十一年秋季】
	雍正十一年秋季【正しくは夏季】
	雍正十一年冬季
	雍正十二年夏季檔
	雍正十二年秋季檔
	表紙なし【雍正十三年八月二十三日至十月二十八日】
	雍正十三年八月至……【至九月】：上諭
2	（つづき）
	乾隆元年正月至五月
	乾隆二年正月至六月
3	（つづき）
	乾隆二年七月至十二月
	乾隆三年正至十二月
	乾隆四年正至十二月
4	乾隆六年正月至十二月
	乾隆六年【乾隆六年至十年】
	乾隆七年正月至五月
5	乾隆七年六月至十二月
	乾隆八年正月至十二月
	乾隆九年正至十二月
6	乾隆十年正月至十二月
	乾隆十一年正月至十二月
	乾隆十二年正月至六月
7	乾隆十二年七月至十二月
	乾隆十三年六月至十二月
	乾隆十五年【八月・九月】
	乾隆十五年正至七
8	乾隆十六年正月至四月
	乾隆十六年五月至七月
	乾隆十七年正月至七月
9	乾隆十七年八月至十二月
	乾隆十八年正月至五月
	乾隆十八年六月至十二月
	乾隆十九年正月至十二月
10	乾隆二十年正月至七月
	乾隆二十年八月至十二月

344 補 論

		乾隆二十一年正月至十二月
		乾隆二十三年正月起至十二月止
	11	（つづき）
		乾隆二十五年正月至十二月
		乾隆二十五年夏秋冬三季
		乾隆五十六年
		表紙なし【道光三年】
		咸豊五年
	12	咸豊三年正月……【至十二月】
		咸豊六年
		咸豊七年正月
		咸豊八年正月至十二月
	13	（つづき）
		咸豊九年
		咸豊十年
		咸豊十一年正月至七月
	14	同治元年
		同治三年
		同治四年正月立
	15	同治五年分
		同治十年
		同治十一年
	16	（つづき）
		同治十二年
		同治十三年
		光緒四年立
	17	（つづき）
		光緒五年
		表紙なし【光緒六年】
		表紙なし【光緒八年】
	18	光緒九年正月
		光緒十年正月
		光緒十一年正月
		光緒十三年正月至六月
	19	（つづき）
		光緒十三年七月……
		光緒十四年正月
	20	光緒十四年七月
		光緒十五年

補論 345

	光緒十六年正……
	光緒十六年七月
21	（つづき）
	光緒十七年正月
	光緒十八年正月
	光緒十八年……
	光緒十九年正月立
	光緒十九年七月立
22	光緒二十一年正月立
	光緒二十一年七月立
	光緒二十二年正月立
	光緒二十二年七月立
23	光緒二十三年正月立
	光緒二十三年七月立
	光緒二十四年正月分
24	（つづき）
	光緒二十四年七……
	光緒二十五年正月分
	光緒二十五年七月　日
	光緒二十六年正月分
	光緒二十六年七月分
25	光緒二十七年十二月立
	光緒二十八年正月
	光緒二十八年七月分
	光緒二十九年正月分
	光緒三十年正月分
	光緒三十年四月立
	光緒三十一年正月分
	光緒三十一年七月分
26	『会議檔』光緒三十二年十月分
	光緒三十二年正月分
	光緒三十二年七月
	光緒三十三年正月
	光緒三十三年七月分
	光緒三十四年正月分
	光緒三十四年七月分
27	宣統元年正月分
	宣統元年七月分
	宣統二年正月分

		宣統二年七月分
		宣統三年正月分
		宣統三年四月分
		宣統三年七月分
		宣統三年十月分
	28	『議覆上陳檔』光緒二十九年
		『会議檔』光緒三十二三年分
		『会議檔』光緒三十二三年分
		『会議檔』光緒三十四年分

参照)。まず,雍正帝在位期間中の檔冊には,「雍正十一年春季」から「雍正十二年秋季檔」までの6冊が存在する。それらの檔冊に記された軍機大臣の議覆は,専ら西北問題に関するものである(表10.5参照)。

雍正13年に雍正帝が没すると,即位した乾隆帝はただちに荘親王允祿・果親王允礼・大学士鄂爾泰・大学士張廷玉を総理事務王大臣に任じて「総理処」(正式名称は「総理事務処」)を設置[22],ほどなくして「今,西北二路は既已に事無し」との理由で総理事務王大臣に軍機処事務を兼管させて軍機処を廃した[23]。その体制が約2年続いたのち,乾隆帝は荘親王らの請願を受け入れる形で総理事務王大臣を解任して総理処を廃し,「目前の両路軍務は尚お未だ完竣せず,且つ朕日々に万機を理むるも亦た特召交出の事有り」との理由により軍機処を復設して,鄂爾泰・張廷玉・兵部尚書訥親・戸部尚書海望・刑部左侍郎納延泰(ナヤンタイ)・理藩院左侍郎班第(バンデイ)の6名を軍機大臣に任じた[24]。「議覆檔」に収められた総理処時代(雍正13年8月23日~乾隆2年11月28日)の檔冊には,「表紙なし【雍正十三年八月二十三日至十月二十八日】」「乾隆元年正月至五月」「乾隆二年正月至六月」「乾隆二年七月至十二月」の4冊がある[25]。それらの檔冊には,地丁・塩課・関税から銭法・銅政まで,科挙関係から帰化城トメト兵の問題まで,あらゆる方面の案件が現れる(表10.6参照)。そこから,総理処が政務全般を処理していたことを見て取れる。そのこと自体は,総理処なのだから当然のことではあるが,興味深いのはその後のことである。すなわち,乾隆2年11月28日以降の議覆檔は再び軍機処の政務処理の記録となるわけだが,その内容は引き

補　論　347

表10.5　「議覆檔」第1リール「雍正十一年春季」檔冊概要

頁数	筆頭上奏者	原奏者	案件	奉旨日
001-003	大学士鄂爾泰	署陝西巡撫史貽直	撥運豫楚二省米糧	11.正.5
004-007	大学士鄂爾泰	総理屯田事務孔毓璞	口外屯田収穫糧石	11.正.8
008-010	大学士鄂爾泰	総理屯田事務孔毓璞	給与農民十二名九品頂帯	11.正.8
011-022	大学士鄂爾泰	甘粛巡撫許容	開捐土方事例	11.正.10
023-024	―――	―――	教導回民之司官養廉銀両	11.正.14
025-027	大学士鄂爾泰	署寧遠大将軍査朗阿	総兵曹勤欺安捏報失機縦賊	11.正.17
029-030	大学士鄂爾泰	掌辦青海防務馬爾泰	料理胡畢爾漢徒衆回蔵	11.正.17
031-033	大学士鄂爾泰	署寧遠大将軍査朗阿	欽定総兵二員会来営操兵	11.正.18
035-037	大学士鄂爾泰	甘粛巡撫許容	甘標営馬所需春季料草	11.正.20
039	大学士鄂爾泰	礼部左侍郎杭奕禄	杭奕禄養廉駅馬	11.正.21
041-062	大学士鄂爾泰	署寧遠大将軍査朗阿	酌定軍営事宜五條	11.正.24
063-064	大学士鄂爾泰	甘粛巡撫許容	餵養駝隻事宜	11.正.29
065-066	大学士鄂爾泰	甘粛巡撫許容	標兵応需口糧米麦	11.正.29
067-073	大学士鄂爾泰		白爾格地方築城	11.2.5
075-077	―――	貝勒丹忠	暫於巴彥咯拉山等処住牧	11.2.5
079-081	大学士鄂爾泰		推河地方築城	11.2.6
083-085	大学士鄂爾泰	署寧遠大将軍査朗阿	土魯番回衆先移至布隆吉地方暫住	11.2.6
087-090	大学士鄂爾泰	甘粛巡撫許容	停止蠲免銭糧例徴収旧欠	11.2.6
091-092	領侍衛内大臣豊勝額	都察院左副都御史二格	蘭口外安西設立道員	11.2.12
093-094	領侍衛内大臣豊勝額	署陝西総督劉於義	寧夏延綏収到馬匹	11.2.12
095-096	領侍衛内大臣豊勝額	署陝西総督劉於義	籌画甘粛提鎮等処兵米	11.2.13
097-099	領侍衛内大臣豊勝額	甘粛巡撫許容	蘭州需用銭糧	11.2.15
101-102	領侍衛内大臣豊勝額	甘粛提督劉世明	侵蝕兵糧並那移虧空	11.2.17
103-104	領侍衛内大臣豊勝額	甘粛提督劉世明	甘粛五営領到春季餉銀餉米	11.2.17
105-109	領侍衛内大臣豊勝額	署寧遠大将軍査朗阿	軍営馬匹須俟青草漸生之時	11.2.17
111-117	領侍衛内大臣豊勝額		陝甘糧運事宜	11.2.20
119-120	領侍衛内大臣豊勝額	大将軍順承郡王錫保	歴年撥解銀両数目	11.2.27
121-125	領侍衛内大臣豊勝額	直隷総督李衛	工部解員運送火薬等項遅悞	11.2.27
127-128	領侍衛内大臣豊勝額	総理青海番子事務達鼐	哈爾海図軍営馬匹	11.2.28
129-130	領侍衛内大臣豊勝額	総理青海番子事務達鼐	木魯烏蘇地方採取沙金	11.2.28
131-133	領侍衛内大臣豊勝額	礼部左侍郎杭奕禄	採訪運糧道屯田地方	11.3.2
135-138	領侍衛内大臣豊勝額	署西寧総兵范時捷	修繕西寧城垣辺牆	11.3.3
139-140	領侍衛内大臣豊勝額	署陝西総督劉於義	西寧諸処採買耕牛	11.3.4
141-142	領侍衛内大臣豊勝額	署陝西総督劉於義	粛鎮兵丁遇有差遣在甘州府領餉	11.3.4
143-144	領侍衛内大臣豊勝額	署陝西総督劉於義	岳鍾琪承陝省軍需未経題銷	11.3.4
145-147	領侍衛内大臣豊勝額	署陝西総督劉於義	土魯番回衆暫移居安西	11.3.4
149-152	領侍衛内大臣豊勝額	甘粛巡撫許容	甘標等官兵馬駝	11.3.5
153-155	領侍衛内大臣豊勝額	署陝西総督劉於義	軍需馬匹例	11.3.8
157	領侍衛内大臣豊勝額	甘粛巡撫許容	原任平慶道趙泉楠騒擾駅站	11.3.14
159-162	領侍衛内大臣豊勝額	署陝西巡撫史貽直	西安八旗馬匹旧例	11.3.14
163-164	領侍衛内大臣豊勝額	署陝西巡撫史貽直	西安道倉応徴屯糧	11.3.20
165-169	領侍衛内大臣豊勝額	（上諭）	四川口外明正等土司帰誠内附	11.3.23
171	（辦理軍機処知会）	（署陝西総督劉於義）	将投来厄魯武呉魯木等解京	11.3.24

348 補論

表10.6 「議覆檔」第2リール「乾隆元年正月至五月」檔冊，正月部分概要

頁数	筆頭上奏者	原奏者	案件	奉旨日
001-002		戸部左侍郎李紱	各省郷試巻数繁多	元.正.4
003-004		戸部左侍郎李紱	清銷燬制錢之源	元.正.4
005-006	総理事務和碩荘親王允祿	工部右侍郎図理琛	設先蠶壇一案	元.正.4
007-012	総理事務和碩荘親王允祿	工部右侍郎図理琛	設先蠶壇一案	元.正.8
013			張広泗繳還総理苗疆大臣関防	元.正.10
015		貴州巡撫張広泗	借給民間牛具耕種銀両	元.正.11
017		都察院左都御史孫嘉淦	酌停捐款	元.正.12
019		貴州巡撫張広泗	調撥川兵来黔協剿	?
021		礼部尚書三泰	頒発経史存貯尊経閣並令督撫刊刻	元.正.13
023		監察御史蒋炳	升契神主於啓聖祠中間与五王並祀	元.正.14
025		永泰	八旗志書陸続纂輯元.正.13	
027-028		永泰	科道各員遇有差缺帯領引見	元.正.16
029-030	総理事務和碩荘親王允祿	王萍	河南鄭州地方賠累空糧	元.正.16
031-032		永泰	帰化城土黙特散処四郷請輪派兵丁	元.正.16
033		永泰	在外各衙門所用刑具式様	元.正.16
035-036		瑪起元	塩政関税盈余銀両	元.正.17
037		戸部左侍郎李紱	用滇銅以制倭狡以資鼓鋳	元.正.20
039-040		兵部尚書甘如来	除煩苛権税以広皇仁以甦商民	元.正.20
041-042	大学士鄂爾泰	準泰	世宗憲皇帝賞賜三品頂服	?
043-045		準泰	以福建海関帰巡撫管理	元.正.20
047-048		漕運総督顧琮	各省入官房産詳悉核定作速変売	元.正.22
049-050		漕運総督顧琮	潁海等州県漕米応否改折	元.正.22
051			前奉諭旨改写乾隆元年月日頒発	元.正.22
053			誠親王和親王随駕未曾指定住処	元.正.24
055-056		江西巡撫俞兆岳	海塘善後事宜三條	元.正.24
057		江西巡撫俞兆岳	薦海塘工員	元.正.24
059-063	総理事務和碩荘親王允祿		除商収硝勧之新例以厚民生	元.正.19
065-069	総理事務和碩荘親王允祿		開除豫省報墾田之田以広皇仁	元.正.19
071-073		監察御史謝済世	学庸註疏	元.正.20
075-076		戸部左侍郎李紱	臣下之母曾受二品以上封典者恩賞	元.正.20
077-081		監察御史謝済世	殿試大典	元.正.21
083-086	総理事務和碩荘親王允祿		三等侍衛伊通阿等相度承恩公祖塋	元.正.22
087-090	総理事務和碩荘親王允祿		守陵之王公大臣官員賞賜之処	元.正.26
091-093		江蘇按察使郭朝鼎	江蘇常州府属靖江無塩可食	元.正.27

続き政務全般を対象とするものであり，総理処時代との断絶はほとんど認められないのである（表10.7参照）。

かくして，総理処設置以後の議覆檔は，政務全般に関わるものとなる。ただ，マイクロフィルム「議覆檔」が収める檔冊は，乾隆25年で一旦途切れており，次に乾隆56年分1冊が収められているのだが，政策決定上重要な議覆を豊富に

補論 349

表10.7 「議覆檔」第3リール「乾隆三年正至十二月」檔冊，正月〜3月部分概要

頁数	筆頭上奏者	原奏者	案件	奉旨日
001-003	大学士鄂爾泰	———	御書文廟匾額等事	3.正.5
005-011	———	趙之垣	陝甘二省郷試甘省応試者墾於資斧	3.正.12
013-014	大学士鄂爾泰・張廷玉	———	擬賜大学士九卿等諸臣	3.正.14
015	———	———	新授理藩院侍郎僧文査布応否預宴	3.正.15
017-018	———	———	筵宴旧例	3.正.14
019	———	———	筵宴旧例	?
021-022	大学士鄂爾泰・張廷玉	———	御書文廟匾額等事	?
023-025	大学士鄂爾泰	———	直隸地方平糶通倉米石	3.正.24
027-029	和碩荘親王允禄	———	如何承襲果親王之爵	?
031-033	大学士鄂爾泰	———	擺羊戎地方馬廠馬匹	?
035-036	（辦理軍機処咨覆）	（兵部）	帰化城駐防八旗家選兵丁欠少	3.2.8
037-038	大学士鄂爾泰	———	官商范毓馪運送軍糧	3.2.9
039-040	———	監察御史宜兆熊	桂林通判銭士琦在任五年並無盜案	3.2.9
041	大学士兼管翰林院事張廷玉	———	翰林三員雖経退班不応仍立廊下	3.2.10
043-046	———	戸部尚書海望	乗時平糶以済兵民	3.2.12
047-049	———	直隸総督李衛	八旗入官地畝	3.2.16
051-052	———	監察御史叢洞	五城糶米	3.2.23
053-055	———	———	査収存候辦理之事尚有三件	?
057	———	———	総督徳沛米麦清単甚属明晰	3.2.27
059-061	大学士鄂爾泰・張廷玉	倉場侍郎陳世倌	皇上致祭先子師孔子	3.2.28
063-064	———	都察院左都御史馬爾泰	預給一月甲米暫停扣還	3.2.30
065	———	———	八旗空区尽造房屋	?
067-068	大学士鄂爾泰・張廷玉	———	五城平糶所賑貧民	?
069	———	南河総督高斌	河標署副将葛世雄引見	?
071	———	———	将林祖成調補黄厳水師総兵官	?
073	大学士鄂爾泰・張廷玉	———	恭謝天恩	?
075-076	（辦理軍機処咨覆）	（兵部）	直晋二省換班官兵	3.3.5
077-078	———	副都統策楞	五城十廠糶米射利奸徒囤積販運	3.3.11
079-081	———	監察御史舒輅	禁止黄銅之例	3.3.15
083-088	大学士鄂爾泰	通政使司右通政使李世倬	改鋳毎文重一銭	3.3.17
089-091	大学士鄂爾泰	———	八旗米局動支庫銀収買米石	3.3.19
093-094	大学士鄂爾泰	———	各廠糶米銭文応否添成搭放兵餉	3.3.21
095	———	大学士嵇曾筠	将卓林調補寧波鎮城守営遊撃	?
097-102	大学士鄂爾泰	———	保挙翰林科道部属内数人以充考官	3.3.25
103-106	———	直隸総督李衛	満漢科道缺出応行帯領引見	3.3.27
107	———	———	通州米廠另換監糶人員	?

収録しているのはそこまでである。その後，道光3年（1823）分1冊があり，続いて咸豊3年（1853）から宣統3年（1911）までのものが収録されているものの，儀礼や人事に関する形式的な上奏や清単・名単を載せるのみの檔冊へと変貌している。また，使用言語にも大きな変化がみられる。「議覆檔」の前半

部分に収められた乾隆56年以前の檔冊は，すべて漢文で記された漢文議覆檔である。中国第一歴史檔案館には，同時期の満文議覆檔が存在するが，それはこのマイクロフィルム「議覆檔」には収められていない。それに対して，「議覆檔」の後半部分に収められた道光3年以降の檔冊には満漢文が混在している。議覆檔といいながらも議覆をほとんど収録しなくなり，記載すべき内容が激減したために，満文議覆檔と漢文議覆檔が統合されたものと考えられる。このように，「議覆檔」は乾隆26年から咸豊2年までの約90年間の檔冊を，わずか2冊の例外を除いて収めておらず，その間の乾隆56年から道光3年までの期間に，議覆檔の性格は大きく変化しているのである。

その変容過程は，台湾故宮博物院所蔵分を調査することによりある程度解明できると思われる。台湾故宮博物院ホームページ中の図書文献処資料庫の検索システムを利用すると，同博物院には乾隆年間の議覆檔が8冊，嘉慶年間（1796-1820）のものが17冊，道光年間のものが27冊，咸豊年間のものが14冊，光緒年間のものが1冊，年代不明のものが1冊，収蔵されていることがわかる[26]。議覆檔の性格が大きく変化したと思われる乾隆56年から道光3年までの檔冊としては，乾隆57年の檔冊1冊，嘉慶7年から同20年までの檔冊17冊，および道光元年・同2年の檔冊各1冊が存在する。今後それらを検討することで，議覆檔の変容過程を跡づけることが可能になるであろう。

続いて，儀礼や人事に関する形式的な上奏や清単・名単ばかりとなる道光3年以降の「議覆檔」の内容を，「咸豊三年正月……【至十二月】」檔冊を例に説明したい。まず，数多く見られるのは賞賜の記事である。その大半は，満文の上奏文と漢文の清単によって構成されている。一例を挙げれば，咸豊3年11月26日に和碩恭親王奕訢は，西北両路の将軍・大臣・伯克らに例年通り賞賜を行うよう満文で上奏し，併せて各駐防官への賞賜品を擬した漢文清単を提出し，「例の通りに賞賜せよ（kooli songkoi šangna）」との満文硃批を奉じている[27]。また，武官らに対する満洲語の称号（清字勇号）の授与に関する記事も多数収録されている。それは，「奉硃筆写horonggo」[28]などというように，漢文文書に称号のみが満文で記されたものである。その他には，定例に従い西北両路の

駐防官を交替させるか否か旨を請う和碩恭親王奕訢の漢文奏摺（各駐防官の履歴を記した名単あり）[29] など，人事関係の奏摺がいくつか存在する。乾隆56年以前の檔冊の大部分を占めていた政治的案件に関する議覆は極めて稀であり，「咸豊三年正月……【至十二月】」檔冊には，ジェブツンダンバ＝ホトクトの僧院の移設許可を求める庫倫辦事大臣デレクドルジ（フレー）の奏摺について理藩院が軍機大臣とともに議覆した満文奏摺1件[30] が収められているに過ぎない。そのような傾向は，「議覆檔」の道光3年以降の檔冊にほぼ共通するものである。ただし例外的に，「光緒十年正月」檔冊から「光緒十三年正月至六月」檔冊には，重要な政策決定に関わる9件の議覆が収められている（表10.8参照）。

なお「議覆檔」には，宣統3年4月10日に責任内閣制が採用され軍機処が廃止された後の檔冊も存在する。そこには，八旗武官や熱河都統の任用，西北両路駐防官らへの賞賜に関する記事などがみられる。また，ここに至ってなおも満文が使用されており，清朝の「国語」問題を考える上で興味深い。「宣統三年四月分」檔冊には，内閣総理大臣以下の官職名の満文訳が書き留められている。内閣総理大臣は「dorgi yamun i uheri dalaha amban」，外務大臣は「tulergi baita be aliha amban」，等の如くである[31]。また，「宣統三年四月分」

表10.8 「議覆檔」第18リール「光緒十年正月」「光緒十一年正月」
「光緒十三年正月至六月」檔冊に収められた議覆全9件

檔冊頁数	奉懿旨	筆頭上奏者	上奏機関	案件	上奏日
10:073-080	10.6.7	戸部等衙門	軍機大臣・戸部	財賦不足以裁減為接済	?
10:364-370	?	和碩礼親王世鐸	軍機大臣・刑部	定擬已革雲南巡撫唐炯罪名	10.12.12
10:372-377	?	和碩礼親王世鐸	軍機大臣・刑部	定擬已革広西巡撫徐延旭罪名	10.12.12
10:400-445	10.9.5	戸部等衙門	軍機大臣・戸部・総理各国事務衙門	通盤籌画接済餉需	?
11:095-102	11.5.18	和碩醇親王奕譞	軍機大臣・戸部・工部	雲南磑務漸次拡充採運尚未復額	11.6.10
11:111-122	11.6.18	和碩醇親王奕譞	軍機大臣・総理各国事務衙門・神機営王大臣	東三省辺防事宜	11.7.20
11:163-178	11.7.23	和碩醇親王奕譞	軍機大臣・戸部	各省募勇太多並旗営加餉訓練	11.8.22
11:181-187	11.8.22	和碩醇親王奕譞	軍機大臣・総理各国事務衙門王大臣・李鴻章	海防善後事宜	11.9.7
13:001-012	?	和碩醇親王奕譞	軍機大臣・戸部・工部	開炉鼓鋳事宜並整頓銭法章程	13.正.27

凡例：檔冊欄の10は「光緒十年正月」檔冊，11は「光緒十一年正月」檔冊，13は「光緒十三年正月至六月」檔冊を指す

「宣統三年七月分」「宣統三年十月分」の3冊の檔冊には，旗人の引見に関する満文檔案が計25件収録されている。満漢合璧も2件存在しており，それは兵丁の生息銀両の元本返済期限を通例に従って2ヶ月延期するための奏請と上諭である[32]。「議覆檔」の最後に収められているのも，3名の武官に対し「colgoroko 巴図魯(バトゥル)」などの清字勇号を授与することを記した上諭である[33]。その日付は宣統3年12月22日，陽暦に置き換えると1912年2月9日，つまり宣統帝が退位する3日前のことであり，極めて限定的ではあるものの清朝が最後まで満洲語の使用を堅持していたことを見て取れる。

以上，マイクロフィルム「議覆檔」の概要を述べてきた。「議覆檔」は中国第一歴史檔案館が所蔵する雍正11年から乾隆25年までと乾隆56年の檔冊，および道光3年と咸豊3年から清末までの議覆檔を収録しており，その空白期間を埋めるものとして，台湾の故宮博物院に乾隆末年から嘉慶・道光の議覆檔が多数所蔵されている。議覆檔の内容は時代によって大きく異なっており，雍正帝在位期間中は西北問題に限られ，乾隆帝即位・総理処設置にともない政務全般に関わるものへと変化した。その後，マイクロフィルム「議覆檔」に檔冊が収められていない乾隆末年から道光初年までの間に，議覆檔は儀礼や人事に関する形式的な上奏等を収めるものへと変わっていった。このことから，「議覆檔」において史料的価値が特に高いのは，その前半部分，とりわけ政務全般に関わる乾隆前半部分であると言って間違いないだろう。そこで以下では，当該時期の銭法関連記事をいくつか取り上げて，「議覆檔」のもつ史料としての可能性を具体的事例に即して論じてみたい。

（iii）「議覆檔」に収められた乾隆前半の銭法関係奏摺

「議覆檔」の乾隆前半部分（雍正13年の乾隆帝即位以後を含む）には，銭法関連の記事（議覆・清単）が合計57件存在する（表10.9参照）。以下では，それらを5種類に大別し，そのなかから各1件を取り上げて，これまでも利用できた奏摺・録副奏摺に加え新たに「議覆檔」を用いることによっていかなる分析が可能になるのかを示す。なお，以下で記す史料番号は，表10.9で筆者が便宜

補　論　353

表10.9　「議覆檔」乾隆前半部分に収められた銭法関連記事全57件

番	リール	檔冊	頁数	筆頭上奏者	原奏者	案件	奉旨日
1	1	13.8-10	265-268	荘親王允禄	給事中徳寿	八旗兵餉官員公費銀銭兼放	13.10.13
2	2	元.正-5	003-004		戸部左侍郎李紱	清銷燬制銭之源	元.正.4
3	2	元.正-5	037		戸部左侍郎李紱	用滇銅以制倭狡以資鼓鋳	元.正.20
4	2	元.正-5	157		戸部尚書海望	弛銅禁以資鼓鋳以便民生	元.2.9
5	2	2.正-6	117-119		両江総督慶復	広東開硫以資鼓鋳	2.3.28
6	3	2.7-12	195-197		監察御史鹿炘	交易五百文以上一概用銀	2.r9.6
7	3	2.7-12	213-214		監察御史朱士仮	稽査舗戸囲積銭文	2.r9.11
8	3	2.7-12	223-225		監察御史諾穆布	禁止黄銅之例	2.r9.15
9	3	2.7-12	239-240		侍読学士朱蘭泰	恩賞兵丁半年餉銀	2.r9.25
10	3	2.7-12	243-245		鑲藍旗漢軍副都統慶泰	支放兵餉先発制銭後発餉銀	2.r9.27
11	3	2.7-12	289-296		編修商盤	疏通銭法四條	2.11.7
12	3	2.7-12	329-332		監察御史王文璿	酌定銭局官価	2.11.30
13	3	3.正-12	079-081		監察御史舒赫	禁止黄銅之例	3.3.15
14	3	3.正-12	083-088		通政使司右通政使李世倬	改鋳毎文重一銭	3.3.17
15	3	3.正-12	093-094			糶米銭文応否添成搭放兵餉	3.3.21
16	3	3.正-12	241-242		正白旗蒙古参領四十七	疏通銭法三條	3.6.3
17	3	3.正-12	409-413	大学士鄂爾泰		銭米市価昂貴	3.9.14
18	3	4.正-12	087-092		侍読学士祖尚志	銭法利弊	?
19	3	4.正-12	305-306		南昌府知府呉同仁	江西等省攙和小銭甚多	4.12.12
20	4	6.正-12	117-119	大学士鄂爾泰	署理貴州総督張允随	籌辦廠務塩井之利	6.4.10
21	4	6.正-12	349-351	履親王允祹	署戸部左侍郎三和(告称)	京局工食欠少各廠停炉	6.8.28
22	4	6.正-12	361-363	履親王允祹	署戸部左侍郎三和	京局工食欠少各廠停炉	6.9.10
23	4	6.正-12	407-408		江西布政使陳弘謀	両遍各廠商民自備工本開採	6.10.22
24	4	6.正-12	419-421		監察御史孫灝	銭局匠役工価仍給銭文	6.10.25
25	4	7.正-5	147-153		孫人龍	滇省事宜	7.4.1
26	4	7.正-5	295-296		正藍旗漢軍都統伊勒慎	禁用銭文買賣牛馬等項	7.5.16
27	5	8.正-12	259-263	大学士鄂爾泰	監察御史張溥	疏通銭法三條	8.12.8
28	5	8.正-12	447-452	大学士鄂爾泰	河南巡撫碩色	零星銭糧按照時価徴収銭文	8.12.26
29	5	8.正-12	453-458	大学士鄂爾泰	陝西布政使帥念祖	変通銭法	8.12.27
30	5	9.正-12	219-222		貴州総督張広泗	辦運京鉛水脚節省銀両	9.8.8
31	5	9.正-12	223-225		監察御史李清芳	銭法事宜	9.8.9
32	5	9.正-12	357		監察御史范廷楷	厳禁海洋私販銭文	9.12.20
33	6	10.正-12	055-056			各局鼓鋳成本銀両	10.2.28
34	6	10.正-12	097			本年一月搭放兵餉情形	10.4.24
35	6	11.正-12	167-176	大学士張廷玉	貴州総督張広泗	節省銅鉛余息以裨工程	11.4.28
36	6	11.正-12	262-263			范毓馪洋銅一時難於措辦	11.6.27
37	6	11.正-12	491		両広総督策楞	広西採買滇銅	11.11.18
38	6	11.正-12	495-496	大学士張廷玉	福州将軍新柱	交易一両以上母得兼用銭文	11.12.26
39	7	12.7-12	214-217			范清柱洋銅減額展限	12.10.17
40	7	12.7-12	252-254	大学士張廷玉	盛京戸部侍郎富徳	将庫貯銭文搭放公費工食	12.11.5
41	7	12.7-12	400-402	大学士張廷玉	直隷総督那蘇図	酌籌保定兵餉搭放銭文	12.12.23
42	7	13.6-12	043-044			劉光晋備資銀両採辦銅觔	13.6.18
43	7	13.6-12	053-054		給事中塔坦	黄銅器皿按照官価買売	13.6.24
44	7	13.6-12	093-095	大学士張廷玉	監察御史舒昌	晋商在京借放印子銭者甚多	13.7.8

354　補論

45	7	13.6-12	149	———	———	八旗内務府米局庫貯銭文	13.r7.9
46	7	13.6-12	363-370	———	浙江巡撫方観承	余銭出易以平市価	13.11.13
47	7	15.正-7	011-015	———	———	滇省各廠多獲銅觔	15.正.5
48	7	15.正-7	037-038	———	———	滇省辦獲銅觔並節省銀両	15.正.22
49	8	16.5-7	281-283	———	———	禁止黄銅之例	16.7.6
50	9	17.正-7	381	———	———	瀬海地方行使寛永銭文	17.7.20
51	9	17.8-12	081-082	———	雲南巡撫愛必達	銅觔改就水運	17.9.13
52	9	18.6-12	189-190	———	———	辦運洋銅免徴船税銅税	18.9.3
53	10	21.正-12	189	———	監察御史湯世昌	明歳南截留銅觔漕米	21.r9.26
54	10	23.正-12	005-009	大学士傅恒	四川総督開泰	於鋳息内動支屯兵口糧	23.正.18
55	10	24.正-12	326	———	甘粛按察使明徳	撥運楚省銭文接済甘省	24.9.18
56	11	25.正-12	093-095	———	———	五城平糶銭文	25.5
57	11	25.正-12	096-098	大学士傅恒	陝甘総督楊応琚	改定新疆銭法	25.5.9

※「番」は史料番号。「檔冊」はアラビア数字を用いて略記した。1のみ、檔冊と奉旨日の「13」は雍正13年を指し、それ以外は全て乾隆。奉旨日の「r」は閏月を表す。

的に付した通し番号である。

①史料番号40：第7リール「乾隆十二年七月至十二月」檔冊，252-254頁，乾隆12年11月5日奉旨，大学士鄂爾泰等奏摺。

　これは，盛京戸部侍郎富徳が盛京戸部銀庫に退蔵されている制銭3,327串余を各衙門官員公費・書吏工食に搭放したいと奏請したことに関して，軍機大臣が行った議覆である。ここにおいて軍機大臣らは，富徳の奏請は妥当であり制銭の搭放は認めるべきであるが，乾隆14年に予定されている索約爾済地方への巡幸に随従する官兵が銅銭を必要とするので，2,000余串を銀庫に留め置かせ，残余の1,000余串は銀1両＝800文の換算率によって公費・工食に搭放させるよう上奏し，裁可されている。乾隆12年10月9日付で上せられた富徳奏摺は，「宮中檔硃批奏摺財政類」第60リール2069-2071に収められており，「軍機大臣等は議奏せよ」との硃批が記されていることを確認できる。このように，原奏が中国第一歴史檔案館「宮中檔硃批奏摺財政類」，あるいは同館「乾隆朝軍機処漢文録副奏摺」や台湾故宮博物院『宮中檔乾隆朝奏摺』・「清代軍機処檔摺件」などに残されており，軍機大臣の議覆を命じる硃批が与えられていたことを確認できるものに，史料2・5・18・20・23・24・29・35・37・46・54・57がある。それらは，従来の史料状況においても，ある上奏がなされて軍機大臣の議

覆に下されたことがわかっていたが,「議覆檔」によって議覆の内容が初めて判明したものである。

②史料番号26:第4リール「乾隆七年正月至五月」檔冊,295-296頁,乾隆7年5月16日奉旨,軍機大臣奏摺(34)。
　これは,正藍旗漢軍都統伊勒慎が銭貴の原因となっている高額取引での銅銭使用と銅銭の囤積を禁止するよう奏請したことに関して,軍機大臣が行った議覆である。ここにおいて軍機大臣らは,銀・銭の使い分けは民便に従うべきであり市場における支払いを逐一稽査することもできないので高額取引の銅銭使用を禁止することはできず,また銅銭の囤積については既に歩軍統領舒赫徳が取り締まりを行っているのであらためて協議する必要はない,と上奏し,裁可されている。乾隆7年5月8日付で上せられた伊勒慎の奏摺(第三章参照)は,「乾隆朝軍機処漢文録副奏摺」第52リール345-349に原件が残されており,硃批は与えられていない。前述したように,硃批が与えられなかった奏摺は上奏者に返還されずに軍機処で録副奏摺とともに保管されたわけだが,そこにはこの伊勒慎奏摺のように,軍機大臣が議覆を行って皇帝の裁可を得たものが少なからず存在するのである。史料3・4・10・16・27・31・32もまた,そのようなケースに該当する。従来の史料状況においては,それらは,上奏の存在こそ既に知られていたものの,何らかの処理がなされたのかどうかさえ,全くわからなかった。「議覆檔」によって初めて,それらの奏請が決して未処理のままうやむやにされたわけではなく,軍機大臣の議覆を経て明確な結論が出されていたことが明らかとなったのである。

③史料番号38:第6リール「乾隆十一年正月至十二月」檔冊,495-496頁,乾隆11年12月26日奉旨,大学士鄂爾泰等奏摺。
　これは,福州将軍新柱が銀1両以上(当時の銭価に従えば,銀1両はおよそ750～800文に相当)の交易で銅銭を用いた者に杖責を加えるよう奏請したことに関して,軍機大臣が行った議覆である。ここにおいて軍機大臣らは,既に「銀を

以て重きと為す」よう民間に暁諭を行っており，しかも新柱の提議は苛酷であるのみならず胥役に訛詐の余地を与えるもので「実に銭法に益無」く，実施を検討する必要はないと上奏し，裁可を得ている。福州将軍新柱の奏摺は，管見の限り，原件の奏摺も録副奏摺も確認することができない。同じように，現存する奏摺・録副奏摺の中からは原奏を確認できないものとして，史料1・6・7・8・9・11・12・13・19・21・22・25・30・41・42・43・44・51・52・55がある。それらは，政策協議の存在自体，「議覆檔」なくしては知り得ないものである。

④史料番号17：第3リール「乾隆三年正月至十二月」檔冊，409-413頁，乾隆3年9月14日奉旨，大学士鄂爾泰等奏摺。

　これは，京師の銭貴・米貴について調査し議奏するよう命じられ，それに従って軍機大臣が上せた上奏である。つまり，地方官や科道官の奏摺が軍機大臣の議に下されて審議・答申したものではない。上奏者としては，いずれも軍機大臣を兼任する大学士の鄂爾泰・張廷玉・徐本・訥親の4名が名を連ねている。ここにおいて鄂爾泰らは，まず銭貴問題を取り上げ，現在戸部には八旗兵餉への制銭搭放を増額できるだけの制銭の余剰がないので，雲南から輸送している制銭が京師に届いた後にあらためて協議し上奏したい，と述べている。次に米貴問題について，現在の米価は前の月に比べて1石あたり300～400文安く，加えて収穫の時期に重なり，俸米・甲米の放出もあるので，平糶を行うべきではないことを述べている。これに対して乾隆帝は，「議に依れ」との硃批を与えている。このように，提議に関する議覆ではなく上諭に違い上せた上奏として，他に史料14・15・28・47・48・49・50・53・56がある。

⑤史料番号39：第7リール「乾隆十二年七月至十二月」檔冊，214-217頁，乾隆12年10月17日。

　これは，内務府商人范氏が乾隆3年以降に行ってきた洋銅採買の経緯を詳細に記録したものである。そこには，范毓馪が乾隆3年の軍糧辦運で生じた負債

の返済として銅の納入を開始し，その後東北の参務での負債も重なって乾隆10年より年間130万觔の洋銅を6年にわたって納めるよう命じられ，子の范清柱がそれを引き継いだが納入が滞り，年額80万觔に減額されるとともに期間が延長されたことなどが記されている。上諭で調査を命じられたことは記されていない。ただ，同様に何らかの案件について詳述した記事として史料33・34・36・45があり，史料33には文書が皇帝の手許に留め置かれたことを意味する「留中」の註記があって，当該文書が他の機関に通達されたものでなく皇帝に対して提出されたものであることを明示している。そこから，おそらくこれらの記事は，乾隆帝が何らかの判断を下す際に参考資料として提出させた奏片であろうと推測される。

　以上，「議覆檔」乾隆前半部分に収められた銭法関連記事57件を5種類に大別し，各1件の記事を簡単に紹介した。これまでも，中国第一歴史檔案館「宮中檔硃批奏摺財政類」・「乾隆朝軍機処漢文録副奏摺」や台湾故宮博物院『宮中檔乾隆朝奏摺』・「清代軍機処檔摺件」などによって膨大な数の地方官・科道官の奏摺が利用できたわけだが，「議覆檔」によって初めて，軍機大臣の議に下された後の処理結果を一次史料によって追跡することが可能になったもの，あるいは，提議の存在自体が初めて知られたものが多数存在する。また，「議覆檔」には，上諭によって軍機大臣が上せた奏摺・奏片も収録されている。当該史料は，特に乾隆朝前半を研究する上で，非常に貴重な檔案史料といえる。

註
（1）　以下に述べる，題本制度・史書制度の沿革に関する内容は，宮崎市定［1947］，エリオット，マーク［1993］，楠木賢道［1995］，甘利弘樹［1998］に依拠している。
（2）　ただし，内閣が題本の票擬を通じて政務処理において主導的な位置を占めたのは，主として中国内地の行政に関する案件であり，軍事関係や八旗事務・外藩事務等については中国進出以前より続く議政王大臣会議における合議が重きをなし

た。その後、雍正年間に軍機処がおかれて政務処理が軍機処に一本化されると、政策決定過程における内閣の重要性は低下し、議政王大臣会議は全く形骸化して乾隆57年に正式に廃止されるに至った（次節参照）。なお、議政王大臣会議については、神田信夫［1951］、杜家驥［1998：337-341頁］、参照。

(3) 前註（1）に挙げた先行研究は、月ごとにまとめられた戸科史書が上奏日ではなく諭旨を奉じた日付順にファイルされていたことには言及していない。

(4) http://www.ihp.sinica.edu.tw/

(5) 1950年代に北京大学から故宮檔案館（現在の中国第一歴史檔案館）に移管された漢文題本を収めたもので、順治・康熙・雍正朝のものが中心である。これに対して同館のマイクロフィルム「内閣漢文題本（原館蔵）」には、もとより故宮檔案館～中国第一歴史檔案館に保管されていた乾隆元年以降の題本が収められている。題本等の内閣大庫明清檔案の清末以降における継承・移管・散佚の経緯については、中見立夫［2003］参照。

(6) そのうち34件が「順治年間制銭的鼓鋳」（中国第一歴史檔案館編『清代檔案史料叢編』7、所収）に採録されている。ただし、漢文部分のみである。なお、採録されなかった8件は、破損があって全文が残っていないものである。

(7) 奏摺に関する主な研究としては、宮崎市定［1947］［1957］、Wu, Silas H. L.［1970］、荘吉発［1979］、黨武彦［2003b］などがある。また、近年、内田直文氏が成立期における奏摺政治の実態解明を進めている（内田直文［2001a］［2001b］［2005］）。

(8) http://www.npm.gov.tw/index.html

(9) 引用部分の満洲語原文は以下の通り。

　　boigon i jurgan i k'u yamun ci doolame tucibuha. giyang ning ni siyūn fu i baita be daiselame icihiyara jiyanggiyūn ho tiyan pei i wesimbuhengge. hūwaliyasun tob i jai aniya. nadan biyai ice ilan de wesimbuhe. ineku biyai orin duin de hese. harangga jurgan gisurefi wesimbu sehebe gingguleme dahafi amban be baicaci. giyang ning ni siyūn fu i baita be daiselame icihiyara muderi be tuwakiyara jiyanggiyūn ho tiyan pei i wesimbuhe bithede.

(10)「戸科史書」第271冊、康熙27年4月28日、雲南巡撫石琳題本。

(11)「戸科史書」第266冊、康熙27年3月8日、湖広総督徐国相題本；同、第268冊、

康熙27年4月11日、戸部左侍郎賽畢漢題本。
(12)「戸科史書」第267冊、康熙27年3月13日、偏沅巡撫丁思孔題本；同、第268冊、康熙27年4月16日、戸部左侍郎賽畢漢題本。
(13)「戸科史書」第273冊、康熙27年6月6日、両広総督呉興祚題本；同、「戸科史書」第274冊、康熙27年7月19日、戸部尚書鄂爾多等題本。
(14) なお、この張鵬題本には、同年3月28日に戸部に対して議覆を命じる諭旨が与えられ、それを受けて同年4月6日の戸部尚書鄂爾多等題本（「戸科史書」第269冊、収録）が、張鵬題本の内容を調査した結果、問題がなかったことを報告し、即日裁可されている。
(15)『宮中檔雍正朝奏摺』第6輯、182-184頁、雍正4年6月20日、雲南巡撫管雲貴総督事鄂爾泰奏摺。
(16)「戸科史書」第380冊、雍正4年9月18日、雲南巡撫管雲貴総督事鄂爾泰題本。
(17)「戸科史書」第380冊、雍正4年11月17日、総理戸部事務和碩怡親王允祥等題本。
(18)『宮中檔硃批奏摺財政類』第60リール51-54、雍正4年9月20日、甘粛巡撫石文焯奏摺。
(19)「戸科史書」第380冊、雍正4年11月22日、総理戸部事務和碩怡親王允祥等題本。
(20) 一例として、『宮中檔雍正朝奏摺』第9輯、143-144頁、雍正5年10月18日、江西巡撫布蘭泰奏摺。
(21) 以下に述べる、軍機処制度、奏摺制度、議覆制度の沿革に関する内容は、宮崎市定［1947］、傅宗懋［1967］、莊吉發［1978］、Bartlett, Beatrice S.［1991］、張徳沢［2001］、黨武彦［2003］［2006］に依拠している。
(22)『大清高宗純皇帝実録』巻1、雍正13年8月己丑（23日）条。
(23)『大清高宗純皇帝実録』巻5、雍正13年10月甲午（29日）条。
(24)『大清高宗純皇帝実録』巻57、乾隆2年11月辛巳（28日）条；『乾隆朝上諭檔』第1冊、23頁、乾隆2年11月28日。
(25)「雍正十三年八月至……【至九月】」檔冊は、上諭のみを収めたもので総理事務王大臣の議覆などは一切含んでいない。なぜそのような檔冊が議覆檔として作成されたのかは不明である。
(26) 当該検索システムでは、「軍機処檔冊-議覆檔」としては計64冊の議覆檔が確認される。また、「内閣部院檔-奏摺檔」に分類されている4冊の「議覆奏摺檔」も、莊吉發［1983：266頁］の説明によれば議覆檔とみなすべき内容であるので、本

書ではこの4冊もまた議覆檔に含めた。
(27) 「議覆檔」第12リール「咸豊三年正月……【至十二月】」檔冊, 11-42頁, 咸豊3年11月26日奉旨, 和碩恭親王奕訢奏摺。
(28) 「議覆檔」第12リール「咸豊三年正月……【至十二月】」檔冊, 1頁, 咸豊3年12月19日。
(29) 「議覆檔」第12リール「咸豊三年正月……【至十二月】」檔冊, 71-113頁, 咸豊3年10月22日(上奏), 和碩恭親王奕訢奏摺。
(30) 「議覆檔」第12リール「咸豊三年正月……【至十二月】」檔冊, 240-260頁, 咸豊3年5月4日(上奏), 理藩院奏摺。なお, この時のフレーの移動については, 佐藤憲行氏の研究がある(口頭発表「道光19年・咸豊5年のフレーの移動について」第44回野尻湖クリルタイ, 2007年7月16日)。
(31) 「議覆檔」第27リール「宣統三年四月分」檔冊, 39-40頁。
(32) 「議覆檔」第27リール「宣統三年十月分」檔冊, 1-4頁, 宣統3年10月26日。
(33) 「議覆檔」第27リール「宣統三年十月分」檔冊, 23頁, 宣統3年12月22日。
(34) 上奏者名が明記されていない。

あ と が き

　本書は，2006年度に筑波大学大学院人文社会科学研究科に提出した博士論文「清代前期制銭供給政策史の研究」に，その後の研究成果を踏まえて加筆・改訂を施したものである。本研究は，平成16～17・19～21年度日本学術振興会科学研究費補助金（特別研究員奨励費）ならびに松下国際財団2006年度研究助成による研究成果を含んでいる。また，本書の刊行に際しては，平成21年度日本学術振興会科学研究費補助金（研究成果公開促進費）の交付を受けた。謹んで関係各位に感謝申し上げる。

　博士論文の執筆と前後して学術雑誌等において発表した個々の論文は，本書においては解体・再構成されている。旧稿と本書とのおおよその対応関係を述べれば，以下の通りである。章単位で1個の旧稿と対応しているものも，全面的な改稿を経ている。

　上田裕之［2004a］:「清，順治期～乾隆期前半の京師宝泉・宝源両局における制銭の鋳造費用について」『史峯』10→本論全編に反映。

　上田裕之［2005］:「清，康熙末年から乾隆初年の京師における制銭供給と八旗兵餉──「征服王朝」清朝による八旗生計の保護に関連して──」『史学研究』249→第五章。

　上田裕之［2006a］:「清代乾隆初年の江南における銭貴の発生と清朝政府の対応」『東洋学報』87（4）→第六章。

　上田裕之［2006b］:「清代雍正年間から乾隆前半の雲南における制銭鋳造の展開」『社会文化史学』48→第七章および第八章第二節。

　上田裕之［2006c］:「中国第一歴史檔案館所蔵「戸科史書」所収の康熙中葉の銭法関連題本について」『清朝における満・蒙・漢の政治統合と文化変容』（平成14～17年度科学研究費補助金研究成果報告書，研究代表者楠木賢道）→補論Ⅰ。

上田裕之［2006d］:「清初各省の制銭供給政策―銀の時代の清朝と銅銭―」『史学』75（1）→第一章第三・四節および第二章。

上田裕之［2007］:「中国第一歴史檔案館所蔵「議覆檔」について」『満族史研究』6→補論II。

上田裕之［2008a］:「清代康熙後半の京師における貨幣政策と銭貴の発生」『一橋経済学』2（2）→第三章。

上田裕之［2008b］:「清代雍正年間の各省における貨幣政策と江南の銭貴」『史境』57→第四章。

序論，第一章第一・二節，第八章（第二節を除く），結論は書き下ろし。

　私の研究者としてのキャリアは，修士課程進学からカウントしても，未だ10年にも満たない。かかる若輩者があとがきというスペースを利用して研究上の思い入れなどを吐露しても，なんの説得力ももたないであろう。

　ただ，本書の内容に直接関わることをひとつだけ書かせていただくと，私は常に，史料の多寡にかかわらずテーマとして掲げた研究対象を偏りなく見渡し帰納的に論述したいと考えてきた。史料の乏しい時代・地域に関しても，できる限り多くの可能性を想起した上で，推論として最も妥当なものを選び取るよう努めてきた。その結果として，清代前期の制銭供給政策全体を対象とした本書が，史料に基づく論証のきめ細かさに若干の"むら"があるものとなったことは否めない。しかし，歴史の流れに秘められた動態性と偶有性を描き出すには，史料の乏しい時代・地域をも含めて一貫した論述をなす必要がある。また，史料状況からいってここまでは論じられるという限界線を提示することも，研究史上の一通過点として少なからず価値のある作業であろう。いかなる研究手法にもメリットとデメリットがあることに思いを致しつつ，私はなかば意識的に，そしておそらくは自らの研究環境に「規定」されてなかば無意識的に，如上の研究態度を選択した。

　とはいえ，本書の論証の不十分な部分に対して容赦を請うものでは決してないし，史料の多寡云々ではなく私の研究能力に起因する欠陥の方がはるかに多

く含まれているであろう。本書では，時代・地域こそある程度網羅することができたものの，本格的に分析すべきでありながら触れることさえできなかった論点が山積している（例えば貨幣の「流通速度」の問題を，本書ではほとんど捨象せざるを得なかった）。また，豊富な史料に基づいて全力で論じきった部分にも，不備が多々残されていることであろう。

　本書の完成までには，実に多くの先生方からご指導を賜ったし，また，同世代の若手研究者のみなさんからも様々な刺激を与えられた。だが本書は，ひとえに私の能力不足のために，それらの方々からの学恩に十分応えうるものにはならなかった。もし，謝辞を記すことによってそれらの方々と本書の如き拙い研究との関わりを「暴露」すれば，学恩ある方々の名誉を汚しかねず，文字通り"恩を仇で返す"こととなろう。それゆえ当初は，一切の謝辞を省くつもりであった。しかしながら，そうはいっても感謝の言葉を述べずにはいられない複数の恩師が，過分にも私にはいる。その方々は，指導教員なり博論主査なりといった公的な形で私を引き受けてしまった先生方であり，拙い本書において実名を挙げてお礼を申し上げても，きっと観念してくださるだろうと勝手ながら期待し，以下に謝辞を記すこととしたい。

　まず，楠木賢道先生。楠木先生には，ゼミに所属した学部3年次以来，公私にわたって常に細やかなお心配りを賜った。学部生の時から，満洲語史料の講読や学会参加の機会を与えてくださったことで，私は学問の世界の入り口を早い段階から身近に感じることができた。何より，卒業論文に対する徹底的な添削指導によって，論文を書くことの醍醐味を学部生にもわかる水準で体感させていただいたことが，私のその後を決定づけた。あの時に論文を書くということの"味を占めて"いなければ，私は修士課程に進むことすらなかったはずである。もちろん，大学院時代，さらには大学院を修了して以降もあらゆる形でご指導・ご助力を賜ったことに，深く感謝する気持ちをいだいていることはいうまでもないが，あの卒論指導は今日の私にとって何よりも重みをもっている。

　そして，丸山宏先生。丸山先生には，修士1年次以来，非常に丁寧な漢文読解のご指導を賜った。私はややもすると目先の史料を小手先で操作して安易な

研究をなしがちであるが，丸山先生のご指導を受けるなかで，史料に真っ正面から向き合うという歴史研究者が当然備えているべき態度を間近に日々学び続けることができた。また，博士論文の主査として，執筆前には，全体構成から頻出語句の定義に至るまで非常に念入りなご指導を受けた。その時期に初めて真剣に向き合った課題が少なからずあったことを，鮮やかに記憶している。序論で述べた視座と方法は，この時に丸山先生に促されて形づくられたものといってよい。そして，博論を書き始めてからも，冗長な草稿を隈無くご覧いただき，史料解釈や論旨がおざなりになっている部分を事細かにご指摘くださった。

最後に，江夏由樹先生。江夏先生には，博士論文の副査として，専門的な論文といえども読み手に少しでもわかりやすく伝えるべきことを，具体的な数々のご指摘を通して学ばせていただいた。また，私の不出来な論文を江夏先生がとても面白がってくださったということが，息の詰まる博論執筆期間において，それを書き上げるモチベーションを私に与えてくれた。そして，大学院修了後は，日本学術振興会特別研究員となった私を受入研究者として迎え入れてくださり，一橋大学大学院経済学研究科長の重責を担われ多忙な日々をお過ごしのなか，貴重な時間を私に対する研究指導に割いてくださった。特に，経済学研究科という新しい環境をどのように活かすべきかということを，折に触れてお話ししてくださり，博論以降の研究の展開を常にお気にかけていただいた。

3先生をはじめとする先生方，あるいは若手のみなさんから，私はこれまで多くのことを学んだ。そしてそのことに対し，心から感謝する気持ちである。もっとも，この方からこれこれを学んだなどといっても，私自身の怠惰と無能ゆえ，習得し実践するまでには至っていない事柄ばかりである。また，私の鈍感さゆえ，本来何かを感じ取り学び取るべき貴重なお言葉やご配慮から，いかなる意味をも受け取っていないことが多々あるだろう。少しでも多くのことに気づき，理解し，実践したいと夢想してはみるものの，実際には様々な学問的機会を活かすこともなく，うすらぼんやりと生きているだけである。前述の3先生をはじめとする多くの方々からの学恩にまるで報いられないことを恥じ入ることだけは怠っていないつもりなので，どうかこれからも私の微々たる歩み

を見守っていただきたくお願い申し上げます。

　本書の出版をお引き受けくださった株式会社汲古書院の相談役坂本健彦様，代表取締役石坂叡志様，ならびに編集作業を担ってくださった大江英夫様には，原稿の作成に関わることのみならず，さまざまな面でお世話になりました。おかげさまで，右往左往するばかりの私も，本書を仕上げることができました。厚くお礼申し上げます。

　最後に，妻・美香ならびに両親をはじめとして，学問の世界の外側で私を支え続けてくれる家族，友人たち，高校までの恩師の方々に，最大限の感謝を捧げます。

　　　2009年4月

　　　　　　　　　　　　　　　　　　　　　　　上　田　裕　之

図 表 一 覧

図3.1　康熙33年〜同61年における辦銅状況の推移（110）
図3.2　康熙後半〜乾隆中葉における京師両局の鋳造差損（118）
図6.1　乾隆元年〜同40年における滇銅産出額の推移（212）
図8.1　乾隆元年〜同40年における各年次制銭鋳造総額の推移（300）
図8.2　乾隆元年〜同40年の制銭鋳造総額に占める京師・各省の比率（300）
図8.3　乾隆元年〜同40年の各地域の制銭鋳造総額対人口比（303）

表1.1　順治2年〜康熙21年における京師両局の辦銅制度の変遷（52）
表1.2　順治11年の宝泉局の制銭鋳造（54）
表1.3　順治元年〜康熙14年における各省・鎮の開鋳・停鋳年次（57）
表2.1　順治17年の宝泉局の制銭鋳造（73）
表2.2　康熙6年〜同61年における戸部銀庫貯蔵額の推移（79）
表2.3　康熙22年〜同38年における京師両局の辦銅制度の変遷（87）
表2.4　康熙26年3月25日〜同27年3月25日の宝泉局の制銭鋳造（88）
表2.5　康熙18年〜同39年における各省の開鋳・停鋳年次（89）
表3.1　康熙39年〜同60年における京師両局の辦銅制度の変遷（111）
表3.2　康熙41年〜乾隆40年における京師両局の年間鋳造定額の推移（114）
表4.1　雍正元年〜乾隆39年における戸部銀庫貯蔵額の推移（150）
表5.1　康熙61年〜乾隆40年における京師両局の辦銅制度の変遷（178）
表6.1　浙江省の鋳造開始直後における年間鋳造定額等の推移（214）
表6.2　江蘇省の鋳造開始直後における年間鋳造定額等の推移（217）
表8.1　乾隆元年〜同40年における各年次・各鋳銭局の鋳造定額一覧（266-268）
表8.2　乾隆元年〜同40年の各省の制銭鋳造総額と対人口比（302）

表 8.3　乾隆元年～同40年の各地域の制銭鋳造総額と対人口比（303）
表10.1　中国第一歴史檔案館所蔵六科史書の現存冊数（順治～乾隆）（332）
表10.2　康熙朝の各年次における「戸科史書」の現存冊数（333）
表10.3　雍正朝の各年次における「戸科史書」の現存冊数（334）
表10.4　「議覆檔」全28リールの収録檔冊一覧（343-346）
表10.5　「議覆檔」第1リール「雍正十一年春季」檔冊概要（347）
表10.6　「議覆檔」第2リール「乾隆元年正月至五月」檔冊，正月部分概要（348）
表10.7　「議覆檔」第3リール「乾隆三年正至十二月」檔冊，正月～3月部分概要（349）
表10.8　「議覆檔」第18リール「光緒十年正月」「光緒十一年正月」「光緒十三年正月至六月」檔冊に収められた議覆全9件（351）
表10.9　「議覆檔」乾隆前半部分に収められた銭法関連記事全57件（353-354）

史料・参考文献一覧

史　　料

①編纂史料（史料名五十音順）

『雲南通志』（康熙朝）［清］范承勲等纂修，康熙年間→書目文献出版社，北京図書館古籍珍本叢刊，1987.

『欽定戸部鼓鋳則例』［清］傅恒等纂修，乾隆31年→蝠池書院，清代各部院則例，2004.

『欽定大清会典』（嘉慶朝）［清］托津等纂修，嘉慶23年→文海出版社，近代中国史料叢刊三編，1991.

『欽定大清会典事例』（嘉慶朝）［清］托津等纂修，嘉慶23年→文海出版社，近代中国史料叢刊三編，1991-1992.

『欽定大清会典事例』（光緒朝）［清］宗室崑岡等纂修，光緒25年→啓文出版社，1963.

『欽定大清会典則例』（乾隆朝）［清］和碩履親王允祹等纂修，乾隆29年→台湾商務印書館，文淵閣四庫全書.

『皇朝続文献通考』（改訂版）［民国］劉錦藻等纂修，1921→新興出版，1963.

『皇朝文献通考』［清］嵇璜等纂修，乾隆51年頃→新興出版，1963.

『国朝耆献類徴初編』［清］李桓等纂修，光緒10-16年→文海出版社，1966.

『大清会典』（康熙朝）［清］伊桑阿等纂修，康熙29年→文海出版社，近代中国史料叢刊三編，1992.

『大清会典』（雍正朝）［清］和碩荘親王允祿等纂修，雍正11年→文海出版社，近代中国史料叢刊三編，1994-1995.

『大清高宗純皇帝実録』［清］慶桂等纂修，嘉慶12年→華文書局，大清歴朝実録，1964.

『大清聖祖仁皇帝実録』［清］馬斉等纂修，雍正9年→華文書局，大清歴朝実録，1964.

『大清世宗憲皇帝実録』［清］鄂爾泰等纂修，乾隆6年→華文書局，大清歴朝実録，1964.

『大清世祖章皇帝実録』［清］巴泰等纂修，康煕11年→華文書局，大清歴朝実録，1964.

②檔案史料（史料名五十音順）

「議覆檔」中国第一歴史檔案館所蔵（筑波大学所蔵のマイクロフィルムを利用）

『宮中檔乾隆朝奏摺』台湾故宮博物院所蔵，同博物院，1982-1987.

「宮中檔硃批奏摺財政類」中国第一歴史檔案館所蔵（筑波大学所蔵のマイクロフィルムを利用）

『宮中檔雍正朝奏摺』台湾故宮博物院所蔵，同博物院，1977-1980.

「軍機処漢文録副奏摺」中国第一歴史檔案館所蔵.

『乾隆朝上諭檔』中国第一歴史檔案館所蔵，檔案出版社，1991.

「康煕八至十二年有関鼓鋳的御史奏章」中国第一歴史檔案館所蔵，『歴史檔案』1984(1)，20-23頁，収録.

「康雍乾戸部銀庫歴年存銀数」中国第一歴史檔案館所蔵，『歴史檔案』1984(4)，19-21頁，収録.

「戸科史書」中国第一歴史檔案館所蔵.

「順治年間制銭的鼓鋳」中国第一歴史檔案館所蔵，同館編『清代檔案史料叢編』7，中華書局，1981，161-209頁，収録.

『題本 銭法(19) 一般（一）256』中国社会科学院経済研究所所蔵.

「内閣漢文題本戸科貨幣類」中国第一歴史檔案館所蔵（筑波大学所蔵のマイクロフィルムを利用）

「内閣漢文題本（北大移交部分）」中国第一歴史檔案館所蔵.

「満文内国史院檔」中国第一歴史檔案館所蔵（筑波大学所蔵のマイクロフィルムを利用）

『明清檔案』中央研究院歴史語言研究所所蔵，同研究所，1992-1995.
『雍正朝内閣六科史書 吏科』中国第一歴史檔案館所蔵，広西師範大学出版社，2002.

③起居注冊（史料名五十音順）
『康熙起居注』中国第一歴史檔案館所蔵，中華書局，1984.
『雍正朝起居注冊』中国第一歴史檔案館所蔵，中華書局，1993.

④筆記史料（史料名五十音順）
『一斑録』［清］鄭光祖→中国書店，海王邨古籍叢刊，1990.
『閲世編』［清］葉夢珠→中華書局，2007.
『錫金識小録』［清］黄印→成文出版社，中国方志叢書華中地方，1983.
『潜書』［清］唐甄→中華書局，1984.
『病榻夢痕録』［清］汪輝祖→広文書局，年譜叢書，1971.
『履園叢話』［清］銭泳→中華書局，1979.

参考文献

①和文（著者名五十音順）
足立啓二［1989］「明代中期における京師の銭法」『熊本大学文学部論叢』29，74-97頁.
―――――［1990a］「専制国家と財政・貨幣」中国史研究会編『中国専制国家と社会統合―中国史像の再構成Ⅱ―』文理閣，119-146頁.
―――――［1990b］「明清時代における銭経済の発展」中国史研究会編『中国専制国家と社会統合―中国史像の再構成Ⅱ―』文理閣，389-412頁.
―――――［1990c］「初期銀財政の歳出入構造」『山根幸夫教授退休記念明代史論叢』下巻，汲古書院，681-698頁.
―――――［1991］「清代前期における国家と銭」『東洋史研究』49(4)，47-73

頁.

────[1998]『専制国家史論』柏書房.

安部健夫［1950］「清代に於ける典当業の趨勢」『羽田博士頌寿記念東洋史論集』東洋史研究会→安部［1971：371-409頁］

────［1958］「耗羨提解の研究─『雍正史』の一章としてみた─」『東洋史研究』16(4)→安部［1971：533-715頁］

────［1971］『清代史の研究』創文社.

甘利弘樹［1998］「中国第一歴史檔案館所蔵の『明朝檔案』及び順治〜雍正朝の『内閣檔案』について」『満族史研究通信』7，96-106頁.

石橋秀雄［1957］「清朝中期の畿輔旗地政策─特に雍正・乾隆年間の制度上にあらわれた旗地の崩壊防止と旗人の救済に関する政策を中心として─」『東洋学報』39(2)；39(3)→石橋［1989：191-260頁］

────［1989］『清代史研究』緑蔭書房.

市古尚三［1972］「清朝貨幣史考」『拓殖大学論集』87→市古［2004：249-316頁］

────［1974］「清朝貨幣史考─清代の康熙〜乾隆期における制銭材料としての日本銅の中国流出と長崎貿易制限令─」『拓殖大学論集』96→市古［2004：11-55頁］

────［1975］「清朝貨幣史考─清朝の康熙〜乾隆期における日本銅の輸出制限と銀・銭比価の変動─」『拓殖大学論集』100→市古［2004：57-81頁］

────［2004］『清代貨幣史考』鳳書房.

岩井茂樹［1983］「清代国家財政における中央と地方─酌撥制度を中心にして─」『東洋史研究』42(2)→岩井［2004b：80-117頁］

────［1992］「中国専制国家と財政」木村尚三郎他編『中世の政治と戦争』（中世史講座6）学生社→岩井［2004b：26-79頁］

────［1993a］「明清時期の商品生産をめぐって」谷川道雄編『戦後日本の中国史論争』河合文化教育研究所，235-259頁.

────［1993b］「清代の戸部－度支部檔案について」『中国出土文字資料の

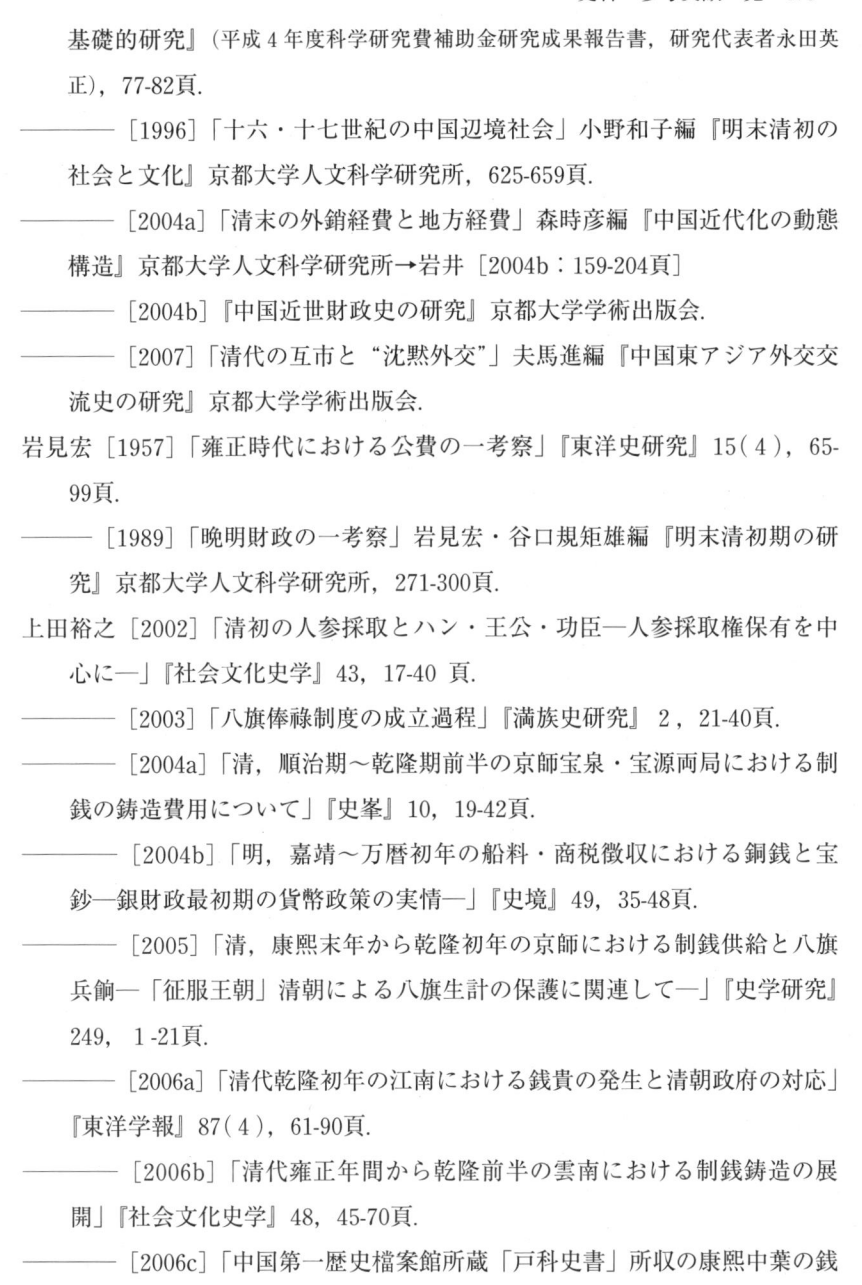

基礎的研究』(平成4年度科学研究費補助金研究成果報告書, 研究代表者永田英正), 77-82頁.
─── [1996]「十六・十七世紀の中国辺境社会」小野和子編『明末清初の社会と文化』京都大学人文科学研究所, 625-659頁.
─── [2004a]「清末の外銷経費と地方経費」森時彦編『中国近代化の動態構造』京都大学人文科学研究所→岩井 [2004b：159-204頁]
─── [2004b]『中国近世財政史の研究』京都大学学術出版会.
─── [2007]「清代の互市と"沈黙外交"」夫馬進編『中国東アジア外交交流史の研究』京都大学学術出版会.
岩見宏 [1957]「雍正時代における公費の一考察」『東洋史研究』15(4), 65-99頁.
─── [1989]「晩明財政の一考察」岩見宏・谷口規矩雄編『明末清初期の研究』京都大学人文科学研究所, 271-300頁.
上田裕之 [2002]「清初の人参採取とハン・王公・功臣―人参採取権保有を中心に―」『社会文化史学』43, 17-40 頁.
─── [2003]「八旗俸祿制度の成立過程」『満族史研究』2, 21-40頁.
─── [2004a]「清, 順治期～乾隆期前半の京師宝泉・宝源両局における制銭の鋳造費用について」『史峯』10, 19-42頁.
─── [2004b]「明, 嘉靖～万暦初年の船料・商税徴収における銅銭と宝鈔―銀財政最初期の貨幣政策の実情―」『史境』49, 35-48頁.
─── [2005]「清, 康熙末年から乾隆初年の京師における制銭供給と八旗兵餉―「征服王朝」清朝による八旗生計の保護に関連して―」『史学研究』249, 1-21頁.
─── [2006a]「清代乾隆初年の江南における銭貴の発生と清朝政府の対応」『東洋学報』87(4), 61-90頁.
─── [2006b]「清代雍正年間から乾隆前半の雲南における制銭鋳造の展開」『社会文化史学』48, 45-70頁.
─── [2006c]「中国第一歴史檔案館所蔵「戸科史書」所収の康熙中葉の銭

法関連題本について」『清朝における満・蒙・漢の政治統合と文化変容』(平成14〜17年度科学研究費補助金研究成果報告書，研究代表者楠木賢道)，71-91頁.

――――――［2006d］「清初各省の制銭供給政策―銀の時代の清朝と銅銭―」『史学』75(１)，73-101頁.

――――――［2007］「中国第一歴史檔案館所蔵「議覆檔」について」『満族史研究』6，123-140頁.

――――――［2008a］「清代康熙後半の京師における貨幣政策と銭貴の発生」『一橋経済学』２(２)，99-121頁.

――――――［2008b］「清代雍正年間の各省における貨幣政策と江南の銭貴」『史境』57，20-36頁.

――――――［2009］「貨幣史から描く清朝国家像―清朝の複合性をめぐる試論―」岡田英弘編『別冊環⑯ 清朝とは何か』藤原書店，212-221頁.

上田信［2005］『中国の歴史９ 海と帝国』講談社.

臼井佐知子［1981］「清代賦税関係数値の一検討―乾隆末年より同治六年に至る，江南における，銀銭比価・銭糧折価・米価・棉花価・漕米折価の変動と，納税戸の賦税負担の推移―」『中国近代史研究』１，43-113頁.

内田直文［2001a］「康熙朝政治史の一考察―江南の弾劾事件をめぐって―」『九州大学東洋史論集』29，66-87頁.

――――――［2001b］「清代康熙年間における西北方面への穀物調達問題」『東洋学報』83(３)，33-62頁.

――――――［2005］「清代康熙年間における奏摺政治の展開」『九州大学東洋史論集』33，140-173頁.

梅山直也［2006］「八旗蒙古の成立と清朝のモンゴル支配―ハラチン・モンゴルを中心に―」『社会文化史学』48，85-108頁.

エリオット，マーク（柳澤明訳）［1993］「中国第一歴史檔案館所蔵内閣・宮中満文檔案概述」『東方学』85，147-157頁.

太田出［2004］「清代江南デルタ社会と犯罪取締りの変遷―労働力の流入，犯

罪，そして暴力装置―」岩井茂樹編『中国近世社会の秩序形成』京都大学人文科学研究所，331-360頁.

太田勝也［1992］『鎖国時代長崎貿易史の研究』思文閣出版.

大田由紀夫［1993］「元末明初における徽州府下の貨幣動向」『史林』76(4)，1-33頁.

────［1997］「一五・一六世紀中国における銭貨流通」『名古屋大学東洋史研究報告』21, 1-27頁.

────［2001］「中国王朝による貨幣発行と流通―明・洪武期の鈔法を中心として―」池享編『銭貨―前近代日本の貨幣と国家―』青木書店，163-185頁.

小竹文夫［1942］『近世支那経済史研究』弘文堂書房.

加藤榮一［1995］「銀と日本の鎖国」『講座世界史1 世界史とは何か』東京大学出版会，229-254頁.

加藤直人［1979］「清代起居注の研究」『東方学』57, 62-83頁.

川勝守［1989］「清，乾隆期雲南銅の京運問題」『九州大学東洋史論集』17→川勝［2009：526-629頁］

────［1993］「清乾隆初年雲南銅の長江輸送と都市漢口」川勝守編『東アジアにおける生産と流通の歴史社会学的研究』中国書店→川勝［2009：630-659頁］

────［2007］「清，乾隆『欽定戸部鼓鋳則例』に見える雲南銅の京運規定」『山根幸夫教授追悼記念論叢』上巻，汲古書院→川勝［2009：483-525頁］

────［2009］『明清貢納制と巨大都市連鎖―長江と大運河―』汲古書院.

神田信夫［1951］「清初の議政大臣について」『和田博士還暦記念東洋史論叢』講談社→神田［2005：58-77頁］

────［2005］『清朝史論考』山川出版社.

神戸輝夫［1993］「清代雍正朝期の改土帰流政策―烏蒙・鎮雄両土府の場合―」『大分大学教育学部研究紀要』15(2), 1-14頁.

岸本美緒［1978］「清代前期江南の米価動向」『史学雑誌』87(9)→岸本［1997：

99-135頁］

─────［1979］「清代前期江南の物価動向」『東洋史研究』37（4）→岸本［1997：137-172頁］

─────［1982］「康熙年間の穀賤について─清初経済思想の一側面─」『東洋文化研究所紀要』89→岸本［1997：239-287頁］

─────［1987a］「清朝中期経済政策の基調──一七四〇年代の食糧問題を中心に─」『近きにありて』11→岸本［1997：289-325頁］

─────［1987b］「清代の「七折銭」慣行について」『お茶の水史学』30→岸本［1997：327-352頁］

─────［1990］「明末の田土市場に関する一考察」『山根幸夫教授退休記念明代史論叢』下巻，汲古書院→岸本［1997：215-238頁］

─────［1995a］「清代戸部銀庫黄冊について」石橋秀雄編『清代中国の諸問題』山川出版社→岸本［1997：479-501頁］

─────［1995b］「清朝とユーラシア」『講座世界史2　近代世界への道』東京大学出版会，11-42頁．

─────［1997］『清代中国の物価と経済変動』研文出版．

─────［2001］「一八世紀の中国と世界」『七隈史学』2, 1-15頁．

楠木賢道［1995］「『礼科史書』中の理藩院題本」『満族史研究通信』5, 33-43頁．

黒田明伸［1994］『中華帝国の構造と世界経済』名古屋大学出版会．

─────［2003］『貨幣システムの世界史─〈非対称性〉をよむ─』岩波書店．

─────［2007］「東アジア貨幣史の中の中世後期日本」鈴木公雄編『貨幣の地域史─中世から近世へ─』岩波書店, 7-42頁．

香坂昌紀［1981］「清代前期の関差弁銅制及び商人弁銅制について」『東北学院大学論集　歴史学地理学』11, 115-153頁．

小葉田淳［1976］『金銀貿易史の研究』法政大学出版局．

佐伯富［1958］「康熙雍正時代における日清貿易」『東洋史研究』16（4）→佐伯［1971：565-620頁］

―――［1959］「清代雍正朝における通貨問題」『東洋史研究』18（3）→佐伯［1971：466-564頁］

―――［1963］「清代における奏銷制度」『東洋史研究』22（3）→佐伯［1971：424-465頁］

―――［1970-1972］「清代雍正朝における養廉銀の研究―地方財政の成立をめぐって―」『東洋史研究』29（1）；29（2）；29（3）；30（4）→佐伯［1977：144-300頁］

―――［1971］『中国史研究 第二』東洋史研究会.

―――［1977］『中国史研究 第三』同朋舎.

佐々木寛［1973］「清朝の軍隊と兵変の背景」『社会文化史学』9，30-47頁.

佐々木正哉［1954］「阿片戦争以前の通貨問題」『東方学』8，94-117頁.

スキナー，G. ウィリアム（今井清一訳）［1989］『中国王朝末期の都市―都市と地方組織の階層構造―』晃洋書房.

杉山清彦［2008］「清初八旗制下のマンジュ氏族」細谷良夫編『清朝史研究の新たなる地平―フィールドと文書を追って―』山川出版社，22-51頁.

周藤吉之［1944］『清代満洲土地政策の研究』河出書房.

滝野正二郎［2007］「明代鈔関の組織と運営―清代常関の前史として―」『山根幸夫教授追悼記念論叢 明代中国の歴史的位相』上巻，汲古書院，351-388頁.

谷井俊仁［1994］「順治時代政治史試論」『史林』77（2），131-150頁.

谷井陽子［1996］「清朝漢地征服考」小野和子編『明末清初の社会と文化』京都大学人文科学研究所，105-147頁.

―――［2007］「八旗制度再考（三）―財政構造―」『天理大学学報』216，19-51頁.

寺田隆信［1962］「明代における辺餉問題の一側面―京運年例銀について―」『清水博士追悼記念明代史論叢』大安→寺田［1972：15-79頁］

―――［1968］「蘇州踹布業の経営形態」『東北大学文学部研究年報』18→寺田［1972：337-410頁］

―――― ［1972］『山西商人の研究―明代における商人および商業資本―』東洋史研究会.

黨武彦［1990］「乾隆初期の通貨政策―直隷省を中心として―」『九州大学東洋史論集』18, 35-53頁.

―――― ［1995］「乾隆九年京師銭法八条の成立過程およびその結末―乾隆初年における政策決定過程の一側面―」『九州大学東洋史論集』23, 39-85頁.

―――― ［1997］「乾隆初期における銅銭流通の地域差について」『専修大学人文科学研究所月報』177, 1-15頁；178, 1-16頁.

―――― ［2003a］「乾隆末年における小銭問題について」『九州大学東洋史論集』31, 106-136頁.

―――― ［2003b］「清代檔案史料論序説―乾隆期の日本人漂流民送還関係軍機処録副奏摺を素材として―」『東京大学史料編纂所研究紀要』13, 148-164頁.

―――― ［2006］「清代文書行政における内閣の政治的機能について―日本・琉球関係檔案を素材として―」『東京大学史料編纂所研究紀要』16, 36-49頁.

東京清朝銭クラブ［1973］『清朝銭譜』古仙堂.

永積洋子［1995］「東西交易の中継地台湾の盛衰」佐藤次高・岸本美緒編『地域の世界史9 市場の地域史』山川出版社, 326-366頁.

中見立夫［2003］「清朝内閣大庫明清檔案の流転と台湾・中央研究院歴史語言研究所に所蔵される満洲語檔案」『東方学』106, 139-150頁.

中村質［1988］『近世長崎貿易史の研究』吉川弘文館.

楢木野宣［1956］「旧中国の軍隊」『歴史教育』新4（2）→ 楢木野［1975：349-364頁］

―――― ［1975］『清代重要職官の研究―満漢併用の全貌―』風間書房.

羽田正［2007］『興亡の世界史15 東インド会社とアジアの海』講談社.

浜口福寿［1969］「明代の米価表示法と銀の流通―明代通貨史覚書二―」『新潟県立新潟中央高等学校研究年報』15, 17-33頁.

藤岡次郎［1962］「「公項」について―清朝地方行政研究のためのノオトⅠ―」

『北海道学芸大学紀要（第一部B）』12(1)，36-55頁.

細谷良夫［1963］「八旗審丁戸口冊の成立とその背景」『集刊東洋学』10，18-32頁.

―――［1967］「畿輔旗地の成立と性格」『一関高等工業専門学校研究紀要』1，21-46頁.

―――［1972］「清朝における八旗経済の一側面―俸餉制度の成立をめぐって―」『一関高等工業専門学校研究紀要』7，43-65頁.

―――［1974］「八旗米局攷―清朝中期の八旗経済をめぐって―」『集刊東洋学』31，181-208頁.

松浦章［1978］「山西商人范毓馪一族の系譜と事蹟」『史泉』52，16-40頁.

―――［1988］「康熙帝と正徳新例」箭内健次編『鎖国日本と国際交流』下巻，吉川弘文館，29-53頁.

三田村泰助［1965］『清朝前史の研究』東洋史研究会.

宮崎市定［1947］「清朝における国語問題の一側面」田村実造編『東方史論叢』1，養徳社→宮崎［1991：282-337頁］

―――［1951］「明清時代の蘇州と軽工業の発達」『東方学』2→宮崎［1992：80-93頁］

―――［1957］「雍正硃批論旨解題」『東洋史研究』15(4)→宮崎［1991：137-172頁］

―――［1991］『宮崎市定全集 14 雍正帝』岩波書店

―――［1992］『宮崎市定全集 13 明清』岩波書店.

宮澤知之［2007］『中国銅銭の世界―銭貨から経済史へ―』思文閣出版.

宮下忠雄［1952］『中国幣制の特殊研究』丸善株式会社.

宮田道昭［2002］「十九世紀中葉，上海における豆規銀本位制の成立について―中国在来の地域的通貨金融機構の一考察―」『東洋学報』84(3)→宮田［2006：141-173頁］

―――［2006］『中国の開港と沿海市場―中国近代経済史に関する一視点―』東方書店.

百瀬弘［1936］「清代に於ける西班牙弗の流通」『社会経済史学』6（2）；6（3）；6（4）→百瀬［1980：71-131頁］

─── ［1980］『明清社会経済史研究』研文出版.

山本英史［2007］『清代中国の地域支配』慶應義塾大学出版会.

山本進［1988］「清代前期の平糶政策─採買・倉儲政策の推移─」『史林』71（5）→山本［2002：49-70頁］

─── ［1989］「清代中期の経済政策─白蓮教反乱前後の四川─」『史学雑誌』98（7）→山本［2002：71-90頁］

─── ［2002］『清代の市場構造と経済政策』名古屋大学出版会.

─── ［2005a］「清代東銭考」『史学雑誌』114（3），38-61頁.

─── ［2005b］「清代の京銭と折銭納税」『名古屋大学東洋史研究報告』29，40-60頁.

横山英［1952］「中国における商工業労働者の発展と役割─明末における蘇州を中心として─」『歴史学研究』160, 1-13頁.

─── ［1961］「清代における踹布業の経営形態」『東洋史研究』19（3）；19（4）→横山［1972：63-100頁］

─── ［1962］「清代における包頭制の展開─踹布業の推転過程について─」『史学雑誌』71（1）；71（2）→横山［1972：101-143頁］

─── ［1972］『中国近代化の経済構造』亜紀書房.

劉序楓［1988］「清代前期の福建商人と長崎貿易」『九州大学東洋史論集』16, 133-161頁.

─── ［1997］「享保年間の唐船貿易と日本銅」中村質編『鎖国と国際関係』吉川弘文館, 296-326頁.

和田正広［1984］「李成梁権力における財政的基盤」『西南学院大学文理論集』25（1），99-142頁；25（2），93-140頁.

②中文（著者名ピンイン順）

常玲［1988］「清代雲南的"放本収銅"政策」『思想戦線』1988（2），85-89頁.

陳鋒［1992］『清代軍費研究』武漢大学出版社.

―――［2008］『清代財政政策与貨幣政策研究』武漢大学出版社.

陳佳華・傅克東［1981］「八旗漢軍考略」『民族研究』1981(5), 17-30頁.

陳昭南［1966］『雍正乾隆年間の銀銭比価変動』商務印書館.

鄭永昌［1989］「中国第一歴史檔案館発行「内閣漢文題本：戸科貨幣類」微捲簡介」『近代中国史研究通訊』30, 139-150頁.

―――［1997］「清代乾隆年間的私銭流通与官方因応政策之分析―以私銭収買政策為中心―」『台湾師範大学歴史学報』25, 235-286頁.

―――［2003］「従"地方之公"到"国家之公"―論乾隆初期対地方耗羨収支管控体制的確立―」『故宮学術季刊』20(3), 103-132頁.

鄧亦兵［2001］「清代前期政府的貨幣政策―以京師為中心―」『北京社会科学』2001(2), 119-126頁.

定宜庄［2002］『清代八旗駐防研究』遼寧民族出版社.

杜家驥［1998］『清皇族与国政関係研究』中華発展基金管理委員会・五南図書出版公司.

―――［1999］「清中期以前的鋳銭量問題―兼析所謂清代"銭荒"現象―」『史学集刊』1999(1), 27-31頁.

傅宗懋［1967］『清代軍機処組織及職掌之研究』嘉新水泥文化基金会.

韓光輝［1988］「建都以来北京歴代城市人口規模蠡測」『人口与経済』1988(1), 39-46頁.

藍勇［2006］「清代滇銅京運路線考釈」『歴史研究』2006(3), 86-97頁.

李強［2004］「論雍正時期的銅禁政策」『学術界』104, 118-128頁.

―――［2007］「清政府制銭管制政策透視」『社会科学輯刊』2007(4), 143-147頁.

劉小萌［1988］「試析旗下開戸与出旗為民」『中国民族歴史与文化』中央民族学院出版社→劉小萌［1998：175-186頁］

―――［1998］『満族的社会与生活』北京図書館出版社.

劉序楓［1999］「清康熙〜乾隆年間洋銅的進口与流通問題」『中国海洋発展史

7，93-144頁.

裴燕生他［2003］『歴史文書』中国人民大学出版社.

彭信威［1965］『中国貨幣史』(三版) 上海人民出版社.

彭沢益［1982］「清代採銅鋳銭工業的鋳息和銅息問題考察」『中国古代史論叢』1982(1), 35-65頁.

丘光明他［1992］『中国歴代度量衡考』科学出版社.

邱澎生［2001］「十八世紀滇銅市場中的官商関係与利益観念」『中央研究院歴史語言研究所集刊』72(1), 49-119頁.

史志宏［2008］『清代戸部銀庫収支和庫存統計』福建人民出版社.

佟昱［2006］『順治通宝銭譜』中華書局.

王徳泰［2003］「乾隆初滇省代京鋳銭失敗原因浅析」『故宮博物院院刊』2003(3), 62-69頁.

─── ［2006］「関於乾隆時期銭値高昂問題的考察」『故宮博物院院刊』2006(3), 142-154頁.

王光越［1984］「乾隆初年銭価増昂問題初探」『歴史檔案』1984(2), 95-102頁.

─── ［1988］「試析乾隆時期的私鋳」『歴史檔案』1988(1), 92-98頁.

王業鍵［1981］『中国近代貨幣与銀行的演進 (1644-1937)』中央研究院経済研究所→王［2003a：161-274頁］

─── ［2003a］『清代経済史論文集 (一)』稲郷出版社.

─── ［2003b］『清代経済史論文集 (三)』稲郷出版社.

韋慶遠［1986］「清代康熙時期"生息銀両"制度的初創和運用─清代"生息銀両"制度興衰過程研究之一─」『中国社会経済史研究』1986(3)→韋［1989：166-185頁］

─── ［1987］「清代雍正時期"生息銀両"制度的整頓和政策演変──清代"生息銀両"制度興衰過程研究之二─」『中国社会経済史研究』1987(3)→韋［1989：186-228頁］

─── ［1988］「清代乾隆時期"生息銀両"制度的衰敗和"収撤"─清代"生息銀両"制度興衰過程研究之一三」『中国社会経済史研究』1988(3)→韋

［1989：229-256頁］
―――［1989］『明清史辨析』中国社会科学出版社.
―――［1990］「論"八旗生計"」『社会科学輯刊』1990(5)；1990(6)→韋
　　　［1995：412-431頁］
―――［1992］「順治朝鋳銭及其存在的問題」『紀念李埏教授従事五十周年史学
　　　論文集』雲南大学出版社→韋［1995：318-347頁］
―――［1995］『明清史新析』中国社会科学出版社.
韋慶遠・呉奇衍［1981］「清代著名皇商范氏的興衰」『歴史研究』1981(3), 127-144頁.
厳中平［1948］『清代雲南銅政考』中華書局.
楊端六［1962］『清代貨幣金融史稿』三聯書店.
袁一堂［1990］「清代銭荒研究」『社会科学戦線』1990(2), 182-188頁.
張徳沢［2001］『清代国家機構考略』(修訂版)学苑出版社.
張国輝［1987］「清代前期的銭荘和票号」『中国経済史研究』1987(4), 73-88頁.
張建輝［2004］「関於雍正対生息銀両的整頓及其在全国軍隊的推広―清代生息銀両制度考論之三―」『清史研究』2004(1), 84-93頁.
張研［1998］『清代経済簡史』中州古籍出版社.
趙令志［2001］『清前期八旗土地制度研究』民族出版社.
周玉英［2005］「論清前期平抑銭価政策」『福建師範大学学報 哲学社会科学版』2005(5), 107-111頁.
荘吉発［1979］『清代奏摺制度』台湾故宮博物院.
―――［1983］『故宮檔案述要』台湾故宮博物院.

③英文（著者名アルファベット順）

Atwell, William S. ［1982］ "International Bullion Flows and the Chinese Economy circa 1530-1650." *Past and Present* 75, 68-90.
Bartlett, Beatrice S. ［1991］ *Monarchs and Ministers：The Grand Council in*

Mid-Ch'ing China, 1723-1820, University of California Press.

Kuroda Akinobu [2005] "Copper Coins Chosen and Silver Differentiated : Another Aspect of the "Silver Century" in East Asia." *ACTA ASIATICA* 88, 65-86.

Lin, Man-Houng [2006] *China Upside Down : Currency, Society, and Ideologies, 1808-1856.* Harvard University Press.

Sugiyama Kiyohiko [2005] "The Ch'ing Empire as a Manchu Khanate : The Structure of Rule under the Eight Banners." *ACTA ASIATICA* 88, 21-48.

Sun, E-tu Zen [1971] "The Transportation of Yunnan Copper to Peking in the Ch'ng Period." *Journal of Oriental Studies* 9, 133-148.

Vogel, Hans Ulrich [1987] "Chinese Central Monetary Policy, 1644-1800." *Late Imperial China* 8 (2), 1-52.

von Glahn, Richard [1996] *Fountain of Fortune : Money and Monetary Policy in China, 1000-1700.* University of California Press.

Wang, Yeh-chien [1979] "Evolution of the Chinese Monetary System, 1644-1850." In Hou, Chi-ming and Yu, Tzong-shian eds, *Modern Chinese Economic History,* The Institute of Economics, Academia Sinica, Taipei, 425-456. → 王業鍵 [2003b：151-178頁]

Wu, Silas H. L. [1970] *Communication and Imperial Control in China-Evolution of the Palace Memorial System 1693-1735,* Harvard University Press, Cambridge.

索引

凡例

（1）原則として，本文，註，引用史料中の語彙を対象とした。

（2）出現頻度の極めて高い「清朝」「制銭」「銅銭」「銅」「亜鉛」「鉛」「錫」「銀」「銭価」「銭貴」「銭賤」「鋳造費用」「鋳造差益」「鋳造差損」等の語は省略した。

（3）章・節などの表題，引用・参照した史料の名称や項目名，題本・奏摺等の上奏者の役職名，単に典拠として示した題本・奏摺等の上奏者名，（ ）内に註記した研究者名，および図表中の語彙は採録しなかった。

（4）本文，註，引用史料中の語彙に関しても，文脈によっては採録しなかったものがある。

（5）漢字表記した満洲人の人名は，漢字の音読みではなく初出時にルビで示したカタカナ表記に従って配列した。

あ行

アイシン国（グルン） 42, 44-46
愛必達（アイビダ） 278, 280
足立啓二 17, 19, 22, 24, 50, 90, 101, 169
悪貨 13, 31, 42, 62-64, 67, 124, 132, 154, 206, 319, 324-325
アヘン貿易 305, 308
甘利弘樹 357
阿蘭泰（アランタイ） 81, 84
阿里袞（アリグン） 159, 295
安徽 113, 116, 147-149, 178-180, 182-183, 295, 297, 302
尹継善（イェンギシャン） 182-183, 258, 290

韋慶遠 50, 165
移送（雲南銭） 156, 248-257, 259-260, 263, 265, 289, 323, 337
移送（工部銭） 185, 193-194, 196, 198-199, 203, 272, 275-277, 296, 321
移送（湖南銭） 284, 287
移送（四川銭） 231, 289-290
市古尚三 14
伊都立（イドゥリ） 137-141, 144, 249
威寧 306
岩井茂樹 22-24, 29, 59, 262
石見銀山 38
允禵 245

允祥 245, 334
允礼 172, 258, 346
允祿 172, 258, 346
上田信 23-24, 33
臼井佐知子 318
呉達善（ウダシャン） 279
内田直文 358
鄖襄（鄖陽・襄陽） 59-60
雲南（省） 32, 68, 74-75, 77-78, 80, 84-85, 90-92, 95, 100, 156, 159-160, 180-184, 186-187, 189, 205, 208-212, 223-225, 227, 231, 233, 241-250, 252-262, 265, 269, 277-281, 283, 286, 289, 297-299, 301, 304-308, 319-

321, 323, 337, 356
雲南（雲南省城） 242-244, 246-252, 257, 259-260, 281, 299
衛所 43, 108, 216, 218, 220
永北 242-243
永楽通宝 40
駅站 77, 92, 140, 259
エリオット，マーク 357
撰銭（えりぜに） 40-42
袁一堂 17
塩課銀 112, 179
鉛廠 85, 180-181
鉛息 247-248, 251-253, 255, 257, 261-262, 265
捐鋳 273, 275
塩務盈余銀 179-180
汪輝祖 30, 151
王業鍵 16
王継文 91-92
王光越 17
王綱明 112
黄銅器皿 14, 31, 135, 141-150, 154, 160, 163, 186, 189, 199, 253-254, 320
王徳泰 33, 202-203
王輔臣 80
太田出 235
大田由紀夫 40-41
御定高制度 110
小竹文夫 14
オランダ 39
鄂爾泰（オルタイ） 156, 172, 179, 183, 211, 249-254, 258, 323,

337, 346, 356
鄂爾多（オルド） 88, 90
温州 151-153

か行

海関 112, 182-183
海禁 39, 110
開除 54-55
海西女直 43-44
改鋳 6, 13, 41, 91, 104-105, 124, 137, 305
価脚銀 183
仮銀 40, 153
価銀 113, 117, 181-182, 184, 188, 190-191, 211, 226, 242, 247, 270, 279, 294
郭一裕 278-279
各衙門公費 104, 193, 272-275, 296, 301
各省局銭本息奏銷例 60-61
額鋳 197, 269, 273, 275
嘉慶白蓮教の乱 307
過高評価 7
カシュガリア 284
加鋳（京師両局） 269, 273, 275
加鋳（湖北省） 282-283, 287, 289
加鋳（山西省） 291-292, 315
過低評価 123-124
河南 77-78, 136, 147-148,

150, 159, 295-297, 302
カルロスドル 305-306
川勝守 26, 184, 202
奸悪 142
宦官 39
奸宄 82, 84
漢口 179-180, 227, 262, 294, 305
韓光輝 301
関差 51, 55, 72, 112, 116
関差辦銅 51-53, 86-87, 112-113, 119
贛州 223
甘粛 74, 77-78, 159, 186, 255, 284, 287, 295, 297, 302, 337
奸商 122, 125, 172, 175, 177
官商 242-244
関税 39, 52, 80, 87, 112-113
官銭 70-71, 78, 102, 132, 136, 140, 176, 198, 288, 292
官銭局 9, 11, 189, 197-198, 200, 204, 269, 314
神田信夫 358
官鋳 3, 42
奸徒 136
漢銅 227, 229, 282-283, 291, 294
官銅店 242-244, 246
広東 68, 75-78, 80, 85, 88-89, 93-95, 112-113, 116,

索引　か行　387

155-157, 160, 179-184, 218, 252, 254, 288, 307, 321, 337
官辦　181, 187, 191
咸豊重宝　307
奸民　71, 107-108, 143, 157, 173, 188, 198, 204
姦民　187
漢陽　228-229
生糸　39, 152, 319
起解　59, 138
起居注官　29
起居注冊　29, 91
帰公　280
岸本美緒　16-17, 23-24, 28, 43
貴州　68, 75, 77-78, 80, 85, 154-155, 157, 160, 180-182, 184, 186, 212, 231-232, 234, 248-249, 262, 270-271, 279, 281, 285-287, 290-291, 296-298, 301, 304-308, 313, 321-323
義州　45
旗人　45-48, 131, 145, 170-171, 173, 177, 199, 207, 296, 321, 352
議政王大臣会議　68, 339-340, 357-358
北直隷　47
旗地　46-47, 170
絹織物　39, 45
脚価　249

脚銀　113, 117, 182, 184, 188, 190-191, 203, 211, 226, 270, 294
脚費　77, 217, 242, 245
旧管　54
九卿　70, 82-84, 102-104, 107-108, 121, 142-144, 181-183, 188, 211, 255
九卿詹事科道会議　92, 121
邱澎生　242
九門提督　106-107
貴陽（貴州省城）　75, 154-155, 231, 285
教養兵　171
曲靖　242-243, 281
金匱　151
銀経済　38-39, 41, 43, 63-64
金釵（廠）　224-225, 227, 230, 245, 297
銀財政　38-40, 43, 46-48, 63-64
金沙江　259, 278
緊縮財政（財政の緊縮）　95, 97, 101, 129, 149, 188, 221, 320
銀銭併用　3-4, 8-9, 12, 16, 40, 47, 64, 326
銀建て　9, 12-13, 18, 41, 104, 174, 207-208
銀遣い　5, 15, 17-20, 30, 37, 39-42, 47, 122-124, 129-130, 151-153, 157, 160, 306-307, 319-321,

325-326
欽定貨幣　4-5
銀納化　38-39, 43
銀票　3, 9, 305
慶復（キンフ）　209-210, 259, 289
金秉恭　175-176, 201
禁旅八旗　47-49, 141, 169, 174, 206-207, 209, 301, 308, 321, 325-326
楠木賢道　357
グレシャムの法則　124
黒田明伸　8, 17-21, 33, 41, 67, 122, 132, 169, 205
軍機章京（ジャンギン）　339-341
軍機処（辦理軍機処）　27-28, 175, 329, 339-341, 346, 351, 355, 358-359
軍機大臣　28, 175, 195, 201, 278, 299, 339-342, 346, 351, 354-357
軍餉　92
桂王　68, 72
刑科　330, 332
経紀　137-138, 144
京局　71, 73, 181, 186, 223, 242, 245
京師　4, 10, 15, 19-21, 31-32, 38, 40-43, 47-48, 51, 53, 59, 67, 69, 76-77, 80, 83, 91, 97, 101, 103, 105-109, 120-130, 135-139, 141-146, 154, 157, 159-160, 169-174, 176-177, 181-185, 188, 193, 198-

索引　か行

　　　　　　　　200, 202-213, 215, 233-
　　　　　　　　235, 245, 250, 252, 260-
　　　　　　　　261, 265, 276-277, 296-
　　　　　　　　297, 299, 301-302, 304,
　　　　　　　　307-308, 319-323, 337,
　　　　　　　　341, 356
薊州　　　　　　69-70, 78
恵州　　　　　　218
京餉　　　　　　59, 122
京師両局　　　　5, 7, 26, 31, 33,
　　　　　　　　49, 51-53, 62, 72, 80, 83,
　　　　　　　　85-87, 90-91, 94-97, 101,
　　　　　　　　110, 112-113, 118, 120,
　　　　　　　　126-127, 130, 141-143,
　　　　　　　　148, 151, 159, 169-170,
　　　　　　　　177, 179-180, 182-190,
　　　　　　　　192, 196, 198-200, 204-
　　　　　　　　205, 209, 211, 213, 223,
　　　　　　　　233, 241, 243-246, 250,
　　　　　　　　265, 269-272, 276, 281,
　　　　　　　　294-297, 301, 320-322
慶泰　　　　　　174-175
刑部　　　　　　107, 136, 138, 195
桂陽　　　　　　230
桂林（広西省城）　75, 314
月餉→兵餉
原件　　　　　　28, 332-333, 335,
　　　　　　　　338, 342, 355-356
元江　　　　　　242-243
建州女直　　　　43-44
黔銅　　　　　　154, 160, 186, 231,
　　　　　　　　285
絹布　　　　　　3, 319
乾隆通宝　　　　301

乾隆帝　　　　　27, 159, 172-173,
　　　　　　　　183, 209-211, 215-216,
　　　　　　　　222-224, 226-228, 233,
　　　　　　　　258, 260, 277-281, 291,
　　　　　　　　321-322, 331, 338-339,
　　　　　　　　341, 346, 352, 356-357
工科　　　　　　330, 332
江夏　　　　　　228-229
康熙通宝　　　　98, 126-127
康熙帝　　　　　29, 31, 76, 78, 81-
　　　　　　　　82, 84, 86, 91-92, 94-96,
　　　　　　　　98-99, 102, 105-109, 113,
　　　　　　　　116-117, 120-121, 123-
　　　　　　　　125, 129-130, 139, 245-
　　　　　　　　246, 320, 325, 329, 339
黄印　　　　　　30, 151
合金比率　　　　10-11, 53, 85,
　　　　　　　　124, 181, 184, 186-187,
　　　　　　　　190-191, 212, 224-225,
　　　　　　　　246, 258
公項　　　　　　218-222, 225-226,
　　　　　　　　228-234, 237, 243, 255-
　　　　　　　　256, 260, 265, 277, 280-
　　　　　　　　283, 286, 288-289, 293-
　　　　　　　　295, 297-299, 308, 316,
　　　　　　　　322-323, 325
公項財政　　　　220-222, 234,
　　　　　　　　280, 322-323, 325
香坂昌紀　　　　80, 131
高其倬　　　　　242, 247-249
広州（広東省城）9, 75, 93,
　　　　　　　　218, 288, 337
杭州（浙江省城）70, 78,
　　　　　　　　148, 204, 214-215, 317

工食　　　　　　9, 11, 55-56, 58-59,
　　　　　　　　72-74, 81-82, 86, 88-90,
　　　　　　　　98-99, 115-116, 118-119,
　　　　　　　　185, 189-193, 195, 199,
　　　　　　　　217-218, 220, 226-227,
　　　　　　　　246-247, 251, 270-271,
　　　　　　　　275, 279, 321
江西　　　　　　68, 70, 77-78, 113,
　　　　　　　　116, 147-149, 157-159,
　　　　　　　　161, 178-180, 189, 213,
　　　　　　　　223-230, 232-234, 250,
　　　　　　　　253-254, 256, 279, 286-
　　　　　　　　288, 290-291, 302, 305,
　　　　　　　　315, 321-322
広西（雲南省広西府）
　　　　　　　　181-183, 187, 202, 242-
　　　　　　　　243, 277, 281
広西（省）　　　68, 75, 77-78,
　　　　　　　　80, 84, 156, 252, 254-256,
　　　　　　　　259-260, 281, 289
耿精忠　　　　　80
高成齢　　　　　139
江浙　　　　　　121, 152, 179, 182-
　　　　　　　　183, 205, 209, 211, 213,
　　　　　　　　220-223, 233, 241, 244,
　　　　　　　　301, 322
耗羨銀両　　　　220-221, 243,
　　　　　　　　255
耗羨章程　　　　221, 322
江蘇　　　　　　52, 60-61, 74, 78,
　　　　　　　　113, 116, 147-152, 154,
　　　　　　　　157, 159-160, 164, 178-
　　　　　　　　180, 182-184, 189-190,
　　　　　　　　205-211, 213, 215-220,

索引　か〜さ行　389

223, 225-226, 229, 232-234, 236-237, 254, 292, 294-295, 297, 299, 301-302, 305, 320, 322
公定換算率　5-7, 9, 14, 49-50, 55, 58, 63-65, 68, 70-71, 75-77, 93, 96, 103-104, 121, 149, 170, 174, 219-220, 224-226, 229-234, 247-248, 254, 256-257, 259, 261, 265, 282, 285-286, 288-290, 296, 298-299, 301, 304, 313, 322
紅銅　53-54, 85, 113, 117, 119, 141, 186, 243
江南　9, 15-16, 31-32, 38, 40, 59, 70, 112, 148, 150-154, 159-160, 163, 179, 182, 205-208, 215, 219, 233, 250, 261, 294, 304-306, 320, 323
江南折糧銀　38
江寧　58, 74-75, 77-78, 98, 217-219
公費（各省公用）　243
公費（在京各衙門）→各衙門公費
公費（鋳銭局）　217-226, 228-230, 232-234, 239, 259, 282-283, 285-290, 293-296, 311, 316, 322
工部　5, 42, 48-49, 51-53, 70, 99, 113, 115-116, 185,
189, 193-194, 196-200, 203, 271-272, 275-277, 296, 321
洪武通宝　40
恒文　279
紅本　330
公用　220-221, 242-244, 247, 253, 256, 261-262, 280, 285, 323
呉応棻　140
戸科　27, 330, 332, 336
黒龍江　137
湖広　59, 70, 136, 158, 248-251, 261, 279, 305, 316
戸工両部　49, 85-86, 112, 118-119, 181, 185, 189-192, 197, 199, 260, 269-271, 321
呉三桂　6, 47, 67-68, 75, 80, 319
互市　43-45, 64
五城　106, 142, 171, 176
五城御史　105, 145
五城米局　176
滸墅関　80
湖南　68, 70, 74, 77-78, 80, 84-85, 95, 113, 116, 147-150, 157-158, 161, 178-184, 189, 225, 230-232, 234, 254, 270-271, 283-287, 290-291, 296, 298, 301-302, 321-323, 337
戸部　4, 10, 28-29, 31, 42, 48-50, 55-62, 64, 67, 69
-72, 74-78, 81, 83-84, 86, 88, 90-99, 103-105, 108-109, 112-113, 115-117, 121-122, 127, 131, 139, 147, 155, 159, 161, 172, 174-175, 179-180, 182-185, 189, 191-200, 203, 206, 209-211, 215-216, 218, 220-224, 226-229, 233, 243-245, 248-250, 252-254, 256, 259-260, 262, 271-282, 284, 288-290, 296, 298-299, 309, 320-322, 334, 337, 340, 356, 359
戸部銀庫　28, 62, 79, 95-96, 104-105, 120, 122, 149, 174, 192, 205, 307, 319-320
戸部銀庫黄冊　29
湖北　77-78, 84-85, 93, 95, 113, 116, 147-148, 150, 157-159, 161, 178-184, 189, 213, 218, 224-225, 227-230, 232-234, 254, 281-284, 286-292, 294, 296-298, 301-302, 305, 314, 321-323, 337
科爾坤　83-84, 86

さ行

在京各衙門　27, 272-275, 329-330
斉元輔　254-255

索引　さ行

財政貨幣　　　　　　　　38
済南（山東省城）　　　　70
佐伯富　　　　14, 135, 262
佐々木正哉　　　　　　　14
雑種幣制　　3-4, 9, 18, 21,
　　　324, 326
山西　　　56, 70, 77-78, 105-
　　　106, 139, 147-148, 150,
　　　159, 161, 213, 291-292,
　　　298, 302, 315, 321
山東　　70, 75, 77-78, 106,
　　　108, 112, 147-148, 150,
　　　159, 295, 297, 302
三藩　　31, 33, 52, 67, 80, 85,
　　　95-96, 110, 307, 320
三法司　　　　　　　136-137
ジェブツンダンバ＝
　　　ホトクト　　　　　351
司官　　　　　　　　51, 335
司官辦銅　　　　　　　51-52
司庫（布政司庫）　　56, 58-
　　　59, 209-211, 220-221,
　　　226-228, 230, 239, 278,
　　　280, 283-285, 287, 290,
　　　313, 316
史志宏　　　　　　　　　29
史書　　　　　　　329-338
私銷　　　　　83, 184, 228
私銭　　　71, 102-103, 106-
　　　108, 139, 146, 306
四川　　68, 75, 77, 154-155,
　　　157, 160, 180, 184, 186,
　　　212, 231-232, 234, 252,
　　　254, 279, 285-287, 289-
　　　291, 296-298, 301-302,
　　　304-305, 307-308, 313,
　　　321-323
死蔵　　63, 92-93, 97, 156,
　　　288, 292
史貽直　　　　　　　255-256
七折銭　　　　　　　　234
私鋳　　5, 7, 11, 13-14, 20,
　　　42, 70-72, 102-103, 105
　　　-109, 121, 123-124, 129,
　　　131-132, 135-138, 140-
　　　141, 145-147, 158, 187-
　　　188, 228, 243-244, 304,
　　　308, 320, 324
私鋳銭　　6, 9, 18, 20-22, 31,
　　　40-41, 53-54, 69-72, 75,
　　　96, 101, 103, 105-106,
　　　108, 123-124, 129-130,
　　　135, 137-141, 144-147,
　　　157-158, 160-161, 186,
　　　205, 223, 243, 249, 253,
　　　304-305, 307-308, 320,
　　　324-325
私鋳犯　　69, 105-108, 129,
　　　137-139, 245, 320
実在　　　　　　　　54, 56
紙幣　　　　　　3, 38, 306
錫廠　　　　　　　　　184
朱一貴　　　　　　　　120
朱印船　　　　　　　　 39
周玉英　　　　　　　　 33
集権　　　　　　　　　 22
ジューン＝ガル　　33, 67,
　　　95, 97, 101, 120, 129, 149,
　　　255-256, 320, 339
出旗為民　　　171, 207, 296
ジュンガリア　　　　　284
順治通宝　　37, 48, 63, 71,
　　　74, 127
順治帝　　47, 49, 68, 72, 319
順天府　　　　　　142, 171
順天府尹　　　　　　　106
順寧　　　　　　　279, 281
匠役　　　　　　　　　 58
尚可喜　　　　　　　　 80
常関　　　　　　　　51-52
銷燬　　11, 13-15, 49, 71, 82,
　　　103-105, 107, 109, 123-
　　　124, 126, 132, 137, 140-
　　　146, 160, 187
匠工　　　　　　　　73, 82
松江　　　　　　　152, 208
漳州　　　　　　　　　 84
省城（各省）　　42, 56, 144
　　　-145
省城（雲南）→雲南（府）
省城（広東）→広州
省城（貴州）→貴陽
省城（江西）→南昌
省城（広西）→桂林
省城（江蘇）→蘇州
省城（湖南）→長沙
省城（湖北）→武昌
省城（山西）→太原
省城（山東）→済南
省城（四川）→成都
省城（浙江）→杭州
省城（陝西）→西安

索引　さ行　391

省城（直隷）→保定	249	正鋳（雲南省）　251
省城（福建）→福州	崇文門　51	正鋳（江西省）　287-288,
常昭　306	スキナー，G.W.　317	290
小制銭　81, 84, 86, 90, 95-	杉山清彦　25	正鋳（湖北省）　282-283,
96, 101-107, 109, 115,	蘇昌(スチャン)　284	287, 289-291
119, 121, 123-124, 129-	蘇赫(スへ)　94	正鋳（山西省）　291-292,
130, 132, 320	スペイン　39	315
小銭　105, 107, 109, 130-	スピンドル　305	成都（四川省城）　75, 231
131, 138-140, 158, 305-	スレ＝ハン銭　46	青龍（廠）　245
306	西安（陝西省城）　70	積銅　245-246, 248-249,
商銅　51, 227	生計（各省兵丁）　93, 206	252, 257, 261, 278-279,
条銅　85	-207, 220, 232, 234, 299	281, 323
正徳新例　178, 213, 244	生計（禁旅八旗兵丁）　25,	石文焯　139-140, 161, 337
商人辦銅　112-113, 119,	31, 46, 141, 170-173, 175,	石琳　92
131	177, 199, 207, 265, 269,	浙江　59-60, 70, 78, 85, 93,
商品経済　8, 12, 15, 22-23,	277, 296, 307-308, 321,	95, 112-113, 116, 147-
154	323, 325	154, 157, 160, 164, 178-
常平倉　18-19, 321	生計（都市生活者）　208,	180, 182-183, 189-190,
商辦　180-181	233	204-211, 213-218, 220,
葉夢珠　30, 63, 75, 78	生計（兵丁全般）　6-7, 10,	222-223, 225-226, 229,
秤量貨幣(しょうりょうかへい)　4, 6, 40, 123-	25-26, 76, 169, 325	232-234, 236, 292-295,
124, 130, 160, 320	盛京　47	297, 299, 301-302, 316-
常玲　242-243	正項　219, 225-226, 228-	317, 320, 322
徐士林　217-218	233, 239, 243, 255, 259,	折二　42, 63
女直　43-45, 47, 64	283, 289-295, 298-299,	節慎庫　48
徐本　356	315, 322	截留　208-209, 213, 223,
人口　15, 18, 20, 154, 170	正項財政　59, 61-62, 79-	233, 235, 295, 322
-171, 206-207, 221, 296,	80, 90, 96, 112, 149, 205,	銭泳　30, 151, 306
301, 304, 308, 323	241, 243-244, 278-280,	踹工　208, 235
新柱(シンジュ)　355-356	293, 307, 319-320, 325	専制　22, 327
新収　54-55	税錫　184	陝西　59-60, 70, 77-78, 80,
新大陸銀　39, 63, 319	青銭　184, 186, 190, 217,	106, 159, 161, 213, 231,
信牌　244, 262	258	255-256, 259, 281, 285,
水脚　180-181, 219, 229,	生息　61, 171, 207, 352	289-291, 302, 321

川銅　　　283, 285, 290-292
銭票　　3, 9, 305-308, 324,
　　　326
宣府　　　　42, 69-70, 78
銭舗　　68, 175-177, 215, 306
銭法　　7, 48-49, 63, 69-71,
　　　81-82, 85-86, 92, 98-99,
　　　102, 109, 146, 253, 299,
　　　331, 336, 338, 346, 352,
　　　356-357
曹寅　　　　　　112, 131
荘吉発　　　　　358-359
送金　　38, 59, 61-62, 122,
　　　319
奏事処　　　　　　340
奏事太監　　　　340-341
奏銷　　　　　59-61, 116
奏副　　　　　　28, 340
総理事務王大臣　172, 182,
　　　245-246, 258, 262, 346,
　　　359
総理処（総理事務処）
　　　　　　346, 348, 352
息銀（雲南銅課）242-244
息銀（鋳造差益）58-59,
　　　89, 94
息銭　89-90, 231, 246, 251,
　　　257, 259
素材価値　　　13-14, 124
蘇州（江蘇省城）　70, 74,
　　　77-78, 148, 151, 208, 306
租税　　5, 38-39, 43, 46, 48,
　　　59, 75, 96, 241
孫延齢　　　　　　　80

存公銀　　　　218, 316

た　行

大学士→（内閣）大学士
太原（山西省城）　56, 70,
　　　291
大興（廠）　　　　279
台州　　　　　151-153
大制銭　81, 101-109, 117,
　　　120-121, 123-127, 129-
　　　130, 132, 141, 176
大銭　102, 105, 107, 109,
　　　138, 151, 158, 223, 306
退蔵　　41, 124, 194, 259,
　　　269, 273-274, 285-287,
　　　289, 309
帯鋳　　　　　　　251
大同　　　　　　69, 78
大銅（廠）　　　　279
太平天国の乱　　　307
大理　246, 249-251, 260,
　　　278, 281
大理寺　　　　　　136
大碌（廠）　　　278-279
台湾　68, 120, 122, 226, 320
兌換発売　　9, 11, 128-129,
　　　189, 195, 197-198, 200,
　　　204, 210, 214-216, 218,
　　　224, 226-232, 234, 256,
　　　269-270, 273-274, 282-
　　　299, 316-317, 322-323
谷井俊仁　　　　　68
谷井陽子　　　　　50
ダライラマ7世　　120

淡水真珠　　　43-44, 64
短底　　　　　　125, 129
地域経済　　18, 325-326
車克（チェケ）49, 60-61, 69
地丁　　113, 220, 243, 316
チベット遠征　　120, 122,
　　　149
鋳息　　　　　　　61
駐防八旗　47-48, 206-207,
　　　216, 218, 231, 291, 297
張允随　182-183, 209-210,
　　　255, 257-258, 260, 277-
　　　278
張家口　　　　　　45
肇慶　　　88-89, 93, 218, 337
趙継鼎　　　　59-60, 65
朝貢　　　　　　　43
長江　81, 157-158, 302, 304
　　　-305, 308, 320, 324
長沙（湖南省城）　70, 74,
　　　337
長山　　　　　　　107
趙世顕　　　107-108, 131
朝鮮　　　　　　42, 45
張廷玉　172-173, 258, 346,
　　　356
張鼎臣　　　　　112, 131
張廷棟　　　　　　139
張登選　　　　　75-77
張徳沢　　　　　　359
張徳地　　　　77-78, 98
韃売　　　　　　18-20
貂皮　　　43-45, 64, 334
糶米　　　　128, 176, 269

索引　た行

勅書　　　　　　　43-44
直隷　　31, 47, 94, 106, 127-
　　130, 136, 144, 157, 159,
　　161, 184, 213, 294-295,
　　298, 301-302, 304, 308,
　　316, 321
賃金　　12-13, 49, 197, 207-
　　208, 234, 259-260
鎮江　　179-180, 184, 203,
　　218-219
陳弘謀　223-224, 226, 228-
　　229, 255, 283-284, 287,
　　293, 316, 322
陳昭南　　　　　15-16, 20
陳廷敬　　81-84, 86, 95-96,
　　98-99, 320
陳鋒　　　　　　　　33
追加鋳造　　197-200, 204,
　　251, 269-270, 273, 275-
　　276, 282, 284, 286-296,
　　298-299, 320, 322-323
通州　　　　　　157, 284
通政使司　　　　329-330
鄭永昌　　　　　　　27
低銀　　　　　　　　63
鄭光祖　30, 151, 305-306,
　　317
鄭氏　　31, 67, 80-81, 85,
　　110, 320
鄭芝龍　　　　　　　39
鄭成功　　　　　　　68
デレクドルジ　　　351
霑益　　　　246, 249-251
展海令　　　　　　110

天津　　　　51, 106, 157
天聰通宝　　　　　65
添鋳　　　　273-276, 309
滇銅　　11, 14, 31-32, 91,
　　151, 154, 160, 170, 177,
　　179-186, 189-190, 196,
　　199, 202-203, 205, 208-
　　213, 220, 222-225, 229,
　　231, 233, 241-245, 247,
　　256-257, 260, 265, 269,
　　278, 281-283, 288-289,
　　294, 297, 320-322
天命通宝　　　　　46
天命ハン銭　　　6, 46
鄧亦兵　　　　　33, 101
銅価　　14, 75, 82, 85, 187,
　　246
堂官　　　　　　81, 335
銅器　　7, 9, 15, 49, 51, 53-
　　54, 75-76, 85, 117, 119,
　　143, 148, 163, 184, 186
唐甄　　　　　　30, 40
銅元　　　　　　　　9
当五　　　　　　42, 63
当五十　　　　　　307
銅座　　　　　　　112
銅材　　13, 54-56, 59, 61, 65,
　　72-74, 76, 78, 80, 82-88,
　　90, 95-96, 112, 118-119,
　　163, 319
陶磁器　　　　　　39
当十　　　　　　42, 307
銅廠　　184, 203, 241-245,
　　252, 261, 265, 278-279,

　　281, 323
銅代物替　　　112, 178
東川　　252, 255-256, 259-
　　260, 278-279, 281, 299
銅銭セクター　　　324
銅銭建て　　9, 12-13, 174,
　　234, 306
銅銭遣い　　3-5, 12, 14-21,
　　30, 33, 37, 39-43, 63-64,
　　101, 122-130, 135-136,
　　151-161, 174, 199, 234,
　　259, 298, 306-307, 319-
　　321, 325-326
銅息　　243-244, 246-247,
　　252-253, 260-261, 265,
　　277-281, 286, 298, 323
黨武彦　　17, 298, 358-359
湯丹（廠）　　252, 278-279
東南アジア　　　　39
当舗　　　　　　　173
搭放　　6-7, 9, 11, 32-33, 48,
　　53, 55-56, 58-59, 76-78,
　　93, 96-97, 104-105, 115,
　　121, 129, 139, 147, 149,
　　152-153, 169-177, 181,
　　185, 193-201, 205, 208-
　　209, 214-216, 218-220,
　　222-234, 241, 246-250,
　　254, 257-261, 265, 270,
　　272-277, 279, 282-283,
　　286-299, 301, 307, 309-
　　310, 317, 321-323, 325,
　　354, 356
銅炮　　　　　　　　83

銅本銀　52-53, 55, 80, 279
図爾炳阿（トゥルビンガ）　277-278
杜家驥　21, 205, 358
徳川政権　39
徳川幕府　110, 178
独裁　22
トクソ　334
徳沛　214-216, 222
督撫辦銅　181-182
都察院　45, 106-107, 136, 138, 145
トメト　45
豊臣秀吉　42
ドルゴン　47, 49, 68
囤積　298

な 行

内閣　27-28, 68, 329-331, 339-341, 357-358
（内閣）大学士　29, 68, 102, 104-105, 183, 211, 224, 278, 339-340
内三院　45, 68
内務府　112
内務府商人　112, 116, 159, 165, 213, 229, 292, 356
中見立夫　358
納延泰（ナヤンタイ）　346
南京　38
南昌（江西省城）　70, 158, 223
南銅　230, 283-284
南明　6, 68
日本　14-16, 39, 43, 85,

110, 112, 178-180, 213, 319-320
日本銀　38-39, 63, 319
倪隆阿（ニルンガ）　107
人参　43-46, 64
寧波　151-152
ヌルハチ　6, 44-46, 64
訥親（ネチン）　209-211, 216, 218, 346, 356
農村経済　324-325

は 行

配合比率　13, 189, 199
廃銭　9, 49, 51, 53-54, 69-71, 75
廃銅　7, 123, 143, 163, 186
海望（ハイワン）　183, 346
馬世斉　81, 84
八旗　6, 24-25, 45-46, 62, 64, 169-173, 175, 177, 199, 296, 339, 351, 357
八旗漢軍　45, 171
八旗生計→生計（禁旅八旗兵丁）
八旗米局　204, 269-270, 273-274, 309
八旗兵餉（八旗月餉）→兵餉（禁旅八旗）
八旗兵丁→兵丁（禁旅八旗）
八旗満洲　45, 171
八旗蒙古　45, 171
ハラチン　45
范毓馪　159, 165, 213, 356

販運　105-109, 125-127, 129, 156, 200, 304-305, 308, 324
范氏　159, 213, 229, 282, 290-291, 294-295, 356
范承勲　92
范清柱　357
班第（バンディ）　346
非均衡型市場経済　18
畢節　154-155, 285, 306
ピヤントゥ　126
票擬　27, 68, 329-331, 339, 357
フィリピン　39
馮鈴　284
仏倫（フォロン）　81, 84, 102
福州（福建省城）　70, 218, 222, 337
副摺　28, 340
武昌（湖北省城）　59, 70, 337
傅宗懋　359
物価　12-13, 16-17, 39, 41, 171, 173-174, 221, 296, 306
福建　59-60, 66, 70, 77-78, 80, 84-85, 94, 112-113, 116, 155-157, 160, 178-180, 182-183, 189-190, 218, 222-223, 225-226, 229, 232-234, 261, 292-295, 297, 299, 302, 316, 321-322, 337
物料　9, 11, 55-56, 58-59,

索引　は行　395

72-74, 81-82, 86, 88-90, 98-99, 115-116, 118-119, 185, 189-193, 195-196, 199, 203, 217-218, 220, 226-227, 246-247, 270-271, 279, 321
富徳（フデ）　354
傅恒（フヘン）　299
布蘭泰（ブランタイ）　179, 253, 255
兵科　330
（米穀）備蓄　18-20, 152, 154, 157-158, 160-161, 321
兵餉（兵餉全般）　6-7, 9, 11, 14, 33, 64, 69, 77-78, 95-97, 216, 320
兵餉（各省）　33, 48, 57-62, 74, 84, 90, 92-93, 129, 139, 147, 149, 152-153, 206, 214-220, 223-234, 241, 243, 246-248, 250, 254, 257-261, 265, 277-283, 286-295, 297-299, 322-323
兵餉（禁旅八旗）　32, 48-49, 55-56, 88, 104, 121, 169-177, 185, 193-201, 205, 207-209, 215, 233, 265, 270, 272-277, 296, 307, 321-323, 325, 356
兵餉（入関前の八旗）　46
兵餉（明朝軍）　44
兵餉米　269, 284, 292, 315-316

兵丁（兵丁全般）　6-7, 10, 12, 25-26, 76-77, 169, 319, 325
兵丁（各省）　76-77, 92-93, 206-207, 216-220, 222, 226, 232, 234, 248, 257-258
兵丁（禁旅八旗）　31, 169-177, 185, 194, 197-200, 206-207, 215, 265, 269, 296, 307-308, 321, 323, 325, 352
兵丁（入関前の八旗）　46
兵丁（李成梁軍）　44
兵部　252
兵変　92, 206, 248
北京　37-38, 47, 49, 64
別子銅山　111
ペルー副王領　39
辦鉛　9-10, 113, 117, 119, 177, 180-182, 184, 187, 190-191, 270
辺疆の経済ブーム　43
辦錫　9-10, 177, 184, 270
辦銅　9-10, 26, 51-53, 58, 72, 80, 83, 85-87, 90, 96, 110, 112-113, 115-117, 119, 121, 131, 151, 170, 177-185, 189-192, 196, 199, 209, 211-213, 222-223, 233, 244, 260, 270, 279, 281, 291, 295, 297, 321-322
貝和諾（ボイホノ）　242-244

宝源（局）　5, 42, 48-49, 51-53, 71, 83, 87, 99, 105, 113, 115-118, 120, 123, 141, 148, 181, 185-191, 193-195, 197-199, 208, 269-272, 276, 337
宝鈔　38
俸餉　46, 48, 62, 64, 149, 170-173, 177, 196, 296
報銷　219
宝泉（局）　4, 42, 48-49, 51-56, 62, 71-72, 74, 81, 83, 87, 102, 104-105, 113-118, 120, 123, 141, 148, 172, 181, 185-191, 193, 195, 198-199, 203, 208, 269-273, 275-277, 296, 309, 321, 336-337
宝蘇（局）　148, 217-219, 237
彭沢益　50, 203
放本収銅　241-242, 244, 246, 261
俸禄　38, 40, 46, 48, 170, 193, 307
北辺　30, 38, 42-43, 62, 64
歩軍統領　142, 171, 355
舗戸　63, 137-138, 144, 175-176
保山　281
保定（直隷省城）　128-130, 294
ポトシ銀山　39

は行

ポルトガル　39
ホンタイジ　44-46

ま行

マカオ　39
馬斉（マチ）　245
松浦章　165, 262
マニラ　39
満漢合璧　330, 335, 339, 341, 352
満洲王朝　321, 326
満洲語　132, 162, 350, 352, 358
満洲文字　47
マンジュ国（グルン）　44
マンチュリア　8, 30, 33, 37, 43-44, 47-48, 64, 334
満文　46, 66, 71, 74, 126, 141, 148, 203, 305, 311, 330, 334-336, 340-341, 350-352
三田村泰助　44
密雲　42, 69-70, 78
密輸　43, 111
宮崎市定　357-359
宮澤知之　33
宮下忠雄　14
明清交替　37
明代　3, 8, 22-23, 30, 37, 40, 43, 48, 50, 63, 319
明朝　5-6, 9, 23-25, 30, 37-45, 47-49, 51, 62-64, 68-69, 319, 329
明末　16, 18, 30, 51, 62-64,
307, 319, 325-326
無錫　151
穆丹（ムダン）　106
明徳　281
耗銅　81-83, 86, 88-90, 98-99, 115-116, 118-119, 163, 183, 188, 190, 227
耗費　81-82, 86, 95-96

や行

山本英史　22-24
山本進　19, 132, 317
傭工　11, 49, 197, 207-208, 215, 233, 301
雍正帝　19, 23, 27, 31, 127, 135-144, 146-147, 149, 154, 160-161, 179-180, 186-188, 220, 231, 245-246, 248-255, 320, 322, 325, 337, 339, 346, 352
洋銭　3, 9, 305-308, 318, 324, 326
楊端六　15
洋銅　11, 14, 31-32, 85, 110, 112-113, 117, 129, 141, 148, 151, 159, 170, 177-180, 182-183, 185-186, 199, 208-209, 211, 213, 229, 233, 244, 282, 290-291, 294-295, 320-322, 356-357
姚文然　75-77
楊名時　242, 245, 247, 249-251, 262

ら行

養廉銀　220-221, 231, 293
陽和　69-70
余銭　197-198, 200, 217, 219, 231-232, 272-273, 282-294, 298, 314
余銅　183, 210-213, 297

来保（ライボー）　299
藍勇　202
李衛　179, 183, 247
吏科　330, 332
李強　33, 135
李光地　105, 107
李自成　6, 47
李成梁　44-45
李仙根　81, 98
六科　27, 330
理藩院　45, 340, 351
吏部　138, 141, 144
劉序楓　212, 262
劉藻　279
流動性　4, 18
劉綸　299
良貨　13, 31, 67, 80, 84, 96, 124, 132, 150, 154, 160, 307, 319-320, 324-325
緑営　6, 47, 206-207, 216, 218, 223, 231, 235, 284, 291, 297
臨安　246, 249, 251, 259-260, 281
郴州　230
臨清　51, 69-70, 78, 106

礼科	330, 332	瀘州	184	**英　字**	
勒因特(レンテイ)	141-142, 145	蘆政辦銅	52, 86-87		
蘆課銀	52, 87	隆科多(ロンコド)	245	Bartlett, Beatrice S.	359
録書	330	**わ　行**		Sun, E-tu Zen	202
ロシア	33, 67			Vogel, Hans Ulrich	200
盧焯	208-210, 215-216, 222	倭寇	39	von Glahn, Richard	50
				Wu, Silas H. L.	358

著者略歴

上田　裕之（うえだ　ひろゆき）

1978年　北海道に生まれる
2001年　筑波大学第一学群人文学類卒業
2007年　筑波大学大学院人文社会科学研究科修了，博士（文学）
現　在　日本学術振興会特別研究員PD（一橋大学），駒澤大学非常勤講師

清朝支配と貨幣政策
──清代前期における制銭供給政策の展開──

2009年10月15日　初版発行

著　者　上　田　裕　之
発行者　石　坂　叡　志
整版印刷　富士リプロ㈱
発行所　汲　古　書　院

〒102-0072　東京都千代田区飯田橋2-5-4
電話03(3265)9764　FAX03(3222)1845

ISBN978-4-7629-2585-6 C3322　汲古叢書86
Hiroyuki UEDA　©2009
KYUKO-SHOIN, Co., Ltd. Tokyo.

汲古叢書

1	秦漢財政収入の研究	山田　勝芳著	本体 16505円
2	宋代税政史研究	島居　一康著	12621円
3	中国近代製糸業史の研究	曾田　三郎著	12621円
4	明清華北定期市の研究	山根　幸夫著	7282円
5	明清史論集	中山　八郎著	12621円
6	明朝専制支配の史的構造	檀上　寛著	13592円
7	唐代両税法研究	船越　泰次著	12621円
8	中国小説史研究－水滸伝を中心として－	中鉢　雅量著	8252円
9	唐宋変革期農業社会史研究	大澤　正昭著	8500円
10	中国古代の家と集落	堀　敏一著	14000円
11	元代江南政治社会史研究	植松　正著	13000円
12	明代建文朝史の研究	川越　泰博著	13000円
13	司馬遷の研究	佐藤　武敏著	12000円
14	唐の北方問題と国際秩序	石見　清裕著	14000円
15	宋代兵制史の研究	小岩井弘光著	10000円
16	魏晋南北朝時代の民族問題	川本　芳昭著	14000円
17	秦漢税役体系の研究	重近　啓樹著	8000円
18	清代農業商業化の研究	田尻　利著	9000円
19	明代異国情報の研究	川越　泰博著	5000円
20	明清江南市鎮社会史研究	川勝　守著	15000円
21	漢魏晋史の研究	多田　狷介著	9000円
22	春秋戦国秦漢時代出土文字資料の研究	江村　治樹著	22000円
23	明王朝中央統治機構の研究	阪倉　篤秀著	7000円
24	漢帝国の成立と劉邦集団	李　開元著	9000円
25	宋元仏教文化史研究	竺沙　雅章著	15000円
26	アヘン貿易論争－イギリスと中国－	新村　容子著	8500円
27	明末の流賊反乱と地域社会	吉尾　寛著	10000円
28	宋代の皇帝権力と士大夫政治	王　瑞来著	12000円
29	明代北辺防衛体制の研究	松本　隆晴著	6500円
30	中国工業合作運動史の研究	菊池　一隆著	15000円
31	漢代都市機構の研究	佐原　康夫著	13000円
32	中国近代江南の地主制研究	夏井　春喜著	20000円
33	中国古代の聚落と地方行政	池田　雄一著	15000円

34	周代国制の研究	松井　嘉徳著	9000円
35	清代財政史研究	山本　進著	7000円
36	明代郷村の紛争と秩序	中島　楽章著	10000円
37	明清時代華南地域史研究	松田　吉郎著	15000円
38	明清官僚制の研究	和田　正広著	22000円
39	唐末五代変革期の政治と経済	堀　敏一著	12000円
40	唐史論攷－氏族制と均田制－	池田　温著	近刊
41	清末日中関係史の研究	菅野　正著	8000円
42	宋代中国の法制と社会	高橋　芳郎著	8000円
43	中華民国期農村土地行政史の研究	笹川　裕史著	8000円
44	五四運動在日本	小野　信爾著	8000円
45	清代徽州地域社会史研究	熊　遠報著	8500円
46	明治前期日中学術交流の研究	陳　捷著	16000円
47	明代軍政史研究	奥山　憲夫著	8000円
48	隋唐王言の研究	中村　裕一著	10000円
49	建国大学の研究	山根　幸夫著	8000円
50	魏晋南北朝官僚制研究	窪添　慶文著	14000円
51	「対支文化事業」の研究	阿部　洋著	22000円
52	華中農村経済と近代化	弁納　才一著	9000円
53	元代知識人と地域社会	森田　憲司著	9000円
54	王権の確立と授受	大原　良通著	8500円
55	北京遷都の研究	新宮　学著	12000円
56	唐令逸文の研究	中村　裕一著	17000円
57	近代中国の地方自治と明治日本	黄　東蘭著	11000円
58	徽州商人の研究	臼井佐知子著	10000円
59	清代中日学術交流の研究	王　宝平著	11000円
60	漢代儒教の史的研究	福井　重雅著	12000円
61	大業雑記の研究	中村　裕一著	14000円
62	中国古代国家と郡県社会	藤田　勝久著	12000円
63	近代中国の農村経済と地主制	小島　淑男著	7000円
64	東アジア世界の形成－中国と周辺国家	堀　敏一著	7000円
65	蒙地奉上－「満州国」の土地政策－	広川　佐保著	8000円
66	西域出土文物の基礎的研究	張　娜麗著	10000円

67	宋代官僚社会史研究	衣川　強著	11000円
68	六朝江南地域史研究	中村　圭爾著	15000円
69	中国古代国家形成史論	太田　幸男著	11000円
70	宋代開封の研究	久保田和男著	10000円
71	四川省と近代中国	今井　駿著	17000円
72	近代中国の革命と秘密結社	孫　　江著	15000円
73	近代中国と西洋国際社会	鈴木　智夫著	7000円
74	中国古代国家の形成と青銅兵器	下田　誠著	7500円
75	漢代の地方官吏と地域社会	髙村　武幸著	13000円
76	齊地の思想文化の展開と古代中國の形成	谷中　信一著	13500円
77	近代中国の中央と地方	金子　肇著	11000円
78	中国古代の律令と社会	池田　雄一著	15000円
79	中華世界の国家と民衆　上巻	小林　一美著	12000円
80	中華世界の国家と民衆　下巻	小林　一美著	12000円
81	近代満洲の開発と移民	荒武　達朗著	10000円
82	清代中国南部の社会変容と太平天国	菊池　秀明著	9000円
83	宋代中國科擧社會の研究	近藤　一成著	12000円
84	漢代国家統治の構造と展開	小嶋　茂稔著	10000円
85	中国古代国家と社会システム	藤田　勝久著	13000円
86	清朝支配と貨幣政策	上田　裕之著	11000円
87	清初対モンゴル政策史の研究	楠木　賢道著	8000円
88	秦漢律令研究	廣瀬　薫雄著	近刊
89	宋元郷村社会史論	伊藤　正彦著	近刊

（表示価格は2009年9月現在の本体価格）